Taktische Schachendspiele

Schach-Bibliothek

John Nunn

Taktische Schachendspiele

Aus dem Englischen übertragen und bearbeitet von
FIDE-Meister Claus Dieter Meyer

Ergänzte und überarbeitete Auflage

Titelbild: Motiv aus der Partie Gufeld – Andersson, Camaguey 1974
(Diagramm 7 in diesem Buch)

Im FALKEN Programm finden Anfänger wie Fortgeschrittene
eine Vielzahl von fundierten Schachbüchern.
Einfach Ihren Buchhändler fragen!

CIP-Titelaufnahme der Deutschen Bibliothek

Nunn, John:
Taktische Schachendspiele/John Nunn.
Aus d. Engl. übertr. u. bearb. von Claus Dieter Meyer. –
Erg. u. überarb. Aufl. – Niedernhausen/Ts.: FALKEN, 1989
   (FALKEN Schach-Bibliothek)
   Einheitssacht.: Tactical chess endings ‹dt.›
   ISBN 3-8068-0752-3
NE: Meyer, Claus Dieter [Bearb.]

ISBN 3 8068 0752 3

© 1985/1989 by Falken-Verlag GmbH, 6272 Niedernhausen/Ts.
Titel der bei George Allen & Unwin Ltd., London, erschienenen Originalausgabe:
Tactical Chess Endings
© John D. M. Nunn 1981
Die Ratschläge in diesem Buch sind vom Autor und vom Verlag sorgfältig erwogen
und geprüft, dennoch kann eine Garantie nicht übernommen werden.
Eine Haftung des Autors bzw. des Verlages und seiner Beauftragten für Personen-,
Sach- und Vermögensschäden ist ausgeschlossen.
Gesamtherstellung: Neuwieder Verlagsgesellschaft mbH, Neuwied

817 2635 4453 62

Inhalt

Vorwort zur Neuauflage

Immer wenn eine Partie eine wichtige Eröffnungsneuerung enthält, wird sie unverzüglich überall in der Welt veröffentlicht. Eine Partie aber, die durch ein interessantes Endspiel besticht, mag vielleicht in irgendeinem Magazin erscheinen, um dann meist doch in Vergessenheit zu geraten. Die Gründe sind mannigfaltig. Da Schachkolumnisten und (in geringem Maße) Redakteure von Schachzeitschriften gewöhnlich über wenig Raum verfügen, ziehen sie kurze Partien den längeren vor. Überdies besteht eine sehr große Nachfrage nach Eröffnungstheorie und infolgedessen eine Flut von Spezialliteratur, die sich ausschließlich damit beschäftigt. Demgegenüber gibt es kein Schachmagazin, das der Endspielpraxis gewidmet ist, und selbst eine regelmäßig erscheinende Endspielrubrik ist leider selten genug. Nicht zuletzt herrscht der allgemeine Eindruck vor, daß Endspiele langweilig sind. Natürlich trifft dies für viele zu, andererseits gibt es aber auch etliche spannende Endspiele, was ich mit diesem Buch hoffentlich anschaulich machen kann.

Ich freue mich sehr, daß sich der *FALKEN Verlag* entschlossen hat, *Taktische Schachendspiele* neu aufzulegen. Bei dieser Gelegenheit habe ich einige Fehler, auf die ich in den letzten Jahren aufmerksam gemacht wurde, korrigieren können. So möchte ich hier all jenen Schachfreunden danken, die mir – mündlich oder schriftlich – analytische Beiträge lieferten; ihre Bemühungen waren nicht vergeblich.

Besonderer Dank gebührt C. D. Meyer, der die *Tactical Chess Endings* ins Deutsche übertrug und dabei eine Reihe von Versehen im englischen Original feststellte. Ebenfalls gedankt sei L. Barden, N. Davies, H. Hurme, W. Proskurowski, J. Speelman, J. Timman, R. G. Wade, Dr. Allitsch und C. van Wijgerden, die mir viele Anregungen gaben.

Ich bin sicher, daß nicht alle Irrtümer ausgeräumt werden konnten, und daher würde ich auch künftig jeden Hinweis sehr begrüßen.

Einleitung

Die meisten Schachspieler denken bei dem Begriff ‚Taktik' gleich an die unermeßlichen kombinatorischen Möglichkeiten des Mittelspiels. Jeder wird zustimmen, daß Gabeln, Fesselungen, Abzugsangriffe und Spieße taktischer Natur sind. Auch wird zumeist jede forcierte Zugfolge im Mittelspiel als ‚taktisch' bezeichnet. Ich meine aber, daß Taktik ein viel weitergehender Begriff ist, als die oben angeführten Beispiele (die eher Kombinationen sind) andeuten.

Ideen im Schach werden oft als ‚taktisch' oder ‚strategisch' eingestuft. Die Strategie befaßt sich mit dem Entwerfen von Plänen. Beschließt ein Spieler, seinem Gegner Doppelbauern zu bescheren, geschieht dies üblicherweise nicht als Ergebnis einer längeren Variantenberechnung, die zur Eroberung eines dieser schwachen Bauern führt, sondern weil der Spieler aus Erfahrung weiß, daß Doppelbauern früher oder später nicht zu verteidigen sind. Damit ist sehr kurz der Unterschied zwischen Strategie und Taktik aufgezeigt. Wir können also sagen, daß eine Idee taktisch ist, wenn deren Korrektheit erst durch eine spezielle Variantenberechnung sichergestellt werden mußte, wohingegen es sich um eine strategische Idee handelt, wenn sie mehr auf allgemeinen Erwägungen als auf konkreter Berechnung basiert. Ausgehend von dieser Definition liegt es auf der Hand, daß die Taktik in jedem Stadium einer Partie eine Rolle spielen kann. Tatsächlich neigen vereinfachte Endspiele besonders dazu, taktisch zu sein, denn in solchen Positionen ist es möglich, jede plausible Variante zu berechnen und sich somit absolute Gewißheit über den besten Zug zu verschaffen. Betrachten Sie z.B. folgende Stellung:

Diagramm **1/W**

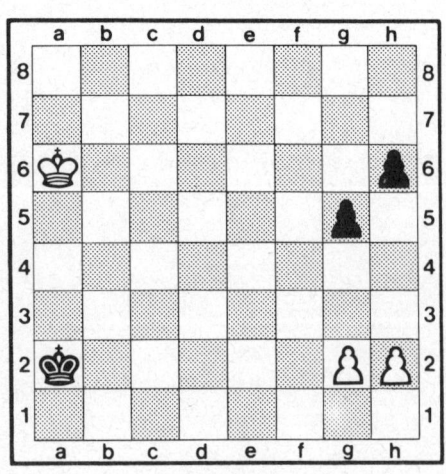

Gewinn
N. D. Grigorjew, 1. Preis,
Schachmaty w SSSR 1937

8

Der Leser ist eingeladen, selbst den Gewinnweg für Weiß aufzuspüren, bevor die Lösung in Kapitel 11 enthüllt wird. Ich glaube, Sie werden zustimmen, daß hier die Taktik überwiegt, da Weiß unmöglich die richtigen Züge finden kann, wenn er nicht bis zur schließlichen Zugzwangposition durchgerechnet hat.

Dieses Buch handelt von solchen taktischen Endspielen. Es ist überraschend, wie oft der ruhige positionelle Verlauf eines Endspiels durch eine unerwartete taktische Wendung unterbrochen wird. Zahlreiche praktische Beispiele in diesem Buch machen deutlich, daß in dieser Partiephase Chancen ausgelassen werden, weil die Spieler keine taktischen Möglichkeiten vermuten und folglich nicht danach Ausschau halten.

Die Stellungen in diesem Buch wurden wegen ihres interessanten Gehalts und in vielen Fällen wegen ihres unterhaltsamen Ausgangs ausgewählt. Der Leser wird hier nicht ein systematisches Fortschreiten vorfinden, denn eine Aneinanderreihung von Positionen mit gleichartigen Ideen wäre ziemlich stumpfsinnig. Ich habe zwar eine Gruppierung in Kapiteln vorgenommen, doch jede Gruppe birgt in sich schon eine enorme Vielfalt. Obwohl dieses Buch in erster Linie unterhaltend sein will, wird durch das Nachspielen der Analysen gleichzeitig das taktische Verständnis für Endspielpositionen geschult werden. Ich sollte darauf hinweisen, daß ich beim Leser Grundkenntnisse des Endspiels vorausgesetzt habe, als ich dieses Buch schrieb; allerdings nicht mehr, als man bei jedem Vereinsspieler erwarten darf.

Dem Schachfreund wird auffallen, daß eine Anzahl von Studien eingefügt ist (d. h. konstruierte Stellungen, in denen Weiß am Zug entweder gewinnen oder remis halten soll – ein entsprechender Vermerk befindet sich dann unter dem Diagramm). Diese Kompositionen habe ich sowohl wegen ihrer eleganten Lösungen als auch wegen ihrer beträchtlichen Bedeutung für das praktische Spiel ausgesucht (letzteres gilt vielleicht weniger für Diagramm 128). Verfahren Sie hiermit nach Belieben: Finden Sie die Lösungen selbst heraus, oder spielen Sie einfach die Analysen nach. Umgekehrt werden Studienkomponister in den Partiebeispielen etliche anregende Ideen entdecken!

Viel Vergnügen bei den Endspielen!

1. Matt

Obwohl das Matt höchstes Ziel einer Schachpartie ist, dürfte es ein ungewöhnliches Thema in einem Endspielbuch sein. Es ist richtig, daß Mattideen verhältnismäßig selten im Endspiel auftreten, aber eine Folge davon ist, daß die Spieler nicht danach Ausschau halten, und dies kann zu groben Versehen führen. Doch mehr dazu später in diesem Kapitel. Das Matt kann auch im normalen Verlauf eines Endspiels vorkommen, wie in dem folgenden Beispiel.

Diagramm **2/W**

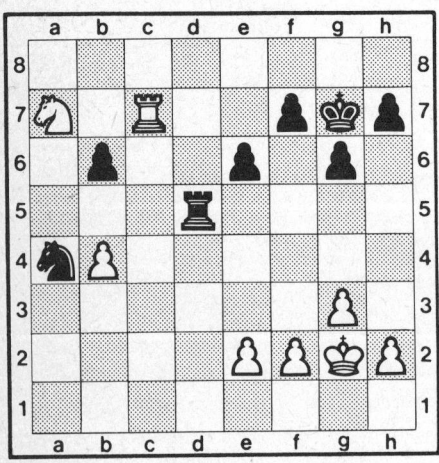

Smyslow – Benkö, Monte Carlo 1969

Schwarz leidet unter zwei Problemen. Erstens ist sein Springer aus dem Spiel, und zweitens ist das Feld f7 sehr schwach. Der berühmte

Endspielexperte Smyslow nutzt diese Faktoren, indem er zu einem Angriff auf den schwarzen König ansetzt.

1. Sc6!

Die Drohung ist 2. e4, gefolgt von 3. Se5, während 1. ... Sc3 wegen 2. Se7 ausgeschlossen ist. Da der Td5 ohnehin vertrieben wird, entschließt sich Benkö für einen unverzüglichen Gegenangriff auf den weißen e-Bauern.

1. ...	Td2
2. Se5	Txe2
3. Sxf7	h5

Vermeidet den Verlust des h-Bauern nach Sg5+.

4. Sg5+   Kf6

Dies erlaubt eine Mattkombination, aber auch nach 4. ... Kf8 5. Kf1 Te5 6. f4 Te3 7. Kf2 mit Eroberung des Be6 ist Schwarz verloren.

5. Kf1!   Txf2+

Zieht der Turm weg, setzt Weiß forciert matt: 5. ... Tb2 6. f4 Kf5 7. h3! nebst Tf7. Nach 5. ... Txf2+ vollendete Smyslow mit **6. Kxf2 Kxg5 7. Ke3 Kg4 8. b5 Kh3 9. Tc4 Sb2** (... Sc5 10. Txc5) **10. Tc2 – 1:0,** weil 10. ... Sa4 11. Kf4 h4 12. gxh4 Kxh4 13. Ke5 leicht gewinnt.

Die Mattattacke in der nächsten Stellung kommt wie ein Blitz aus heiterem Himmel.

Diagramm **3/W**

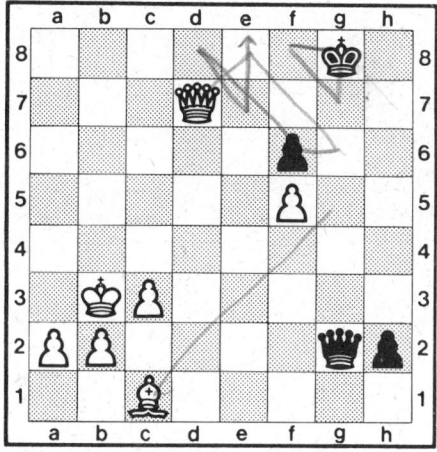

Simagin – Bronstein, Moskau 1947

Angesichts des Bh2 und seiner bevorstehenden Umwandlung in eine zweite schwarze Dame hat es den Anschein, daß Weiß sich mit Dauerschach zufriedengeben muß. Aber ein Zug verändert das Bild völlig.

1. Lg5!   h1D

Fordert den Beweis, daß ein Matt existiert. Andererseits war die Auswahl gering, da 1. ... fxg5 2. f6 zweifellos zum Matt führt, und weil nach 1. ... Dxg5 2. Dd8+ Kh7 3. Dc7+ nebst 4. Dxh2 der weiße Materialvorteil entscheidend ist.

2.	De8+	Kg7
3.	Dg6+	Kf8
4.	Dxf6+	Kg8
5.	Dd8+	Kg7
6.	De7+	Kg8
7.	De8+	

1 : 0

Alle Züge des Nachziehenden waren erzwungen, ausgenommen 5. ... Kg7, aber die Alternativen liefen auf dasselbe hinaus. Nun setzt Weiß in drei Zügen matt: 7. ... Kg7 (... Kh7 8. Dg6+ Kh8 9. Lf6 matt) 8. f6+ Kh7 9. Df7+ und 10. Dg7 matt. Selbst wenn das Material stark reduziert ist, sollte man niemals die Möglichkeit eines Matts außer acht lassen:

Diagramm **4/W**

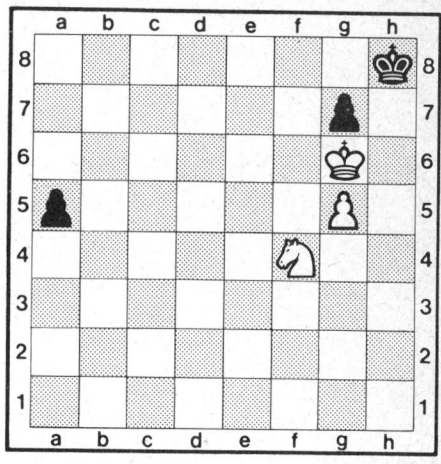

Wesely – Antosch, CSSR 1968

Das Materialübergewicht des Weißen reicht normalerweise leicht zum Gewinn. Falls jedoch der

Springer einfach zum Damenflügel marschiert, um den a-Bauern zu blockieren, wird er außerstande sein, noch irgend etwas zum Geschehen auf der anderen Brettseite beizutragen. Selbst bei einem unbegrenzten Nachschub von Tempi mit Hilfe des Springers würde das Duell der Könige und Bauern remis verbleiben, z. B. 1. Sd5? a4 2. Sb4 a3 3. Kf7 Kh7 4. g6+ Kh8 5. Kf8 a2 und patt. Aber eine kleine Finesse gibt der Sache ein ganz anderes Gesicht.

1. Kf7!   a4

Falls 1. ... Kh7 so 2. g6+ Kh8 3. Kf8 nebst Se6−d8−f7 matt.

2. Sg6+!   Kh7
3. Se5   a3

Dank der Stellung des gegnerischen Monarchen gewinnt Weiß mit seinem Bauern ein Tempo.

4. g6+   Kh6

Oder 4. ... Kh8 5. Kf8 und matt.

5. Sg4+   Kg5
6. Se3   a2
7. Sc2
1 : 0

Sobald Schwarz seinen König lieber auf das Feld h6 (statt h8) plaziert hat, verbürgt die Blockade des a-Bauern den Sieg, da auf 7. ... Kh6 8. Sa1 der Bg7 abgeholt wird.

Diagramm **5/W**

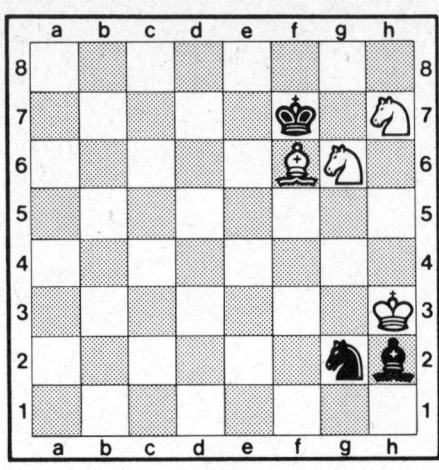

Gewinn
P. Sobolewski, Schachmaty w SSSR 1951

Nach mehreren Zügen eines taktischen Gedankenaustausches mündet diese Studie in ein überraschendes Mattfinale. Die weiße Mehrfigur ist ohne Bauern ziemlich bedeutungslos, aber zwei Mehrfiguren würden zum Gewinn genügen, abgesehen von dem Endspiel zwei Springer/König. Deshalb muß Weiß den Sg6 ziehen und hoffen, daß seine Königsgabel eine Figur einbringt.

1. Sh8+

1. Sf8 gestattet Schwarz, den drohenden Materialverlust mit 1. ... Ld6 abzuwenden, daher ist der Textzug das einzig Vernünftige.

1. ...   Kg8

Schwarz muß permanent eine Figur angreifen. Es scheint nun, daß Weiß, egal wie sein König schlägt, gewinnen kann, jedoch nach 2. Kxh2 (2. Sg5 Se3! ist ähnlich) Se3! ist es wegen der Doppeldrohung 3. ...Kxh7 und 3....Sg4+ remis.

2. Kxg2   Lf4

Erzwungen, da Weiß sonst schlicht mit 3. Sg5 alle seine Figuren bewahrt.

3. Sg6   Lh6!

Die scharfsinnige Verteidigung bereitet eine Pattfalle vor!

4. Sg5   Lg7!

Den Abtausch seines Läufers muß Weiß vermeiden, aber nach 5. Le7 Lf6! stünde er vor der unangenehmen Wahl zwischen patt, Abtausch der Läufer oder dem Verlust einer Figur. Auch 5. Ld8 Lf6! 6. Se7+ Kf8 7. Sh7+ Ke8 ergibt remis.

5. Se7+

Der einzig übriggebliebene Zug, aber ein guter.

5. ...   Kh8

Da auf 5. ... Kf8 6. Se6+ gewinnt. Das Geschehen in der oberen rechten Ecke konzentriert um die Diagonale a1—h8 wie in einem Spiegelbild. Nun kann der schwarze König gezwungen werden, sich seinem Widersacher zu nähern!

6. Sf7+   Kh7
7. Lh4!

Dies gewinnt jetzt tatsächlich!

7. ...   Lf6!
8. Sg5+   Kh6
9. Sg8+   Kh5
10. Sxf6+   Kxh4
11. Sf3 matt

Ein derartiges Mattbild bekommt man in der Praxis wohl kaum zu sehen!

Weil die Spieler nicht an ein Matt im Endspiel denken, passiert es manchmal, daß eine günstige Gelegenheit zu einer glänzenden Aktion verpaßt wird, wie das in den folgenden zwei Stellungen der Fall ist.

Diagramm **6/W**

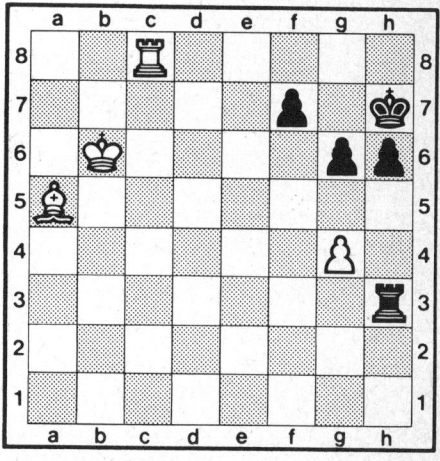

Silber – Seirawan, Hastings 1979/80

Der weiße Materialvorteil ist zum Gewinn nicht ausreichend, zumal der Gegner den letzten weißen Bauern ganz einfach durch z.B. ... Tg3 nebst ... h5 auflösen kann. Aber der schwarze Monarch befindet sich zu seinem Unglück in einer mißlichen Lage. In der Partie wählte Weiß **1. Lc3,** und nach **1. ... g5 2. Th8+ Kg6 3. Tg8+ Kh7 4. Tg7+ Kh8 5. Le5** (Erstaunlicherweise kann Weiß nicht sehr viel von seiner Batterie profitieren, z.B. 5. Lf6 Tf3 6. Txf7+ Kg8 7. Tg7+ Kf8 8. Le5 Tf4! 9. Lxf4 Kxg7 gefolgt von ... Kg6 und ... h5 macht remis.) **Te3 6. Txg5+ Kh7 7. Tf5** (7. Tg7+ Kh8 8. Ld4 Te4 bringt Weiß nichts ein.) **Kg6 8. Kc5 Te4 9. Tf6+ Kg5 10. Kd5 Txg4 11. Txf7** sowie weiteren 41 Zügen endete der Kampf **remis.**

Zum Auftakt hätte ein kräftigerer Zug hingegen den Sieg gebracht.

1. g5!

Schwer zu sehen, denn normalerweise opfert man nicht freiwillig seinen letzten Bauern. Aber indem verhindert wird, daß Schwarz seinerseits ... g5 zieht, bleibt dessen König eingesperrt und wird er überdies genötigt, seinen Turm aufzugeben!

| 1. ... | **Tb3+** |
| **2. Ka6** | **hxg5** |

Hoffnungslos ist 2. ... Kg7 3. Lc3+ f6 4. gxf6+. 2. ... Ta3 3. Kb5 hxg5 ist ebenfalls schlechter als die Text-fortsetzung, weil der weiße König näher zum Königsflügel steht.

3. Lc3	**Txc3**
4. Txc3	**g4**
5. Kb5	**Kh6**

6. Kc4 Kg5 7. Kd3 f5 (Wie Schwarz auch reagiert, in jedem Fall kann Weiß seinen König vor die Bauern bringen.) **8. Ke2 f4 9. Tc4 f3+** (9. ... Kf5 10. Tc5+ und sowohl nach 10. ... Kf6 11. Kd3 als auch 10. ... Ke4 11. Tg5 gewinnt Weiß leicht) **10. Kf2 Kh4 11. Tc8** mit klarem Gewinn – der weiße Monarch gelangt nach g3.

In der nächsten Stellung übersieht einer der besten Großmeister der Welt ein ungewöhnliches Mattmotiv; mit viel Glück gewann er dennoch.

Diagramm **7/W**

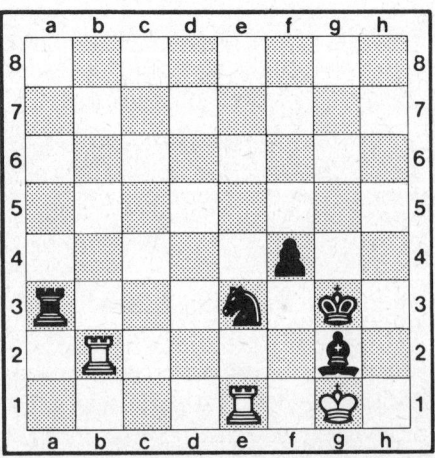

Gufeld – Andersson, Camaguey 1974

Aufgrund seines Materialübergewichts kann Schwarz zuversicht-
lich sein. So gewinnt er z. B. einfach
nach 1. Txe3+ fxe3 2. Txg2+ Kf3 3.
Tg8 Ta1+ 4. Kh2 e2 5. Tf8+ Kg4
usw. Aber Gufeld fand einen überraschenden Zug, der Andersson
aus dem Konzept brachte.

1. Tb3!   Ta2?

Selbstverständlich nicht 1. ...
Txb3? wegen 2. Txe3+ und patt,
egal wie Schwarz zurückschlägt.
Andersson konnte jedoch die
Gunst des Augenblicks zu einem
herrlichen Matt nutzen: 1. ... f3!! 2.
Tbxe3 (2. Tb2 Ta8 verläuft ähnlich,
während 2. Texe3 Ta1+ sofort matt
ist.) Ta8! und Weiß ist wegen der
Drohung ... f2 matt dermaßen ge-
lähmt, daß er sich nicht gegen den
Abschluß des Manövers mittels ...
Th8 und ... Th1 matt zu wehren
vermag (3. T1e2 Ta1+ 4. Te1
Txe1+ 5. Txe1 f2 matt oder 3. T3e2
fxe2 und gewinnt).

2. Tbxe3+   fxe3

2. ... f3 funktioniert nun nicht
mehr: 3. Tb3 Ta8 4. Tb2 Th8 5.
Txg2+ fxg2 6. Te3+ Kf4 7. Ta3 remis.

3. Txe3+   Lf3

Trotz der schlechten Lage des weißen Königs ist diese Position theo-
retisch remis. Aber in der Fortsetzung verlor Gufeld den Faden (und
die Partie): 4. Kf1 Td2 5. Te3 Td7

6. Tg8+ Kf4 7. Te8 Td2 8. Ke1
Td1+ 9. Kf2 Td2+ 10. Ke1 Th2
11. Te7?? (Richtig war 11. Tb8,
wonach 11. ... Le4 12. Tb3 den
feindlichen König daran hindert,
zur dritten Reihe vorzurücken.)
Le4! (Was nun gewinnt – der Läufer kann sich ggf. auf d3 oder f3 dazwischenstellen und seinem Monarchen ein ungestörtes Dasein
auf e3 sichern.) 12. Kd1 (Verliert
schnell, aber auch die beste Verteidigung hätte nicht viel länger
standgehalten: 12. Ta7 Ke3 13. Tf7
Tg2 14. Tf8 Lg6! 15. Tf6 Ld3 16.
Te6+ Le4 17. Tf6 Te2+ 18. Kf1 Tc2
19. Kg1 Tg2+ 20. Kf1 Tg5! 21. Ke1
Lf5! und das Matt kann nicht mehr
abgewendet werden – eine Variante, die auf Philidor zurückgeführt
wird.) Ke3 13. Kc1 (erzwungen)
Tc2+ 14. Kd1 Tc8 15. Te5 (Der
Turm kann nur auf der e-Linie pendeln.) Th8 16. Kc1 Tb8 17. Tb5
Txb5 – 0 : 1.

Bei dem folgenden Stellungspaar
läßt Weiß einen durchaus vermeid-
baren Mattangriff zu. Im ersten
Beispiel handelt es sich schon um
einen Schnitzer, aber im zweiten
könnte beides, das Matt und besonders der Verteidigungszug, leicht
übersehen werden.

Diagramm 8/S

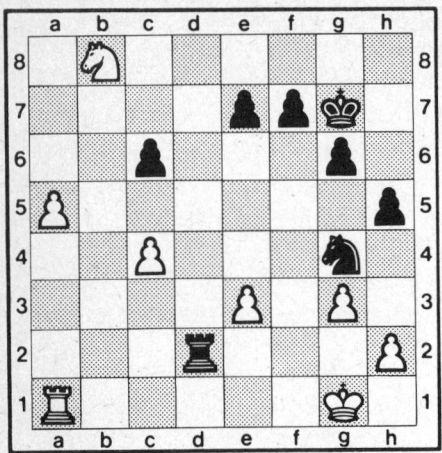

Hamann – Bednarski, Aarhus 1971

Mit dem Dauerschach ... Sxh2 und ... Sf3+ hat Schwarz das Remis in der Tasche, aber angesichts der Nähe des a-Bauern zum Umwandlungsfeld fällt es schwer zu glauben, daß er mehr unternehmen kann.

1. ...   Sxh2
2. a6   Sf3+
3. Kf1   g5

Der halbe Punkt ist gesichert, also birgt dieser Gewinnversuch kein Risiko.

4. a7?

Übersieht die Drohung! 4. Sxc6! erzwingt den Friedensschluß, da 4. ... h4 5. gxh4 gxh4 6. Sd4 den schwarzen Angriff zurückschlägt und gewinnt.

4. ...   h4!

Falls 5. a8D so ... hxg3 mit der Drohung 6. ... g2 bzw. 6. ... Tf2 matt.

5. gxh4   g4

Mit der gleichen Idee. Nun muß Weiß schon die Qualität geben, um das Matt abzuwenden.

6. Ta5   g3
7. Tg5+   Sxg5

und Schwarz sollte gewinnen. Der weitere Partieverlauf war aber sprunghaft: **8. hxg5** (8. a8D g2+ und 9. ... Sf3 matt) **Ta2 9. Sxc6 e6 10. c5 Ta6?** (droht gar nichts und stellt dabei den Bg3 ein – 10. ... Kg6 nebst Vorgehen des Königs gewann einfach) **11. Kg2 Kg6 12. Se5+?** (Unbegreiflich. Naheliegend war 12. Kxg3 Kxg5 13. Kf3 f5 14. Ke2 e5 und danach nicht 15. Kd3? f4 16. exf4 exf4 17. Kc4 f3 18. Kb5 Ta1 19. Sa5 f2 20. a8D f1D+ mit schwarzer Gewinnstellung, sondern 15. Sxe5 Txa7 16. Kf3 remis, dies sogar ohne den c-Bauern. Zu beachten ist, daß, falls Schwarz den Vorstoß ... e5 erst mit 14. ... Kf6 vorbereitet, dann 15. Kd3! tatsächlich günstig für Weiß ist.) **Kxg5 13. Sxf7+ Kh4 14. Kf3 Txa7 – 0:1** – ein ziemlich trauriges Ende der phantasievollen Partie.

Diagramm 9/S

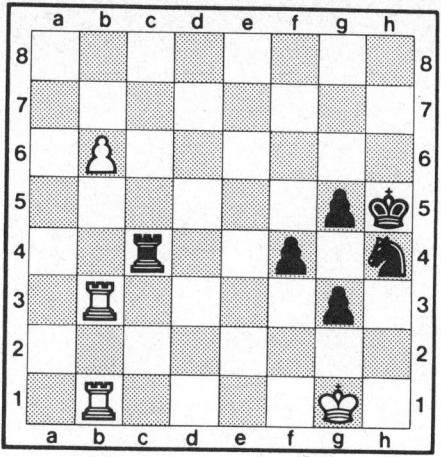

Jovcic – Rajkovic, Belgrad 1977

Nur mit genauem Spiel ist der sehr gefährliche Angriff des Schwarzen zu parieren.

1. ...	f3
2. b7	

2. Txf3 Sxf3+ 3. Kg2 Kg4 führt schnell zum Matt. Weiß hat keine andere Wahl, als den Bauern vorzustoßen in der Hoffnung, daß dessen Umwandlung zur Dame noch rechtzeitig kommt.

2. ...	Tc2
3. b8D?!	

Wer würde solch einen natürlichen Zug nicht machen? Es erscheint doch ziemlich logisch, daß, wenn 3. b8D jetzt unbrauchbar ist, die weiße Stellung verloren sein muß. Dennoch ist 3. Tf1! viel hartnäcki-

ger, wonach Schwarz den Sieg nur mit Hilfe einer bemerkenswerten Idee erzielen kann: 3. Tf1! Tg2+ (3. ... g2 4. Tbb1!, und Weiß gewinnt; nicht aber 4. b8D? f2+! mit umgekehrtem Resultat.) 4. Kh1 Te2!! (4. ... f2 5. Txg3 Txg3 6. b8D Th3+ 7. Dh2 ist remis, während Weiß nach 4. ... Th2+ 5. Kg1 g2 6. Tfb1! Th1+ 7. wiederum gewinnt.) und nun:

(A) 5. Tbxf3 (5. Kg1 g2 6. Tbb1 ist bereits bekannt, wogegen 5. Tfxf3 Te1+ sofort verliert.) 5. ... g2+ 6. gxf1D+ 7. Kxf1 Tb2 mit entscheidendem Materialvorteil.

(B) 5. Tfb1 g2+ 6. Kh2 f2, und Weiß hat nichts Besseres als 7. b8D, wonach Schwarz wie in der Partie gewinnt.

(C) 5. b8D g2+ 6. Kg1 f2+ 7. Kh2 g1D+ usw. mit Gewinn.

(D) 5. Tbb1 g2+ 6. Kg1 gxf1D+ 7. Kxf1 Sf5! 8. b8D Se3+ 9. Kg1 f2+ 10. Kh1 Te1+ (Dieser Zug macht endlich klar, warum der schwarze Turm von c2 nach e2 wechseln mußte.) 11. Kh2 Sg4+ 12. Kg3 f1D, und Weiß hat nur ein Schach, wogegen Schwarz entweder mattsetzt oder (nach 13. De8+ z.B.) aufgrund seines Materialübergewichts siegt.

Diagramm 10/S

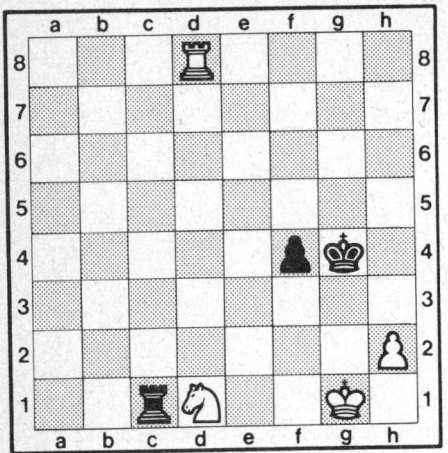

Pedersen – Hecht, Dänemark – BRD 1972

Materiell steht Weiß auf Gewinn, aber seine Figuren sind sehr eingeschnürt. Um sich zu befreien, erscheint es unumgänglich, den h-Bauern zu opfern und einen Mattangriff zu versuchen.

1. ...   f3?

Für den Fall, daß es zum Endspiel T+S/T kommt, steht der schwarze Turm auf c1 ungünstig, weil er sich dort im Einflußbereich des feindlichen Springers befindet. Es wäre remis geworden, wenn Hecht seinen Turm auf der ersten Reihe so weit wie möglich entfernt hätte, also 1. ... Ta1! und nun:

(A) 2. Kg2 f3+ 3. Kf1 (3. Kf2 Ta2+ 4. Kg1 Ta1 5. Td4+ führt mit Zugumstellung zu Variante B) Kh3 4. Td2 (4. Th8+ Kg4 5. Ke1 f2+ remis) f2! und nach

der Abwicklung zum Endspiel T+S/T kann Schwarz ziemlich bequem remis halten.

(B) 2. Td3 f3 3. Td4+ Kh3 ähnelt dem Partieverlauf, jedoch hier steht der Turm auf a1, was, wie wir noch sehen werden, einen großen Unterschied gemacht hätte.

(C) 2. Kf1 f3 3. Ke1 Kh3 4. Td2 Tb1 5. Ta2 Tc1 6. Kd2 Tb1 7. Kc2 Tb8 8. Kc3 Tc8+ mit bequemem Ausgleich, da der weiße König nicht die zweite Reihe oder die d-Linie (wegen ... Td8+) betreten darf.

2. Td4+   Kh3
3. Kf2!

Der einzige Zug, denn falls Weiß zögert, folgt ... Ta1 und remis.

3. ...   Tc2+

Schwarz muß sich auf den Bh2 stürzen, da Weiß sonst seine Stellung mit Se3 verbessert.

4. Kxf3   Kxh2
5. Se3!   Tc3?

Gestattet eine schlichte Gewinnführung. Die Hauptvariante lautet 5. ... Tc1 (5. ... Ta2/b2 6. Sg4+ Kh3 7. Sf2+ Kh2 8. Th4+ nebst matt) 6. Th4+ (6. Td8 Ta1 oder 6. Td2+ Kh3 7. Td8 Kh4 ergibt nur remis.) Kg1 7. Tg4+ Kh2 (... Kh1 8. Kf2 nebst matt) 8. Tg3! (droht ein dreizügiges Matt mit 9. Sg4+ usw.) Tc3 (... Kh1 9. Kf2 Kh2 10. Sg4+) 9. Kf2 (droht 10. Sg4/f1+ und 11. Tg1 matt) Tc1 10. Sg4+ Kh1 11. Th3 matt.

6. Th4+ Kg1
7. Tg4+ Kh2
8. Kf2 Kh3

Stünde der schwarze Turm auf a3 (statt c3), wäre er imstande, mit 8. ... Ta2+ die Partie zu retten!

9. Tg3+
1:0

Schwarz verliert nach 9. ... Kh4 10. Sf5+ seinen Turm.

Diagramm 11/W

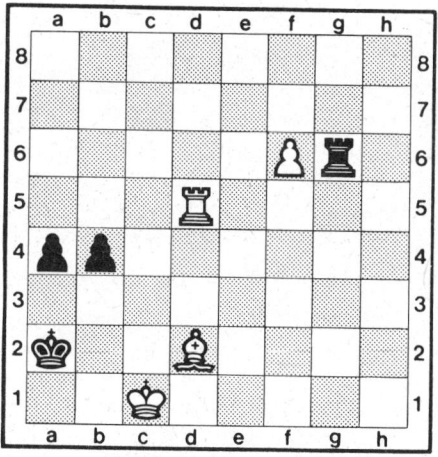

Gewinn
G. M. Kasparjan, 1. Preis,
Schachmaty w SSSR 1939

Diese Studie zählt zu meinen Favoriten, hauptsächlich wegen ihres witzigen Schlusses. Schwarz droht

1. ... Tg1+, deshalb sind die Varianten 1. f7 Tf6 2. Td7 Tf1+ nebst ... b3+ und 1. Tf5 Tg1+ 2. Kc2 b3+ 3. Kc3 (3. Kd3 läßt Schwarz mit Schach umwandeln.) b2 4. f7 Tc1+ 5. Kd4 Tc8 nicht gut genug.

1. Lg5

Macht den Tg6 unbeweglich und droht 2. f7. Schwarz drängt indessen mit seinem Gegenspiel vorwärts.

1. ... b3
2. Td2+ Ka1
3. f7!

Die Eckstellung des schwarzen Königs könnte Weiß dazu verführen, 3. Le3 zu versuchen, aber 3. ... b2+ 4. Txb2 Txf6 5. Ld4 Tf1+ 6. Kc2 a3! überläßt Weiß nichts Besseres als 7. Tb1++ Ka2 8. Txf1 und patt. 3. f7 sieht sehr stark aus, weil die Erwiderung ... a3 verliert: 4. Td1! Td6 (die einzige Chance) 5. f8D b2+ 6. Kc2+ Txd1 7. Dxa3 matt.

3. ... Txg5!
4. f8D Tg1+
5. Td1 Tg2!

Falls 5. ... b2+ so 6. Kc2+ Txd1 7. Da3 matt, wogegen die überraschende Verteidigung (in der Hauptvariante) selbst ... Tc2 bzw. ... b2 matt droht. Was kann Weiß spielen? Auf 6. Da3+ (6. Td2 ist nur Zugwiederholung) Ta2 und z.B. 7. Dc5 folgt nicht 7. ... b2+ 8. Kd2+ b1D+ 9. Ke1 mit Gewinn, sondern schlicht 7....Th2!, was die Mattdrohung auf b2 erneuert und Weiß zur Zugwiederholung zwingt. Dennoch ist in dieser Variante ein Gewinn versteckt!

6. Da3+	**Ta2**	
7. Td2!	**Txa3**	

Oder 7. ... b2+ 8. Dxb2+ Txb2 9. Txb2 a3 10. Tb1+ Ka2 11. Tb8 Ka1 12. Kc2 a2 13. Kb3 Kb1 14. Ka3+ Ka1 15. Th8 Kb1 16. Th1+ und gewinnt.

8. Tb2	**Ta2**

Ein neuartiger Zugzwang!

9. Tb1 matt

Auch die nächste Stellung endet mit matt, aber besonders aufschlußreich ist, wie es in diesem kniffligen Springer-und-Bauern-Endspiel dazu kommt.

Diagramm **12/W**

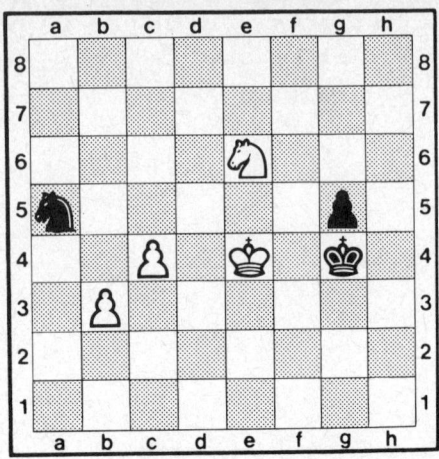

Janowski – Golombek,
Hastings 1951/52

1. c5?!

Weiß hätte seinen b-Bauern nicht aufgeben sollen. Leicht gewinnt 1. Sd4! Kh3 2. c5 g4 3. b4 Sb7 4. Kd5 Sd8 5. c6.

1. ...	**Sxb3**

Nun vermag Weiß nur durch sehr sorgfältiges Spiel zu siegen.

2. c6	**Sa5**
3. c7	**Sc4**
4. Kd5	**Sb6+**
5. Kc6	**Sc8**

Bis hier war es mehr oder weniger forciert, aber nun muß sich Weiß entscheiden, ob er Kb7 oder Kd7 versuchen will.

6. Kd7   Sb6+

Der einzige Zug, denn 6. ... Sa7 gestattet 7. Sd4 nebst Sc6 und Umwandlung des Bauern.

7. Kc6

Weiß beschließt zurückzukehren, weil nach 7. Kd8 Kh4! (nicht 7. ... Kf5? 8. Sf8 g4 9. Sd7 g3 10. Sxb6 und der Bauer zieht mit Schach ein) 8. Sf8 g4 9. Sd7 g3 10. Sxb6 g2 11. c8D g1D sein Springer zu weit entfernt steht, um die Gewinnchancen zu realisieren.

7. ...   Sc8
8. Kb7   Se7!

Diesmal ist der andere Springerzug richtig! 8. ... Sd6+ 9. Kb8 Kf5 (... Kh4 10. Sd4 g4 11. Sf5+ bzw. 9. ... Kh5 10. Sg7+ nebst Se8 ist ebenso schlecht) 10. Sd4+ nebst 11. Sb5 und Weiß gewinnt.

9. Sd4   Kf4!

Das einzige Feld. 9. ... Kh4 (... Kh3 und Weiß wandelt mit Schach um) 10. Sc6 Sf5 11. Kb8 Sd6 12. Sd4 und die Drohung 13. Sf5+ gewinnt ein entscheidendes Tempo.

10. Sc6   Sf5
11. Kb8?

Weiß wickelt zum Endspiel D+S/D ab, welches aber bei korrekter Gegenwehr remis zu halten ist. Dagegen konnte er vermittels des para-

doxen Zuges 11. Kc8! gewinnen. Obwohl der Freibauer für einen Moment blockiert ist, taucht sofort die Drohung Kd7 auf, und nach der forcierten Folge 11. ... Sd6+ 12. Kd7 Sc4 13. Se7 Ke5 (Angesichts der Drohung 14. Kc6 gibt es nichts Besseres.) 14. Sf5! ist Schwarz verloren. Unabhängig davon, ob nun der Springer geschlagen wird oder nicht, Weiß plant in jedem Fall Kc6, und sogar die Variante 14. ... Sb6+ 15. Kc6 Sc8 16. Kb7 bietet keine Rettung. Hierbei ist die Rundreise b7–c8–d7–c6–c7, die der weiße König um seinen Bauern absolvieren muß, in der Tat verblüffend.

Die Alternative 11. Sb4 indes (mit der Absicht 12. Sd5+ und 13. Kc6) scheitert an 11. ... Sd6+ 12. Kc6 Sc8 13. Kd7 (13. Sd5+ Kf3 14. Sb6 g4 ergibt ein remisliches D+S/D-Endspiel.) 13. ... Sb6+ 14. Kd8 Ke4 remis, indem Sd5 unterbunden wird.

11. ...   Sd6
12. Sd4   g4
13. Sb5   g3
14. Sxd6   g2
15. c8D   g1D

Schwarz brauchte zum Remis lediglich noch ein paar genaue Züge, aber er stolperte, und Weiß bekam zusätzlich einen halben Punkt, den er nach seinen Fehlern im 1. und 11. Zug wirklich nicht verdient hatte.

16. Df5+   Kg3
17. Se4+   Kg2
18. Dg4+   Kh2??

Nach 18. ... Kf1! bringen Weiß die Schachgebote nicht weiter (19. Df3+ Ke1 20. Dc3+ Ke2), und sein König steht selbst zu offen, um einen stillen Zug zu machen.

19. Dh4+   Kg2
20. Dg3+   Kh1

Nun hielt Janowski nichts von dem Pattscherz nach 21. Sf2+ Dxf2 22. Dxf2 und setzte statt dessen rasch matt.

21. Dh3+   Dh2+
22. Sg3+
**   1:0**

Wie die folgende Studie mit matt enden kann, ist vom Diagramm her schwer zu sehen, dennoch zeichnet sich die Lösung ganz klar ab.

Diagramm **13/W**

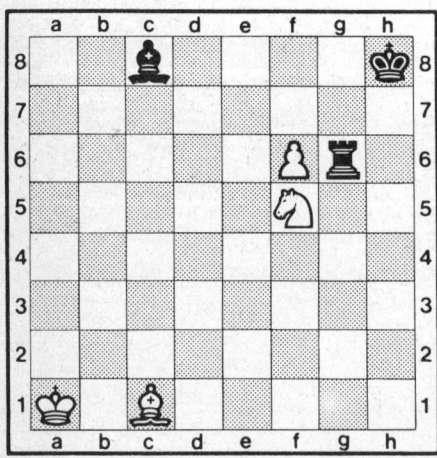

Gewinn
V. Korolkow, 1. Preis, Lelo 1951

1. f7   Ta6+

Erzwungen, da 1. ... Tf6 2. Lb2 und 1. ... Tg8 2. fxg8D+ Kxg8 3. Se7+ sofort verlieren. Aber nach 1. ... Ta6+ hat Weiß ein Problem, weil 2. Kb2 die Antwort ... Tf6 erlaubt und 2. Kb1 den Springer mit Schach einstellt.

2. La3!   Txa3+
3. Kb2   Ta2+!

Nicht 3. ... Tb3+ 4. Ka2 und die Schachs sind unterbunden. Wohin soll sich der weiße König nun wenden, um dem Sperrfeuer der Schachgebote zu entkommen? Der Vormarsch funktioniert nicht: Nach 4. Kc3 Tc2+ 5. Kb4 (5. Kd4 Td2+ nebst ... Td8) Tb2+ 6. Kc5 Tc2+ 7. Kb6 Tb2+ oder 7. Kd6 Td2+ kann er nicht zur siebten Reihe weiterrücken, ohne ein Schach auf b7 bzw. d7 und im Gefolge ... Txf7 zuzulassen. Der richtige Plan besteht darin, auf den Königsflügel loszusteuern und sich hinter dem Springer zu verschanzen.

4. Kc1!   Ta1+

Nicht 4. ... Tc2+ 5. Kd1.

5. Kd2   Ta2+
6. Ke3   Ta3+
7. Kf4   Ta4+
8. Kg5

8. Kg3? Tg4+ nebst ... Tg8 wäre in der Tat remis.

8. ...   Tg4+!

Nun gewähren die Fortsetzungen
9. Kh5 (9. Kxg4 Lxf5+ 10. Kxf5
Kg7 remis) Tg8 und 9. Kf6 Tg8 10.
Se7 Td8 Weiß nur einen halben
Punkt.

9. Kh6!   Tg8

9. ... Tg6+ 10. Kxg6 Lxf5+ 11. Kh6
und gewinnt.

10. Se7   Le6

Schwarz hatte keine Wahl, weil der
Turm f8 und g6 decken muß.

11. fxg8D+ Lxg8
12. Sg6 matt!

Die nächsten drei Stellungen zeigen, wie durch das Matt eine tech-
nische Aufgabe vereinfacht wird.

Diagramm **14/W**

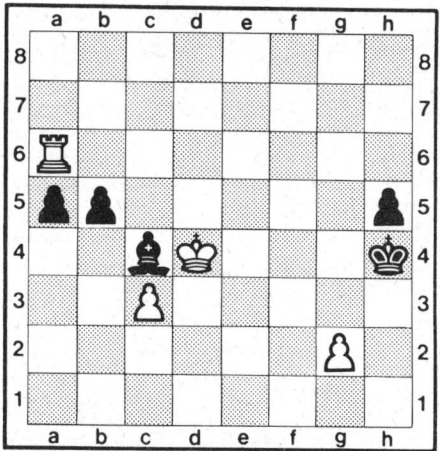

Moldojarow — Samotschanow,
UdSSR 1974

Eingedenk des Prinzips, daß man
niemals auf positionelle Weise gewinnen sollte, wenn ein Matt zur
Verfügung steht, setzte Weiß mit

1. Tg6!

fort. Vermutlich nicht die einzige
Gewinnmethode, doch bei weitem
die einfachste.

1. ...   a4

Falls 1. ... Le2 (um den König durch
... Lg4 zu befreien), so 2. Ke3 Lg4 3.
Kf4 a4 4. Td6 (mit der Idee 5. Td3
und 6. Th3+!) Le2 5. Td2 und das
Matt findet sich schließlich doch
ein: 5. ... Lf1 6. Tf2 Lc4 7. Tf3 Le6 8.
Th3+!.

2. Ke3!

Verhindert ... Le2 und ist am ge-
nauesten.

2. ...   a3
3. Kf4   a2
4. Tg3   Le6
5. Th3+   Lxh3
6. g3 matt

Diagramm **15/S**

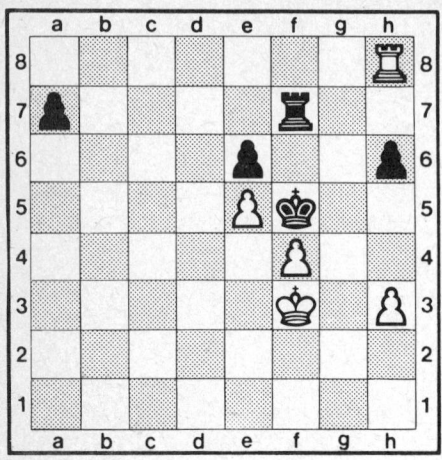

Novak – Ryc, CSSR 1978

1. ...   Kg6

Weiß drohte 2. Txh6, z.B. 1. ... a5 2. Txh6 a4 3. h4 a3 4. h5 a2 5. Tg6 und erzwingt matt. Falls 1. ... Tb7 (mit der Absicht ... Tb3+) so 2. Tf8+ Kg6 3. Tf6+ und 4. Txe6 gewinnt bequem.

2. Te8   Kf5
3. h4!

Weiß trifft die richtige Entscheidung, indem er auf matt spielt. Der Nachziehende kann nicht mit 3. ... h5 erwidern wegen 4. Tg8.

3. ...   a5
4. h5   a4
5. Th8   a3

Der arme Schwarzspieler kann nur seinen a-Bauern ziehen.

6. Txh6   a2
7. Tg6   a1D
8. Tg5 matt

Diagramm **16/W**

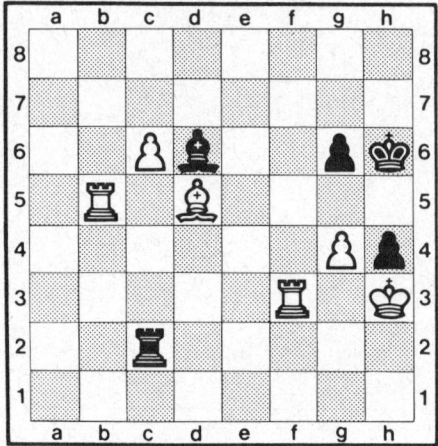

Schamkowitsch – Visier,
Palma de Mallorca 1967

Mit einem Turmopfer hat sich Schwarz eine gefährliche Mattdrohung auf h2 verschafft. Allerdings ist zuerst der Gegner am Zug!

1. g5+!

1. Kxh4 erlaubt ein zweizügiges Matt, während 1. Tf2 Txf2 2. Lg2 klar remis ist, also blieb nur der Textzug. Falls nun der schwarze König zurückweicht, entfällt die Mattdrohung, daher ist auch seine Antwort erzwungen.

1. ...   Kh5
2. Tg3!
1:0

2. Tf2 war wieder nur remis, aber im Hinblick auf das unvermeidbare Schach(matt) auf f3 entscheidet der Textzug augenblicklich.

Wir beenden dieses Kapitel mit einer Auswahl von „Unglücksfällen", die verschiedenen Spielern im Laufe der Jahre zugestoßen sind. Wahrscheinlich waren viele dieser Mißgeschicke das Ergebnis von „Schachblindheit", weil die Akteure sich einfach nicht bemühten, nach einem Matt im Endspiel Ausschau zu halten.

Diagramm 17/W

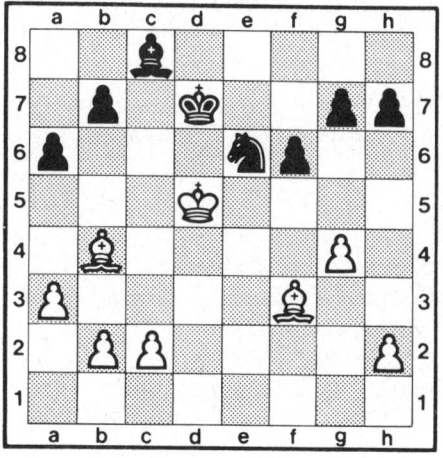

Olssen – Andersson, Schweden 1969

Mit seinem Läuferpaar und aktiven König mußte sich Weiß glücklich geschätzt haben, und sein nächster Zug schafft die Doppeldrohung 2. Lf5 und 2. Lxh7.

1. Le4

Leider ...

1. ... **b5!**
0:1

Diagramm 18/W

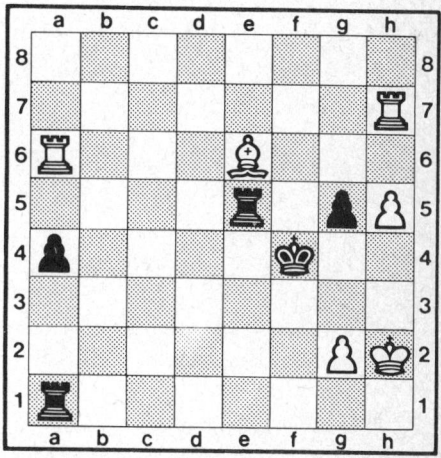

Donner – Spanjaard, Holland 1961

Weiß hat eine glatte Mehrfigur, und Großmeister Donner mag durchaus verärgert gewesen sein, daß sein Gegner noch nicht aufgegeben hatte. Freilich hätte Schwarz nach 1. Tf7+ nebst 2. h6 die Partie kaum fortgesetzt, aber Donner entschied sich für einen anderen Plan.

1. Tha7

Reißt den a-Bauern an sich, das einzig mögliche Gegenspiel des Schwarzen ...

1. ... **Th1+!**
2. Kxh1 **Kg3**
0:1

Diagramm 19/W

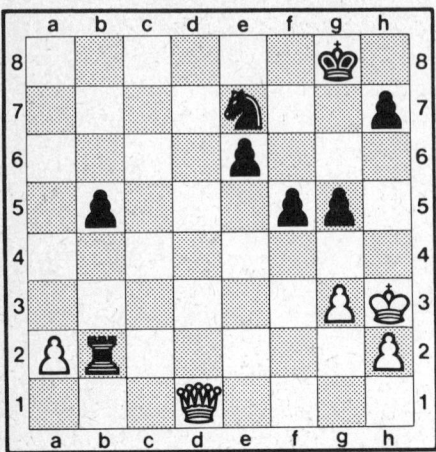

Bellon – S. Garcia,
Capablanca-Gedenkturnier, Kuba 1976

Weiß ist in der Defensive, aber 1.
Dd8+ Kf7 2. g4 hätte einige Remischancen geboten.

1. g4?   Sd5!

Mit einer Drohung, die Weiß übersieht. Es gibt aber keine guten Züge
mehr: 2. De1 Sf4+ 3. Kg3 Tg2+ 4.
Kf3 fxg4+ 5. Ke3 Te2+ oder 2. Kg3
Tg2+! 3. Kf3 fxg4+ oder 2. Dd4
Sf4+ 3. Kg3 Se2+ jeweils mit Damengewinn. Der einzige Zug, der
nicht sofort verliert, ist 2. Da1!,
aber nach 2. ... Sf4+ 3. Kg3 Tg2+ 4.
Kf3 fxg4+ 5. Ke4 Te2+ 6. Kd4 Txh2
würde Schwarz ohne besondere
Mühe gewinnen.

2. gxf5   Tg2!
0:1

Auf 3. Dxd5 gewinnt ... Txh2+ 4.
Kxh2 exd5. 2. ... Tg2! wäre auch die
Erwiderung auf 2. Df1 gewesen.

Diagramm 20/S

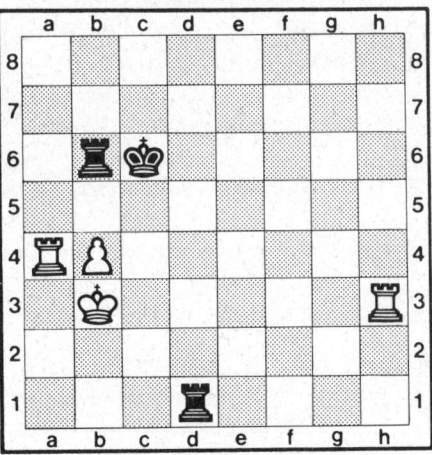

Prokes – Balogh,
Olympiade Den Haag 1928

Selbstverständlich ist diese Position eindeutig remis, wenn
Schwarz einfach vernünftige Züge
macht. Daß Balogh die Partie aber
verlor, ist klar darauf zurückzu-
führen, daß er sich in ein unnötiges
taktisches Geplänkel eingelassen
hatte.

1. ...   Tb1+
2. Kc3   Tc1+
3. Kb2   Kb5?

3. ... Tg1 oder jeder andere vernünftige Zug hätte remis gehalten. Der
Textzug geschah mit der Absicht, 4.
Ta8 zu erzwingen, worauf 4. ... Tc4
den Bauern erobert. Dabei hatte Balogh aber etwas vergessen.

4. Ta5+!   **Kxb4**
5. Tha3!
       1:0

Die Doppeldrohung 6. T3a4 matt und 6. Kxc1 gewinnt einen Turm. „Manche gewinnt man und manche verliert man ...", so könnte Simagin nach seinen beiden folgenden Partien festgestellt haben.

Diagramm **21/S**

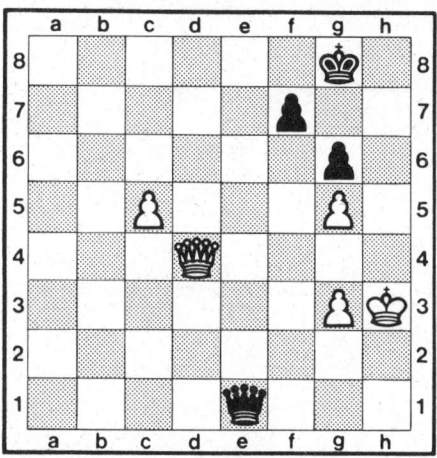

Borisenko – Simagin, Moskau 1955

     1. ...   **Df1+**

Weiß befindet sich im Mehrbesitz eines entfernten Freibauern, aber sein König steht sehr offen, und diese Tatsache ermöglicht es Schwarz, remis zu halten. Zum Beispiel, nach 1. ... Df1+ 2. Kh2 (2. Kh4 De2! droht matt und erzwingt eine Zugwiederholung) De2+ 3. Kg1 De1+ 4. Kg2 De2+ 5. Df2 De4+ 6. Kh2 Dc4! gibt es für Weiß keinen

Weg, seine Stellung zu verbessern. Also wählt Weiß einen anderen Plan und versucht, seinen König zum Damenflügel zu überführen, um den Freibauern zu unterstützen. Aber die Sache hat einen großen Haken.

     2. Kg4?   **f5+!**
     3. gxf6 e.p.

Oder 3. Kh4 Dh1 matt.

     3. ...   **Df5+**
     4. Kh4   **Dh5 matt!**

Diagramm **22/S**

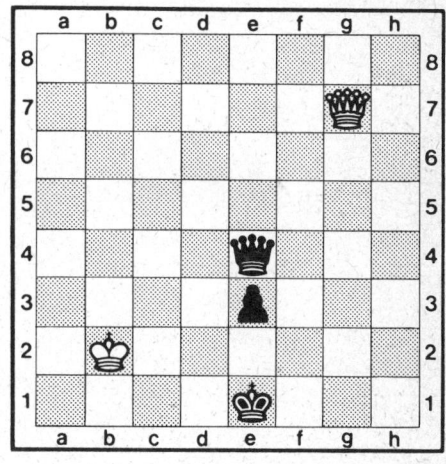

Batujew – Simagin, Riga 1954

Schwarz steht auf Gewinn, z. B. 1. ... Kf2 2. Df6+ Df3 3. Dd4 (Oder 3. Dh4+ Kf1 nebst ... e2) Kf1 – Weiß hat keine weiteren Schachs, und der Bauer geht vor.

     1. ...   **e2??**
     2. Dg1+   **Kd2**
     3. Dc1+   **Kd3**
     4. Dc3 matt

2. Patt

Man könnte vermuten, daß in Endspielen ein Patt bei weitem alltäglicher ist als ein Matt. Schließlich spielt das Patt in der gebräuchlichen Endspieltheorie (z.B. K+B/K oder D/B auf der siebten Reihe) eine beträchtliche Rolle, und es ist praktisch erst in Endspielen möglich, wenn sich nur noch wenig Figuren auf dem Brett befinden. Dennoch sind tatsächliche Pattbeispiele (andere als die oben erwähnte theoretische Vielfalt) selten. Dieses Kapitel endet wie das vorherige mit einer Auswahl von Schnitzern, die nur dadurch erklärt werden können, daß ein Spieler die Möglichkeit eines Patts außer acht ließ. Zu Anfang aber sehen Sie einige Stellungen, in denen beide Seiten fehlerfrei spielen, und das Patt kommt hinzu wie ein wohlbegründeter Kunstgriff, um zu retten, was andernfalls eine hoffnungslose Angelegenheit gewesen wäre.

Diagramm **23/S**

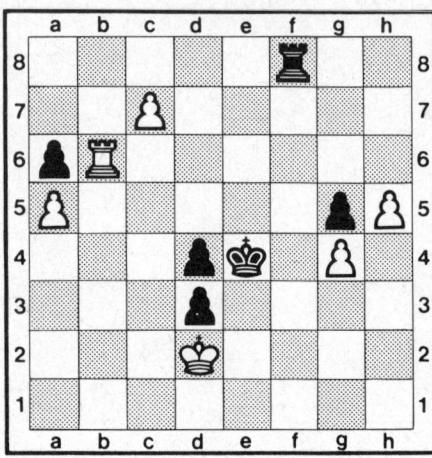

Titenko – Murey, Moskau 1963

Gegen die beiden weißen Freibauern ist passive Verteidigung aussichtslos, z.B. 1. ... Tc8 2. Tc6 Kd5 3. Tc1 Ke4 4. Tc5 nebst Vormarsch des h-Bauern. Schwarz muß versuchen, etwas aus seinem vorgerückten d-Bauern zu machen.

1. ... Tf2+

Auf 2. Kd1 Tf1+ wiederholt Schwarz eben die Züge, also muß Weiß nach e1 gehen.

2. Ke1 d2+!

Falls 2. ... Tc2 so 3. Te6+! Kf3 4. Te7 und Schwarz vermag den d-Bauern nicht umzuwandeln, wogegen

Weiß seinen h-Bauern ungehindert vorstoßen kann.

3. Kxf2

Selbstverständlich nicht 3. Kd1? Ke3! 4. Te6+ Kd3 und Schwarz gewinnt.

3. ...   d1D
4. Te6+

Wandelt Weiß auch sofort um, folgt ein Dauerschach. Wenn nun aber 4. ... Kf4 5. c8D Df3+, so entkommt Weiß den Schachgeboten durch 6. Ke1 Dg3+ 7. Kd2 und 8. Te2.

4. ...   Kd3
5. c8D   Dd2+

6. Kf3/g3 Df4+ 7. Kg2 Dxg4+ ergibt wieder Dauerschach, aber warum nicht 6. Kg1 Dd1+ 7. Kh2 Dd2+ 8. Kh3 und gewinnt?

6. Kg1   Dc1+!
7. Dxc1 patt

Die nächste Stellung enthält eines der berühmtesten Pattbeispiele, und ich entschuldige mich bei all denen, die es bereits kennen.

Diagramm **24/W**

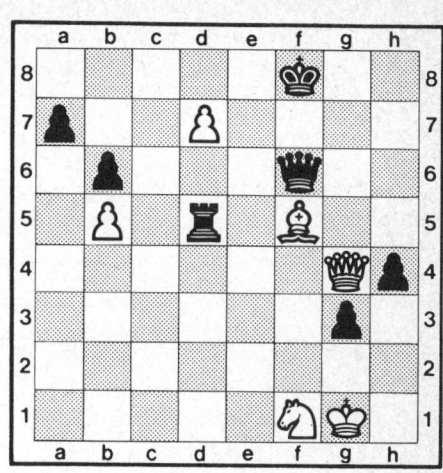

Keres – Fischer, Curaçao 1962

Fischer hat ein deutliches Plus, da die schwarzen Figuren den Freibauern d7 fest zurückhalten und überdies im Angriff auf den weißen Monarchen zusammenwirken. Die unmittelbare Drohung ist 1. ... Txd7.

1. Kg2!   Txd7

Die Gabel nach 1. ... Db2+ 2. Kh3 Df2 erscheint stark, aber durch 3. Le4! Dxf1+ 4. Lg2 Df2 (verhindert 5. Lxd5) 5. Db4+! hält Weiß mindestens remis, weil der Gegner nicht zulassen kann, daß sein Turm mit Schach geschlagen wird.

2. Lxd7   Df2+
3. Kh3   Dxf1+
4. Kxh4   g2

Es gibt kein Dauerschach, Weiß verfügt jedoch über eine erstaunliche Pattverteidigung.

5. Db4+   Kf7

5. ... Kg7 6. De7+ Df7 7. Dg5+ Dg6 8. De7+ ist remis, aber nach 5. ... Kf7 hat Weiß wieder nur ein Schach.

6. Db3+   Kg7
7. Dg3+

7. Db2/c3+ verliert natürlich wegen ... Df6+.

7. ...   Kh7

Jetzt hat Weiß keine Schachs mehr, denn nach 8. Lf5+ Dxf5 9. Dxg2 Df4+ 10. Dg4 (10. Kh3 Dh6+ und ... Dg6+ mit Damentausch und gewinnt, weil der schwarze König die fünfte Reihe erreicht) Dxg4+ 11. Kxg4 Kg6 erringt Schwarz die Opposition und gewinnt das Bauernendspiel.

8. De5!   Dh1+

8. ... Df2+ 9. Kh3 g1D (... g1S+ 10. Kg4 ist harmlos) 10. Lf5+ Kh6 (... Dxf5+ 11. Dxf5+ Dg6 12. Dxg6+ Kxg6 13. Kg4 und hier hat Weiß die Opposition, wodurch er remis hält) 11. Df6+ Kh5 12. Lg6+ Dxg6 13. Dg5+ Dxg5/Kxg5 patt.

9. Lh3   Dxh3+

9. ... g1D 10. Dh5+ Kg7 11. Dg6+! Kf8 12. Df6+ Ke8 13. De6+ mit „ewigem Schach".

10. Kxh3   g1D
11. De7+   Kh8
12. Df8+   Kh7
13. Df7+
remis

Nach 13. ... Dg7 14. Dxg7+ Kxg7 15. Kg3 verhindert die Fernopposition das Vorrücken des schwarzen Königs auf die fünfte Reihe.

Diagramm **25/S**

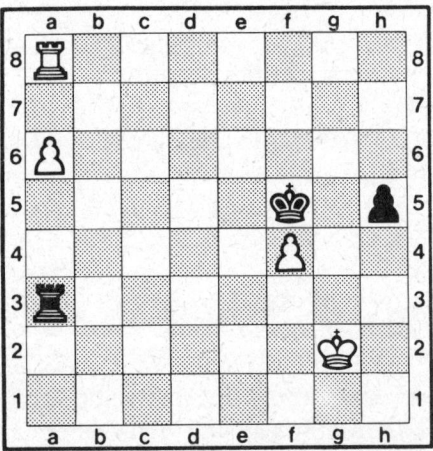

Kluger – Sandor, Ungarn 1955

Weiß droht, a7 zu spielen und dann ein Turmschach zu geben. Um dem entgegenzuwirken, gibt es für Schwarz zwei mögliche Pläne. Er kann entweder durch passive Verteidigung seinen König zur „Sicherheitszone" g7/h7 zurückbringen oder er tritt aktiv auf, indem er seinen König hinter dem feindlichen Bf4 versteckt. Der erste Plan verliert: 1.... Kf6? 2. a7 Kg7 3. f5 h4 4. f6+ Kf7 5. Th8 nebst Erbeutung des schwarzen Turms.

1. ...   Kg4!
2. a7

2. f5 Ta2+ 3. Kf1 Kf3 4. Ke1 Te2+ 5. Kd1 Te7! 6. Th8 (6. f6 Tf7) Ta7 7. Th6 Kg4 mit Ausgleich, weil einer der Bauern fällt.

2. ...   Ta2+
3. Kg1   Kf3!

Nicht 3.... Kh3? 4. Kf1! (sonst ... Tg2+ nebst ... Tg7), wonach der schwarze König nicht aus seinem Schutz hervortreten darf und Weiß einfach den f-Bauern vorstößt.

4. Kh1

4. f5 verbietet sich immer noch wegen ... Tg2+ 5. Kh1 Tg7 6. f6 Tf7 7. Kh2 h4 8. Kh3 Kf4 9. Kg2 Kf5 nebst ... Kxf6 remis. Jedoch nach 4. Kh1 droht tatsächlich der f-Bauer vorzugehen.

4. ...   h4!

Bereitet das Patt vor.

5. f5   Kg3

Jetzt erst ist dieser Zug spielbar. Die Antwort ist erzwungen.

6. Tg8+   Kh3

Nun wäre 7. a8D Ta1+ 8. Dxa1 (8. Tg1 Txa8) patt.

7. Kg1   Tg2+
8. Txg2 patt

Das letzte Patt war nicht unbedingt notwendig, denn zum Ausgleich wäre auch 7.... Txa7 gut genug gewesen.

Diagramm 26/W

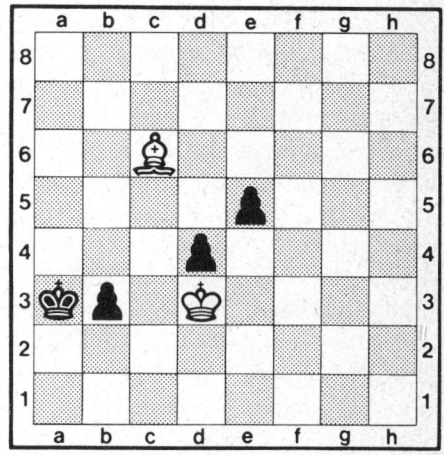

Gil – Erlandsson, Fernpartie 1976

Weiß befindet sich in einer schwierigen Lage, weil es keinen klaren Weg gibt, seinen König vor den b-Bauern zu bringen. Offensichtlich droht 1.... b2 2. Kc2 Ka2, deshalb ist der erste Zug erzwungen.

1. Ld5   b2

Nach 1.... Kb4 (... Kb2 2. Le6 und der König muß nach a3 zurückkehren) 2. Le6 b2 3. La2 Ka3 4. Lb1 Kb3

5. Kd2 Kc4 6. La2+ hält Weiß bequem remis.

2. Kc2   d3+

Nicht 2. ... e4 3. Lxe4 Ka2 4. Kd2 mit sofortigem Remis.

3. Kb1   d2
4. Lb3!

Der einzige Remiszug. 4. Lf3? verliert wegen ... e4 5. Le2 (oder 5. Ld1 e3 6. Le2 Kb3 7. Ld1+ Kc4! 8. Kxb2 Kd3 nebst ... e2 und gewinnt – zu beachten ist, daß 7. ... Kc3 8. Le2 nicht so gut ist, weil Schwarz mit einem Dreiecksmanöver erst wieder ein Tempo verlieren muß) Kb3 (... e3? 6. Ld1 mit Bauerngewinn und remis) 6. Ld1+ Kc3 7. Le2 e3 und wegen Zugzwang muß Weiß 8. ... Kd3 zulassen.

4. ...   e4
5. Lc2!

5. Ld1? e3 und Weiß verliert wie in der letzten Anmerkung. Aber nach 5. Lc2! e3 6. Ld1 ist Schwarz am Zug und muß einen Bauern aufgeben.

5. ...   Kb4
6. Kxb2   Kc4
7. La4+   Kd3

Sonst gleicht 8. Kc2 aus.

8. Lb5+   Ke3
9. Kc2
**   remis**

Natürlich ist ein Patt dem Matt ziemlich nahe. So sollte man bei der Konstruktion eines Patts stets sehr vorsichtig sein, daß es dem Gegner nicht möglich ist, das eine verbliebene Feld doch noch abzudecken ...

Diagramm **27/S**

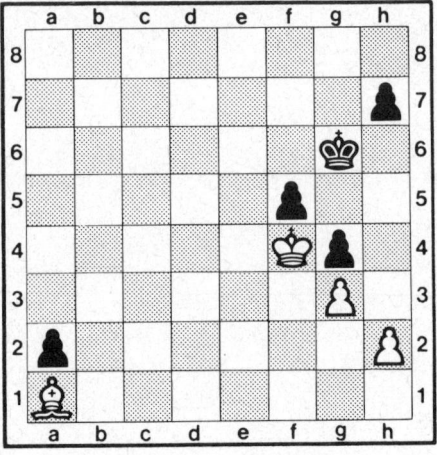

Sallay – Honfi, Ungarn 1973

Schwarz dürfte hoffnungslos verloren sein, denn sobald ihm die Züge ausgehen, fällt der f-Bauer. Auch ... h5–h4 hilft nicht, da Weiß den richtigen Läufer für die Umwandlung seines h-Bauern besitzt.

1. ...   h6!
2. Lb2   Kh5

Nett gedacht: 3. Kxf5 a1D 4. Lxa1 patt, andernfalls pendelt der schwarze König eben zwischen g6 und h5. Weiß kann versuchen, mit seinem König von hinten herum-

zuschleichen, aber nach 3. Ke5 Kg5
4. La1 Kg6. 5. Ke6 Kg5 6. Le5
(Selbstverständlich ist 6. Kf7 f4
eindeutig remis.) Kg6 7. Lf6 h5!
(Schwarz verliert, wenn er mit 7....
Kh5? auf seiner Pattidee beharrt:
8. Kf7 f4 9. gxf4 g3 10. hxg3 Kg4 11.
Kg6 Kxg3 12. f5 Kg4 13. Le5 h5 14.
f6 und wandelt zuerst um.) 8. Lb2
(Schwarz droht, mittels ... h4, ...
hxg3 und ... f4 einen Freibauern zu
bilden, also muß Weiß sich darauf
einrichten, seinen König nach e5
zurückzubringen.) Kg5 9. Ke5 (9.
Lc1+ ist nur Zugwiederholung.)
h4 10. Ld4 hxg3 11. hxg3 f4 12.
gxf4+ Kh4! 13. f5 g3 14. f6 g2 15. f7
g1D 16. f8D kommt nur ein Remis
heraus.

Da Weiß mit normalen Mitteln
nicht gewinnen kann, stellt er eine
Falle ...

3. h3   gxh3??

Katastrophal! Zum friedlichen
Ausgang führte 3. ... Kg6! 4. hxg4
(4. h4 Kh5 5. Ke5 Kg6 remis, weil
sich der weiße König wegen ... f4
niemals zur sechsten Reihe vorwa-
gen wird) fxg4 5. Kxg4 h5+ 6. Kf4
Kh6 7. Kf5 (sonst pendelt der
schwarze König einfach zwischen
g6 und h6) h4! 8. gxh4 Kh5, und
der letzte weiße Bauer wird abgeholt.

4. Kxf5

Nun gibt es kein Patt mehr!

4. ...   h2
5. Lf6   h1D
6. g4 matt

In der nächsten Stellung hat Weiß
mit seiner Pattfalle Erfolg, aber
nur, weil der Gegner etwas nach-
hilft.

Diagramm 28/W

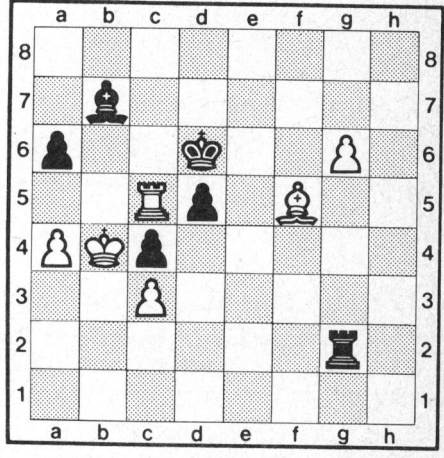

Honfi – Lengyel, Ungarn 1963

Das Problem des Weißen ist seine
gräßliche Turmstellung. Überhaupt ist es sehr schwer, irgend-
welche spielbaren Züge für ihn zu
finden, z.B. 1. Ta5 Tb2+ 2. Ka3
Tb3+ 3. Ka2 Txc3 4. g7 Tg3 verliert
zwei Bauern, ohne etwas für die Be-
freiung des Turms zu leisten. Falls
1. a5 so ... Lc6 und es gibt keine Verteidigung gegen die Drohung 2. ...
Tb2+ 3. Ka3 Tb3+ 4. Ka2 Kxc5
(Diese Variante ist in der Ausgangsstellung nicht möglich, da
Weiß letztlich seinen g-Bauern um-

wandeln könnte.) oder 1. Lb1 Tb2+
bzw. 1. Lh3 Txg6.
Der Partiezug stellt die beste praktische Chance dar:

1. Lc8!   Tb2+?

Die Gewinnvariante lautet 1. ...
a5+! 2. Kb5 Tb2+ 3. Kxa5 Kxc5 4.
g7 Tb6! (droht matt) 5. Lxb7 Txb7
und mit der Mattdrohung kassiert
Schwarz noch den g-Bauern.

2. Ka5!

2. Ka3? Kxc5 3. Kxb2 Lxc8 und gewinnt.

2. ...   Kxc5

Selbst 2. ... Tg2 ändert nichts wegen 3. Kb6!, und Weiß hebt die oben
angegebene Verlustvariante völlig
auf. Wir haben nun die gleiche Position wie in jener Variante, nur daß
Schwarz hier noch seinen Ba6 besitzt, welcher unglücklicherweise
das Matt verhindert!

3. g7   Tg2
4. Lg4!   Txg4
5. g8D   Txg8 patt

Im folgenden Beispiel erleben wir
ein Patt, wie es von Zeit zu Zeit in
der Praxis vorkommt.

Diagramm **29/W**

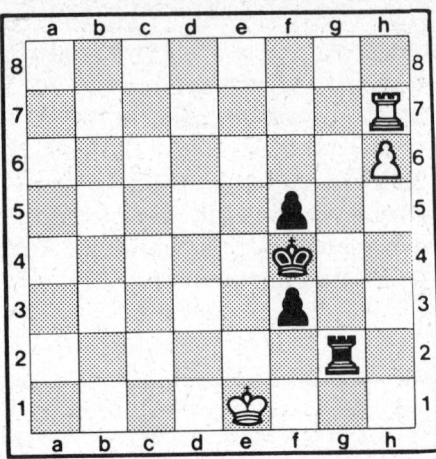

Snosko-Borowski – Salwe, Ostende 1907

1. Th8

Hält zwar remis, doch einfacher
war 1. Tg7! Th2 (... Tb2 2. Ta7 remis) 2. h7 f2+ 3. Kf1 Kf3 4. h8D
Txh8 5. Th7 mit Verfolgung des
schwarzen Turms – eine Idee, die
in mehreren Partien zum Tragen
kam.

1. ...   Ta2

Gestattet den sofortigen Ausgleich,
aber selbst 1. ... Tb2 (was die in der
Partie realisierte Remiswendung
vereiteln würde) 2. Ta8 Th2 (... f2+
3. Kf1 remis) 3. Ta6 würde zu einer
Stellung führen, in der Schwarz
keinen Fortschritt erzielen kann
(3. ... Kg3 4. Tg6+).

2. h7   f2+
3. Kf1   Kf3

4. Ta8! Txa8
5. h8D Txh8 patt

Hätte Schwarz 1. ... Tb2 gespielt, wäre in dieser Variante 5. ... Tb1 matt möglich gewesen.

Zeit für eine Studie! Die bevorstehenden Komplikationen sieht man der scheinbar harmlosen Ausgangsstellung nicht an.

Diagramm 30/W

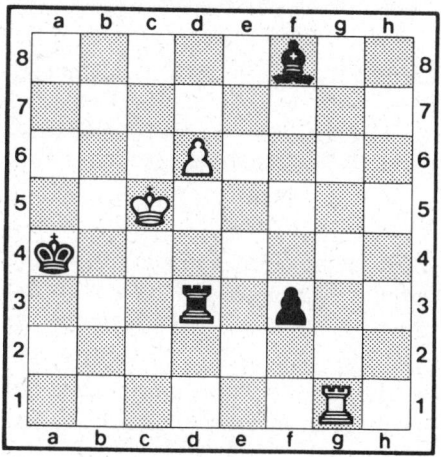

Remis
H. Mattison, Rigaer Tageblatt 1914

1. Tg8!

1. Kc4? f2 2. Tf1 (2. Ta1+ führt mit Zugumstellung zum Text.) Tf3 3. Ta1+ (3. Kd5 Kb5 4. Ke4 Tf7 und Schwarz gewinnt sowohl nach 5. Ke3 Lxd6 als auch nach 5. d7 Le7 6. Kd3 Tf8 7. Ke2 Lc5) Ta3 4. Tf1 Ta2 5. d7 Le7 6. Kd3 Kb5 7. Ke3 Lh4 und weil 8. d8D Lxd8 9. Txf2 an ... Lb6+ scheitert, kann Schwarz mit dem

nachfolgenden 8. ... Kc6 sein Materialübergewicht festigen.

1. ... Lxd6+

Oder 1. ... Tc3+ (... Lh6? 2. Kc4 droht matt und Turmgewinn) 2. Kd5! (2. Kd4? Tc8! 3. d7 Lc5+ bzw. 3. Tg3 f2 4. Tf3 Lxd6 jeweils mit Gewinn) Tc8 (... Td3+ 3. Ke4) 3. Tg3 f2 4. Tf3 und Weiß erobert den f-Bauern.

2. Kc4 Tc3+!

Die einzige Gewinnchance, da 2. ... Td4+ 3. Kxd4 f2 4. Ta8+ nebst 5. Ta1 zuläßt.

3. Kxc3 f2
4. Tg4+

Vermeidet 4. Ta8+ Kb5 5. Ta1 Le5+ 6. Kd3 Lxa1 7. Ke2 Ld4 und Schwarz gewinnt.

4. ... Ka3

Wenn der schwarze König die fünfte Reihe betritt, folgt 5. Tg5+ nebst 6. Tf5. Aber nun hat Weiß keine Schachs, und 5. Tg8 wird durch ... Lb4+ 6. Kc2 f1D 7. Ta8+ La5 widerlegt.

5. Tg5! Lb4+
6. Kc2 f1D

Sonst kommt 7. Tf5 – 6. ... f1T war noch eine bessere praktische Chance!

7. Ta5+ Lxa5 patt

Ein Patt in der Brettmitte dürfte in der praktischen Partie ein sehr ungewöhnliches Ereignis sein, das Beispiel Titenko – Murey zu Beginn dieses Kapitels ist das einzige, das ich aus der Meisterpraxis kenne. Der Endspieltyp, der die meisten Patts hervorbringt, ist zweifellos der mit Damen und Bauern. Aus den nächsten vier Stellungen lernen wir die meisten der verfügbaren charakteristischen Tricks kennen.

Diagramm **31/W**

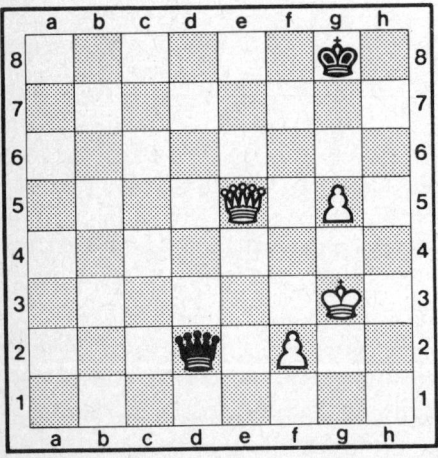

Lehmann – Pfeiffer, BRD 1958

1. g6

Da Weiß klar auf Gewinn steht, ist eigentlich kein Grund für solch einen riskanten Zug vorhanden, aber bei richtiger Fortsetzung ist nichts daran auszusetzen.

1 . ...   **Dd3+**
2. **Kg4?**   **Dxg6+**
3. **Dg5**

In der Annahme, daß der Damentausch erzwungen ist, aber leider ...

3. ...   **Kh8!**

und die Bescherung ist perfekt. Das remisliche Damenendspiel nahm in der Tat ein friedliches Ende. Weiß hätte 2. Kh4! ziehen sollen: 2. ... Dxg6 3. Dg5 Kh8 4. Dh5+! und gewinnt, denn nun ist der Damentausch wirklich forciert – dies war in der Partie natürlich unmöglich, weil die Dame gefesselt war.

Der Fehler des Weißen in der nächsten Position war etwas subtiler.

Diagramm **32/W**

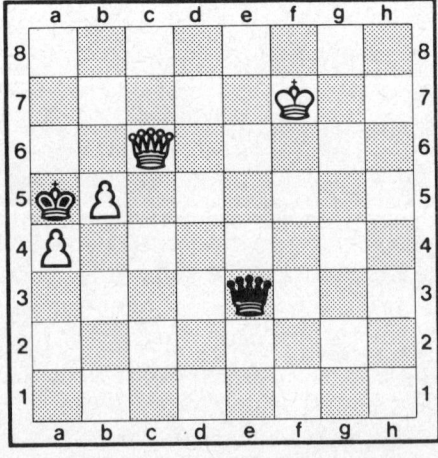

Podgajets – Klowan, UdSSR 1969

1. Dc7+?

Trotz der beiden Mehrbauern steht Weiß hier nicht klar auf Gewinn, weil es schwer ist, die Bauern gedeckt zu halten und gleichzeitig Dauerschach zu verhindern. Als beste Fortsetzung erscheint 1. Da6+ Kb4 2. b6 Kc5! (Es hat keinen Zweck, im Moment Schach zu bieten, da sich der weiße König auf a7 versteckt und so dem b-Bauern das Vorrücken ermöglicht.) 3. a5 (3. Db5+ Kd6 4. b7 Df3+ 5. Kg6 Dg4+ remis – Schwarz kann die Damen tauschen, wenn sich Weiß dazwischenstellt) Kd6 (Damit ist für Weiß die Fluchtroute zum Damenflügel unterbrochen und Schwarz droht Dauerschach.) 4. Dc4! (4. b7+ Kc7 5. Db5 Df3+ nebst ... Dxb7 remis) und Schwarz kann kein Dauerschach geben, z.B. 4. ... Df3+ 5. Kg6 Dg3+ 6. Kf5 Dh3+ (... De5+ 7. Kg4 Dxa5 8. b7 Db6 9. b8D+! Dxb8 10. Df4+ gewinnt) 7. Kg5 Dg3+ 8. Dg4 De5+ 9. Df5 Dg3+ 10. Kh5 Dh2+ 11. Kg6 Dg2+ 12. Dg5 De4+ 13. Kg7 Db7+ 14. Kh6 Dh1+ 15. Dh5 Dc1+ 16. Kh7 und die Schachgebote gehen aus. Dies ist kein endgültiger Beweis dafür, daß der Anziehende mit 1. Da6+ gewinnt, aber der Zug bietet viel bessere Chancen als 1. Dc7+?, wonach Schwarz das Remis sofort erzwingen kann.

1. ...	Kxa4
2. b6	Ka5!

Die überraschende Pointe! Anstelle einer Serie von unnützen Schachs, die nur den König zur Unterstützung seines Bauern herübertreiben, ermuntert Schwarz den Gegner, den Bauern umzuwandeln.

3. b7+	Ka6
4. b8S+	

Weiß mußte seinen Bauern einziehen, da dieser ihm sonst abhanden gekommen wäre, allerdings 4. b8D De6+ 5. Kg7 Dh6+ 6. Kg8 Dh8+ 7. Kf7 Df6+ ist Dauerschach oder patt – deswegen die Springerumwandlung, aber von Gewinnchancen kann immer noch keine Rede sein.

4. ...	Kb5
	remis

Die Pattfalle im nächsten Beispiel ist sehr gut versteckt, und man müßte schon besonders scharfsinnig sein, um nicht darauf hereinzufallen.

Diagramm 33/S

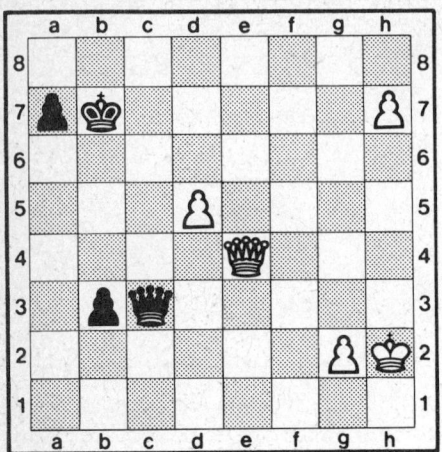

L. D. Evans – Haik, London 1978

1. ...   b2
2. d6+?

Es ist höchst erstaunlich, daß dieser natürliche Zug den Gewinn verschenkt. Die richtige Fortsetzung war 2. De7+!, z. B.:

(A) 2. ... Kb8/c8 3. De8+ Kc7 4. h8D Dxh8+ 5. Dxh8 b1D 6. De5+! Kd7 (oder 6. ... Kb7 7. De7+ Kb6 8. Dd6+ Ka5 9. Dc7+ Ka6 10. d6 und der Bauer rückt auf die siebte Reihe vor) 7. De6+ Kd8 8. Dd6+ Ke8 (... Kc8 9. Dc6+ und falls 9. ... Kb8 so 10. De8+ Kc7 11. De7+ nebst 12. d6) 9. Dc6+ Kd8 (... Kf7 10. Dc7+) 10. Da8+ und der a-Bauer fällt mit Schach.

(B) 2. ... Ka6 3. Dd6+ Kb7 (... Kb5 4. Db8+ Ka6 5. h8D Dxh8+ 6. Dxh8 b1D 7. d6 oder 3. ... Ka5

4. Dd8+ Ka4 5. h8D – die Damenendspiele sind für Weiß gewonnen) 4. Dd7+ Ka6 (... Kb6 5. Dd8+) 5. Dc6+ Dxc6 6. dxc6 b1D 7. h8D und wieder einmal sollte Weiß gewinnen.

2. ...   Ka6!

Konstruiert ein Patt.

3. d7   b1D!
4. Dxb1   De5+

Schwarz kann nun überraschenderweise Dauerschach bieten oder ein Patt erzwingen, aber er muß sorgfältig vorgehen und die Schachs von den richtigen Feldern abgeben, weil der weiße König sonst entwischt. Die nachstehende Tabelle der entsprechenden Felder gibt die passenden Antworten:

bei Stellung des weißen Königs –	schwarze Damenschachs von
h6, f1, f2	f8
g1, e3, c3, h5	c5
g3, g6, d1	d6
d2, g4	b4
a2, a3	a4
e1, h4	b4 oder e7
e2, g5	e7
h1	h5
h2	e5
h3	e6
f5	d7
d4	f6
c1	f4
c2	c5 oder e4

b2	d4
b3	d5
f3	c3 oder f8

Die einzige Möglichkeit, die oben angeführten Schachgebote zu vermeiden, besteht darin, an irgendeinem Punkt g3 oder g4 zu ziehen, aber beide Züge führen geradewegs ins Dauerschach. Allerdings wurde Schwarz in der Partie nicht auf die harte Probe gestellt, da sein Gegner das Patt übersah!

5. Kh1	Dh5+
6. Kg1	Dc5+
7. Kf1	Dc4+?!

Am einfachsten war 7. ... Df8+!, wie in der Tabelle angegeben.

8. Ke1?

Viel besser war 8. Kf2!, wonach es schwer für Schwarz ist, wieder auf ein entsprechendes Feld (gemäß Tabelle) zu gelangen.

8. ...	Db4+
9. Dxb4 patt	

Die folgende Stellung ist sogar ohne die Pattidee remis. Weil sie aber zur Anwendung kam, blieben den Spielern zusätzliche Sitzungen erspart!

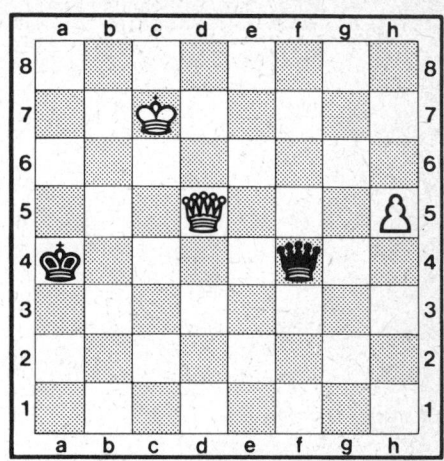

Diagramm **34/W**

Sigurjonsson – Miles,
Hastings 1975/76

Der letzte Bauernzug bzw. das letzte Schlagen geschah bereits vor 32 Zügen, so daß sich die Kontrahenten mittlerweile ziemlich gelangweilt haben müßten. Wenn Weiß wirklich weiterkämpfen wollte, hätte er 1. Kd7 oder 1. Kb7 versuchen sollen, aber vermutlich machte es ihm nicht mehr allzuviel aus, ein schnelles Remis zuzulassen!

1. Dd6?!	Dc4+!
2. Dc6+	

Nach 2. Kd8 (2. Kb6/b7/b8 Db5+ oder 2. Kd7 Dg4+) Dh4+ geht der Bauer verloren.

2. ...	Ka5

Erzwingt die Antwort, da 3. Kb7 (3.
Kd7 Df7+) Db3+ 4. Ka8 (4. Kc7/a7
Df7+ oder 4. Kc8 Dh3+) Dg8+ 5.
Kb7 Db3+ sofort Dauerschach ist.

3. h6   Df7+
4. Dd7

Oder 4. Kb8 Df8+ 5. Kb7 Db4+ 6.
Kc7 De7+ 7. Dd7 Dc5+ 8. Dc6
(sonst erobert Schwarz den Bauern mit 8. ... Db6+ oder ... Df8+)
De7+ remis.

4. ...   Dc4+
5. Kb8

5. Kd8 Dh4+ bzw. 5. Kb7 Da6+.

5. ...   Db4+
6. Kc8   Dc5+!
7. Dc7+   Ka6

Diese Wiederholung des vorherigen Manövers forciert das weitere
Vorgehen des Bauern, da dieser
nach 8. Kb8 Db4+ 9. Kc8 Df8+ fallen würde.

8. h7   Df8+
9. Dd8   Dc5+
remis

Nur unter Aufgabe des h-Bauern ist
das Dauerschach zu vermeiden.

Wir beenden dieses Kapitel mit einer kleinen Gruppe von Stellungen, in denen große Schwindeleien
die Hauptrolle spielen.

Diagramm **35/S**

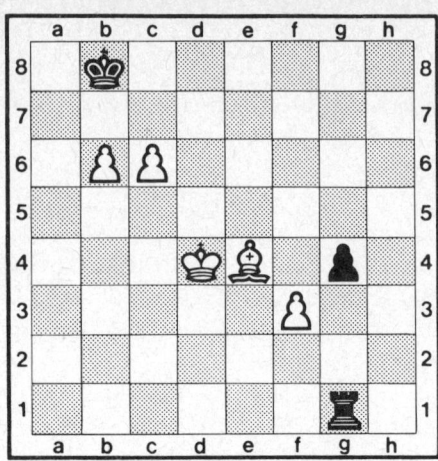

Goldstein – Schamkowitsch,
Moskau 1946

Schwarz steht auf gänzlich verlo-
renem Posten. Der Gegner droht 2.
c7+ nebst 3. Lf5+, und auf 1. ... Tc1
würde zunächst der Turm mit
Schach und dann noch der g-Bauer
zum Opfer fallen.

1. ...   Td1+

Was wie ein Verlegenheitsschach
aussieht, ist tatsächlich eine geschickte Falle!

2. Ke5?

Dagegen gewinnt Weiß mit 2. Ke3!
gxf3 (... Te1+ 3. Kf2) 3. c7+ Kc8 4.
Lf5+ Td7 5. Kxf3. Aber nun kann
Schwarz sich retten.

2. ...   gxf3!

Nicht 2. ... g3? wegen 3. c7+ Kc8 4.

40

Lf5+ Td7 5. Lh3 g2 6. Lxg2 Th7 (sonst wieder Lh3) 7. Lf1 und gewinnt.

3. Lxf3

3. c7+ Kc8 4. Lf5+ Td7 5. Lh3 f2 gefolgt von 6. ... f1D 7. Lxf1 Txc7 ist auch nur remis.

3. ... Td7!

Jedoch nicht 3. ... Tc1? 4. Kd6 und Weiß gewinnt.

4. Ld5

Mit der Absicht, auf z.B. 4. ... Tg7 durch 5. Kd6 Tg6+ 6. Le6 den Punkt einzuheimsen, aber ...

4. ... Tb7!
remis

Nach 5. Kd6 Txb6 ist der letzte Bauer gefesselt.

Diagramm **36/W**

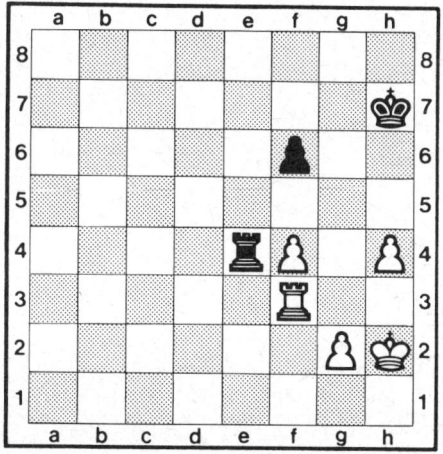

Reshevsky – Geller, Zürich 1953

Ein berühmtes Beispiel. Angesichts seiner beiden Mehrbauern erwartete Reshevsky von Geller wahrscheinlich die Aufgabe, aber erst erschwerte ein sorgloser Zug den Gewinn, dann machten zwei weitere Ungenauigkeiten ihn sogar zunichte.

1. Kg3?

Danach werden die Bauern blockiert. Das offensichtliche 1. g4 war viel besser.

1. ... Kg6
2. Ta3 f5
3. Ta6+?!

Eigentlich überflüssig. Korrekt war sofort 3. Ta8! mit der Absicht 4. Tg8+ und 5. Tg5.

3. ... Kh5
4. Tf6?

Jetzt ist die Position remis. Weiß konnte immer noch gewinnen: 4. Ta8! Te3+ 5. Kf2 Tb3 6. g3 Kg4 (sonst 7. Tg8 nebst Tg5) 7. Tg8+ Kh3 8. h5.

4. ... Te3+!
5. Kf2 Ta3
6. g3

Nach 6. Txf5+ Kxh4 7. Tb5 Kg4 8. f5 Kg5 ist Weiß an die Verteidigung seiner Bauern derart gebunden, daß kein Weiterkommen möglich ist.

6. ...   Tf3+!
7. Ke2

Oder 7. Kg2 Txg3+.

7. ...   Txg3

und es folgte noch **8. Txf5+ Kxh4
9. Kf2 Ta3 10. Tg5 Tb3 11. Tg1
Kh5 12. Ke2 Ta3 13. f5 Ta5 remis.**

Die nächste Stellung schießt jedoch den Vogel ab!

Diagramm **37/W**

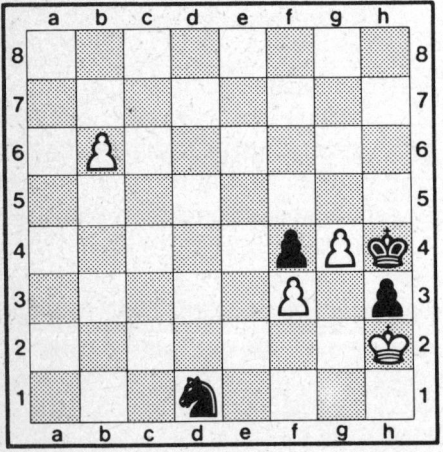

Menas – Braunstein, Bukarest 1960

Schwarz konnte reinen Gewissens
getrost aufgeben, dennoch spielte
er dreist weiter.

1. b7   Se3
2. b8D   Sf1+
3. Kg1

---

3. Kh1 Sg3+ 4. Kg1 Se2+ 5. Kh2
war auch ganz gut.

3. ...   Kg3

Droht nichts Konkretes, warum also nicht noch mehr Material mit-
nehmen?

4. Kxf1   h2

Vornehmlich wegen seines letzten
Zuges muß Weiß hier ein bißchen
clever sein – 5. Dxf4+! Kxf4 6. Kg2
gewinnt.

5. Dh8??   h1D+

(Un-)glücklich.

remis

3. Umwandlung

Die Umwandlung eines Bauern stellt in den meisten Endspielen das höchste Ziel dar. Indessen ist es gewöhnlich ein langwieriger Vorgang, den Freibauern an allen Arten von Hindernissen und Blockaden vorbeizulotsen, bis er schließlich die Grundreihe des Gegners erreicht. Jedoch die Materialmenge, die gewonnen wird, wenn der Bauer auf der anderen Brettseite ankommt, ist dermaßen groß, daß das Opfer einer Leichtfigur oder eines Turms völlig gerechtfertigt ist, falls es den Bauern in die Lage versetzt, die letzte Barriere, die ihn von der Umwandlung trennt, zu überwinden.

Diagramm **38/W**

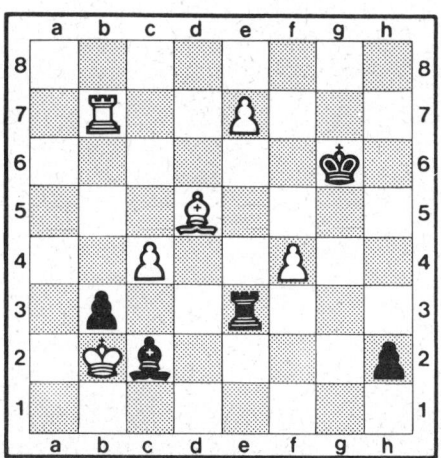

Piasetski – Rajkovic, Stip 1977

Beide Seiten besitzen gefährliche Freibauern, doch Weiß ist im Vorteil aufgrund der verhängnisvollen Stellung des schwarzen Königs, welche die Umwandlung mit Schach erlaubt.

1. Le6!

Auf 1. Lc6 (droht 2. e8D+) spielt Schwarz einfach ... Kf6.

1. ...	Txe6
2. Tb6!	h1D

Verliert augenblicklich, aber auch 2. ... Kf5 dauert nur etwas länger (2. ... Txb6 3. e8D+ Kg7/h7 4. De7+ und nach 5. Dh4 wird der h-Bauer abgeholt, ebenso wie nach 2. ... Kf7 3. Txe6 Ke8 4. Th6): 3. Txe6 h1D 4. e8D (Schwarz hat nur zwei Schachs) Db1+ 5. Kc3 Da1+ 6. Kb4 Da7 (... b2 führt wegen 7. Dg6+ auch zum Matt) 7. Dg6+ Kxf4 8. Tf6+ Ke5 9. Dg5+ Ke4 10. Dg4+ (unter anderen) Kd3 11. Td6+ Ke3 12. Te6+ Kd2 13. Df4+ Kd1 14. Df1+ Kd2 15. De1+ nebst De2+ und De3 matt.

3. e8D+	Kf5
4. Dxe6+	Kxf4
5. Dh6+	
	1:0

Weiß tauscht die Damen und schickt seinen Bauern auf die Reise, während der schwarze König durch den Turm, der die sechste Reihe kontrolliert, abgeschnitten ist.

In der folgenden Position bringt Weiß sogar ein größeres Opfer, um mit seinem Bauern durchzubrechen.

Diagramm **39/W**

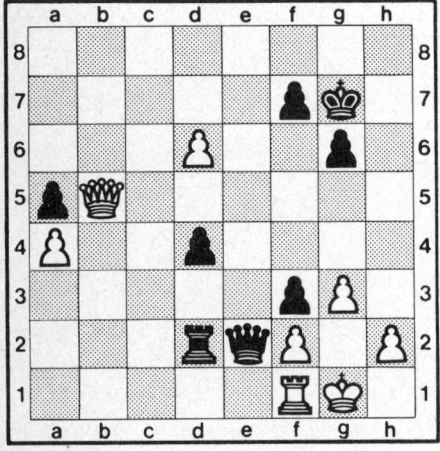

Ermenkov – Sax, Warschau 1969

Da der weiße Freibauer nicht zu stoppen ist, besteht die einzige Chance von Schwarz darin, auf ein Grundlinienmatt zu spielen.

1. d7   d3

1. ... De7 verliert wegen 2. Dxa5 mit der Doppeldrohung 3. d8D/3. Dxd2, jedoch der Textzug stellt die Gegendrohung 2. ... Dxf1 + auf. Nun würde Weiß mit 2. Db1 De7 3. De1 Te2 4. Dc3+ Kh7 5. Dxd3 Dd8 6. Td1 ge-

winnen, aber er wählt eine andere gute Variante.

2. Db3   Tc2

Nur so kann Schwarz seine Drohung erneuern, weil nach 2. ... Ta2/b2 3. Dxa2/b2 bzw. 2. ... De7 3. Dc3+ sein Turm abhanden kommt.

3. Da3

Nicht 3. Db1? De7, nach dem Textzug hingegen verliert 3. ... d2 wegen 4. Da1 + Kh7 5. d8D Dxf1 + 6. Dxf1. Dennoch hat Schwarz eine letzte Chance – und auch beinahe Erfolg.

3. ...   Dxf1+
4. Kxf1   d2

Sieht gefährlich aus, aber Weiß wartet mit einer überraschenden Widerlegung auf.

5. Dxf3!   Tc1+
6. Dd1!
          1:0

Nach 6. ... Txd1 + 7. Ke2 Tb1 8. d8D d1D+ 9. Dxd1 Txd1 10. Kxd1 erhält Weiß ein leicht gewonnenes Bauernendspiel. Es wäre interessant zu erfahren, wie weit er das Damenopfer voraussah, denn ohne diesen Trick hätte er 5. Df8+ ziehen und sich mit remis begnügen müssen.

Das Finale in der vorigen Partie weist eine gewisse Ähnlichkeit mit der folgenden Kombination auf:

Diagramm 40/S

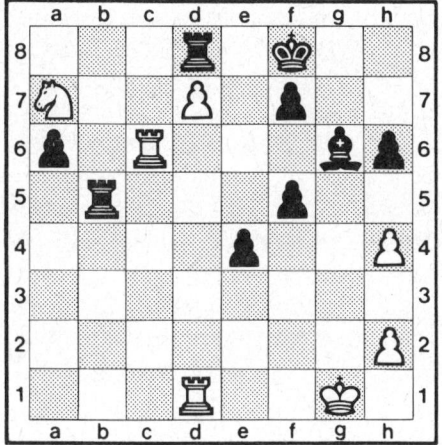

van Riemsdijk — Grünfeld, Riga 1979

Auch hier geht die Gefahr von dem weißen Freibauern aus, aber Schwarz verfügt über ein nicht unbeträchtliches Materialplus, und wenn er eine Umwandlungskombination nicht übersehen hätte ...

1. ...   Lh5?

Ein besserer Versuch ist 1.... Txd7! 2. Txd7 Tb1+ 3. Kg2 f4 mit sehr unklarer Stellung, in der m. E. die Aussichten des Schwarzen keinesfalls schlechter sind: Er hat im Moment praktisch nur die Qualität weniger, weil der Springer viel Zeit benötigt, um ins Spiel zurückzukehren. Weiß mag in der Lage sein, remis zu halten, jedoch nur, indem er einen

Turm im Tausch für die Freibauern zurückgibt. Mit 1.... Lh5? erwartete Schwarz eine Reaktion wie z.B. 2. Td4, um, nachdem sich dieser Turm dem Angriff entzogen hat, durch 2. ... Tb1+ ein Tempo zu gewinnen.

2. Tc8!   Lxd1

Nun würde Schwarz nach 3. Sxb5? Ke7 oder 3. Txd8+ Ke7 4. Sc6+ Kd6 5. Sd4 Tb1 6. Sxf5+ Kc7 recht behalten.

3. Sc6!

Schließt den schwarzen König von dem Feld e7 aus.

3. ...   Td5

3. ... Tb8 4. Sxb8 Ke7 5. Sc6+ Kxd7 6. Txd8+ oder 3. ... Tb1 4. Txd8+ Kg7 5. Tb8 (Tg8+ ist auch gut) verlieren ebenso rasch.

4. Txd8+   Kg7
5. Tg8+
1:0

Ein rücksichtsloser Schlag beendet den Kampf! Nach 5.... Kxg8 6. Se7+ Kf8 7. Sxd5 wird das Feld e7 dem dunklen Monarchen immer noch verwehrt.

Selbst wenn sich sehr wenig Material auf dem Brett befindet, sind noch Überraschungen möglich:

Diagramm **41/S**

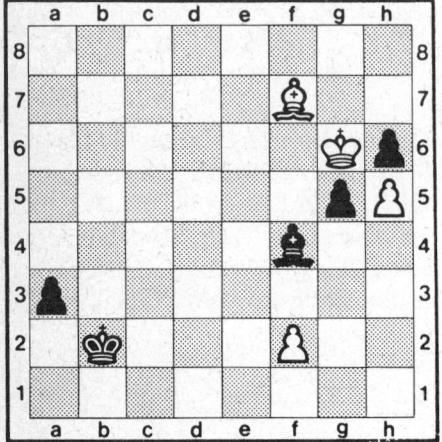

Hindle – Möhring,
Olympiade Tel Aviv 1964

Das offensichtliche 1. ... a2 2. Lxa2 Kxa2 3. Kxh6 ergibt remis, wogegen der Versuch 1. ... g4, um den h-Bauern zu verteidigen, an 2. Kf5 scheitert. Mit der Gewißheit, daß ein Gewinnweg existiert, findet man den richtigen Zug durch eine entsprechende Auswahlmethode, aber in einer Partie würde man den Gewinn leicht übersehen.

1. ...   Le3!

Droht ... Lxf2 – 2. f3 a2 3. Lxa2 Kxa2 4. Kxh6 verliert wegen ... g4+ nebst ... gxf3.

2. Kxh6   g4+
3. fxe3

Auch nach 3. Kg6 Lxf2 würden die beiden Freibauern den weißen Läufer überfordern.

3. ...   g3

und es geschah noch **4. Kh7 g2 5. h6 g1D 6. Kh8 a2 7. Lxa2 Kxa2 8. h7** (Weiß verliert aufgrund der Anwesenheit seines e-Bauern.) **Dg6 9. e4 Df7 – 0 : 1.**

Im nächsten Beispiel wird eine etwas anspruchsvollere Umwandlungskombination demonstriert.

Diagramm **42/S**

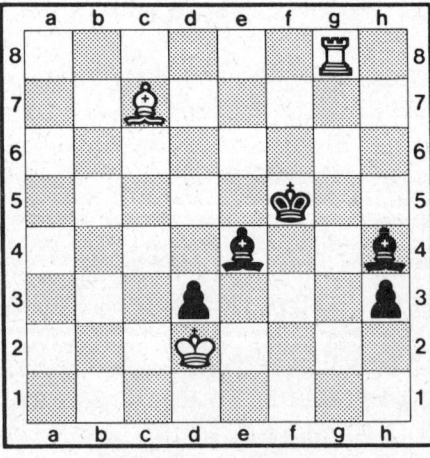

Nenarokow – Grigorjew,
Moskauer Meisterschaft 1923

Bei diesem Materialverhältnis ist normalerweise ein Remis zu erwarten, aber beide schwarze Bauern sind gefährlich vorgerückt. Wenn Weiß sehr sorgfältig spielt, sollte er sich dennoch den halben Punkt sichern.

1. ...   Lg5+
2. Kc3

Die Qualitätshergabe reicht nicht, weil Schwarz ein Umgehungsmanöver am Damenflügel ausführen kann, z.B. 2. Txg5+ Kxg5 3. Ke3 Kf5 4. Lh2 Ke6 5. Lb8 Kd5 6. Lh2 Kc4 (droht ... Kc3) 7. Kd2 Lh7 (beabsichtigt ... Kd4 gefolgt von ... Ke4 und ... Kf3) 8. Lg1 Lg6 (Nun ist Weiß im Zugzwang und muß entweder ... Kc3 zulassen oder dem König gestatten, nach g2 zu gelangen.) 9. Lh2 Kd4 und gewinnt.

2. ...   Le7

Nicht ... d2? 3. Txg5+. Der Textzug stellt eine teuflische Falle ...

3. Kd2?

... in die Weiß fällt. Am besten war 3. Lh2! Lc5 (mit dem Plan ... Lb6 und ... La5+, um den d-Bauern in Bewegung zu setzen) 4. Lc7 (nicht 4. Tg3 Lf2! 5. Txd3 Lxd3 6. Kxd3 Kg4 7. Ke2 Lg3 8. Lg1 Lb8 9. Kf2 Lc7 10. Ke2 Kg3 11. Kf1 Kf3 nebst ... Kg2, oder 5. Txh3 Le1+ und ... d2) Le3 (Ein anderer konstruktiver Plan ist schwer zu sehen.) 5. Th8! (Grigorjew analysierte nur 5. Tg7 Ke6 6. Tg8 Kd7 7. Tg7+ Kc6 nebst ... d2 mit Gewinn.) Kg4 (... Ld4+ 6. Kxd4 d2 scheitert an 7.

Tf8+ und 8. Tf1, während 5. ... d2 6. Td8 nebst 7. Txd2 ein klares Remis ist) 6. Tg8+ Kf3 7. Tg3+ Kf2 8. Txh3 d2 9. Th2+ Lg2 10. Txg2+ Kxg2 11. Kc2 und 12. La5 remis.

3. ...   Lb4+
4. Ke3   d2
5. Td8

Die weißen Züge waren forciert. Nun aber nicht 5. ... La5 wegen 6. Lxa5 h2 7. Tf8+ nebst 8. Tf1. Für Schwarz bietet sich jedoch ein anderer Zug an, um die ungeschickte Aufstellung der feindlichen Kräfte auszunutzen.

5. ...   Ld6!

Mit einem Schlage steht Weiß völlig hoffnungslos, da er zulassen muß, daß einer der Bauern umgewandelt wird.

6. Txd6   h2
7. Txd2   h1D
        0:1

In dem folgenden Beispiel hat Schwarz kein Problem mit der Umwandlung seines Bauern − die Schwierigkeit besteht aber darin, sicherzustellen, daß die sich ergebende Position gewonnen ist.

Diagramm **43/S**

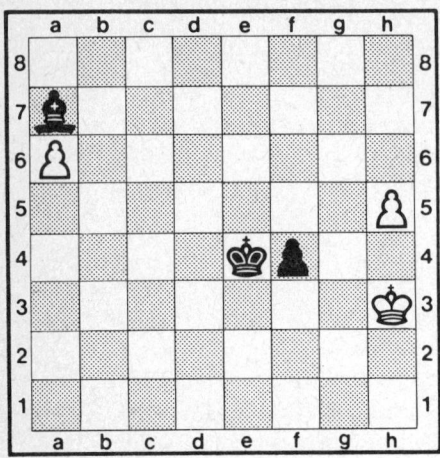

Forintos – Roessel,
Olympiade München 1958

Die Partie endete tatsächlich wie folgt: **1. ... Ke3? 2. h6 f3 3. h7 f2** (... Ld4 4. a7 f2 5. a8D ist auch remis) **4. h8D f1D+ 5. Kh2** und nach einigen Schachgeboten einigten sich die Spieler auf **remis,** da Schwarz mit seinen Damenschachs nicht imstande ist, den weißen König von den Feldern h1 und h2 zu verdrängen. Der Fehler des Schwarzen war, daß er sich zu früh mit seinem Monarchen festgelegt hat (1. ... Kd3 2. Kg4 wäre auch schlecht gewesen).

1. ...   f3!
2. h6

2. Kg3 Ke3 3. h6 f2 4. h7 f1D 5. h8D Dg1+ und ... Dh1+ gewinnt.

2. ...   Kd3!

In dieser Variante ist der König besser auf d3 plaziert, weil der Läufer ggf. auf f2 oder e3 Schach bieten kann.

3. h7   f2
4. h8D

Die Alternative lautet 4. Kg2 Ke2 5. h8D f1D+ 6. Kg3 (6. Kh2 Lg1+ 7. Kg3 Df3+ 8. Kh4 Dh1+ mit Damengewinn) Df3+! (Unüberlegt ist ... Lf2+ 7. Kg4 oder 6. ... Dg1+ 7. Kf4, da der weiße König in beiden Fällen entschlüpft.) 7. Kh2 Df2+ 8. Kh3 De3+! (zwingt den König aus der Ecke) 9. Kg4/h4 (9. Kg2/h2 Dg1+) De4+ 10. Kg3 (10. Kg5 Le3+ nebst ... Dh1+ bzw. ... Ld4+) Lf2+ 11. Kh2 Df4+ 12. Kh1 Df3+ und matt in zwei Zügen.

4. ...   f1D+
5. Kg4

Die Abspiele 5. Kg3 Lf2+ 6. Kg4 Dg2+ 7. Kf4/f5 De4+ und 5. Kh2 Dg1+ führen ebenfalls zum Verlust der weißen Dame.

5. ...   Dg2+
6. Kf4

6. Kf5 De4+ 7. Kg5 Le3+ verläuft ähnlich dem Text.

6. ...   Le3+
7. Kf5   De4+

und die weiße Lady fällt einem Spieß (durch Läufer oder Dame) zum Opfer.

48

Auch in der folgenden Studie kommt es nach der beiderseitigen Umwandlung zu einem fesselnden Duell, das in einem überraschenden Finale gipfelt.

Diagramm **44/W**

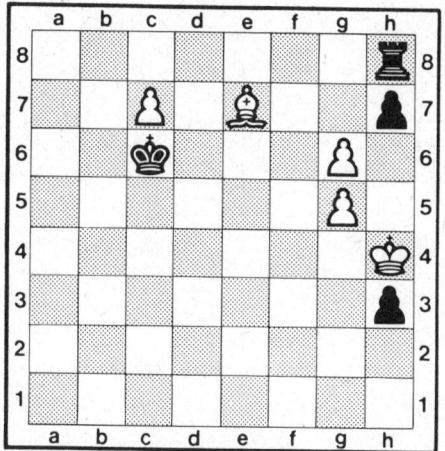

Gewinn
G. N. Sachodjakin,
1./2. Preis, „64" 1939/40

1. g7   h2

Müheloser gewinnt Weiß nach 1.... Tg8 (1.... Tc8 ist sogar schlechter, da 2. Kxh3 drohend Lf8 die Antwort 2. ... Tg8 erzwingt): 2. Kxh3 Kxc7 3. Lf6 Kd7 4. Kh4 Ke6 5. Kh5 Kf7 6. Kh6 Tc8 7. Kxh7 Ta8 8. Lb2 gefolgt von 9. g6+ und 10. g8D.

2. gxh8D   h1D+
3. Kg3

3. Kg4? De4+ 4. Kh5 Dg6+ 5. Kg4 De4+ 6. Kg3 De3+ ist sofort Dauerschach.

3. ...   Dg1+

Auf irgendeine Weise muß der weiße König dem Sperrfeuer entrinnen. Kann dies mit einem Marsch zum Damenflügel erreicht werden? Nach 4. Kf3 Df1+ 5. Ke3 De1+ 6. Kd3 Dd1+ 7. Kc4 (Die Felder c3 und d4 muß Weiß meiden.) Dd5+ 8. Kb4 De4+ 9. Ka3 Df3+ 10. Ka2 Dd5+ bietet die schwarze Dame aber entlang der Diagonalen d5—h1 fortwährend Schach, während sich ihre Gegenspielerin niemals dazwischenstellen kann. Die einzige noch verbliebene Möglichkeit, dem Dauerschach zu entkommen, besteht in der Flucht nach vorn.

4. Kf4   Df1+
5. Kg4

Nach 5. Ke4 Db1+ müßte der König wieder nach f4 zurück.

5. ...   Dg2+

5.... De2+ ergibt eine Zugumstellung zum Text. Es scheint nun, daß der Plan des Weißen zum Scheitern verurteilt ist, denn 6. Kf5 Df3+ 7. Ke6 Dd5+ führt zum Verlust seiner Dame. Dennoch, genau in diesem Abspiel ist der Sieg verborgen!

6. Kf5!!   Df3+

6.... Dh3+ 7. Kf6 geht zur Hauptvariante über. Nun verliert 7. Ke5 wegen ... Dc3+ 8. Ke6 Dxh8 9. Ld8 De8+ nebst ... Kd7. Weiß kann jedoch seine Dame auf eine andere Weise aufgeben.

7.	Ke6	Dd5+
8.	Kf6	Dd4+
9.	Kf7	Dxh8
10.	Ld8	

Hinter diesem und dem nächsten Zug steht die Absicht, den schwarzen König nach c8 zu locken, um dann die Einkerkerung der Dame zu besiegeln.

10.	...	Kd7/b7
11.	c8D+	Kxc8
12.	Lf6	h6

Die letzte Gelegenheit, den einzigen weißen Bauern abzutauschen, jedoch...

13. g6 und gewinnt

Diese Studie bildet eine gute Einleitung zu der nächsten Gruppe von Stellungen, in deren Mittelpunkt eine gerade neugeschaffene Dame dem Besitzer wenig von Nutzen ist. Sehr leicht glaubt man nämlich, daß die Umwandlung das höchste Ziel im Endspiel ist und hört einfach auf zu analysieren, wenn dies realisiert ist. Es gibt jedoch etliche Situationen, in denen der Mehrbesitz einer Dame nicht hilft. In der folgenden Stellung sehen wir, wie das schwarze Herrscherpaar machtlos einem Mattangriff gegenübersteht.

Diagramm **45/S**

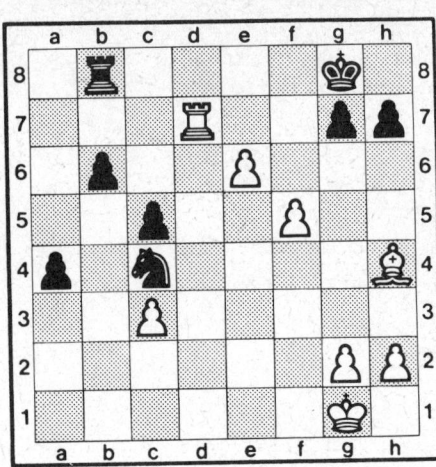

Pfleger – Toth, Rom 1977

Die weißen Figuren können gegen den vordrängenden a-Bauern kaum etwas ausrichten. Andererseits verfügt Weiß selbst über gewisse Drohungen, und seine Chancen liegen nicht so sehr in der Umwandlung des Be6, sondern in der Nutzung der umliegenden Felder zu einem Angriff auf den schwarzen König.

1.	...	a3

Nach 1. ... Te8 2. Ta7 Sa5 3. Lg3 a3 4. Le5 a2 (Die Festlegung des weißen c-Bauern mittels 4. ... c4 verliert wegen 5. Txg7+ Kf8 6. Txh7 a2 7. Lf6! a1D+ 8. Kf2 Da2/b2+ 9. Kg3 und Schwarz wird mattgesetzt.) 5. c4 Sxc4 6. Txg7+ Kf8 7. Lf6 droht 8. Txh7 nebst matt, und 7. ... Ta8 scheitert an 8. e7+ Ke8 9. Tg8+ nebst 10. Txa8. Der Partiezug

erscheint natürlicher, da sich 2. e7 Te8 3. Td8 Kf7 nicht für Weiß empfiehlt.

2. f6   gxf6

Falls 2. ... a2 so 3. f7+ Kh8 4. Td1 und die verbundenen Freibauern triumphieren.

3. Lxf6   a2

Hoffnungslos ist für Schwarz sowohl 3. ... Te8 4. Tg7+ Kf8 5. e7+ als auch 3. ... Tf8 4. Tg7+ Kh8 5. Tg6+ Txf6 6. Txf6 a2 7. Tf1.

4. Tg7+

Dagegen führt 4. Ta7 nach ... Te8! zum Tausch des a- gegen den e-Bauern mit vermutlichem Remisausgang.

4. ...   Kf8
5. Txh7!

Weit stärker als 5. e7+ Ke8 6. Tg8+ Kf7 7. Txb8 a1D+ 8. Kf2 Db2+ 9. Kg3 Kxf6 10. e8D Dxc3+ 11. Kf2 Dd4+ und Schwarz gibt Dauerschach. Die mit dem Partiezug verbundene Mattdrohung zwingt den Nachziehenden dazu, seine gerade umgewandelte Dame gleich wieder aufzugeben.

5. ...   a1D+
6. Kf2   Db2+
7. Kg3   Dxc3+

Forciert, dennoch behält Weiß sei-

ne Initiative und den freien Mehrbauern!

8. Lxc3   Te8

und die Partie nahm folgendes Ende: **9. Th8+ Ke7 10. Txe8+** (10. Lf6+ war sogar stärker.) **Kxe8 11. h4 Ke7 12. h5 — 1:0,** da Weiß nach 12. ... Se3 13. Kf4! Sxg2+ 14. Kg5 Kxe6 15. h6 seinen h-Bauern durchbringt.

Das nächste Partiefragment ist erheblich komplexer, aber es enthält dieselbe grundlegende Idee, nämlich mittels Mattdrohungen den Wert einer zusätzlichen gegnerischen Dame herabzusetzen.

Diagramm **46/S**

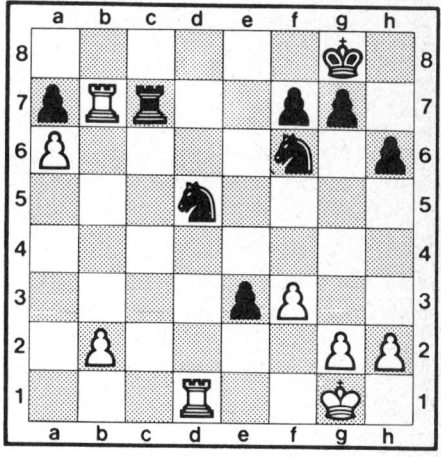

Lasarew—Sacharow, Kiew 1962

Schwarz hat einen bedeutenden Materialvorteil, aber im Augenblick sind seine Figuren sehr gebunden. Der Turm verteidigt den a-Bauern, während die notwendige Deckung des Turms wiederum die Springerkette unbeweglich macht. Schwarz beschließt, den a-Bauern aufzugeben, um unverzüglich auf den weißen König loszugehen. Diese Entscheidung ist wahrscheinlich richtig, weil die Alternative 1. ... Kf8 (um seine Figuren zu unterstützen) 2. Te1! (2. b4 Ke7 3. b5 Kd6 4. b6 e2 nebst ... Sxb6 ist für Schwarz günstig) mit der Absicht 3. Txc7 ziemlich remislich erscheint.

1. ...	Tc2!?
2. Txa7	Sf4
3. Ta8+	Kh7
4. a7	Txg2+
5. Kh1	e2

Bis hierher war alles forciert. Nun spielt Weiß den flexibelsten Zug ...

6. Th8+

... um erst die Reaktion abzuwarten, bevor er sich mit dem Td1 entscheidet.

6. ...   Kg6

Diese Antwort führt ganz klar zum Remis, wohingegen 6. ... Kxh8 große Verwicklungen hervorruft: 7. a8D+ Kh7 8. Te1 (Der Angriff auf den e-Bauern ist in manchen Varianten nützlich, und da anderen Turmzügen nichts Vorteilhafteres abzugewinnen ist, müßte dieser am besten sein.) Tf2 9. Da6 (Erzwungen, weil Schwarz nach 9. Kg1 Sh3+ 10. Kh1 Tf1+ 11. Kg2 Sf4+ 12. Kg3 S6h5+ gewinnt.) S6d5! und nun:

(A) 10. Kg1 (10. Db5 läßt die Drohung ... Se3 nebst ... Tf1+ außer acht.) Sh3+ 11. Kh1 Sdf4 (beabsichtigt ... Tg2 und ... Sf2 matt) 12. Db5 (Die einzige Verteidigungschance besteht in Df5+ und Dauerschach.) h5! (schafft das Fluchtfeld h6, wo der König ziemlich sicher vor den Schachs wäre) 13. Ta1 Tg2 14. Df5+ Kh6 und Schwarz gewinnt.

(B) 10. h4 Se3 11. Da5 (sonst ... Tf1+ mit Gewinn) Tf1+ 12. Kh7 Txe1 13. Dxe1 Sc2 drückt den e-Bauern durch.

(C) 10. Dc4 (am besten) f5! (Schaltet das lästige Schach auf e4 aus. Andere verlockende Abspiele schlagen fehl, z.B. 10. ... Tf1+ 11. Txf1 Se3 12. Dxe2! Sxe2 13. Te1 und gewinnt, oder 10. ... Se3 11. De4+ f5 12. Dxe3 Tf1+ 13. Dg1 Txg1+ 14. Kxg1 und in dem Endspiel besitzt Weiß sehr gute Aussichten, oder 10. ... g5 (um nach weiterer Vorbereitung ... Sb4−d3 zu spielen), wonach Weiß nicht 11. De4+ Kg8 12. De8+ Kg7 13. De5+ f6 versuchen sollte (Schwarz gewinnt), sondern einfach 11. b4, und wenn in dieser Stellung überhaupt noch jemand Gewinnchancen hat, so ist es Weiß.) 11. h4 (Es drohte wieder ... Se3, und 11. Kg1 verliert

wegen ... Sh3+ 12. Kh1 Se3
nebst ... Tf1+.) Tf1+ (Einen
anderen konstruktiven Plan
hat Schwarz nicht.) 12. Txf1
Se3 13. Dxe2 Sxe2 14. Te1
Sg3+ 15. Kh2 f4 ergibt ein
ziemlich unklares Endspiel, in
dem ein Remisausgang am
wahrscheinlichsten ist.

7. Te1   Tf2
8. Tg1+

Forciert. Nun konnte Schwarz bequem mit 8. ... Tg2 remisieren, da
Weiß die Züge wiederholen oder
sich auf 9. Txg2+ Sxg2 10. a8D
e1D+ 11. Kxg2 De2+ mit Dauerschach einlassen muß. Statt dessen
bevorzugt Schwarz eine erfinderische Fortsetzung, die aber nichts
am Resultat ändert.

8. ...   Sg4!?
9. Txg4+

9. fxg4 Tf1 10. Te8 Se6 11. a8D e1D
(... Txg1+ 12. Kxg1 e1D+ 13. Kg2
Sf4+? 14. Kf3 Df1+ 15. Ke4 ist
ziemlich riskant für Schwarz, jedoch 13. ... De2+ war remis) 12.
Dg2 Txg1+ 13. Dxg1 De4+ und einmal mehr gibt es ein Dauerschach.

9. ...   Kh5
10. Te8   Tf1+
11. Tg1   Se6
12. Txe6

Gewiß nicht 12. a8D Txg1+ 13.
Kxg1 e1D+ 14. Kg2 Sf4 matt!

12. ...   fxe6
13. a8D   Txg1+

Ein weiterer Stolperstein war 13.
... e1D+? 14. De8+ Kh4 15. Da4+
und Schwarz wird mattgesetzt.

14. Kxg1   e1D+
remis

da 15. Kg2 De2+ 16. Kg3 De1+ (17.
Kf4?? g5 matt) sofort alles klar-
macht.

Die folgende Position ist bemerkenswert. Obwohl der schwarze
König völlig offen steht, vermag
der Anziehende von den zahlreichen Schachgeboten seiner neuer-
worbenen Dame nicht zu profitieren.

Diagramm **47/W**

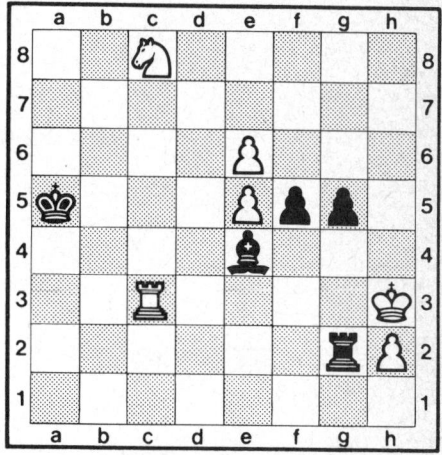

Rittner – Brüntrup,
Ost-Berliner Meisterschaft 1962

Einerseits leuchtet ein, daß der
Freibauer e6 nicht aufzuhalten ist,

aber was soll man andererseits von der schrecklichen Lage des weißen Königs halten? Da die Partiefortsetzung nicht zum Vorteil gereicht, hätte besser 1. Tg3! geschehen sollen: 1. ... Txg3+ (1. ... f4 2. Txg2 Lf5+ 3. Tg4 Lxe6 4. Sd6 gewinnt für Weiß, und auch nach 1.... Tc2 2. Sd6 oder 1.... g4+ 2. Kh4 Txh2+ 3. Kg5 behält er gute Gewinnchancen) 2. Kxg3 oder 2. hxg3 und obgleich Weiß den Läufer erbeuten wird, dürfte er immer noch nicht imstande sein, die Partie zu gewinnen.

1. e7   Tg4

Auf den ersten Blick forciert dies ein Remis: 2. Tc2 (2. Tg3?? Th4 matt) Th4+ 3. Kg3 f4+ 4. Kf2 Txh2+ mit „ewigem Schach", denn der weiße König darf im Hinblick auf ... Txc2+ nebst ... Txc8 niemals auf die c-Linie. Aber es gelingt Weiß, seinen Bauern mit Schach umzuwandeln.

2. Ta3+   Kb4
3. Ta4+

Nach 3. Ta2 Th4+ 4. Kg3 f4+ 5. Kf2 Txh2+ steht der weiße König der Schachlawine ganz schutzlos gegenüber.

3. ...   Kxa4

Notwendig, da sonst 4. Txe4 gewinnt.

4. e8D+   Kb3

Zu irgendeinem Zeitpunkt wird die weiße Dame einen stillen Zug machen müssen, um das Matt auf g2 abzudecken, aber wo soll die Dame dann stehen? Plazieren wir sie auf die zweite Reihe (Feld f2 ausgenommen), spielt Schwarz ... Th4+, ... f4+ und ... Txh2+, und wenn die Dame auf f1 steht, ist am Ende dasselbe Manöver mit ... Th1 wirksam. Demnach bleibt nur f2, aber nach 5. Db5+ Kc3 6. Dc5+ Kd3 7. Df2 remisiert Schwarz mit 7. ... Th4+ 8. Dxh4 gxh4 9. Kxh4 (9. e6 f4 10. e7 Lc6 ist auch gefahrlos) f4 10. Sd6 Ld5 und der f-Bauer ist zu bedrohlich, als daß Weiß sich ein Vorschreiten erlauben könnte. Um das Gleichgewicht zu halten, muß Schwarz also nur sicherstellen, daß die weiße Dame niemals die Kontrolle über g2 mit einem gleichzeitigen Schachgebot erhält — es sei denn, daß Schwarz in diesem Moment ein Matt droht.

5. Db5+   Kc3
6. Dc5+   Kd3
7. Db5+

Nach 7. Da3+ Ke2 8. Db2+ Kf3 erzwingt die Mattdrohung ... Th4 weitere Schachs. Der Partieschluß war: **7. ... Ke3 8. Dc5+ Kf3 9. Dc3+ Kf2 10. Dd2+ Kf3 11. Dd1+ Kf4 12. Dd2+ Kf3 13. De1 remis** in Erwartung von 13. ... Th4+ 14. Dxh4 g4+ 15. Dxg4+ fxg4+ 16. Kh4 Lf5 17. Sd6 Kf4 18. Sf7 Le6 nebst Abholung des e-Bauern.

Es versteht sich von selbst, daß die Studienkomponisten das Thema der hilflosen Dame sondiert haben. Hier ist eines der spannendsten Beispiele.

Diagramm **48/W**

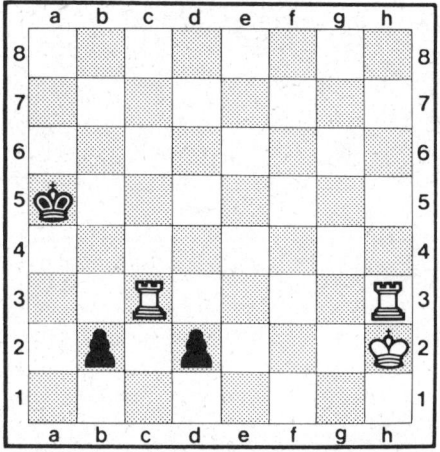

Gewinn
L. Olmutzki, 1. Preis, Schachmaty 1964

Weiß beginnt mit Schachgeboten, um die Türme mit Tempogewinn hinter die Bauern zu bekommen.

1. Ta3+   Kb4
2. Tab3+

2. Thb3+? vergibt den Gewinn, z.B. ... Kc4 3. Tc3+ Kb4 4. Tab3+ Ka4 5. Td3 (sonst kann Weiß nur die Züge wiederholen) d1D 6. Txd1 Kxb3 remis.

2. ...   Kc4

Nach 2. ... Ka4 ist der König genü-

gend weit weg, um 3. Tbg3! zu rechtfertigen: 3. ... b1D (3. ... d1D 4. Th4+ Kb5 5. Tg5+ und gewinnt) 4. Th4+! (nicht 4. Tg4+ Kb5 5. Th5+ Kc6 und Tg6+ ist nicht möglich) Kb5 (oder ... Db4 5. Txb4+ Kxb4 6. Td3) 5. Tg5+ Kc6 6. Th6+ und setzt matt.

3. Thc3+

Wieder muß Weiß bei der Wahl des Turms vorsichtig sein, denn 3. Tbc3+? Kd4 4. Thd3+ (4. Tcd3+ Kc4 ergibt nur Zugwiederholung) Ke4 5. Tb3 (5. Te3+ Kd4) b1D+ 6. Txb1 Kxd3 macht nur remis.

3. ...   Kd4
4. Td3+   Kc4

Da Schwarz natürlich droht, einen der Bauern umzuwandeln, muß nun etwas Konkretes gefunden werden.

5. Tbc3+!   Kb4

Falls 5. ... Kb5 so 6. Td8 Ka4 7. Tc7 (Dieselbe Antwort folgt auf ... Kb4.) b1D 8. Ta7+ nebst 9. Tb7+ und 10. Txb1 gewinnt.

6. Tc7!!

Überraschend, weil 6. ... b1D 7. Tb7+ Kc4 8. Txb1 Kxd3 remis ist, aber Weiß beabsichtigt noch einen zweiten stillen Zug.

6. ...   b1D
7. Td8!

Droht ein zweizügiges Matt. Der sechste weiße Zug erklärt sich durch die Notwendigkeit, das Feld h7 zu sichern. So wäre 6. Tc8? wegen ... b1D 7. Td7 De4! (pariert das Matt) gescheitert.

7. ...   De4

Es gibt keine Verteidigung, z.B. 7.... d1D 8. Tb8+ Ka3 9. Ta7+ nebst 10. Txa4+ und 11. Txb1 oder 7. ... Df1 8. Tb8+ Db5 9. Txb5+ nebst 10. Td7.

8. Tb8+   Ka3
9. Ta7+

und gewinnt nach ... Da4 10. Txa4+ Kxa4 11. Td8. Die Stellung nach dem siebten weißen Zug ist ein bemerkenswertes Beispiel, in dem eine Dame (oder zwei Damen!) außerstande ist (sind), Schach zu bieten oder ein Matt abzuwenden.

Ein zweiter Grund, warum eine neue Dame wertlos sein kann, ist der, daß der Gegner ebenfalls umzuwandeln droht (gewöhnlich mit Schach) und die Dame das Umwandlungsfeld nicht zu überdecken vermag.

Diagramm **49/S**

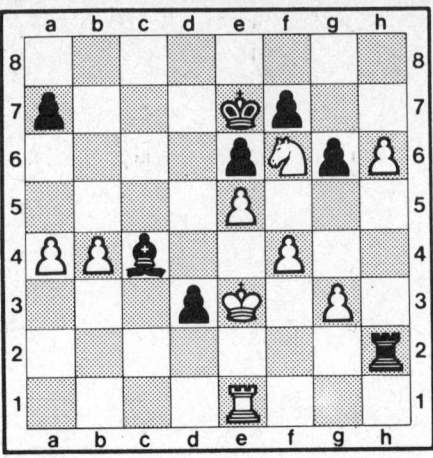

Sandro – Weider, Cagnes-sur-Mer 1977

Wieder einmal sind auf beiden Seiten Freibauern vorhanden, aber der schwarze auf d3 erscheint weniger gefährlich, da Weiß den Vormarsch mit Td1 stoppen kann. Weiter könnte Kd4 folgen, und falls ... La6 so b5 und der Bauer wäre seines Schutzes beraubt. Aus dieser Drohung ergibt sich, daß Schwarz, um die Niederlage abzuwenden, rasch handeln muß.

1. ...   d2!

Ein genau berechneter Zug. Schwarz beabsichtigt, die Blockade seines Freibauern zu beseitigen, selbst wenn dies Weiß erlaubt, in der Zwischenzeit umzuwandeln.

2. Td1   Te2+

Konsequent – auf 3. Kf3 erzwingt ... Th2 die Wiederholung, deshalb ...

3. Kd4 Lb3
4. h7

Nach 4. Txd2 Txd2+ 5. Kc3 Tg2 6. Kxb3 Txg3+ 7. Kc4 (7. Kc2 Th3 8. h7 Kf8 gefolgt von ... Kg7 entlastet den Turm, der den Bf4 oder die Damenflügelbauern angreifen könnte) Tf3 nebst ... Txf4(+) und ... Th4 verschafft sich Schwarz gleichzeitig einen nützlichen Freibauern, und wenn überhaupt noch jemand Gewinnchancen hat, dürfte er es sein.

4. ... Lxd1
5. h8D Lxa4

Überdeckt das Mattfeld e8. Da nun 6. Sg8+? wegen ... Kd7 7. Sf6+ Kc7 8. Se8+ Lxe8 verliert, kommt nur noch eine Erwiderung in Betracht.

6. Sd5+ exd5

Sonst gewinnt 7. Sc3.

7. Df6+ Kf8

Nicht ... Ke8? 8. Kc5! (8. Dh8+? Kd7 9. e6+ Kc7+ und gewinnt) Kf8 (... d1D 9. Kd6 und setzt matt) 9. Kd6 (droht 10. Dh8 matt) Kg8 10. Ke7 d1D 11. Dxf7+ Kh8 12. Kf8 und Weiß setzt matt. Jedoch 7. ... Kd7 8. Dxf7+ Kc8 9. Df8+ Kc7 10. Dd6+ ist remis durch Dauerschach ebenso wie ...

8. Dh8+ Ke7
9. Df6+
remis

In der vorigen Begegnung spielten beide Parteien fehlerlos, aber die nächste Partie wurde durch einen ausgezeichneten Schwindel entschieden.

Diagramm **50/W**

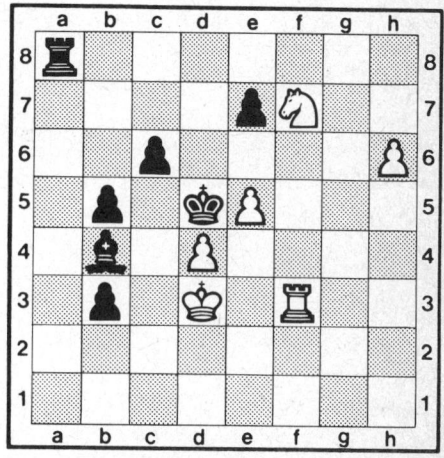

Rodriguez – Larsen, Riga 1979

Wie in der vorhergehenden Stellung besitzt Weiß einen mächtigen Freibauern auf h6. Ähnlich vielen Positionen in diesem Kapitel besteht der Fehler des Weißen in dem überhasteten Vorgehen des Bauern, anstatt sich für die Verhinderung des Gegenspiels Zeit zu nehmen. Hier verheißt das einfache 1. Tf1! den Sieg, z.B. ... b2 2. Kc2 Ta1 3. Tb1 und jetzt ist Schwarz nicht mehr in der Lage, dem Vormarsch des h-Bauern etwas entgegenzusetzen.

1. h7? Ta1!
2. h8D?

Mit den letzten beiden Zügen verpatzte Rodriguez jeweils einen halben Punkt! Der Remishafen war noch wie folgt anzusteuern: 2. Tf2 (2. Ke2 Te1+ 3. Kf2 Th1 4. h8D Txh8 5. Sxh8 b2 6. Tb3 Lc3 7. Sg6 Kc4 8. Txb2 Lxb2 9. Sxe7 Lxd4+ mag auch remis sein, aber Weiß muß sich schon strecken) Td1+ 3. Ke3 Te1+ 4. Kd3 (4. Kf3 Th1 5. h8D Txh8 6. Sxh8 Kxd4 ist schwer abzuschätzen, wobei Schwarz keine Sorgen und mindestens remis haben sollte) Td1+ mit Zugwiederholung.

2. ...   b2

Schwarz droht die Umwandlung mit Schach und im Gefolge einen Mattangriff. Obwohl Weiß noch im Mehrbesitz einer Dame ist, kann er nichts dagegen ausrichten.

3. Dd8+   Ld6
4. Ke3   b1D
5. Sxd6   Dc1+
0:1

6. Kf2 (6. Ke2 Ta2+ oder 6. Kd3 Ta3+) Dg1+ 7. Ke2 Ta2+ 8. Kd3 Dd1+ und Schwarz setzt in zwei Zügen matt.

Aus irgendeinem Grund ist das Finale der folgenden Studie besonders schwer vorauszusehen. Sogar noch zwei Züge vor dem Ende des Lösungsweges ist die Stellung knifflig, daß so mancher starke Spieler, dem ich sie gezeigt habe, ein paar Minuten allein für die Schlußpointe brauchte.

Diagramm **51/W**

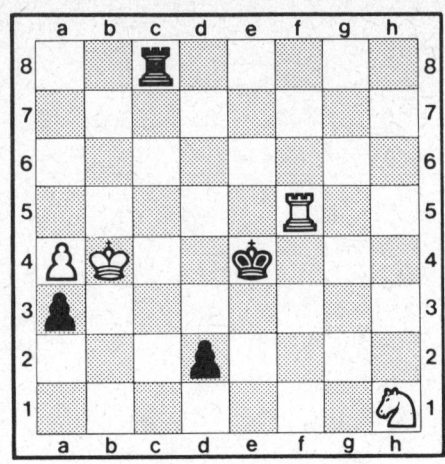

Remis
D. Gurgenidse, 1.–3. Preis,
Komunisti 1973

1. Sg3+

Auf 1. Tf1 gewinnt Schwarz mit ... Tc1 2. Sf2+ (2. Sg3+ Ke5 3. Tf5+ Ke6) Kd4 3. Sd1 a2.

1. ...   Kd4

Wie sich noch zeigt, ist dies kein sehr gutes Feld für den König, aber es gibt keine Wahl, da die Alternativen 1. ... Ke3 2. Sf1+ Ke4 3. Sxd2+ Kxf5 4. Kxa3 und 1. ... Kd3 2. Kxa3! Tc3+ 3. Kb2 (3. Kb4? Tc4+ nebst ... d1D) Tc2+ (... Tb3+ 4. Ka2) 4. Kb3 ganz klar remis sind.

2. Tf1

Zum Verlust führt 2. Tf7 a2 oder 2. Se2+ Ke3 (... Kd3? 3. Kxa3 d1D 4.

Td5+ Kxe2 5. Txd1 Kxd1 und nun nicht 6. a5 Tc4! und gewinnt, sondern 6. Kb4 hält remis) 3. Te5+ (3. Td5 a2) Kf2 4. Sc3 Txc3. Jedoch nach dem Textzug kann Schwarz wegen der Springergabel auf e2 nicht ... Tc1 spielen.

2. ...   a2
3. Td1!

Weil Schwarz die Drohung ... Tc1 erneuert hat, und 3. Se2+ an ... Ke3 4. Sc3 Tb8+ 5. Kc4 (5. Sb5 Ke2) Tb1 6. Sxb1 (6. Sd5+ Ke2) a1D 7. Sxd2 Dxa4+ 8. Kc3 Da5+ den Springer verliert, ist 3. Td1 der einzige Zug.

3. ...   Ke5

Der König muß aus der d-Linie, da 3. ... Kd3 4. Sf1 Tc2 5. Kb3 leicht remis ist.

4. Se2

Die einzige Methode, ... Tc1 zu unterbinden, was nun wegen 5. Sxc1 a1D 6. Sd3+ fehlschlagen würde.

4. ...   Tb8+

Findet einen anderen Weg zur ersten Reihe, und es sieht so aus, als ob der a-Bauer die Entscheidung bringt. Weiß hat jedoch eine außergewöhnliche Verteidigung in petto.

5. Ka3!   Tb1
6. Txd2!   a1D+
7. Ta2

Fängt die Dame! Schwarz hat nichts Besseres als ... Tb3+, womit das Remis besiegelt ist.

Wir setzen mit ein paar praktischen Beispielen fort, in denen auf beiden Seiten um die Umwandlung gekämpft wird.

Diagramm **52/S**

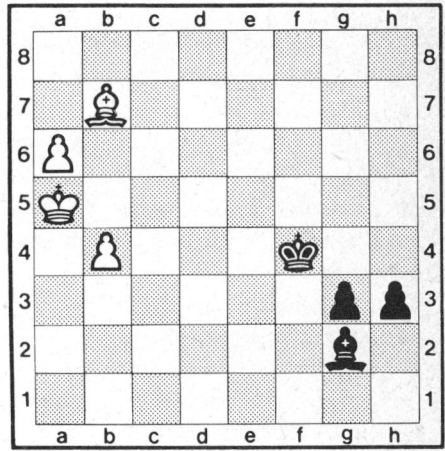

Klebanow – Kalinitschenko,
UdSSR 1970

Zweifellos hat Schwarz Vorteil, seine Bauern sind weiter vorgerückt und zudem ist er am Zug. Kann er gewinnen? Die im Schach-Informator gegebene Antwort lautet ja, und zwar mit Hilfe des Zuges **1. ... Lh1!!** (1. ... Lf3? 2. Lxf3 und sowohl ... Kxf3 3. a7 als auch 2. ... g2 3. a7 ergeben für Weiß mindestens remis) **2. b5** (2. Lxh1 g2 3. Lxg2 hxg2 4. a7 g1D 5. a8D Da1+ und gewinnt) **g2** und Schwarz gewinnt nach 3. a7 g1D 4. a8D Da1+. Tatsächlich nahm die Partie folgenden Verlauf: **3. b6 g1D 4. Lxh1 Dxh1 5. b7 Db1 − 0:1**, da die Bauern festgehalten werden. Gewiß war 1. ... Lh1 ein entzückender Partiezug, aber die Analyse zeigt, daß Schwarz eine effektivere Fortsetzung hatte. Zuerst wollen wir uns anschauen, was denn mit 1. ... Lh1 nicht in Ordnung sein soll.

**1. ...   Lh1
2. Kb5!**

Wir haben eben gesehen, daß die Aufstellung des Königs auf der a-Linie sehr unerfreulich ist, und 2. Kb6 gestattet Schwarz, mit Schach umzuwandeln. Demnach bleibt uns nur der Textzug.

2. ...   g2

Die Drohung 3. Lxh1 g2 4. Lxg2 und 5. a7 läßt Schwarz keine Wahl.

**3. a7   g1D
4. a8D   Df1+**

Nach ... Dg5+ 5. Ka4 gehen Schwarz die Schachs sofort aus.

5. Kb6!

Ein Fehltritt wäre 5. Kc5? wegen ... Df2+ und nun:
(A) 6. Kc4 De2+ 7. Kd4 (7. Kc3/b3 scheitert an ... Lxb7 8. Db8+ Kg4 9. Dg8+ Kf3 10. Df7+ Kg2 11. Dg7+ Kf2 und gewinnt, wogegen 7. Kc5 De3+ 8. Kc4 in die Hauptvariante A übergeht,

8. Kb5 führt zu B und 8. Kd6 verliert wegen ... Db6+.) De3+ 8. Kc4 Lxb7 9. Db8+ De5 bzw. 9. Df8+ Kg3 10. Dg7+ Kf3 und in beiden Fällen muß Weiß den Läufer wiedernehmen und ... De4+ mit Dauerschach zulassen.
(B) 6. Kb5 De2+ 7. Kc5/b6 De3+ 8. Kb5 (8. Kc4 Lxb7 geht über in Variante A, während 8. Kc7 wegen ... De7+ sofort verliert.) Dd3+ 9. Kc5 (9. Ka4 Dd7+ oder 9. Kb6 Dd4+ führt zur Textvariante) Dc3+ 10. Kb5 De5+ 11. Kb6 (11. Kc4 Dc7+) Dd4+ 12. Kb5 (12. Kc7 Dg7+) Dd7+ und Schwarz gewinnt mittels Generalabtausch auf b7.

**5. ...   Df2+
6. Kc7**

Wieder der einzige Zug, weil 6. Kb5 zur Analyse von 5. Kc5? überleitet.

6. ...   Lxb7

Der beste Augenblick für diesen Abtausch, denn nach 6. ... Dc2+ 7. Kb8 hätte die weiße Dame auf b7 größere Bewegungsfreiheit.

7. Dxb7

Schwarz gewinnt nach 7. Df8+ Kg3 8. Dg7+ Kh2.

7. ...   Dd4!

Nach 7. ... h2 8. Dd5 hätte Weiß aufgrund seiner zentralisierten Dame gute Remisaussichten. Nun jedoch steht er vor einer Fülle von Problemen. Von einem forcierten Gewinn für Schwarz ist zwar keine Rede, aber in der Praxis würde er gute Chancen haben. Die Schlußfolgerung ist, daß 1. ... Lh1 unklar bleibt. In der Ausgangsstellung hingegen vermag Schwarz den Sieg zu erzwingen!

1. ...　Ke5!

Schwarz hat bemerkt, daß der Gegner zwei Tempi zum Vorbringen seines b-Bauern benötigt, bevor irgend etwas droht. Daher führt Schwarz seinen König, der im Kampf gegen die feindlichen Bauern Beistand leisten soll, gelassen zurück.

Nun ergeben sich zwei Abspiele:

(A) 2. Kb6 (2. Kb5? Lf1+ nebst ... Lxa6 oder 2. Lxg2? hxg2 3. a7 h1D nebst ... Da1+) Le4! (jetzt möglich, weil Schwarz mit Schach umwandeln kann) 3. Kc7 (3. Lxe4 g2 oder 3. Kb5 Ld3+ nebst ... Lxa6 oder 3. a7 Lxb7 4. Kxb7 h2 ist alles hoffnungslos für Weiß) g2 4. a7 g1D 5. a8D Dg7+ und gewinnt wieder vermittels Generalabtausch auf b7.

(B) 2. b5 (2. Ka4 Kd6 3. b5 Kc7 und gewinnt) Kd6 3. Kb6 (3. b6 Lc6! und Weiß kommt nicht zur Umwandlung, z.B. 4. La8 Lxa8 5. b7 Lxb7 6. axb7 Kc7 oder 4. Lc8 h2 5. b7 Kc7) Ld5 4. Lxd5 (4. a7 Lxb7 nebst ... h2)

g2 5. a7 g1D+ 6. Kb7 Dg7+ 7. Ka6 (7. Kb6 Dd4+ nebst ... Dxd5) Da1+ 8. Kb7 Kxd5 und Schwarz gewinnt.

Eine ähnliche Idee kommt in der folgenden Stellung zum Tragen:

Diagramm 53/S

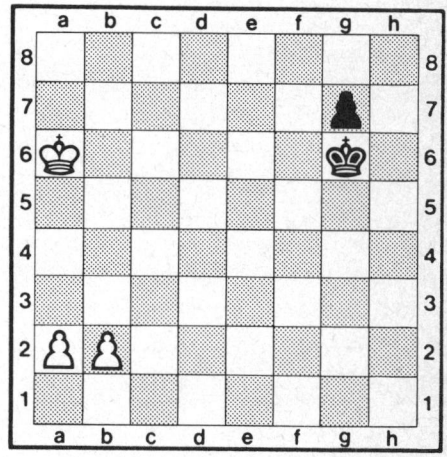

Emerson – Nunn, London 1969

1. ...　Kf5

Weiß gewinnt, wenn er nach der beiderseitigen Umwandlung die Damen tauschen kann, z.B. 1. ... Kf7/h7 2. b4 g5 3. b5 g4 4. b6 g3 5. b7 g2 6. b8D g1D 7. Da7+, 1. ... Kf6 würde in diesem Abspiel 7. Db6+ zulassen, und 1. ... Kh5/h6 würde wegen 7. Dh8+ die Dame verlieren. Durch eine entsprechende Auswahlmethode ist der richtige schwarze Zug aber leicht ausfindig zu machen. Der Partieverlauf war: **2. b4 g5 3. b5 g4 4. b6 g3 5. b7 g2**

6. b8D g1D mit baldigem Remis-schluß, da Weiß nicht zum Damentausch kommt. Eine Woche später jedoch zeigte Roger Emerson mir den ausgelassenen Gewinn ...

2. Kb5!

Ein überraschender Zug, weil Schwarz den weißen Königsmarsch nach g1 leicht mit der eigenen Majestät verwehren kann. Die Crux dabei ist allerdings, daß Weiß dann imstande sein wird, mit Schach umzuwandeln.

2. ...   g5

Auf ... Ke4 folgt 3. a4, während 2. ... Kf4 3. Kc4 zur Hauptvariante überleitet.

3. Kc4   Ke4

Oder 3. ... g4 (3. ... Kf4 4. Kd3 und sowohl ... g4 als auch ... Kf3 5. a4 g4 ergeben nur eine Zugumstellung zu dieser Anmerkung) 4. Kd3 Kf4 5. a4! (5. Ke2? Kg3 6. b4 Kh3! remis) Kf3 (Falls 5. ... g3 so 6. Ke2 und Weiß stoppt den Bauern, während nach 5. ... Kg3 6. a5 Kf2/h2 und der beiderseitigen Umwandlung Weiß wieder in der Lage ist, die Damen zu tauschen.) 6. a5 g3 7. a6 g2 8. a7 g1D 9. a8D+ Kf4 10. De4+ Kg5/g3 11. De3+ und Weiß gewinnt.

4. a4   g4
5. a5   g3

6. a6 g2 7. a7 g1D 8. a8D+ Kf4 (... Ke5/f5 verliert sofort wegen 9. Dd5+ und 10. Dd4+) 9. Df8+ Ke4 (... Ke5 10. Dc5+) 10. De7+ Kf3/f4 11. Df6+ Ke4 (... Ke2 12. De5+ Kf1/f3 13. Df5+ Ke2 14. De4+ und erzwingt den Tausch im nächsten Zug) 12. Dc6+! Kf4 13. Dd6+ Kf3 (... Ke4 14. Dd5+) 14. Dd5+ Ke2 15. De4+, und einmal mehr gewinnt Weiß durch Damentausch.

Im nächsten Partieabschnitt gelingt beiden Spielern die Umwandlung, doch zentral geht es darum, wie zwei vorgerückte Freibauern das Opfer ihrer Königin bestens kompensieren.

Diagramm **54/S**

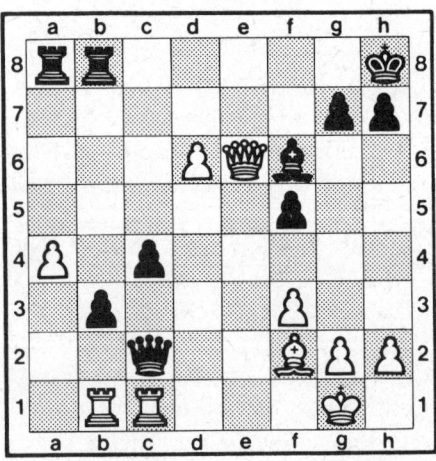

Hort – Keres, Oberhausen 1961

Wahrscheinlich glaubte Hort, den Bc4 zu erobern und sich damit der meisten seiner Probleme zu entledigen, aber Keres fand eine erstaunliche Kombination, die die Spannung in der Stellung aufrechterhielt und dem Gegner, der in schlimmer Zeitnot war, noch zusätzliche Schwierigkeiten bereitete.

1. ... Dxc1+!
2. Txc1 b2
3. Tb1 c3
4. De2!

In einigen Varianten ist es wichtig, die Drohung d7 nebst De8+ beizubehalten. Nach 4. Dxf5 Txa4 5. d7 Ta1 müßte Weiß schon das hoffnungslose d8D+ ziehen, um dem Untergang ... Txb1+ 7. Dxb1 c2 zu entgehen.

4. ... Txa4
5. d7 h6?

Eine Möglichkeit, 6. De8+ zu parieren, aber nicht die beste. Richtig war der paradox erscheinende Zug 5. ... Tg8!: 6. Le1 (6. Dd1 Ta1 7. Txa1 c2 8. Tb1 cxd1D+ 9. Txd1 Td8 nebst ... Txd7 und gewinnt) Ta1 7. Dd3 Td8 8. Kf2 Txb1 9. Dxb1 Txd7 mit Gewinnstellung, z.B. 10. Ke2 Td8 (droht ... Tb8 nebst ... c2) 11. Lxc3 (11. Lg3 Td2+ nebst ... c2) Lxc3 und gegen den Plan ... h6, ... Ta8−a1 ist kein Kraut gewachsen.

6. De8+ Kh7
7. d8D?

Es ist bekannt, daß Abgabezüge oft fehlerhaft sind, und dies ist hier der Fall. Weiß konnte zwischen den Türmen wählen und entschied sich für die falsche Beute. Auch wenn 7. Dxb8(!) keinen klaren Ausgleichsweg bietet, stellt dieser Zug immer noch das geringste Übel dar, z.B. 7. ... c2 (7. ... Ta1 8. Tf1 c2 9. Dxb2 Lxb2 10. d8D Txf1+ 11. Kxf1 c1D+ 12. Ke2 sieht sehr remislich aus) 8. Dxb2 Lxb2 9. Tf1 Ta8! (Die Ablenkung des Läufers ist wichtig. 9. ... Ta1 geht über in das Abspiel 7. ... Ta1.) 10. Lb6 (sonst ... Td8) Ta1 11. d8D Txf1+ 12. Kxf1 c1D+ 13. Kf2 (13. Ke2 Dh1) Lc3 14. g3 (14. De7/e8 Db2+) Dh1 15. Dh4 und Weiß befindet sich in einer unbequemen Lage, da seine Dame passiv und der König offen steht. Für den halben Punkt wird er jedenfalls noch eine Menge Arbeit leisten müssen.
Nach dem Partiezug hingegen vermag Schwarz forciert zu gewinnen.

7. ... Txd8!

Sehr stark, 7. ... c2 8. Dh8+ Kg6 9. Dhe8+ Kh7 ist nur remis.

8. Dxa4 Td2

In dieser kuriosen Situation sind die beiden Freibauern wertvoller als die Dame. Weiß ist wegen der verwundbaren Stellung seines Königs auf der Grundreihe benachteiligt.

9. Txb2?

Dies kommt einer Kapitulation gleich. Die kritische Variante ist 9. Db5 c2 10. Df1 und nun:

(A) 10. ... cxb1D? 11. Dxb1 Td6 (... Td5 12. Le1 Tc5 13. Ld2 ist auch zwecklos) 12. Le3 (12. Dxf5+? g6 13. Dc2 Ta6 — der Läufer zieht sich nach g7 zurück und stoppt die Schachgebote) Ta6 13. Kf2 (13. Dxf5+ g6 14. Dd7+ Lg7 15. Ld4 b1D+ 16. Kf2 Ta2+ 17. Kg3 Db8+ nebst ... Df8 und Schwarz gewinnt) g6 (... Ta1 14. Dxf5+ g6 15. Dd7+ und 16. Ld4) 14. Dc2 Lg7 (droht ... Ta1) 15. Lc1! und sowohl nach ... Tb6 16. Db1 (der König verläßt anschließend die zweite Reihe) als auch nach 15. ... Ta2 16. Kg3 gelingt es Weiß, seinen Läufer für den b-Bauern zu geben und damit remis zu halten.

(B) 10. ... Td5!

   (B1) 11. Le3 cxb1D 12. Dxb1 Ta5 13. Kf2 Kg8! 14. Dc2 (Mit einem schwarzen Turm auf a6 wie in Variante A würde Weiß hier durch 14. Dxf5 remis halten.) Ta1 15. Dc8+ Kf7 16. Dd7+ Kg6 17. De8+ Kh7 und Schwarz gewinnt.

   (B2) 11. g4 (11. g3 cxb1D 12. Dxb1 und nun nicht ... Ta5 13. Le1!, sondern 12. ... g6! 13. Kg2 Lg7, wonach Schwarz seinen Turm nach a1 überführt, bevor der weiße Läufer irgend etwas Nützliches ausrichten kann) Ta5 12. Txb2

Lxb2 13. Le3 Ta1 14. Dxa1 Lxa1 15. Lc1 fxg4 gefolgt von ... Lf6 und ... Lg5 und gewinnt.

9.	...	cxb2
10.	Db3	Td8
11.	Dc2	

Da es keine brauchbare Verteidigung gegen das Manöver ... Ta8—a1 gibt, kann Weiß nur auf Dauerschach hoffen.

11.	...	Tb8
12.	Db1	

12. Dxf5+ Kh8 13. Db1 Ta8 und Weiß wird die schlechte Stellung seines Königs wieder zum Verhängnis.

12.	...	g6

Die Ressourcen des Weißen sind erschöpft, und in der Partie geschah noch **13. g4 Ta8 14. Kg2 Ta1 15. Dc2 b1D 16. Dc7+ Lg7 17. Ld4 Df1+ 18. Kg3 f4+ 19. Kxf4 Dc1+ — 0 : 1.**
(Die obigen Kommentare basieren auf Keres' eigenen, hervorragenden Anmerkungen.)

Schließlich kommen wir zum Thema Unterverwandlung. Es sollte betont werden, daß die Unterverwandlung im praktischen Spiel sehr selten ist. Selbstverständlich meine ich nicht solche Fälle, in denen ein Spieler seinen Bauern frivol in einen Turm unterverwandelt, wenn die umgewandelte Figur, was sie auch sein mag, ohnehin geschlagen werden muß. Echte Situationen, in denen die Unterverwandlung die beste Maßnahme darstellt, beinhalten fast immer den Zug B=S+, um entweder ein Tempo zu gewinnen oder zwei Figuren aufzugabeln. In meiner Laufbahn ist die Unterverwandlung in einen Springer zweimal vorgekommen, und in beiden Fällen war das Motiv ein „Familienschach". Ich habe auch eine Situation gesehen, in der, als eine Dame/Springer-Batterie auf den weißen König gerichtet war, die verlockende Umwandlung eines weißen Bauern zur Dame dem Gegner Dauerschach erlaubt hätte. Aber durch die Unterverwandlung in einen Springer wurde die schwarze Dame angegriffen, dadurch die Batterie unschädlich gemacht, und Weiß konnte am Ende gewinnen. Eine Partie mit der Unterverwandlung in einen Läufer stellt ebenfalls eine Rarität dar, abgesehen von solchen Fällen, bei denen die Unterverwandlungen nur in den Anmerkungen erfolgen! Was die Unterverwandlung in einen Turm betrifft, ist mir kein Beispiel aus der Praxis bekannt, in dem ein solcher Zug der einzige Weg zum Gewinn war. Die nächsten beiden Stellungen zeigen typische Situationen, in denen der Gewinn eines Tempos die Begründung für die Unterverwandlung liefert.

Diagramm **55/W**

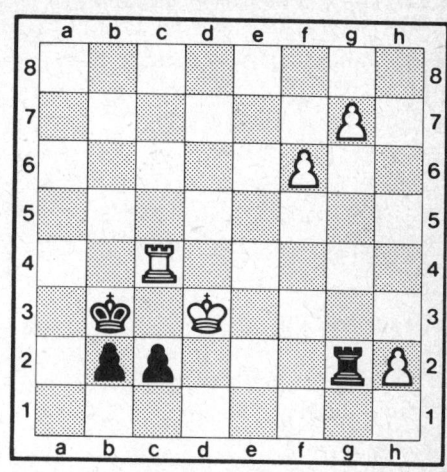

Teschner – K. Richter, Berlin 1951

1. Tc3+

1. g8D Txg8 2. Tc3+ Kb4 3. Kxc2 Tg2+ oder 1. f7 b1D 2. Tc3+ Ka4 ist jeweils für Schwarz gewonnen, deshalb ist der Textzug die einzige Chance.

1. ... Ka4

Nicht 1. ... Ka2 2. Txc2 oder 1. ... Kb4 2. f7.

2. g8D c1S+!

Vermeidet ... Txg8 3. Kxc2 und remis. Nun jedoch hat Weiß nichts Besseres als 3. Txc1 bxc1S+! 4. Ke4 Txg8 5. Kf5 Sd3 6. f7 Tf8 7. Kf6 Se5, wonach seine restlichen Bauern aber aufgerieben werden, daher

0:1

Diagramm **56/S**

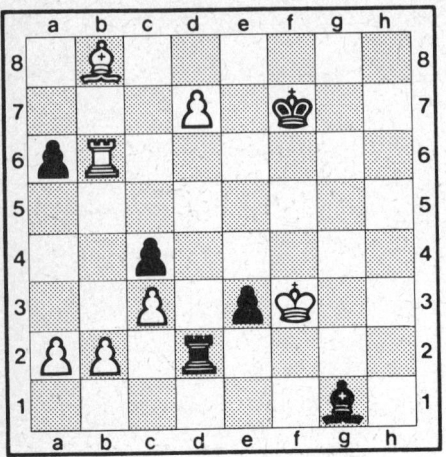

Donnelly – Lewis, Salisbury 1965

Keinen Erfolg verspricht 1. ... Txd7, z.B. 2. Td6 Tb7 3. Td1 Lf2 4. Lf4 Te7 (... Txb2 ist klar remis) 5. Ke2 und Schwarz muß sogar aufpassen, daß er nicht in Nachteil kommt!

1. ... e2

Mit der Doppeldrohung ... e1D und ... Lxb6. Falls Weiß jetzt 2. d8D zieht (Idee ... Txd8 3. Tb7+ nebst 4. Kxe2), gewinnt die Erwiderung 2. ... e1S+! nebst ... Txd8 eine Figur. Es gibt aber eine geistreiche Antwort ...

2. d8S+! Ke7

Andere Züge sind nicht besser: 2. ... Txd8 3. Tb7+ mit weißem Vorteil oder 2. ... Kg7 (2. ... Kf8 3. Tf6+ Ke7 oder 3. ... Kg7 mit Zugumstellung)

3. Te6 Txd8 4. Txe2 Txb8 5. Tg2+ remis.

3.	**Te6+**	**Kxd8**
4.	**Txe2**	**Txe2**
5.	**Kxe2**	
	remis	

Weil sich alle Bauern auf einem Flügel befinden und das Material zu reduziert ist, hat Weiß keine realen Gewinnaussichten.

Die folgende Studie, die ebensogut ein Beispiel aus der Praxis sein könnte, endet mit einer verblüffenden Unterverwandlung.

Diagramm **57/W**

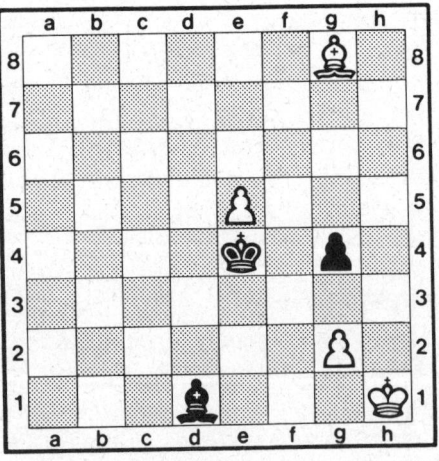

Gewinn
V. Jakimtschik,
Schachmaty w SSSR 1966

1. e6   g3

Gestattet dem Läufer, das Feld e8 sowohl von h5 als auch von a4 zu überdecken und dient gleichzeitig dazu, den weißen König einzusperren. Auf 1. ... La4 folgt 2. Lf7 Lb3 3. Lg6+ und 4. e7 mit Umwandlung.

2. Lf7

Voreilig ist 2. e7 wegen ... Lh5 3. Lb3 Le8 und der schwarze König schnappt sich den e-Bauern.

2. ...   Ke3!

... Lb3 scheitert immer noch an 3. Lg6+. So scheint es, daß es kein Mittel gegen 3. e7 gibt, aber der Textzug beinhaltet eine arglistige Falle.

3. Le8!!

Warum nicht 3. e7? Weil nach ... Kf2! 4. e8D (4. Ld5 La4, und der weiße Läufer kann die Punkte e8 und g2 nicht gleichzeitig kontrollieren) die Bombe ... Lf3 gezündet wird und Weiß unglaublicherweise nicht zu gewinnen vermag, da 5. Ld5 Lxg2+! 6. Lxg2 patt ist! Weiß konnte seinen König auch nicht mit 3. Kg1 befreien wegen ... Lb3 und hält remis, z.B. 4. Lg8 (4. Kf1 Kf4 5. Ke2 Ld5 6. Lg8 Lxg2 oder 5. Lg8 La4 6. Ke2 Lc6 7. e7 Le8 und holt den e-Bauern ab) La4 5. Kf1 (5. Lf7 Lb3) Kf4 und das Spiel mündet wieder in das obige Abspiel mit 4. Kf1 usw. ein. Hinter dem Textzug

steht die Absicht 4. Lc6, was den gegnerischen Schwindel unterbindet und den e-Bauern mobil macht.

3. ...   Kf2

... Lf3 beantwortet Weiß mit 4. Kg1 nebst 5. e7 usw.

4. Lc6

Eingedenk der Drohung ... Lf3 notwendig. Nun sollte die Angelegenheit eigentlich erledigt sein, doch Schwarz hat noch einen Pfeil im Köcher ...

4. ...   Le2!
5. e7   Lf1
6. e8S!

Der einzige Gewinnzug! 6. Le4 Lb5 oder 6. e8D Lxg2+ oder 6. e8L Lxg2+ ist alles remis, aber nach 6. e8S! entscheidet das baldige Se4(+).

Wir wollen uns jetzt mit der vorher erwähnten Partiestellung beschäftigen, in der tatsächlich die Unterverwandlung in einen Läufer die Entscheidung brachte.
Den vergnüglichen Abschluß dieses Kapitels bildet dann eines der seltenen Exemplare aus der jüngeren Praxis.

Diagramm **58a/W**

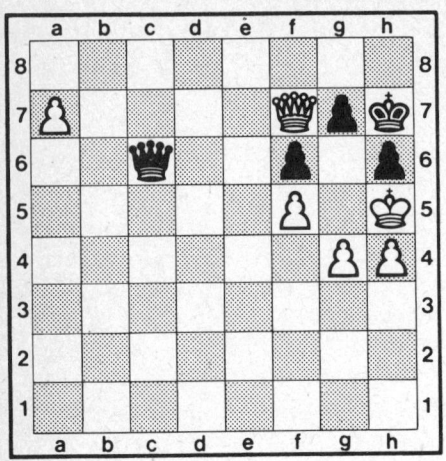

Reschko – Kaminski, UdSSR 1972

Normalerweise würde Weiß mit einem Mehrbauern auf der siebten Reihe leicht gewinnen, aber hier kann er angesichts der beklagenswerten Lage seines Königs kaum aktiv werden, da der Gegner ggf. über die Mattdrohungen ... De8 oder ... g6 verfügt.

1. De7

Falls 1. Df8 (1. Dg6+?? Kg8 und Schwarz gewinnt!) so ... De4 und die Drohung ... g6+ nebst matt erzwingt wieder 2. Df7.

1. ...   Dd5?

1.... Da8! bot sehr gute Remischancen, z.B. 2. De3 (2. Dd7 De4 und fast im Zugzwang kann Weiß mit Df7 nur die Züge wiederholen) Db7 (... Dc8 wird mit 3. De4! beantwortet

und Weiß gewinnt z.B. nach ... Dc7/ d7 durch 4. g5, nicht aber 3. g5? Dxf5 und Schwarz dreht den Spieß um) 3. g5 hxg5 4. hxg5 Dh1+ 5. Kg4 Dg2+ 6. Kf4 (6. Dg3 De4+, Dauerschach) Dxg5+ 7. Ke4 Dg4+ 8. Kd3 Dd1+ (natürlich nicht ... Dxf5+ 9. De4) und Schwarz sollte mühelos das Gleichgewicht halten.

2. De8!

Besetzt gerade das Feld, das Schwarz nicht aus der Hand geben durfte. Von e8 aus pariert die Dame alle Mattdrohungen und sichert die Umwandlung des Bauern.

2. ...   Db7
3. a8L!

Ein Gewinnzug mit Seltenheitswert. Auf 3. a8D/T erzwingt ... Df7+ ein Patt, und nach 3. a8S folgt ... Da7! (Nur so ist der Springer eingesperrt zu halten.) 4. g5 (4. Df8 Db7 und 5. De8 ist wieder forciert) hxg5 5. hxg5 fxg5 6. De4 (6. Kxg5 Dg1+ ist sofort remis, weil der weiße König nicht auf die e-Linie darf) Df7+ 7. Kxg5 (7. Kg4 g6 8. Dh1+ Kg8) Df6+ 8. Kh5 (8. Kg4 g6 9. Db7+ Kh6 10. Dh1+ Kg7 11. Db7+ remis) Df7+ mit Dauerschach.

3. ...   Db3

Um Ld5 so lange wie möglich zu verhindern.

4. Dd7   Dg8

Oder ... Dc2 5. Ld5 gefolgt von Lf7 und Lg6+.

5. Ld5
1:0

Diagramm **58b/S**

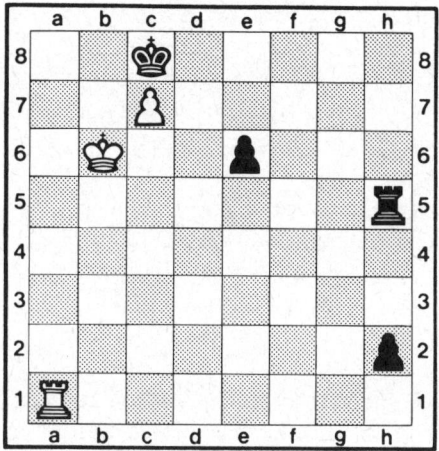

Cholmow—Ehlwest, Wolgodonsk 1983

Den greifbaren Sieg verpatzt 1. ... h1D? 2. Ta8+! Dxa8 patt! Allein mit der nötigen Bescheidenheit kam Schwarz auch hier zum Ziel...

1. ...   h1L!
0:1

4. Positionelles Remis

Unter einem positionellen Remis verstehe ich eine Stellung, in der eine Seite ihr Materialübergewicht, das normalerweise leicht zum Sieg ausreicht, nicht verwerten kann. Dabei ist der überlegene Teil nicht einem direkten Angriff ausgesetzt, sondern wird aufgrund einer anderen positionellen Besonderheit daran gehindert, den materiellen Vorteil auszunutzen. Recht häufig nimmt dieses ‚besondere Stellungsmerkmal‘ die Form einer Blockade an.

Diagramm **59/S**

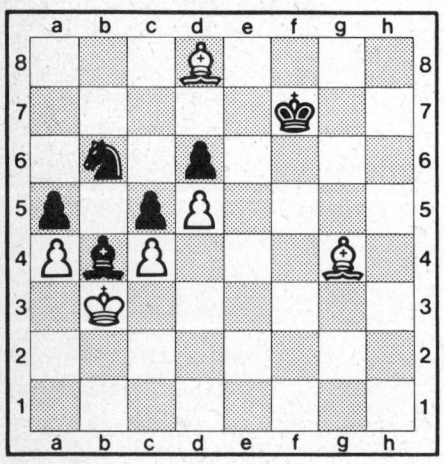

Kobaidse — Cereteli, UdSSR 1969

Der Springer ist in ernsthaften Schwierigkeiten, da er nach 1. ... Sa8 2. Ld7 nebst 3. Lc6 gefangen wird. Aber Schwarz beweist, daß er auf den Rappen verzichten kann.

1. ...   Ke8!

Tatsächlich verliert ... Sa8 auch nicht, weil Schwarz ihn notfalls später aufgeben kann. Der Textzug soll die Lage sofort klären.

2. Lxb6   Ke7
remis

Die schwarzen Damenflügelbauern bilden einen Käfig, aus dem der Lb6 nicht entkommen kann. Indem Schwarz einfach seinen Läufer auf der Diagonalen b4—e1 hin- und herzieht, vermag Weiß absolut keinen Fortschritt zu machen.

In einer geschlossenen Stellung gibt es oft die Möglichkeit, mit einem Opfer die letzten Lücken zu versiegeln, wie in dem folgenden Beispiel.

Diagramm **60/S**

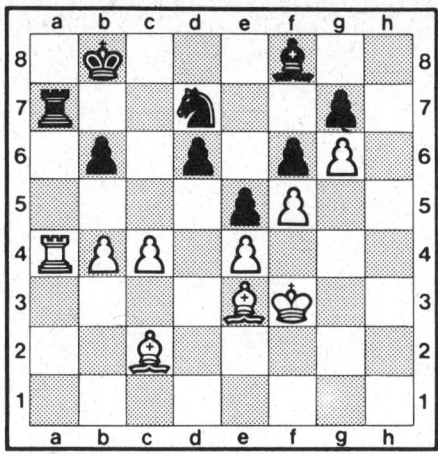

Paulic – Vasovic, Jugoslawien 1976

1. ... Sc5!

Wenn dieser Zug nicht rechtzeitig geschieht, wird sich die schwarze Position irreparabel verschlechtern, z. B. 1. ... Kb7 (Auf 1. ... Txa4 2. Lxa4 muß sofort ... Sc5! folgen, weil sonst der Bb6 fällt.) 2. Txa7 Kxa7 3. La4 Sb8? (... Sc5! remis) 4. Le8 und mit dem Königsmarsch nach b5 erbeutet Weiß den b-Bauern.

2. Txa7 Kxa7
3. bxc5 dxc5
remis

Der Remisplan von Schwarz besteht darin, seinen König nach c7 zu stellen und mit dem Läufer zwischen d6 und e7 zu pendeln. Wenn Weiß zu irgendeinem Zeitpunkt Lh6 spielt, wird ihn die Entgegnung ... Lf8 zum Rückzug drängen.

Diagramm **61/S**

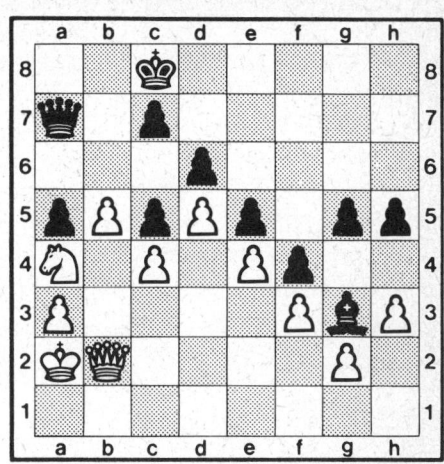

A. Petrosjan – Hazai, Belgien 1970

Schwarz steht sehr bedenklich, weil der Gegner über einen geradlinigen Angriffsplan gegen den schwachen a-Bauern verfügt. Es droht Dd2, Kb3, Sc3, Ka4 und Sa2–cl–b3 nebst Dxa5, wonach Weiß ohne Schwierigkeiten gewinnen sollte. Da Schwarz keine realen Gegenchancen hat, faßt er einen besonders dreisten Entschluß.

1. ... Db6!?

Dieser Zug hat eigentlich keine andere Funktion, als dem Gegner die Möglichkeit des Damengewinns anzubieten. Weiß sollte unbeeindruckt mit dem vorgefaßten Plan Dd2, Kb3 usw. fortfahren, aber der Anblick der Königin „en prise" muß ihm wohl zu Kopfe gestiegen sein ...

2. Sxb6+? cxb6
3. h4

Die letzte Gelegenheit, denn sonst wird die Stellung mit ... h4 völlig versiegelt.

3. ... gxh4
4. Dd2

Auf einen beliebigen anderen Zug wäre die Antwort dieselbe.

4. ... h3!

Ob Weiß nun den Bauern schlägt oder ... h2 zuläßt – das Resultat ist in jedem Fall eine vollständige Blockade.

5. gxh3 h4
remis

Eine etwas seltenere Form des positionellen Remis entsteht, wenn es der materiell schwächeren Partei gelingt, die feindlichen Figuren derart zu binden, daß sie außerstande sind, Aktivitäten zu entfalten. Besser als mit Worten läßt sich dies anhand des folgenden Beispiels erklären.

Diagramm **62/W**

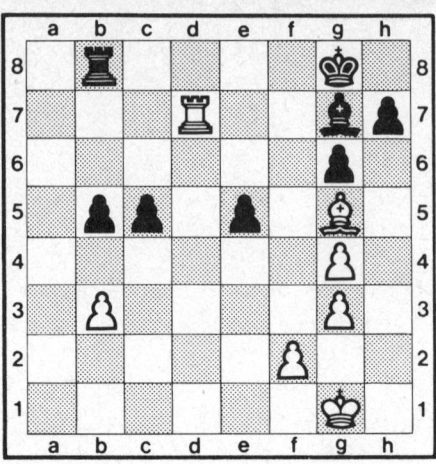

Keres – Najdorf, Zürich 1953

Weiß hat einen Bauern weniger, aber aufgrund seiner aktiven Figuren bieten sich ihm einige Remischancen.

1. Tc7?

Verschenkt nicht nur ein Tempo, sondern behindert auch den freien c-Bauern, den Weiß nach dem plausiblen Durchbruch des Gegners mittels ... c4 bxc4, ... b4 erhalten wird. Gute Remisaussichten behält Weiß nach 1. Kf1 c4 2. bxc4 b4 (... bxc4 3. Tc7) 3. Lc1 b3 4. Td2 nebst 5. Lb2, während Schwarz in diesem Abspiel nach 3. ... Tc8 4. Tb7 Txc4 5. Ld2 Lf8 6. g5 vollkommen paralysiert wäre.

1. ... c4
2. bxc4 b4
3. Lc1 e4

Sonst werden die e-Bauern wirksam durch 4. Lb2 blockiert.

4. c5   b3
5. c6   b2
6. Lxb2 Txb2?

Gibt den Gewinn aus der Hand, der wie folgt zu sichern gewesen wäre: 6. ... Lxb2 7. Td7 Tc8 8. c7 Lf6 9. Kf1 (Weiß hat nichts Besseres.) Kf8 10. Ke2 (oder 10. Txh7 Lg7 mit Eroberung des c-Bauern) Le7 und wieder geht der c-Bauer nach dem weiteren ... Ke8 verloren.

7. Td7
remis

Auf den ersten Blick eine überraschende Entscheidung, aber die einzige Methode, den Freibauern zu stoppen, besteht in 7. ... Tc2 8. c7 (droht Td8+) Lf8, wonach Weiß mit 9. Kf1 einfach auf der Stelle tritt. Nun kann Schwarz weder seinen König noch Läufer rühren und vermag lediglich mit dem Turm auf der c-Linie hin- und herzuziehen. Auch das Vorrücken seiner Bauern bringt ohne Unterstützung der Figuren nichts ein. Trotz seines erheblichen Materialvorteils ist Schwarz daher nicht in der Lage, mehr als remis zu erreichen.

Diagramm **63/S**

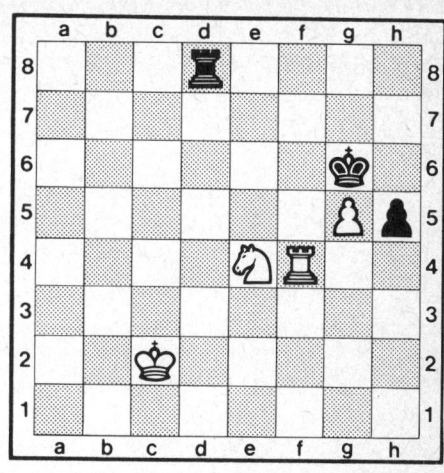

Ribli – Oszvath, Ungarn 1971

Dieses Endspiel zeigt eine phantasievolle Anwendung der positionellen Remisidee. Weiß hat eine glatte Mehrfigur und ist ganz darauf eingerichtet, den Gegner mit Tf6+ zurückzutreiben. Aber zunächst ist Schwarz am Zug!

1. ...   h4!
2. Txh4

Oder 2. Tf6+ Kh5 3. Th6+ (3. g6 Tg8 verliert sofort den Bauern) Kg4 4. g6 Kf5 5. g7 (5. Sd6+ Kf6! 6. Sf7 Tc8+ nebst ... Kg7 bindet Weiß vollkommen – Schwarz kann einfach den h-Bauern vorrücken) Tg8 6. Sd6+ Kg5 7. Sf7+ Kf5 und remis durch Zugwiederholung.

2. ...   Kf5!

Nun kann Weiß nur seinen König

bewegen. Der schwarze Turm pendelt entlang der d-Linie und muß sich lediglich von bestimmten Feldern fernhalten (z.B. von d5 wegen Sg3+); da aber d1, d3, d7 und d8 sicher sind, kann er nicht in Zugzwang gebracht werden.

3.	Kc3	Td1
4.	Kc4	Td8
5.	Kc5	Td3
6.	Kc6	Td1
7.	Kc7	Td3
8.	Th1	

Der letzte Gewinnversuch. Weiß droht Tf1+, und nach 8. ... Kxe4? wäre 9. Tg1 entscheidend.

8. ... Te3!
remis

da 9. Th4 Zugwiederholung ist, während 9. Tg1 Txe4 10. g6 Te7+ nebst ... Tg7 ebenfalls zum Remis führt.

Wir beenden dieses Kapitel mit einer Studie, die eine natürliche Ausgangsstellung, hingegen ein außergewöhnliches Finale aufweist!

Diagramm **64/W**

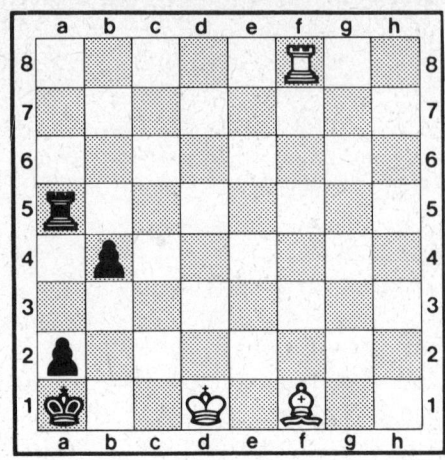

Remis
G. Nadareischwili, „Georgien-50", 1970

Für seinen ersten Zug hat Weiß nur eine begrenzte Wahl, da es gilt, ... b3 zu vereiteln.

1. Lc4

Nicht 1. Kc2? (oder 1. Tb8? Kb2 2. Txb4+ Ka3 und der Bauer geht zur Dame) Tc5+ 2. Kb3 Tc3+ 3. Kxb4 Kb2 4. Ta8 Tb3+ 5. Kc4 Ta3 6. Tb8+ Kc1 und Schwarz gewinnt.

1. ... Tc5

Weiß hält remis nach 1. ... Kb1 2. Tb8! Ta4 3. Lxa2+ Kxa2 4. Kc2 Ka3 5. Kb1. Auf 1. ... Kb2 2. Tf2+ Kb1 3. Ld3+ Ka1 4. Kc2 muß Schwarz schon zu ... b3+ 5. Kxb3 Ta3+! greifen, um nicht zu verlieren! Nach 1. ... Tc5 ist Weiß genötigt, seinen Läufer entlang der Diagonalen c4—g8 zu ziehen, weil sowohl 2. Lxa2 Kxa2 als auch 2. Tf4? Txc4! 3. Txc4 b3 4. Tc1+ Kb2 für Schwarz gewonnen ist. Aber auf welches Feld? Natürlich nicht 2. Lf7? wegen ... Kb2, jedoch zwischen e6 und g8 scheint kaum ein Unterschied zu bestehen.

2. Lg8!!

Die Pointe wird erst viel später enthüllt. Weil 2. ... Kb2 an 3. Tf2+ scheitert, hat Schwarz im Grunde nur eine Wahl.

2. ...   Kb1
3. Tb8!

Vermeidet 3. Tf4? b3 4. Lxb3 a1D oder 3. Lh7+ Kb2 4. Tf2+ Ka3 jeweils mit Gewinn für Schwarz.

3. ...   Tc1+
4. Kd2   Tc2+
5. Kd1   a1D
6. Txb4+   Tb2

Düstere Aussichten für Weiß, da auf 7. Lh7+ Ka2 gleichfalls mit Schach folgt. Dennoch vermag er auf erfinderische Weise gerade noch mit heiler Haut davonzukommen ...

7. Tc4!

Schwarz kann tatsächlich sein Materialübergewicht nicht zur Geltung bringen. Es droht 8. Tc1 matt, und nach 7. ... Td2+ (7. ... Ka2+ 8. Tc1+ oder 7. ... Tc2 8. Tb4+ Tb2 9.

Tc4 ist klar remis — im letzteren Abspiel darf sich Weiß aber nicht zu 8. Txc2? verleiten lassen wegen ... Dd4+ 9. Td2 Dg1+ und Schwarz gewinnt) 8. Kxd2 Da5+ 9. Ke2! Dh5+ 10. Kf2 und die schwarze Dame ist außerstande, den Läufer zu schnappen. Wenn Weiß in der Hauptvariante jedoch 2. Le6? (statt Lg8!) spielte, würde er nach 7. Tc4 durch ... Tb6 8. Tc1+ Kb2 9. Txa1 Td6+ gefolgt von ... Txe6+ und ... Kxa1 verlieren.

5. Durchbruch

Obwohl die Idee, Material zu opfern, um zu einem Durchbruch zu kommen, häufiger im Mittelspiel als im Endspiel auftaucht, vermag die Stärke von Freibauern auch im Endspiel eine ausreichende Begründung für ein Opfer zu liefern. So ist z. B. in Bauernendspielen die plötzliche Schaffung eines entfernten Freibauern oft entscheidend. Hinlänglich bekannt ist das Beispiel der Bauernformation a5, b5, c5 gegen a7, b7, c7, bei der Weiß mittels 1. b6! einen Freibauern erzwingt. Von Kombinationen dieser Art lassen sich aber immer noch Spieler überrumpeln, wie der folgende Partieschluß beweist.

Diagramm **65/S**

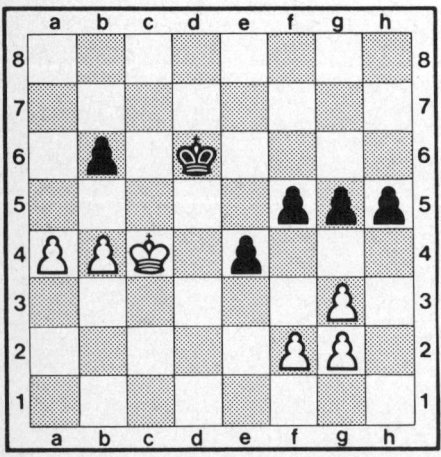

Weinstein – Rohde, Lone Pine 1977

Weiß wird bald einen entfernten Freibauern am Damenflügel bilden und sicher gewinnen, wenn Schwarz nicht schnell etwas auf der anderen Brettseite erreichen kann.

1.   h4??

Verpaßt seine Chance. 1. ... f4! hätte gewonnen, z. B. 2. gxf4 (oder 2. a5 bxa5 3. bxa5 h4 und Schwarz hält den a-Bauern, während Weiß den Durchbruch ... f3 und die Umwandlung des h-Bauern nicht verhindern kann) gxf4 3. Kd4 e3! 4. fxe3 (4. Kd3 f3! 5. gxf3 h4 und gewinnt) f3 5. gxf3 h4 und dieser Bauer ist nicht aufzuhalten, weil Weiß sich das Feld f3 selbst verstellt hat.

2. gxh4   gxh4
3. Kd4

Damit ist der Durchbruch ausgeschaltet, und Weiß siegte nach **3. ... Ke6 4. a5 bxa5 5. bxa5 Kd6 6. a6 Kc6 7. Ke5 Kb6 8. Kxf5 Kxa6 9. Kxe4 – 1 : 0.**

Das nächste Beispiel ist verwickelter. Grigorjew war einer der weltbesten Experten für Bauernendspiele (beachten Sie z. B. die Studie in der Einleitung), aber selbst er irrte sich bei der Analyse der folgenden Position, die aus seinem Buch Finali di Schacchi (U. Mursia & Co., Mailand 1965) stammt.

Diagramm 66/S

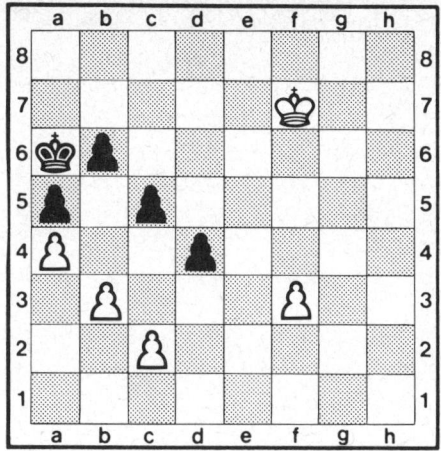

Subarew – Grigorjew,
UdSSR-Meisterschaft, Leningrad 1925

1. ...   b5

Offenbar das Beste. Schwarz muß so schnell wie möglich selbst einen Freibauern bilden.

2. axb5+   Kb6

Schwarz will nach ... a4 bxa4 durch das Schach kein Tempo verlieren, z.B. 2. ... Kxb5? 3. Ke6 c4 (... a4? 4. bxa4+ und nach ... Kxa4 5. Kd5 sind die schwarzen Bauern zum Halten gebracht) 4. bxc4+ Kxc4 5. f4 a4 6. f5 a3 7. f6 a2 8. f7 a1D 9. f8D und Weiß hält bequem remis (9. ... De1+ 10. Kd7).
Dennoch brachte Grigorjew mit dem Textzug seine Idee, ein Bauernschach zu umgehen, nicht zu ihrer logischen Vollendung. Hätte er 2. ... Kb7!! gespielt, wäre der Ge-

winn bei weitem nicht so schwierig gewesen, z.B. 3. Ke7 a4 4. bxa4 c4 5. f4 (Nach 5. a5 erreicht der weiße f-Bauer nicht die siebte Reihe.) 5. ... d3 6. cxd3 cxd3 7. f5 d2 8. f6 d1D 9. f7 De2+ usw. Der weiße König wird durch Damenschachs auf das Feld f8 gedrängt, wonach ... Kc7 zu der ganz am Ende aufgeführten Gewinnvariante übergeht. Im Vergleich zu späteren Anmerkungen nach dem 5. Zug von Schwarz hängen hier die weißen Damenflügelbauern zu weit zurück, um sich beide opfern zu können.

3. Ke7

In der Partie wählte Weiß die schwächere Verteidigung **3. Ke6,** wonach es wie folgt zu Ende ging: **3. ... a4** (... c4? 4. bxc4 a4 5. Kd6 a3 6. c5+ Kxb5 7. c6 a2 8. c7 a1D 9. c8D Da3+ nebst ... Dxf3 ergibt nur remis) **4. bxa4 c4 5. f4 d3 6. cxd3 cxd3 7. f5** (die Damenflügelbauern mit a5+ aufzugeben, macht keinen Unterschied) **d2 8. f6 d1D 9. f7** (9. Ke7 De2+ 10. Kd7 Df3 11. Ke7 De4+ 12. Kd7 Df5+ 13. Ke7 De5+ 14. Kf7 Kc7 und gewinnt) **Dd8 10. Kf5 Dd6 – 0:1.**

3. ...   a4
4. bxa4   c4
5. f4   d3

Nun gab Grigorjew folgendes Schlußspiel an: 6. cxd3 cxd3 7. f5 d2 8. f6 d1D 9. f7 De2+ 10. Kd7 Df3 11. Ke7 De4+ 12. Kd7 Df5+ 13. Ke7

De5+ 14. Kd7 Df6 15. a5+ (oder 15. Ke8 De6+ 16. Kf8 Kc7 17. b6+ Kxb6 18. a5+ Kc6 mit Übergang zur Hauptvariante) Kxb5 16. Ke8 De6+ 17. Kf8 Kc6 18. a6 Kd7 19. a7 Dd5 20. Kg7 Dg2+ 21. Kf8 Da8+ 22. Kg7 Ke7 und Schwarz gewinnt.

Es gibt jedoch eine wesentliche Verbesserung für Weiß, und zwar nach 6. ... cxd3 die Antwort 7. a5+! (versucht so früh wie möglich, die Damenflügelbauern loszuwerden) und nun:

(A) 7. ... Kxb5 8. a6 Kxa6 9. f5 oder 7. ... Kxa5 8. f5 (8. b6?? Kxb6 und gewinnt), und es entsteht jeweils das Endspiel K+D/K+Läuferbauer auf der siebten Reihe, in dem der schwarze König ein Feld außerhalb der Gewinnzone steht. Auch die Anwesenheit des Bb5 in der letzteren Variante beraubt Weiß nicht seiner Standard-Pattverteidigung.

(B) 7. ... Kc5 8. b6 Kc6 9. a6! d2 (... Kxb6 10. a7 remis) 10. a7 Kb7 11. f5 d1D 12. f6 De1+ (... De2+ 13. Kf8) 13. Kf8 Db4+ 14. Ke8 Db5+ 15. Kf8 Dc5+ 16. Ke8 De5+ 17. Kf7 und Schwarz kann keinen Fortschritt erzielen, weil er den Bb6 nicht schlagen darf.

(C) 7. ... Kc7 8. b6+ Kb8 (zieht der König auf ein anderes Feld, spielt Weiß a6 mit Übergang zu Variante B) 9. a6 d2 10. a7+ und nach ... Kb7 11. f5 d1D 12. f6 haben wir dieselbe Stellung wie in Variante B.

(D) 7. ... Ka7! 8. b6+ Ka6 9. b7 Ka7! (wenn ... Kxb7 so 10. a6+ Ka8 11. f5 d2 12. f6 d1D 13. f7 und für den Gewinn ist der schwarze König zu weit entfernt) 10. f5 d2 11. f6 d1D 12. f7 De2+ 13. Kd7 Df3 14. Ke7 De4+ 15. Kd7 Df5+ 16. Ke7 De5+ 17. Kd7 Df6 18. Ke8 De6+ 19. Kf8 Kxb7 20. a6+ Kc7 21. a7 und wieder fehlt dem schwarzen König ein Tempo zum Sieg.

Also ist 6. cxd3 cxd3 remis, aber Schwarz hat auch eine Verbesserung in petto und kann doch gewinnen!

6. cxd3   c3!

So bleibt Weiß auf dem d-Bauern sitzen, selbst wenn er die Damenflügelbauern aufgibt.

7. f5   c2
8. f6   c1D
9. f7   Dc5+

und Schwarz gewinnt: 10. Ke8 De5+ 11. Kd7 Df6 12. Ke8 De6+ 13. Kf8 Kc5 14. b6 (sonst ... Kd6) Kxb6 15. a5+ (andernfalls ... Kb6−c7−d7) Kc7 16. a6 Kd7 17. a7 Dh3! 18. Kg8 Dg2+ 19. Kf8 Da8+ nebst ... Ke7.

Diagramm **67/S**

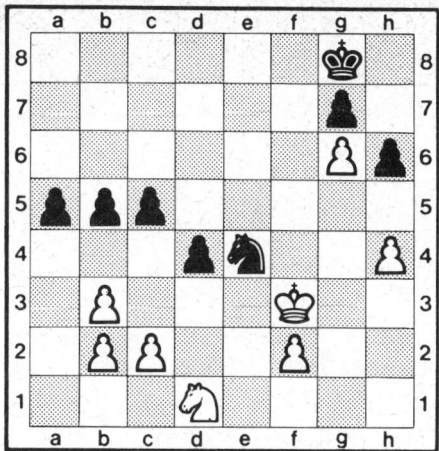

Diagramm **68/W**

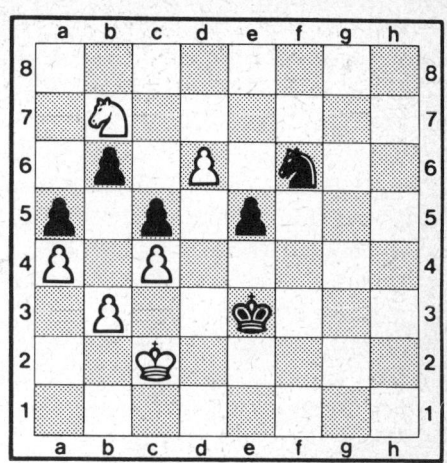

Bonner – Medina, Olympiade Haifa 1976

Alburt – Lerner, UdSSR 1978

Springer sind besonders unbeholfen, wenn sie gegen eine freien Randbauern kämpfen müssen, und dieser Faktor erlaubt Schwarz, das Spiel zu einem plötzlichen Abschluß zu bringen.

1. ...   Sc3!
2. bxc3

Der weiße Springer ist eingesperrt. Nach 2. Sxc3 dxc3 3. bxc3 a4 gelangt der a-Bauer auch zur Umwandlung.

2. ...   a4
3. cxd4   cxd4
4. c3   a3
0:1

Auf Anhieb ist diese Stellung schwer einzuschätzen. Der Bd6 ist weit vorgestoßen, aber zumindest für einige Züge blockiert. Demgegenüber steht der schwarze König aktiver und unterstützt seinen Freibauern. Demnach könnte man die Situation als günstig für Schwarz beurteilen, doch Alburt wartete mit einer erstaunlichen Kombination auf ...

1. Sxc5!!

Es scheint unglaublich, daß dieses Opfer korrekt sein kann. Tatsächlich ist aber für Schwarz keine befriedigende Verteidigung zu finden!

1. ...   bxc5
2. b4   axb4

Nach 2. ... Sd7 (... cxb4 3. c5 b3+ 4. Kxb3 Se4 5. Kc4 oder 2. ... e4 3. bxc5 Kf2 4. c6 e3 5. d7 e2 6. d8D e1D 7. Dxf6+ ist jeweils für Weiß gewonnen) 3. bxa5 Kf2 4. a6 e4 5. a7 e3 6. a8D e2 7. De4 e1D 8. Dxe1+ Kxe1 9. a5 Sb8 10. Kc3 (nicht 10. a6 Sxa6 11. d7 Sb4+ nebst ... Sc6) kann Schwarz 11. a6 nicht verhindern, und ein Bauer kommt durch.

3.	a5	e4
4.	a6	Kf2
5.	a7	e3
6.	a8D	e2
7.	Df8	e1D
8.	Dxf6+	Kg3
9.	Dg5+	Kh3

... Kf3 10. Dd5+ Kg3 11. Dd3+ Kh4 (Die schwarzen Züge sind erzwungen, um dem Damentausch zu entgehen.) 12. d7 Df2+ 13. Kb3 und gewinnt.

10. Dd2! Da1

Nun kann Weiß seinen Bauern gefahrlos vorrücken. 10. ... b3+ (... De4+ 11. Dd3+) 11. Kc3 Da1+ (... De5+ 12. Kxb3) 12. Kxb3 Db1+ 13. Ka4 und Weiß gewinnt mit dem Vormarsch seines Königs.

11. d7 Da4+

... Da2+ 12. Kd1 Db3+ 13. Ke2 führt zur Partiefortsetzung.

12.	Kb1	Db3+
13.	Kc1	Da3+
14.	Kd1	Db3+

... Da1+ 15. Ke2 oder 14. ... Df3+ 15. Kc2 b3+ 16. Kb2 beendet die Schachserie.

15. Ke2 Kg4!

Ein letzter tückischer Versuch — Weiß kann kein Schach bieten, und nach 16. d8D? Df3+ 17. Ke1 Dh1+ 18. Kf2 Dh2+ 19. Ke3 Df4+ 20. Kd3 Df5+ müßte er sich dem Dauerschach ergeben.

16. Dd1!

Eine Standardidee in Damenendspielen. Weiß bildet mit seinem Herrscherpaar eine Batterie, so daß jedes gegnerische Schachgebot mit einem Abzugsschach beantwortet werden kann.

16.	...	Dxc4+
17.	Ke3+	
	1:0	

Wenn ein Spieler positionell überlegen steht, dann mag die Beantwortung der Frage, ob sein König ins gegnerische Lager eindringen kann, von entscheidender Bedeutung sein. Trägt die Stellung einen Blockadecharakter, ist der Verteidiger mitunter in der Lage, eine Festung zu bauen und jeglichen Einbruch zu verhindern. Häufig jedoch gelingt es dem Angreifer, dieses Vorhaben durch ein rechtzeitiges Bauernopfer zu durchkreuzen. Hier ein ungewöhnliches Beispiel vom ersten Kampf um die Weltmeisterschaft 1984/85 zwischen dem damaligen Titelhalter Anatoli Karpow und seinem Herausforderer Garri Kasparow.

Diagramm **69/W**

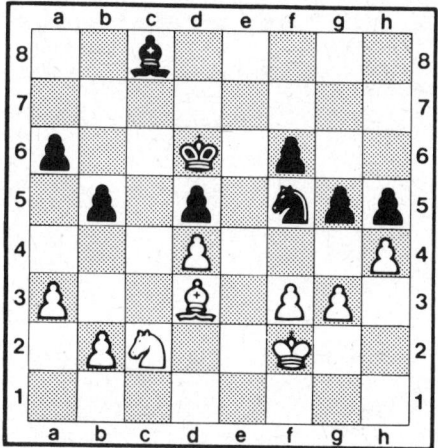

Karpow – Kasparow
9. WM-Partie, Moskau 1984

Die Stellung entstand kurz nach der Wiederaufnahme einer Hängepartie.

1. Lxf5   Lxf5
2. Se3

Schwarz leidet unter einem schlechten Läufer sowie anfälligen Bauern am Damenflügel. Weiß möchte die gegnerischen Schwächen mit b2–b4 festlegen, alle Bauern auf dem Königsflügel tauschen und dann mit seinem König sieg-

bringend vormarschieren. Bei der Ausführung dieses Plans aber ergeben sich beträchtliche Schwierigkeiten.

2. ...   Lb1

Hier gehen die Meinungen auseinander. Für Timman war dieser Zug der entscheidende Fehler, während ich der Ansicht bin, daß der Läufer auf b1 nicht schlechter als auf irgendeinem anderen Platz aufgehoben ist. Betrachten wir zwei Alternativen:

(A) 2. ... Le6. Jetzt analysiert der holländische Großmeister Jan Timman: 3. hxg5 fxg5 4. f4 gxf4 (4. ... g4 – mit der Idee, die Position geschlossen zu halten – erscheint zwar konsequent, aber durch 5. f5 Ld7 6. Sg2 Lxf5 7. Sf4 nebst Sxh5 bekommt Weiß seinen König mühelos nach f4.) 5. gxf4 Ke7 6. f5 Lf7 7. Kg3 Kf6 8. Kf4 (Nun muß Weiß mit seinem Springer manövrieren.) 8. ... Lg8 9. b3 (ein Abwartezug) 9. ... Lf7 10. Sc2, und die Variante verzweigt sich:

(A1) 10. ... a5 11. b4, und laut Timman gelangt der Springer mit durchschlagendem Effekt nach c3.

(A2) 10. ... Lg8 11. Sb4 Lf7 (11. ... h4 wird mit 12. Sc2 beantwortet.) 12. Sxa6 h4 13. Sc7 h3 14. Kg3 Kxf5 15. Sxb5 mit Gewinnstellung. (15. a4 bxa4 16. bxa4 Lh5 ist nicht so klar.)

(B) 2. ... Lg6 3. hxg5 fxg5 4. f4 Le4 (Nach 4. ... gxf4 5. gxf4 entstehen ähnliche Bilder wie in Variante A.) 5. fxg5 Ke6 (nicht 5. ... Ke7 6. g4 h4 7. Sf5+), und laut Timman holt Schwarz mit seinem König den Bauern g5 ab und bewahrt das Gleichgewicht.

Diese Analyse ist jedoch nicht sehr überzeugend. Zunächst einmal kann Weiß in Variante B gewinnen, wenn er mit 6. g4! fortsetzt: 6. ... h4 (6. ... hxg4 7. Kg3 nebst 8. Kf4 und gewinnt) 7. Sg2, und Schwarz ist bereits erledigt. Daher erwidert Schwarz in Variante B auf 4. f4 am besten 4. ... gxf4, um so in Variante A überzuleiten. Warum dies? Nun, der Grund dafür ist, daß ich nicht sehe, wie Weiß die Aussage am Ende der Variante A1 beweisen kann, z. B. 11. ... axb4 12. axb4 Le8 13. Se3 Lf7 14. Sd1 Le8 (14. ... Lg8? 15. Sc3 h4 16. Sxb5 h3 17. Kg3 Kxf5 18. Sc7 und gewinnt) 15. Sc3 Lc6, und Weiß ist außerstande, ein Tempo zu verlieren, um Schwarz in Zugzwang zu setzen. Falls Weiß in diesem Abspiel (anstelle von 12. axb4) mit 12. Sxb4 fortsetzt, so kann folgen: 12. ... Lg8 (12. ... h4 13. Sc2 h3 14. Se3) 13. Sc2 Lf7 14. Se3 Lg8 15. Sd1 Lh7!, und Schwarz hält remis.

Wie soll Weiß nun auf 2. ... Le6 oder 2. ... Lg6 reagieren? Am vernünftigsten scheint mir, das Unterfangen mit hxg5 nebst f4 fallenzulassen und einen anderen Plan aufzunehmen, der auf g3–g4 basiert, um so viele Bauern wie möglich abzutauschen. Auf diese Weise wird 2. ... Le6? widerlegt: 3. b4 Ld7 4. g4! hxg4 5. h5 (nicht aber 5. hxg5 fxg5 6. Sxg4 und remis) 5. ... Le8 6. h6 Lg6 7. Sxg4 Ke6 8. Kg3 nebst f3–f4 und gewinnt. Demgemäß stellt 2. ... Lg6 eine stärkere Verteidigung dar, weil sie Schwarz in die Lage versetzt, 3. b4 mit 3. ... Ke6 zu begegnen, und nach dem weiteren 4. g4 hxg4 5. hxg5 ist die Angelegenheit unklar. Weiß mag auch 3. g4 versuchen, aber selbst danach ist es ungewiß, ob er gewinnen kann.

3. b4   gxh4?

Es macht so den Eindruck, daß den Ausgleichsbestrebungen des Schwarzen Erfolg beschieden ist, denn nach 4. gxh4 behält sein Läufer die Kontrolle über die Diagonale b1–h7 und der weiße König kommt über das Feld f4 nicht hinaus. Wahrscheinlich aber hatte hier Schwarz die folgende, in der Tat famose Erwiderung nicht bedacht. Die zäheste Gegenwehr bestand in 3. ... Ke6!: 4. g4 hxg4 5. hxg5 gxf3 (Jedoch nicht 5. ... fxg5 6. Sxg4 Lf5 7. Kg3 Kd6 8. f4 gxf4+ 9. Kxf4 Lb1 10. Kg5 Ke6 11. Se5, und Weiß erobert entweder mit seinem König das Feld f6 oder er holt den Bauern a6 durch Sc6–b8 ab und gewinnt in jedem Fall.) 6. Kxf3 (6. gxf6 Le4) 6. ... fxg5 7. Kg4 Kf6 8. Sxd5+ Kg6, und Schwarz hat alle Chancen auf das Remis.

4. Sg2!

Ein bemerkenswerter Zug, der selbst in einer Abbruchanalyse leicht übersehen wird. Man ist an aktive Bauernopfer gewöhnt, um Einbruchsfelder zu schaffen, und ein passives Opfer ist schon etwas Besonderes. Weiß reserviert h4 für seinen König, indem er – an sich logisch und simpel – nicht auf dem Feld mit einem Bauern wiedernimmt! Den Bauern bekommt er ja ohnehin zurück, und der Zugang zur gegnerischen Stellung ist gesichert.

4. ...   hxg3+

Nach 4. ... h3 5. Sf4 nebst Sxh5–f4 und Kg1–h2 verliert Schwarz beide Randbauern.

5. Kxg3   Ke6

Schwarz beschließt, seinen h-Bauern sofort aufzugeben, da der hinhaltende Widerstand 5. ... Lg6 wegen 6. Sf4 Lf7 7. Kh4 usw. zwecklos wäre.

6. Sf4+   Kf5
7. Sxh5   Ke6

In Anbetracht der Drohung 8. Sf4 La2 9. Sd3 nebst 10. Sc5 und Erbeutung des Bauern a6 muß der schwarze König wieder zurücktreten.

8. Sf4+   Kd6
9. Kg4   Lc2
10. Kh5   Ld1

Auf passive Verteidigung käme Kh6–g7. Der Textzug läuft darauf hinaus, daß Schwarz versucht, seine Figuren zu aktivieren, indem er einen Bauern anbietet.

11. Kg6   Ke7

Oder 11. ... Lxf3 12. Kxf6 gefolgt von Sg6–e7–f5+, Ke5, und der Springer wird nach c5 transferiert.

12. Sxd5+   Ke6

und Weiß gewann nach **13. Sc7+ Kd7** (Falls 13. ... Kd6, so folgt 14. Se8+ Kd5 15. f4, und der f-Bauer wird als freier Geselle seinen Weg machen.) **14. Sxa6 Lxf3 15. Kxf6 Kd6 16. Kf5 Kd5 17. Kf4 Lh1 18. Ke3 Kc4 19. Sc5 Lc6 20. Sd3 Lg2 21. Se5+ Kc3** (21. ... Kb3 verliert wegen 22. Kd3 Lf1+ 23. Kd2 Lg2 24. Sg4 nebst Se3 und d4–d5. Wenn Schwarz auf a3 schlägt, dann zieht Weiß Kc3, und Schwarz muß seinen Läufer für den d-Bauern geben.) **22. Sg6 Kc4 23. Se7 Lb7 24. Sf5 Lg2** (Resignation, aber auf die eine oder andere Weise hätte Weiß mit seinen Springermanövern ohnehin die Blockade durchbrochen.) **25. Sd6+ Kb3 26. Sxb5 Ka4 27. Sd6** aufgegeben – **1 : 0.**

Diagramm **70/W**

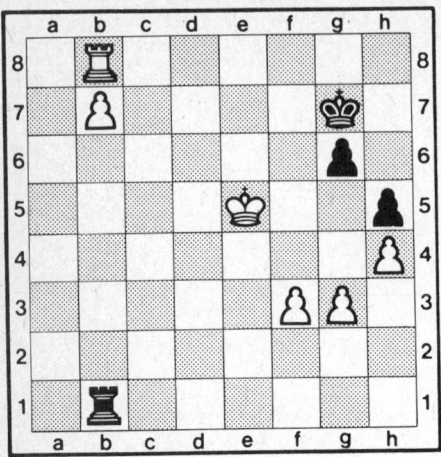

Stean – Sosonko, Hastings 1975/76

Weiß besitzt zwei Mehrbauern, aber die gräßliche Stellung seines Turms, der vollkommen unbeweglich ist, macht den Gewinn höchst problematisch. Wenn der weiße König sich auf die sechste Reihe wagt (mit der Drohung, den Turm zu ziehen), gibt Schwarz von der ersten Reihe Schachs, und sobald der König auf die fünfte Reihe zurückkehrt, beordert Schwarz seinen Turm nach b1 zurück. Andererseits ist auch der Spielraum von Schwarz ziemlich begrenzt. Sein König muß auf h7 oder g7 verharren, da der Gegner sonst den Tb8 bzw. den Bb7 äußerst nachhaltig aktiviert. Der einzige Gewinnversuch für Weiß besteht darin, am Königsflügel einen Freibauern zu schaffen. Aber auf welcher Linie? Ein freier g- oder h-Bauer ist völlig nutzlos, denn wenn einer von ih-

nen auf der sechsten Reihe ankommt, schlüpft der schwarze König gerne in die Rolle des Blokkeurs, und der Nachziehende kann sich in dieser Remiskonstellation köstlich amüsieren. Jedoch der Durchbruch des Läuferbauern stellt eine echte Gefahr dar: falls Schwarz auf f6+ mit ... Kf7 reagiert, gewinnt Weiß durch Th8, während nach anderen Zügen der f-Bauer einfach umgewandelt wird. Bei der gegebenen Bauernstruktur ist es aber nicht so leicht, den Läuferbauern freizubekommen. Allein diesen Zweck erfüllt das wagemutige Opferspiel f4, dann g4 (droht gxh5), um nach ... hxg4 schließlich mit h5 fortzusetzen. Das offensichtliche Problem bei diesem Gewaltversuch ist, daß Schwarz selbst zwei Freibauern erhält und dadurch taktische Komplikationen geradezu provoziert werden. Für den Durchbruch würde Weiß seinen König gerne am Krisenherd behalten, um die schwarzen Bauern zu stoppen, aber der Gegner kann zunächst seinen Plan durchkreuzen und mit Schachgeboten das weiße Oberhaupt bis zur c-Linie abdrängen.

1. f4	Te1+
2. Kd5	Tb1
3. Kd4	Tb2
4. Kd3	Tb3+
5. Kc2	

Den König auf h3 zu verstecken, um dann g4 zu spielen, hätte wegen der Fesselung ... Tb3 keinen Sinn.

Daher vertreibt Weiß den Turm, spielt g4 und schickt dann seinen König wieder hinüber, um den schwarzen Freibauern aufzuhalten.

5.	...	Tb6
6.	g4	hxg4
7.	Kd2	

Weiß darf erst h5 riskieren, wenn sein König in der Lage ist, die beflügelten Bauern des Gegners zu bremsen.

7.	...	g3
8.	Ke2	Tb2+
9.	Kf1	Kh7

Es ist interessant, diese Stellung mit der Zepler-Studie in Kapitel 7 zu vergleichen. Ein Turmzug auf der b-Linie erlaubt Weiß das günstige Kg2, während 9. ... g2+ wegen 10. Kg1 Kh7 11. Kh2! Kg7 12. h5 gxh5 13. f5 h4 14. f6+ Kf7 15. Th8 verliert.

10.	Kg1	Kg7
11.	h5	gxh5
12.	f5	h4
13.	f6+	Kf7!

13. ... Kh7? 14. f7 Tb1+ (... h3 15. Th8+ Kg6 16. b8D deckt b1 und gewinnt) 15. Kg2 Tb2+ 16. Kh3 (Die f-Linie ist tabu wegen ... Tf2+ nebst ... Txf7.) Th2+ 17. Kg4 g2 18. Kh5! g1D 19. Th8+! Kxh8 20. f8D+ Kh7 21. Df7+ Dg7 22. Df5+ und Weiß setzt matt.

14.	Th8	Tb1+
15.	Kg2	Tb2+
16.	Kh3	

16. Kf3? g2 oder 16. Kf1 Tb1+ 17. Ke2? g2 sollte Weiß vermeiden.

16.	...	Th2+

Nach ... g2? 17. Kh2 gewinnt Weiß sofort.

17.	Kg4	g2

Eine brisante Phase. 18. Tf8+ (18. b8D??) ist ein abenteuerliches Unterfangen: ... Kg6 (... Ke6? 19. b8D g1D+ 20. Kh5 Dc5+ 21. Kh6 De3+ 22. Kh7 De4+ 23. Kh8 und Weiß muß gewinnen) 19. Tg8+ Kxf6 (... Kh6/h7 20. Kf5 g1D 21. Txg1 Tb2 22. f7 und gewinnt oder 19. ... Kf7 20. b8D! g1D+ 21. Kh5 Dxg8 22. Db3+ Kf8 23. Db4+ und 24. De7 matt, während 21. ... Dd1/c5+ im letzteren Abspiel ähnlich wie in der obigen Klammeranmerkung nach 18. ... Ke6? verläuft) 20. b8D g1D+ 21. Kh5 Dc5+ 22. Kh6 De3+ 23. Kh7 De4+ 24. Kh8 – Schwarz hat zwar keine Schachs mehr, aber nach 24. ... Dd4 25. Td8 Db2 ist die Stellung sogar etwas besser für ihn.

18.	Kf5	

Auch nach diesem einladenden Zug gelingt es Schwarz, die Niederlage gerade noch abzuwenden.

18.	...	g1D
19.	Th7+	Kg8
20.	Tg7+	Dxg7
21.	b8D+	Df8
22.	Dxh2	Dc8+

Vermeidet die Falle ... Dc5+ 23. Kg6, wonach Schwarz kein Schach mehr hat und zwangsläufig verliert.

remis

Nach 23. Kg5 Dc1+ ist es Dauerschach. Michael Stean zeigte mir das obige Abspiel beim Analysieren der Hängepartie. Der Kampf wurde in der Diagrammstellung abgebrochen; daß jedoch 13. ... Kh7? zum Verlust geführt hätte, erkannte Sosonko erst, als beide wieder am Brett saßen!

Diagramm **71/W**

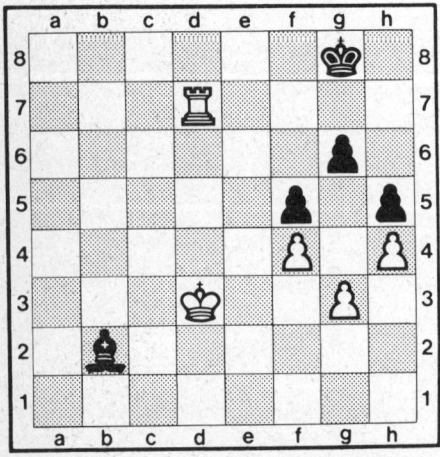

Radev – Pribyl, Tbilisi 1971

Diese Stellung mag zwar nicht sonderlich taktisch anmuten, aber warten Sie nur ab, was geschieht! Bemerkenswert ist, daß dieselbe Position in der Partie Cholmow – Zeschkowski, UdSSR-Meisterschaft 1973 (Halbfinale), hätte entstehen können. Im Schachmatny Bulletin wurden der Diagrammstellung beträchtliche Analysen gewidmet, um einen Gewinn nachzuweisen. Obwohl Cholmow einige Fragen klärte, fiel Radev das Verdienst zu, die grundlegende Gewinnidee als erster zu entdecken.

1. Kc4 Kf8

Weiß aktiviert zunächst seinen König, während Schwarz natürlich nur abwarten kann.

2. Kd5 Kg8
3. Ke6 Lc3

Auf den ersten Blick scheint es für Weiß unmöglich, Fortschritte zu machen. Der Läufer hat reichlich Felder auf der langen Diagonalen, also besteht für Schwarz keine Gefahr, in Zugzwang zu geraten, und wenn Weiß Schachs bietet, kann der König nach g7 bzw. g8 ausweichen.

4. Td3!

Ein mysteriöser Turmzug!

4. ... Lb2
5. g4! hxg4

Die geschmeidigste Verteidigung ist 5. ... fxg4 6. f5 gxf5 7. Kxf5 Kf7 (Weiß beabsichtigte 8. Kg6.) 8. Td7+ und nun:

(A) 8. ... Ke8 9. Th7 g3 10. Txh5 Lc1 (stellt die geschickte Falle 11. Th7? Lg5! remis) 11. Kf6 Kd7 (... g2 12. Th8+ nebst Tg8 und Weiß gewinnt leicht, ebenso wie nach 11. ... Lb2+ 12. Ke6) 12. Td5+ Ke8 (... Kc6 13. Td8 nebst Tg8) 13. Te5+ Kd7 (... Kf8 14. Tc5 Lb2+ 15. Kg6) 14. Te4 und Tg4 mit Gewinn.

(B) 8 ... Kf8 9. Th7 (umgeht die Falle 9. Kg6 g3 10. Td5 Lc1! 11. Td3 Lf4 12. Tf3 g2 13. Txf4+ Kg8, wonach Weiß das Remis mit 14. Kxh5 akzeptieren muß. 12. Td1 ist keinesfalls besser wegen ... Le3.) g3 10. Txh5 Lc1 (... Kf7 11. Tg5 Lf6 12. Tg4 nebst h5) 11. Kf6:

  (B1) 11. ... Lb2+ 12. Kg6 Lc1 13. Th8+ Ke7 14. Tg8 (beabsichtigt Kf5) Ke6 15. Te8+ Kd5 16. Te2 Kd4 17. h5 Kd3 (... Le3 18. h6 Lf2 19. h7 und wandelt mit Schach um) 18. Tg2 Lf4 19. h6 Ke3 20. h7 Le5 21. Txg3+ und gewinnt.

  (B2) 11. ... Kg8 12. Tc5 Le3 (... Lb2+ 13. Kg6) 13. Tc7! Ld4+ 14. Kg6 Kf8 15. Tc2 Lf2 (... Ke7 16. Te2+ Kd6 17. Tg2 Lf2 18. h5 und gewinnt) 16. Te2! erzwingt einen Zug des Läufers, wonach h5 gewinnt.

6. h5   Kg7

Oder 6. ... gxh5 7. Kxf5 Kg7 (... Lc1 8. Kg6 Kf8 9. f5 und gewinnt) 8. Td7+ Kh6 (... Kg8 9. Kg6 oder 8. ... Kf8 9. Th7) 9. Td6+ Kh7 (... Kg7 10. Tg6+ Kh7 11. Kg5 Lc1 12. Th6+ Kg7 13. Txh5 g3 14. Th3 und der Bauer fällt) 10. Kg5 Lc1 11. Td7+ Kg8 12. Kg6 Kf8 13. f5 g3 14. f6 mit Umwandlung.

7. hxg6   Kxg6
8. Td5   Lc1

... Kh5 9. Kxf5 Kh4 (... g3 10. Td1 mit Eroberung des g-Bauern) 10. Td6! Lc1 (... Kh3 11. Th6+ nebst Tg6) 11. Tg6 und gewinnt.

9. Txf5   Lxf4

Verzweiflung, da ... Kh6 wegen 10. Ke5 gefolgt von Tg5 völlig hoffnungslos ist.

10. Txf4	**Kg5**
11. Ke5	**g3**
12. Ke4	**g2**
13. Tf8	**Kh4**
14. Tg8	
1:0	

Gewinnt um ein Tempo!

6. Zugzwang

In Bauernendspielen ist der Zugzwang ein geläufiges Motiv, das bei allen anderen Konstellationen freilich um so seltener vorkommt, je mehr Figuren auf dem Brett sind. Zugzwangstellungen mit einem Mittelspielcharakter gibt es daher kaum. Solche Partien wie Sämisch – Nimzowitsch, Kopenhagen 1923 oder Aljechin – Nimzowitsch, San Remo 1930 weisen Stellungen auf, in denen die überlegene Seite sich auch ohne Zuhilfenahme des Zugzwangs leicht durchsetzen könnte. In der folgenden Begegnung besteht kein Zweifel, daß der Zugzwang für den Erfolg des Weißen durchaus notwendig ist.

Diagramm 72/W

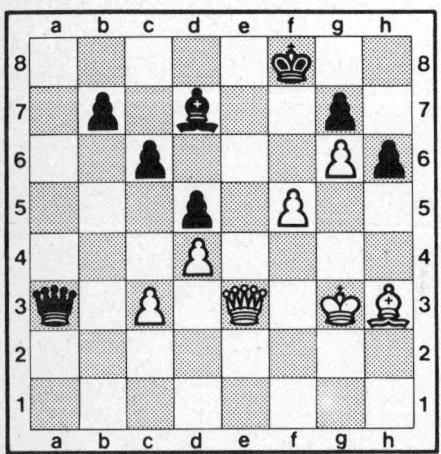

Schilin – Tschernow,
UdSSR-Meisterschaft (Halbfinale)
1960

Der Mehrbauer des Schwarzen ist nicht so bedeutsam, weil sein König reichlich exponiert dasteht. Dennoch ist es erstaunlich, daß Weiß aus der Diagrammstellung in nur sechs Zügen gewann.

1. f6!? Lxh3

Nicht minder interessant sind die Komplikationen nach der Alternative ... Dd6+ 2. De5 Dxe5+ 3. dxe5 und nun z.B.:

(A) 3. ... Lxh3? (Dieser Übergang ins Bauernendspiel verliert auf instruktive Weise.) 4. Kxh3 b5 (... gxf6 5. e6!) 5. Kg4 gxf6 6. e6! d4 7. Kf5 dxc3 8. Kxf6 c2 9. g7+ Kg8 10. e7 oder 5. ... d4 6. Kf5 dxc3 7. e6 c2 8. e7+ Ke8 9. Ke6 und gewinnt.

(B) 3. ... gxf6? (eine verführerische „Radikallösung", die ebenfalls knapp scheitert) 4. Lxd7 (4. exf6? Lxh3! und hier hat Schwarz im Vergleich zu Variante A ein Mehrtempo – das Spiel muß remis enden) fxe5 5. Lc8:

(B1) 5. ... d4 6. c4 b5 7. cxb5 cxb5 8. Lf5 und gewinnt, indem der weiße König nach h5 strebt und Schwarz bald in Zugzwang kommt, oder 6. ... Kg7 7. Lf5 usw. (unbequemer ist 7. Lxb7 mit Übergang zu B2).

(B2) 5. ... Kg7 6. Lxb7 Kxg6 7. Lxc6 d4 8. c4 Kf6 (... Kf5 9. Ld5) 9. Kf3 h5 (... Ke6 10. c5 h5 11. Ke4 h4 12. Lb7 und gewinnt, nicht aber 10. Ke4? Kd6 remis) 10. c5 h4 11. Ld7 und gewinnt. Ein hübsches Schlußspiel ist 10. ... d3 11. Ke3 e4 12. Lc6 Ke5 13. Lxe4 d2 14. Kxd2 Kxe4 15. c6 h3 16. c7 h2 17. c8D h1D 18. Db7+.

(B3) 5. ... b5 6. Lb7 Kg7 (... d4 7. cxd4 exd4 8. Lxc6 und gewinnt) 7. Lxc6 d4 8. cxd4 Kxg6 9. Le4+! (9. d5? b4 und z.B. 10. d6 Kf7 remis, nicht aber 10. ... Kf6? 11. Ld5 und gewinnt) Kf6 10. d5 und Weiß gewinnt, indem sein König zum Damenflügel marschiert und sich des b-Bauern annimmt. Der Zugzwang besorgt dann wieder den Rest.

(C) 3. ... Le8 bietet als einziger Zug zähen Widerstand:

(C1) 4. f7 Lxf7 5. gxf7 Kxf7 und im Gegensatz zu Variante B besteht hier am Remisausgang kein Zweifel.

(C2) 4. Lf5 ist der naheliegende Gewinnversuch, der allein die Spannung aufrechterhält. In diesem Läuferendspiel ist aber noch einige Dy-namik mit Fallstricken auf beiden Seiten vorhanden. Als Kardinalplan will Weiß im gegebenen Moment den Vorstoß e5—e6 ausführen. Schwarz muß am Königsflügel stillhalten und sein Übergewicht am Damenflügel in die Waagschale werfen. Es scheint, daß Weiß z.B. mit dem folgenden geradlinigen Aufmarsch seine Stellung überzieht: 4. ... c5 5. Kg4 (5. Kf4 mit der Absicht Lc2 und Kf5(!) ist flexibler) Lb5 6. Kh5 d4 (... Le2+ 7. Lg4) 7. cxd4 cxd4 8. e6 (8. Le6 d3 9. Lb3 d2) Lc4 (... d3? 9. e7+ Ke8 10. Le6 und gewinnt) 9. e7+ Ke8.

2. De5!

Eine Überraschung — ohne Rücksicht auf seinen materiellen Nachteil räumt Weiß der Dame eine gefährliche Zentralstellung ein. Nach 2. Kxh3 gxf6 hätte Schwarz keine Sorgen.

2. ... Ld7?

Indem Schwarz sich an die Mehrfigur klammert, erliegt er der Schockwirkung des Überfalls. Es drohte in der Tat recht kräftig 3. Db8+ und 3. fxg7+ Kg8 4. De8+ Kxg7 5. Df7+ jeweils nebst matt.

Hätte Schwarz aber eine weitere, ungleich tückischere Absicht seines Gegners erkannt, würde er wohl den Versuch unternommen haben, sich nach der folgenden Abwicklung ins Dauerschach zu retten: 2. ... Dxc3+ 3. Kh4 gxf6 4. Dxf6+ Ke8 und nun:

Diagramm **72a/W**

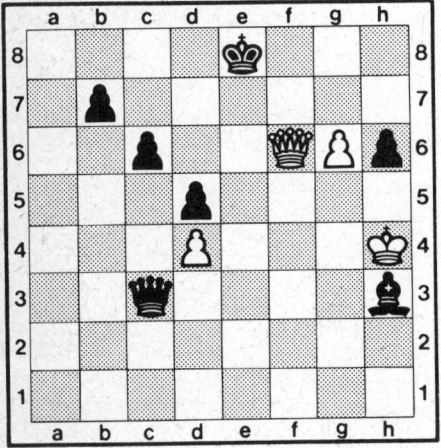

(A) 5. g7 De1+ 6. Kxh3 Dh1+ 7. Kg4 Dg2+ 8. Kh5 Dh1+ 9. Kg6 De4+ mit Dauerschach, da Weiß seine Dame nicht zum Tausch dazwischenstellen darf.

(B) 5. Df7+ Kd8 6. g7
(B1) 6. ... Dxd4+? (ein Fehler, der einem leicht unterlaufen kann — Weiß gewinnt nun forciert) 7. Kxh3 De3+
   — 8. Kg4? (Danach vermag die weiße Dame nicht mehr einzugreifen.) Dg1+ (... Dg5+?

9. Kf3 und gewinnt) 9. Kf5 (Wegen 9. Kh5?? Dg5 matt kann der König nicht über g6 und h7 entschlüpfen.) Dg5+ 10. Ke6 De3+ wieder mit Dauerschach.
   — 8. Kg2!, wonach Schwarz drei Schachgebote zur Verfügung stehen (... Dg5+? 9. Kf3 scheidet bekanntermaßen aus):
   — 8. ... Dd2+ 9. Df2 Dg5+ 10. Dg3 Dd2+ 11. Kh3 und gewinnt.
   — 8. ... De2+ 9. Df2 De4+ (... Dg4+ 10. Dg3 De2+ 11. Kh3 und ... Dh5+ scheitert an 12. Dh4+, wogegen 11. ... Df1+ 12. Kh4 bzw. 11. ... De6+ 12. Kh4 in die Textvariante einmünden) 10. Kh2 De5+ 11. Dg3 De2+ 12. Kh3 Df1+ 13. Kh4 Df6+ 14. Kh5 (Diese Position ist auch über andere Zugfolgen zu erreichen.) Df5+ 15. Kxh6 Df6+ 16. Kh5 Df7+ 17. Kh4 und gewinnt (... Dg8 18. Db8+).
   — 8. ... De4+ 9. Df3 Dg6+ 10. Dg3 De4+ 11. Kh3 Dh1+ 12. Kg4 De4+ 13. Kh5 Df5+ und wir haben wieder eine bekannte Position, in

der Weiß mit Kxh6 usw. rasch gewinnt.
(B2) 6. ... De1+! (Wie in Variante A ist auch hier das Schach von der ersten Reihe sehr nachhaltig, weil die Dame unbedingt hinter den weißen König gelangen muß!) 7. Kxh3 Dh1+ 8. Kg4 Dg2+ 9. Kf5 Dg5+ (ein wichtiger Unterschied zu Variante A, wo dieses Schach nicht möglich war — in Umkehrung würde hier 9.... De4+? 10. Kf6 Dxd4+ 11. Kg6 De4+ 12. Df5 verlieren) 10. Ke6 De3+ mit „ewigem Schach".

Nach diesem ausschweifenden Damenausflug kehren wir zur Partie zurück, in der Schwarz einem außerordentlich pikanten Zugzwang zum Opfer fällt!

3. Kh4!

Schwarz darf nur seinen b- und h-Bauern ziehen, wie die folgenden Alternativen zeigen: 3. ... Le8/c8 4. fxg7+ nebst 5. De8+, 3. ... Kg8 4. Db8+ Df8 5. f7+ und 3. ... gxf6 4. Dxf6+ Ke8 5. g7. Der weiße König ist auf h4 und h5 vor Schachgeboten sicher und braucht also nur zwischen diesen beiden Feldern zu pendeln, bis Schwarz gezwungen ist, ... b4 zu spielen und damit den Gnadenstoß De7+ zuzulassen.

3. ...	b6
4. Kh5	b5
5. Kh4	h5
6. Kxh5	
1:0	

Ziemlich oft kommt der Zugzwang auch in Leichtfigurenendspielen vor. Mit ein paar Beispielen zu diesem Komplex setzen wir fort.

Diagramm **73/W**

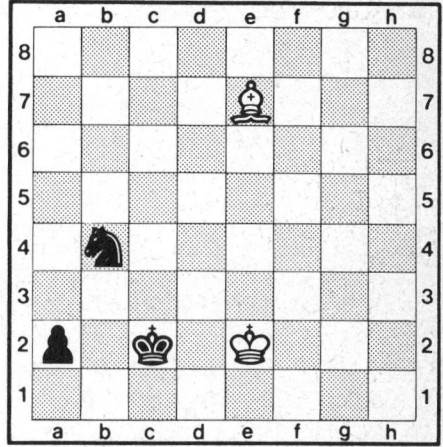

Stein – Dorfman, UdSSR 1970

Diese Position ist dem Schach-Informator entnommen, und demnach hatten beide Seiten genau agiert; tatsächlich ließ Schwarz aber einen glatten Gewinn aus. Das versäumte Manöver ist seit langer Zeit bekannt und geht auf eine Stellung zurück, die von Horwitz bereits 1885 veröffentlicht wurde.

1. Lf6	Sd3

Wegen der Drohung ... Sb2 ist die Antwort erzwungen.

2. La1   Sb2
3. Ke1

Auf 3. Ke3 folgt ... Sa4 4. Kd4/e4 (4. Ke2 geht über zur Anmerkung nach dem dritten Zug von Schwarz) Kb1 5. Kd3 (das einzige, in der Hoffnung auf ... Kxa1? 6. Kc2 remis, weil der Springer kein Tempo verlieren kann) Sc5+ 6. Kd2 (6. Kc3 Kxa1 7. Kc2 Sb3 und gewinnt) Sb3+ nebst Sxa1 und gewinnt.

3. ...   Kb1?

Verschenkt den halben Punkt. Die Gewinnvariante lautet ... Sa4! 4. Ke2 Kc1 5. Ke1 (5. Kd3 Kb1 6. Kd2 Sb2 führt zur gleichen Zugzwangstellung wie in der Partie, während 5. Ke3 Kb1 6. Kd3 Sc5+ zur Anmerkung nach dem dritten Zug von Schwarz überleitet) Sc5! 6. Ke2 (Auf einen Läuferzug gewinnt Sd3+ nebst Sb2.) Kb1 7. Kd1 (Hier wird ein Läuferzug mit ... Sa4 nebst ... Sb2 beantwortet, auf 7. Kd2 folgt Sb3+.) Sd3 8. Kd2 Sb2 und Weiß befindet sich im Zugzwang (9. Kc3 Kxa1 10. Kc2 Sd3). Die Idee dieser gefälligen Springerwanderung b2−a4−c5−d3 und zurück nach b2 ist nicht gerade offensichtlich.

4. Kd2

Die bekannte Position ist wieder erreicht, jedoch mit der falschen Partei am Zug! Schwarz kommt jetzt nicht mehr weiter und kann deshalb auch den Läufer sofort schlagen.

4. ...   Kxa1
5. Kc1!   Sc4
6. Kc2
     remis

In der nächsten Partie litt der arme Schwarzspieler wiederholt unter Zugzwang, aber ausgehend von der Diagrammstellung hätte er nicht zu verlieren brauchen.

Diagramm **74/S**

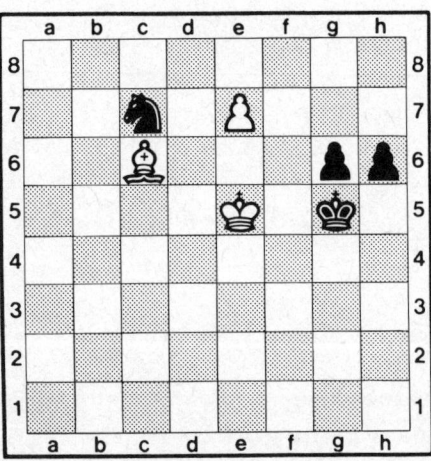

Lukov − Duriga, Polen 1975

Der mächtige Be7 lähmt die schwarzen Figuren derart, daß Weiß bald einen der feindlichen Bauern erobert.

1.	...	h5
2.	La4	h4
3.	Ld7	h3
4.	Lxh3	

Jetzt ist Schwarz für einen Augenblick frei und kann seine Stellung verbessern. Er beschließt, den Springer auf die andere Seite des Bauern zu bringen, und bei richtigem Spiel sollte er damit auch ausgleichen. Gleichwohl ist 4. ... Kh6! einfacher, z. B. 5. Kd6 (5. Ld7 Kg7 6. Kd6 Kf7 nebst Se8+ und Sf6+ ist remis) Se8+ 6. Ke6 Kf7 7. Lf1 Sf6 (Sobald der Springer auf f6 etabliert ist, vermag Weiß keinen Fortschritt zu erzielen.) 8. Lb5 g5 9. La4 g4 10. Lb5 g3 11. Lc6 Kg6 nebst ... Kg7 und Weiß kann gar nichts ausrichten.

4.	...	Se8
5.	Le6!	Kh6

Nicht 5. ... Sf6? (... Sc7? 6. Ld7 und gewinnt, 5. ... Sg7 leitet zur Partie über) 6. Lf7 Sg4+ (... Sd7+ ergibt dasselbe) 7. Kd6! Sf6 8. Ke6 Sh5 9. Lxg6! und nun gerät Schwarz nach ... Sf6 10. Lf7 oder 9. ... Sg7+ 10. Kf7 Kh6 11. Lb1 in tödlichen Zugzwang.

6.	Ld7	Sg7
7.	Kf6	g5
8.	Kf7	Kh7
9.	Kf8	Kg6

... Kh6? ist wegen 10. Lf5 katastrophal.

10.	Lg4	Kf6?

Der Verlustzug. Mit ... Kh7! (... Kh6? 11. Lf5) konnte Schwarz immer noch das Gleichgewicht bewahren. Falls dann 11. Lf5+ so ... Kh6 und Weiß hat keinen Abwartezug, da 12. Kf7?? mit ... Sxf5 beantwortet würde. Er kann versuchen, seinen Läufer auf andere Felder zu stellen, aber wenn Schwarz sich sorgfältig verteidigt, kommt er niemals in Zugzwang, z. B. 11. Lh3 Kg6 12. Ld7 Kh7! 13. Kf7 Kh6 14. Kg8 g4! (nicht ... Kg6? 15. Lf5+ Kf6/h6 16. Kf8) 15. Lxg4 Se8 16. Kf7 Sc7 nebst ... Kg5 und remis.

11. Lf5!

Zugzwang − Schwarz muß seinen letzten Bauern aufgeben, ohne dafür seinen Springer nach c7 überführen zu können.

11.	...	g4
12.	Lxg4	Kg6
13.	Ld7	Kh7

Nach ... Kf6 oder ... Kh6 macht sich der Läufer wieder auf f5 breit.

14.	Kf7	Kh6

... Kh8 15. Lg4 ergibt dasselbe, da Weiß auf 15. ... Sf5 (16. Lxf5?) den Bauern mit Schach umwandeln kann.

15.	Lg4	Kh7
16.	Le2	
	1:0	

Nach ... Kh6 (... Sf5 17. Ld3) 17. Ld3 entscheidet dieser Zugzwang endgültig.

Obwohl die Lösung der folgenden Studie eigentlich nur aus zwei Zügen besteht, sind viele kleine Finessen zu beachten.

Diagramm **75/W**

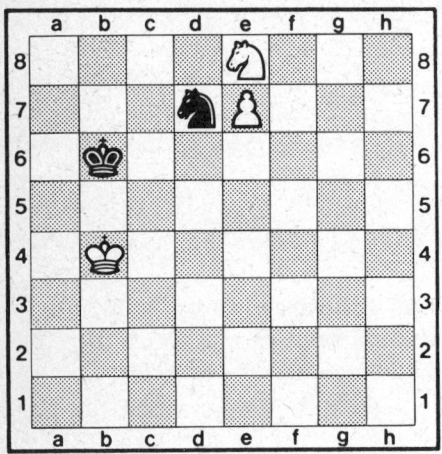

Gewinn
V. Halberstadt, 1. Preis, Gros 1938

Auf jedweden Springerzug des Weißen stellt die Erwiderung ... Sf6 das Remis sicher. Der Anziehende muß also irgendwie seinen König einsetzen. Falls 1. Kc3? so bringt ... Kc5 Weiß in Zugzwang, wie die Varianten 2. Sd6 Sf6 3. Se4+ Sxe4+ und 2. Kd3 (Ein anderer Königszug erlaubt ... Kd4 gefolgt von ... Ke5 und ... Ke6.) Se5+ nebst ... Sg6 bestätigen. Eigentümlicherweise entsteht nach 1. Kc3 Kc5 ein beiderseitiger Zugzwang, d.h. nicht nur, daß Weiß am Zug remis macht, sondern auch, daß Schwarz in der Zugpflicht verliert, z.B. 2. ... Sb6 3. Sc7 oder 2. ... Kc6 3. Kc2! (... Kb6 4. Sc7 oder 3. ... Kc5 4. Sd6 Sf6 5. Se4+) oder 2. ... Kb6 3. Kb2, wonach 3. ... Ka7 und 3. ... Ka5 beide zu Varianten führen, die im folgenden noch behandelt werden. Offenbar steht der weiße König auf b4 nicht sehr gut, weil er besonders auf diesem Feld von Springerschachs belästigt werden kann. Weiß würde seinen König lieber so weit weg wie möglich haben. In der Ausgangsstellung muß der erste Zug aber sehr sorgfältig erwogen werden, so macht z.B. 1. Kb3? nur remis: ... Sc5+ 2. Kc4 Se6 3. Sf6 (3. Kd5 Sf4+ nebst ... Sg6) Sg7 4. Kd5 Kc7 5. Ke5 Se8! (am klarsten) 6. Ke6 (6. Sxe8+ Kd7 7. Kf6 Kxe8) Sg7+ 7. Kf7 (7. Kd5 Se8) Sf5 8. Sd5+ Kb7 mit glattem Remis. 1. Ka4? ist noch schlechter wegen ... Sc5+ nebst Se6, Kc6 und Kd7, während nach 1. Kc4? Se5+ und 2. ... Sg6 gleich der Bauer fällt. Durch diese Aussonderung kommen wir zum besten Zug ...

1. Ka3!

Weiß droht 2. Sc7 Sf6 3. Sd5+, was in der Ausgangsstellung an dem Zurückschlagen mit Schach scheiterte. Nach dem Textzug könnte folgen:
(A) 1. ... Kc6 2. Ka2! (2. Kb2? Se5 3. Sd6 Sc4+! bzw. 3. Sf6 Sc4+ 4. Kc3 Sd6 nebst ... Se8! wie

oben) mit Zugzwang (2.... Kb6
3. Sc7 oder 2.... Kc5 3. Sd6).

(B) 1. ... Ka7 – danach darf der
schwarze König wegen 2.
Sc7(+) nicht die Felder a8, b7,
c8, a6, c7 oder b6 (wenn der
weiße König sich auf die zweite Reihe entfernt hat) betreten
und ist verurteilt, ... Kb8 und
... Ka7 ad infinitum zu ziehen.
Weiß gewinnt jetzt einfach mit
2. Kb2 Kb8 3. Kc2 Ka7 4. Kd2
Kb8 5. Ke2 Ka7 6. Kf2 (Um
Springerschachs zu vermeiden, robbt sich der Monarch
über schwarze Felder nach
vorn.) Kb8 7. Kg3 Ka7 8. Kf4
Kb6 (Schließlich kann
Schwarz aus dem Gefängnis
herauskommen, aber es ist zu
spät.) 9. Kf5 Kc6 10. Sf6 und
gewinnt.

(C) 1. ... Ka5 2. Kb2! (2. Ka2 ist
ebenso gut, jedoch nicht 2.
Kb3? wegen ... Sc5+ nebst ...
Se6) Ka4 (... Kb4/b6 3. Sc7) 3.
Ka2 Ka5 4. Ka3 und wieder ist
Schwarz in einem fatalen Zug-
zwang. Ein ungewöhnliches
Dreiecksmanöver!

Nach langwierigen Manövern
kommt der Zugzwang in der nächsten Studie völlig überraschend.

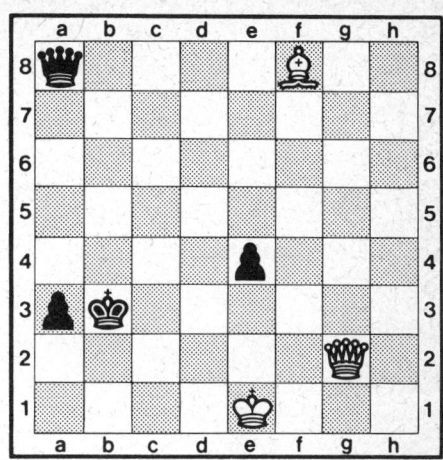

Diagramm **76/W**

Gewinn
C. Mann, Utrecht's Dagblad 1913

Der schwarze König muß eingesperrt bleiben, daher ist nur der
folgende Auftakt sinnvoll.

1. Dg8+   Ka4

... Kc2 (... Kb2/c3 2. Lg7+) 2. Dc4+
Kb2 3. Lg7+ und matt in zwei Zügen.

2. Dc4+   Ka5

Der erste Moment der Entscheidung: 3. Dc5+ Ka6 und 3. Lb4+ Kb6
4. Dc5+ Kb7 5. Dd5+ Ka7 6. Lc5+
Kb8 7. Ld6+ Ka7 flaut jeweils ins
Remis ab.

3. Ld6!

Vermittels einer einzügigen Mattdrohung wird der Läufer unter

Tempogewinn nach c7 transferiert.

3. ...	**Kb6**
4. Lc7+	**Kb7**

... Ka7 5. Dc5+ Kb7 6. Dd5+ ist eine Zugumstellung zur Hauptvariante.

5. Dd5+!	**Ka7**

6. Db5 ist nun verlockend, aber nach ... Dc8 7. Dc6 a2! erzielt Weiß trotz des Damengewinns 8. Lb6+ Kb8 9. La7+ nur remis.

6. Lb6+!	**Kb8**
7. Dd7!	**Da6**

Man beachte, daß Schwarz jetzt ein Schach auf h1 geben könnte, wenn Weiß im fünften Zug den e-Bauern geschlagen hätte. Nun ist die schwarze Dame so eingeengt, daß nur noch zwei Züge möglich sind, wobei 7. ... Db7 nach 8. Dd6+ wieder zum Text überginge.

8. Dc6!	

8. Lc7+ Ka8 und 8. Dc7+ Ka8 lassen Schwarz entkommen, aber nun ist 9. Lc7+ Ka7 10. Lb8+ eine Drohung, die durch 8. ... a2 nicht entkräftet wird. Da auch 8. ... Dc8 wegen 9. La7+ verliert, ist die Antwort erzwungen.

8. ...	**Db7**

Diese Stellung hat Weiß angestrebt. Ohne die Anwesenheit der schwarzen Bauern könnte er den Zugzwang bereits forcieren, also besteht seine nächste Aufgabe darin, beide Bauern mit Schach einzukassieren.

9. Dd6+	**Ka8**
10. Dxa3+	**Kb8**
11. Dd6+	**Ka8**
12. Dd8+	**Db8**
13. Dd5+	**Db7**
14. Da5+	**Kb8**
15. De5+	**Ka8**
16. De8+	**Db8**
17. Dxe4+	**Db7**

Es leuchtet immer noch nicht ein, wie Weiß gewinnt. Ich vermute, daß derjenige, der die anzustrebende Zugzwangstellung nicht bereits gesehen hat, sogar jetzt noch, nach 17 Zügen des Lösungsweges, große Schwierigkeiten mit der Schlußabwicklung haben wird! Die psychologische Barriere kommt deshalb zustande, weil der Sieg nur zu erringen ist, indem der schwarze König gerade aus der Ecke getrieben werden muß, in der er scheinbar in größter Gefahr schwebt.

18. De8+	**Db8**
19. Da4+!	**Kb7**
20. Db5!	

Diagramm **76a/S**

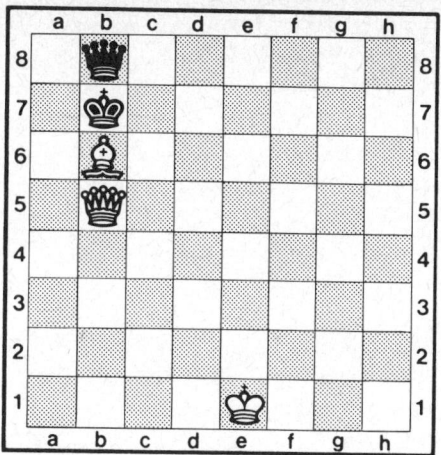

Zugzwang! Schwarz verfügt lediglich über drei Züge, die nicht sofort die Dame verlieren oder ein Matt zulassen:

(A) 20. ... Dg8 21. Ld8+ Ka7 (... Kc8 22. Dc6+ Kb8 23. Lc7+) 22. Db6+ Ka8 23. Dc6+ Ka7 24. Lb6+ Ka6 25. Lc7+ und matt in zwei Zügen.

(B) 20. ... Da8 21. La5+ Kc8 22. De8+ Kb7 23. Dd7+ Ka6 24. Dd6+! Kb5 (... Kb7 25. Dc7+ und matt) 25. Db4+ Kc6 26. De4+ mit Damengewinn.

(C) 20. ... Dc8 21. Lc5+ Kc7 (... Ka8 22. Da5+ Kb7 23. Db6+ Ka8 24. Da7 matt) 22. Db6+ Kd7 23. Dd6+ Ke8 24. De7 matt.

Den beiderseitigen Zugzwang haben wir eben in der Studie von Halberstadt kennengelernt. Solche Stellungen sind besonders reizvoll, wenn beide Spieler darum kämpfen, die kritische Phase mit der anderen Seite am Zug zu erreichen.

Diagramm **77/W**

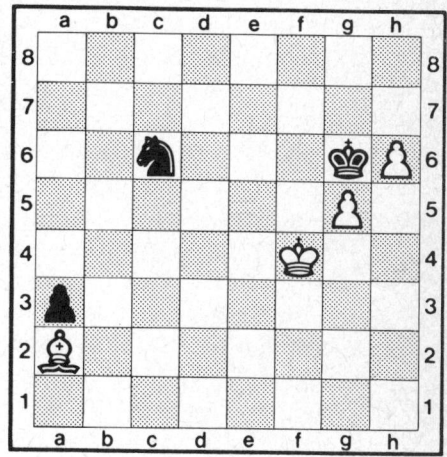

Kagan – Avni, Israel 1978

Normalerweise kommt gerade in einer Situation wie dieser, wo sich bewegliche Freibauern auf beiden Seiten des Brettes tummeln, die Überlegenheit des langschrittigen Läufers gegenüber dem Springer zur Geltung. Mittels Lb1+ kann Weiß seine Bauern mobilisieren und später durch La2 unterstützen. Dennoch ist die Stellung selbst bei bestem Spiel remis. Das Hauptproblem für Weiß ist, daß die Farbe seines Läufers nicht mit dem Umwandlungsfeld seines Randbauern übereinstimmt. Falls es also dem Gegner gelingt, seinen Springer für den g-Bauern zu opfern, ist es augenblicklich remis. Überdies vermag Schwarz ggf. auf verschiedene Pattressourcen zurückzugreifen.

1. Lb1+ Kf7
2. g6+

In der Partie gestattete Weiß die Blockade seiner Bauern, womit Schwarz müheloser ausglich: **2. Kf5** (2. Kg4 Se7 3. Kh5 Kg8 4. La2+ Kh8 5. Lf7 ist kein Zugzwang wegen ... Sg6! und remis.) **Se7+ 3. Ke5 Sg6+ 4. Kd4 Sf8 5. Ke4** (5. Kc3 a2 6. Lxa2+ Kg6) **Kg8 6. Kf5 Kh8** (die einfachste Methode, weil der Springer nun permanent zwischen g6 und anderen Feldern hin- und herziehen kann) **7. La2 Sg6! 8. Ke6 Sh4 9. Lb1 Sg6 10. Kd5 Sh4 11. Ke4** (11. Kc5 Sf5 nebst Sxh6) **Sg6 12. Kd4 Sh4 13. Kc3 a2! 14. Lxa2 Sf5 15. Le6 Sxh6 16. Kd4 Kg7 remis.**

2. ... Kf6
3. g7

Wegen der Drohung ... a2 erzwungen.

3. ... Se7

Jetzt muß Weiß ... Sg8 5. h7 Kxg7 unterbinden.

4. La2 Kg6

Verhindert 5. g8D Sxg8 6. h7 Se7 7. h8D+.

5. Ke5

Nun gibt es für Schwarz doch einige Probleme zu lösen. Falls ... Kh6 so 6. Kf6 Kh7 7. Kf7 (beiderseitiger

Zugzwang!) Kh6 (... Sg8 8. Lb1+) und Schwarz ist im Zugzwang – er muß ... a2 ziehen, und nach 9. Lxa2 Kh7 10. Lb1+ Kh6 11. Lc2 wird das Verfahren wiederholt. Da nach 7. Kf7 ein beiderseitiger Zugzwang vorherrschte, erklärt sich auch die folgende Erwiderung.

5. ... Kh7!
6. Kf6

6. Lb3 Kxh6 7. Kf6 Kh7 8. Lc2+ (8. Kf7 führt zur Anmerkung nach dem achten Textzug von Weiß) Kg8 9. Lb3+ Kh7 (droht ... Sg8+) remis.

6. ... Kxh6
7. Kf7 Kh7
8. Lb1+

Erstaunlicherweise ist Weiß außerstande, ein Tempo zu verlieren, z.B. 8. Lb3 Sg8! 9. Lc2+ Kh6 10. Lb1 Se7 mit Übergang in die Hauptvariante.

8. ... Kh6
9. Kf8

Sonst gibt es nichts zu versuchen, aber nun wickelt Schwarz zum Endspiel D+L/D ab.

9. ... Sg6+
10. Lxg6 a2
11. g8D a1D

Mit der nötigen Sorgfalt hält Schwarz leicht remis, z.B. 12. Dh7+ Kg5 13. Dh5+ Kf4 14. Df5+

(14. Dh4+ Ke3 15. Dg3+ Kd2 16. Df2+ Kc1 17. De1+ Kb2 18. De5+ Ka2 19. Lf7+ Kb1 remis) Kg3 15. Dd3+ (15. Dg5+ Kf3 16. Lh5+ Ke4 und der König entwischt zum Damenflügel) Kf4 16. De4+ Kg3 17. De3+ Kg4, Weiß kommt nicht weiter.

Die folgende Stellung ist, obwohl sie komponiert wurde, von großer praktischer Bedeutung für die Theorie der Turmendspiele.

Diagramm **78/W**

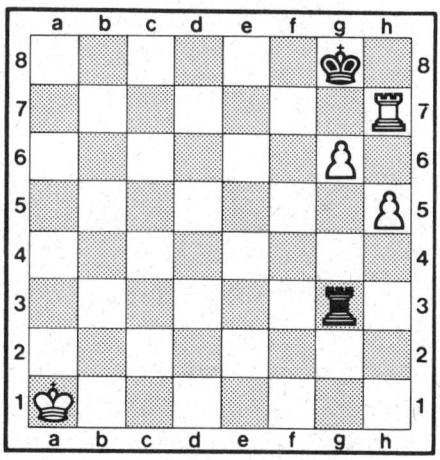

Gewinn
G. M. Kasparjan,
Schachmaty w SSSR 1946

Die meisten Beispiele mit einem Turm plus zwei verbundene Bauern gegen einen Turm werden mühelos gewonnen, aber hier ist Weiß aufgrund seines passiven Turms gehandikapt. Wenn er den Turm z.B. nach a5 überführen könnte, wäre der Sieg eine Sache der Tech-

nik, doch 1. Ta7 Tg5 erzwingt wieder 2. Th7. Umgekehrt ist Schwarz ebenfalls ziemlich eingeschränkt, denn wenn er in der Ausgangsstellung ... Tb3 ziehen würde, käme 2. Ta7 Th3 3. Ta5 bzw. 2. ... Tb5 3. h6 und Weiß gewinnt. Um der Aktivierung des weißen Turms vorzubeugen, muß der schwarze Turm also auf der g- oder h-Linie bleiben und gleichzeitig verhindern, daß der weiße König zur Unterstützung der Bauern vorrückt. Der Gewinnplan erscheint dennoch einfach: der König marschiert zum anderen Flügel und vertreibt den Turm von den Feldern g3 und h3, wonach Weiß entweder seinen Turm befreit oder seinen König vorbringt. Aber nach 1. Kb2 Th3 2. Kc2 Tg3 3. Kd2 Th3 4. Ke2 Tg3 5. Kf2 Th3 ist Weiß um einen Zug verlegen, da auf 6. Kg2 Tb3 7. Ta7 die Belästigung ... Tb5 den Vorstoß 8. h6 vereitelt (... Tg5+), und 6. Kf1 Tf3+ 7. Ke2 (7. Ke1 Te3+ 8. Kd2 Th3!) Tg3! 8. Kf2 Th3 läuft auf dasselbe hinaus. Falls jedoch Schwarz in der Stellung nach 5. ... Th3 am Zug wäre, müßte der Turm seinen Posten verlassen (5. ... Tb3 6. Ta7 oder 5. ... Th1 6. Kg3). Demnach besteht nach 5. ... Th3 ein beiderseitiger Zugzwang, und Weiß muß versuchen, diese Position mit Schwarz am Zug zu erreichen.

1. Ka2!!

Der einzige Gewinnzug. Sobald Weiß seinen König auf die erste Reihe zieht, wird es remis, weil

Schwarz auf der dritten Reihe Schach bieten kann, und wenn der weiße König schließlich die zweite Reihe betritt, kann Schwarz zwischen ... Tg3 oder ... Th3 wählen.

1. ...   Th3

Nun ist alles übrige leicht verständlich: **2. Kb2 Tg3 3. Kc2 Th3 4. Kd2 Tg3 5. Ke2 Th3 6. Kf2** (Damit hat Weiß die angestrebte Position erreicht.) **Ta3** (... Kf8 7. Kg2 Ta3 8. Tf7+ Kg8 9. h6 droht 10. h7+ und gewinnt, während 6. ... Th4 7. Kg3 Ta4 ähnlich der Hauptvariante verläuft) **7. Tb7** (droht h6) **Th3 8. Tb5 Kg7 9. Kg2 Th4** (... Ta3 10. Tb7+ Kh6 11. Th7+ nebst 12. g7 mit Gewinn) **10. Kg3 Th1 11. Tb7+ Kg8 12. Kg4 Tg1+ 13. Kf5 Th1 14. Kg5 Tg1+ 15. Kh6** und Weiß gewinnt.

Kasparjan ist auf Stellungen mit beiderseitigem Zugzwang spezialisiert. Die nächste Studie enthält einen der subtilsten Züge, den ich jemals gesehen habe!

Diagramm **79/W**

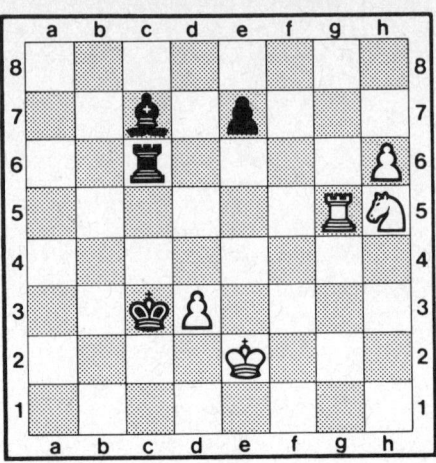

Gewinn

G. M. Kasparjan, 1. Preis,
Kubbel-Gedenkturnier 1946

Wiederum eine sehr natürliche Position. Impulsiv würde man 1. h7 versuchen, aber nach ... Te6+! 2. K bel. Th6 3. Tc5+ Kxd3 4. Txc7 Txh7 verliert Weiß beide Bauern.

1. Sg7!

Unterbindet das Schach auf e6 und macht 2. h7 zu einer echten Drohung. Falls Schwarz das Schlagen des h-Bauern hinauszögert, verliert er nach z.B. ... Lf4 (... Kd4 2. h7 Th6 3. Sf5+) 2. h7 Th6 3. Th5 Txh5 4. Sxh5 Le5 5. Ke3 und nach Sf4−g6 wird der Läufer sein Leben lassen müssen. Also muß der Bh6 sofort geschnappt werden.

1.	...	Txh6
2.	Tc5+	Kd4
3.	Tc4+	

Nicht 3. Txc7? Th2+.

| 3. | ... | Ke5 |

Schwarz beabsichtigt, den Springer zu fangen, der auf g7 über wenig Felder verfügt.

4.	Txc7	Kf6
5.	Se8+	Kf7
6.	Tc8	

Bis hierher war es forciert, aber jetzt muß Schwarz sich entscheiden, wie er sein Gegenspiel fortsetzen will. Die unverzügliche Fesselung des Springers durch ... Th8 verliert wegen 7. Sd6+, doch 6. ... Tg6 mit der Absicht ... Tg8 kommt in Betracht, weil nach dem erzwungenen 7. Sc7 Tc6 die beiden weißen Figuren unbeweglich wären. Tatsächlich ist es hingegen besser, zunächst Schach zu bieten, um so Weiß eine zusätzliche Möglichkeit zu geben, in eine Falle zu tappen.

| 6. | ... | Te6+ |
| 7. | Kd1!! | |

Der einzige Gewinnzug, aus Gründen, die erst später offenbar werden.

| 7. | ... | Tg6 |
| 8. | Sc7 | |

Nach 8. Ta8 (um gegen ... Tg8 mit 9. Sc7 gerüstet zu sein) Tc6 sind Turm und Springer des Weißen eingeschnürt, und er kann nur versuchen, seinen Bauern vorzustoßen. Aber nach 9. Ke2 Tc2+ 10. Ke3 Tc1 11. Ke4 Tc2 12. Kd5 Tc1 13. d4 Tc2 14. Sd6+ exd6 15. Kxd6 Td2 16. d5 Td1 ist das Turmendspiel ein theoretisches Remis.

| 8. | ... | Tc6 |
| 9. | Kd2! | |

Plötzlich befindet sich Schwarz in einem fatalen Zugzwang, z.B. ... Tc5 10. Tf8+! oder 9. ... Kg6 10. Sd5! oder 9. ... e6 (bzw. ... e5) 10. Sb5! jeweils mit weißem Gewinn. Aber angenommen, Weiß hätte 7. Kd2 (anstelle von Kd1!!) gespielt, dann müßte er jetzt seinen König oder Bauern ziehen. Ein Königszug jedoch gibt die Kontrolle über c3 auf, womit dem schwarzen Turm ein zusätzliches Feld eingeräumt wird, und da Weiß keinen Zug verlieren kann (z.B. 9. Kd1 Tc3 10. Ke2 Tc2+ 11. Ke1 Tc1+ 12. Kd2 Tc6!), ist kein Weiterkommen möglich. Das Vorrücken des Bauern ist auch nicht besser, weil nach 9. d4 Tc4 10. d5 das Feld d5 verstellt ist und so dem Schwarzen 10. ... Kg6! erlaubt. Der König kehrt dann nach f7 zurück. Falls Weiß allerdings den Tc4 mit seinem König angreift, pendelt der Turm eben zwischen c4 und c1. Ähnlich wäre der weiße König (im 9. Zug) zu weit von d2 entfernt, wenn er (im 7. Zug) die f-Linie betreten hätte, wiederum wäre das Ergebnis ein Remis.

Die letzte Stellung dieses Kapitels stammt von einem berühmten Schachmeister, der als Studienkomponist ebenfalls zu den Großen gehörte. Auch hier manövrieren beide Seiten, um die andere in Zugzwang zu bringen.

Diagramm **80/W**

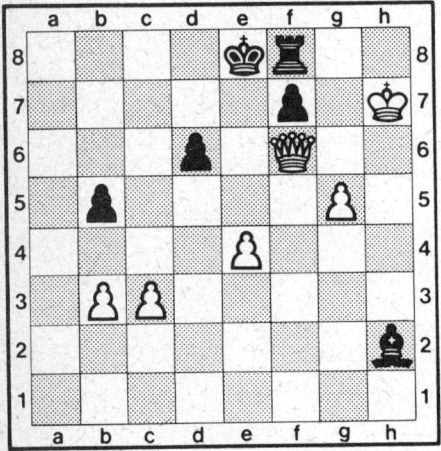

Gewinn

R. Réti, 1. Preis, Schachmaty 1928

Weiß besitzt einen entscheidenden Materialvorteil, aber unglücklicherweise droht ... Le5 mit Eroberung der Dame oder, falls diese wegzieht, ... Th8 matt. Indessen ist 1. ... Le5 an sich keine echte Drohung wegen der Erwiderung 2. Kg7, und nach ... Lxf6+ 3. gxf6 gerät Schwarz schließlich in Zugzwang und verliert seinen Turm. Weiß muß jedoch achtgeben, daß ihm nicht die Tempozüge ausgehen und er selbst in Zugzwang kommt!

1. Kh6!

Alternativen sind zwar sehenswert, aber für Weiß unersprießlich:
(A) 1. g6? Le5 2. Dxe5+ (andere Züge verlieren) dxe5 3. g7 f5 4. exf5 Kf7 5. gxf8D+ Kxf8 6. c4 bxc4 7. bxc4 e4 8. c5 e3 9. c6 Ke7 10. f6+ Kxf6 11. c7 e2 12. c8D e1D 13. Df8+ Kg5 remis.
(B) 1. Kg7? Le5 2. b4 (2. c4? Lxf6+ 3. gxf6 b4 und Schwarz gewinnt. Mit 2. b4 hat Weiß sein Reservetempo allerdings aufgebraucht.) Lh2! 3. Df1 (3. Kh7 Le5 4. Kg7 wiederholt die Stellung, aber nach 3. g6? Le5 und 3. c4? bxc4 4. b5 Le5 5. b6 c3 6. b7 Lxf6+ 7. gxf6 Kd7 8. Kxf8 Kc7 gewinnt Schwarz) Le5+ 4. Df6 Lh2 endet wieder remis.

Indessen droht der feine Schlüsselzug 2. Kh5 und treibt Schwarz gegen seinen Willen an.

1. ...   Le5
2. Kg7

Dieselbe Position wie in Variante B oben, hier allerdings mit Schwarz am Zug.

2. ...   Lh2

3. b4? verliert nun wegen ... Le5, während Königs- oder Damenzüge nur remis durch Zugwiederholung ergeben.

3. c4!   bxc4

Nach ... b4 4. c5 dxc5 (... Le5 5.
cxd6) 5. Dc6+ Ke7 6. Db7+ Ke8 7.
Dc8+ wird der Turm abgeholt. 3. ...
bxc4 darf Weiß aber nicht mit 4.
bxc4?? beantworten wegen ... Le5
und gewinnt. Doch nun kommt der
Clou der ganzen Aktion: Weiß opfert seinen e-Bauern, drängt dem
Gegner den Gewinn eines unliebsa-
men Tempos auf und vermag ihn
dadurch in Zugzwang zu setzen!

4. e5!   Lxe5

... dxe5 5. Dc6+ oder 4. ... cxb3 5.
exd6 ist alles für Schwarz indiskutabel.

5. bxc4   Lxf6+

Falls ... Lh2 so 6. c5 Le5 (... dxc5 7.
Dc6+) 7. cxd6 Lxf6+ 8. gxf6 und
gewinnt.

6. gxf6   Th8
7. Kxh8   Kd7
8. Kg8

Weicht der letzten Falle aus: 8.
Kg7?? Ke6.

8. ...   Ke6
9. Kg7 und gewinnt.

7. Manövrieren

Manöver kommen natürlich in allen Stadien einer Partie vor. Ich beziehe mich hier auf solche Ideen, die sich im allgemeinen auf das Endspiel beschränken. Eine der bekanntesten ist die Idee des Dreiecksmanövers in Bauernendspielen, aber es gibt freilich auch andere. So wurden im letzten Jahrzehnt wieder einige interessante Großmeisterpartien gespielt, in denen die folgende Idee zum Tragen kam, die als das sogenannte Lasker-Manöver von erheblicher praktischer Bedeutung für die Turmendspiele ist.

Der Vorteil des Weißen besteht darin, daß sein König offensiv und beweglich bei seinem Freibauern steht. Aber es ist nicht einfach, dies auszunutzen, denn sobald der König aus dem Schutz des Bauern hervortritt, beginnt Schwarz, Schach zu bieten.

1. Kb8

Auf 1. Tf3? Ka7 2. Ta3+ Kb6 3. Tb3+ Ka7 4. Tb1 Tc3 5. Tf1 Kb6 hält Schwarz leicht remis.

1. ...   Tb2+
2. Ka8   Tc2

Nun kann Weiß den gegnerischen König eine Reihe zurückdrängen, und durch die mehrfache Wiederholung desselben Manövers wird dieser nach und nach an den Rand des Brettes gezwungen.

3. Tf6+   Ka5

...Kb5 verliert wegen 4. Kb7 sofort.

4. Kb7   Tb2+
5. Ka7   Tc2
6. Tf5+   Ka4
7. Kb7   Tb2+
8. Ka6   Tc2
9. Tf4+   Ka3
10. Kb6

Diagramm **81/W**

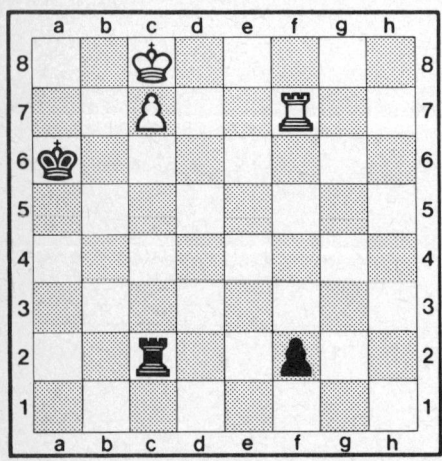

Gewinn
Em. Lasker,
Deutsches Wochenschach 1890

Droht zwar nicht die Umwandlung des Bauern, aber dafür 11. Txf2. Deshalb muß Schwarz wieder Schach bieten.

10.	...	Tb2+
11.	Ka5	Tc2
12.	Tf3+	Ka2/b2

Und schließlich ...

13. Txf2!

und gewinnt. Das Brett hat für diese Gewinnführung genau die richtige Größe. Mit neun Reihen statt acht wäre die Ausgangsstellung nur remis!

Hier ist ein praktisches Beispiel, in dem das Lasker-Manöver im Mittelpunkt steht.

Diagramm **82/W**

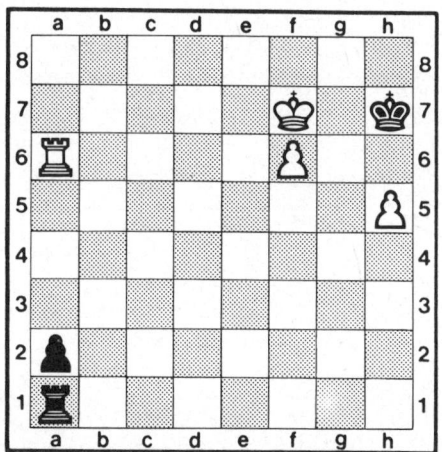

Tukmakow – Smejkal, Leningrad 1973

Tatsächlich habe ich die Farben vertauscht, d.h. in der Partie hatte Smejkal als Schwarzer die beiden Bauern. In unserem Beispiel scheint es zuerst, daß Weiß gewinnt, da Schwarz nur mit seinem König hin- und herziehen kann. Aber Weiß steht vor ähnlichen Problemen wie im letzten Diagramm — er vermag mit seinem König nicht hervorzutreten und infolgedessen kaum den f-Bauern zu mobilisieren, während allein mit dem Vorrücken des h-Bauern nichts erreicht wird.

1. Ta8

Zugzwang muß die Hauptwaffe von Weiß sein. Nach 1. Kf8 Tf1 oder 1. Ta5 Kh6 2. Kf8 Tf1 macht Schwarz remis. Weiß verschafft sich daher günstigere Umstände, bevor er Kf8 spielt.

| 1. | ... | Kh6 |
| 2. | Ta5 | |

Nach 2. Th8+ Kg5 3. Tg8+ Kxh5 4. Tg2 Kh4 (... Tb1? 5. Txa2 Tb7+ 6. Kg8 Kg6 7. f7 und gewinnt) 5. Td2 (5. Kg7 Kh3 6. f7? Kxg2 7. f8D Tg1! kann Schwarz sogar gewinnen!) Kh3 gleicht Schwarz einfacher aus.

| 2. | ... | Kh7?! |

Die erste Ungenauigkeit. Der Friedensschluß konnte forciert werden: ... Tb1! 3. Txa2 Tb7+ 4. Ke8 (oder 4. Ke6 Tb6+ 5. Kf5 Tb5+ 6.

Kg4 Tb4+ 7. Kg3 Tb3+ 8. Kg2 Kxh5 9. f7 Tb8 remis) Tb8+ 5. Kd7 Tb7+ 6. Kc6 Tf7 7. Tf2 Kg5! (... Kxh5? 8. Kd6 und gewinnt) und der f-Bauer ist geliefert.

3. Ta6

Indem Weiß zur Ausgangsstellung zurückkehrt, überträgt er die Zugpflicht auf den Gegner. Gleichzeitig wird ein Hinterhalt entlang der sechsten Reihe vorbereitet.

3. ...   Kh8?

Vergibt endgültig das Remis. Richtig war ... Kh6! 4. Kf8 Tb1! (... Kxh5? 5. f7 mit dem Lasker-Thema oder 4. ... Kh7? 5. Ta7+ Kh8 6. f7 mit Übergang zur Partie) 5. f7+ (5. Txa2 Tb8+ führt zur Anmerkung nach dem zweiten Zug von Schwarz) Kh7 6. Txa2 (6. Ke7 Te1+ remis) Tb8+ 7. Ke7 Tb7+ 8. Ke6 Tb6+ 9. Kd5 Tb5+ 10. Kc6 (10. Ke4 Tb4+ 11. Kf3 Tb3+ 12. Kg2 Tb8 13. Tf2 Tf8 nebst ... Kg7) Tf5 11. Ta7 Kg7 12. h6+ Kxh6 13. Kd6 Kg7 14. Ke6 Tf6+ und der letzte Bauer fällt.

4. Ta7

Nicht 4. h6? Kh7 und Weiß hat keinen guten Zug.

4. ...   Kh7
5. Kf8+   Kh8

Falls ... Kh6 6. f7 und sowohl ... Kxh5 7. Kg7 Tg1+ 8. Kh7 als auch

6. ... Tb1 (... Kh7 ist Zugumstellung zur Partie) 7. Kg8! Tg1+ 8. Kh8 Tf1 9. Ta6+ lassen den Lasker-Gewinn zu.

6. f7   Kh7

Nach ... Tb1 7. Ke7! (7. Txa2? Tb8+ entspricht der Anmerkung zum dritten Zug von Schwarz) Te1+ 8. Kf6 9. Kg6 Tg1+ 10. Kh6 setzt Weiß matt.

7. h6!

Der einzige Zug, denn 7. Ta3 Tb1! erlaubt das oben erwähnte Remis.

7. ...   Kh8

Auf ... Kxh6 zündet einmal mehr das Lasker-Motiv.

8. Ta6   Kh7

Weil ... Kg7 ausgeschaltet ist, kann Weiß jetzt nach ... Tb1 mit 9. Txa2 Tb8+ 10. Ke7 Tb7+ 11. Ke6 Tb6+ 12. Kd5 Tb5+ 13. Kc4 Tf5 14. Ta8 klar gewinnen.

9. Ta8

In Anbetracht von ... Kxh6 10. Kg8 und 9. ... Kh8 10. Ke7+ ist Schwarz schließlich genötigt, seinen a-Bauern unter ungünstigen Umständen aufzugeben.

9. ...   Tb1
10. Txa2   Tb8+
11. Ke7   Tb7+

12.	Ke6	Tb6+
13.	Ke5	Tb5+
14.	Ke4	Tb4+
15.	Ke3	

15. Kd5? Tb5+ und der König kann aus Respekt vor ... Tf5 nicht auf die c-Linie, während 15. Kd3? Tf4 16. Ta7 Kxh6 ebenfalls nur remis ist. Jedoch 15. Kf3 garantiert wie der Textzug den Sieg.

15.	...	Tb3+
16.	Ke2	Tb8
17.	Ta6	Tb2+

Oder ... Tf8 18. Tf6 gefolgt von dem Königsmarsch nach e7.

18.	Ke3	Tb3+
19.	Ke4	Tb4+
20.	Ke5	Tb5+
21.	Kf6	
	1:0	

Diagramm 83/W

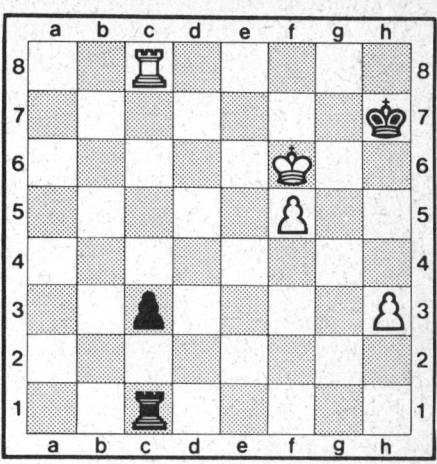

T. Petrosjan – Karpow,
UdSSR-Meisterschaft Moskau 1976

Die Ähnlichkeit mit der vorherigen Stellung springt ins Auge, aber der kleine Unterschied führt zu einem völlig anderen Spielverlauf!

1. h4

Ohne das Vorgehen dieses Bauern vermag Weiß keinen Fortschritt zu erzielen, z.B. 1. Kf7 Tf1 2. f6 Ta1! 3. Txc3 (3. Tc7 c2 läuft auf dasselbe hinaus) Ta7+ 4. Ke6 Ta6+ 5. Ke7 Ta7+ 6. Kd6 Ta6+ 7. Tc6 Txc6+ 8. Kxc6 Kg6 remis. Stünde jedoch der Bauer bereits auf h5, würde Weiß in dieser Variante gewinnen.

1. ... Tc2!

Schwarz erkennt, daß er mit dem Abwarten am besten beraten ist. Falls ... c2? (... Ta1? 2. Txc3 Ta6+ scheitert, weil Weiß hier ungefährdet die Türme – wie in der letzten Anmerkung — tauschen kann) 2. h5 (Jetzt ist Schwarz im Zugzwang.) Th1 3. Txc2 Txh5 4. Tg2 Th1 5. Kf7 Kh6 6. f6 Ta1 7. Th2+ Kg5 8. Kg7 und der f-Bauer prescht vor.

2. h5   Tc1
3. Kf7   Tc2

Nun funktioniert ... Ta1 nicht, während 3. ... c2 4. Kf6 – wie eben angegeben – verliert.

4. f6   Tc1

Weiß wird den Zugzwang einsetzen müssen, daher ist seine erste Aufgabe, Schwarz der Tempozüge zu berauben und ihn zu ... c2 zu nötigen.

5. Ke7!   c2

... Te1+ verliert, da 6. Kf8 Tc1 7. f7 c2 8. h6 zur Anmerkung nach dem 10. Zug von Schwarz überleitet.

6. Kf7

Nicht 6. Kf8? Tf1. Nach 6. Kf7 ist die Position die gleiche wie in dem vorherigen Beispiel nach 1. Ta8, lediglich die Türme und der schwarze Bauer sind hier auf der c-Linie anstatt auf der a-Linie postiert. Warum ist dies wichtig? Ich darf das Geheimnis nicht zu früh enthüllen, aber es ist richtig, daß die Stellung aus der Partie Tukmakow – Smejkal nach dem siebten wei-

ßen Zug gewonnen ist, einerlei, auf welcher Linie die Türme stehen. Daher muß Karpow es so einrichten, daß Weiß nicht die Aufstellung mit dem König auf f8 und den Bauern auf f7 und h6 erreicht.

6. ...   Kh6
7. Tc5   Kh7

Der erste Unterschied zum vorherigen Beispiel: Schwarz kann das dort ausgelassene Remis hier nicht realisieren, z.B. ... Ta1 8. Txc2 Ta7+ 9. Ke6 Ta6+ 10. Ke5 Ta5+ 11. Kd6 Kxh5 (... Ta6+ 12. Tc6 ist die Pointe) 12. f7 Ta6+ (... Ta8 13. Tf2) 13. Ke7 und versteckt sich auf g7.

8. Tc6   Kh6
9. Kf8   Kh7

Mit dem weißen Turm auf der c-Linie verliert hier wieder ... Ta1.

10. Tc7+   Kh8!

Nach ... Kh6 11. f7 Kh7 (... Kxh5 12. Kg7 führt zum Lasker-Manöver) 12. h6 bekommt Weiß die angestrebte Position und gewinnt wie in Tukmakow – Smejkal.

11. f7

Alles wie vorher, aber nun offenbart sich der zweite Unterschied.

11. ...   Ta1!

Was bislang immer verloren hätte, hält jetzt auf originelle Weise re-

mis. Nach 12. Ke7 Te1+ 13. Kf6
Tf1+ 14. Kg6 Tg1+ 15. Kh6 erfolgt
... c1D! mit Schach, und Schwarz
rettet sich ins Patt: 16. Txc1 Tg6+!.
Vom Diagramm her ist schwer vorauszusehen, daß Schwarz nur deswegen remis hält, weil mit der Umwandlung auf c1 der Punkt h6 attackiert wird! Petrosjan versuchte
statt dessen **12. Txc2,** aber nach
... **Ta8+ 13. Ke7 Ta7+ 14. Kf6
Ta6+ 15. Kg5 Ta5+ 16. Kg4 Ta4+
17. Kg3 Ta3+ 18. Kg2 Kg7 19.
Tf2 Kf8 20. Tf5** (20. h6 Ta6 21. h7
Th6 holt den h-Bauern ab) **Ta6**
(nicht ... Ta7?, wonach 21. h6 Ta6
22. Th5! gewinnt) **21. Kg3 Th6 22.
Kg4 Th7** wurde im Hinblick auf
das unvermeidliche ... Txf7 **remis**
vereinbart.

Studienkomponisten haben die ur-
sprüngliche Fassung des ehemali-
gen Weltmeisters Emanuel Lasker
auf verschiedene Weise kunstvoll
verarbeitet. Die folgende Komposition entfaltet Ideen, die mit einem
anschließenden Beispiel aus der
Praxis in Partiediagramm 85
gleich wieder aufgefrischt werden.

Diagramm **84/W**

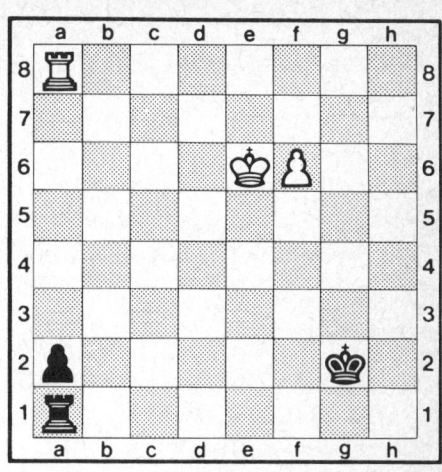

Gewinn
J. Hašek, 1. Preis, Česk. Šach 1936

1. Kf7

Schwarz drohte ... Te1+, daher gab
es keine große Wahl. 1. f7? Te1+ 2.
Kd5 (2. Kf6 a1D+ remis) Td1+ 3.
Kc4 Tc1+ 4. Kb3 (4. Kd3 verläuft
ähnlich) Tf1 5. Txa2+ Kg3 6. Ta7
Kg4 7. Kc4 Kg5 8. Kd5 Kg6 9. Ke6
Tf6+ ist nur remis.

1. ...   Kf3

Nur drei Züge reichen aus, um den
Gewinn klarzumachen, aber diese
sind keineswegs einfach zu finden!
Zum besseren Verständnis stellen
Sie sich einfach vor, daß der weiße
König und Bauer bereits nach f8
bzw. f7 vorgerückt sind. Wo muß
dann der schwarze König stehen,
um remis zu halten (vorausgesetzt
Weiß ist am Zug)? Die e-, f- oder g-

Linie ist sofort sein Verhängnis, weil er dort seinem Turm im Wege steht. Auch die h-Linie ist für den König eine schlechte Bleibe, da Weiß sich in diesem Fall des Lasker-Manövers bedienen kann (abgesehen von h1, hier zwingt ein Tempozug wie 1. Ta7 den schwarzen König auf ein Verlustfeld). Probieren wir weiter: Wenn der König sich auf d1 niederläßt, entscheidet Weiß augenblicklich mit 1. Ke7; d2 verliert wegen 1. Ke7 Te1+ 2. Kd6 Tf1 3. Txa2+ und d3 wegen 1. Ke7 Te1+ 2. Kd6 Tf1 3. Ke6 Te1+ 4. Kd5 Tf1 5. Ta3+ nebst 6. Txa2+. Schwarz kann sich aber behaupten, wenn sein König auf irgendeinem anderen Feld eine Zuflucht findet. Das nächstgelegene Remisfeld zu g2 (der Ausgangsstellung des Königs) ist d4, daher ist der Textzug verständlich. Die Aufgabe von Weiß besteht nun darin, den Bauern nach f7 vorzubringen und gleichzeitig den schwarzen König in der Verlustzone zurückzuhalten. Wir wollen sehen, wie dies nach alternativen Königszügen möglich ist:

(1) 1.... Kf2 2. Ta4! (2. Kf8? Ke3! 3. f7 Kd4 und der König kommt gerade rechtzeitig, während Weiß nach 2. Ta3 Kg1! 3. Kg7 Kh1 4. Kf7 wieder zurückkehren muß – die Stellung ist aber immer noch gewonnen, wenn er an den richtigen Plan anknüpft) Kg1 (... Ke3 3. Ke6 Kd3 4. f7 Te1+ 5. Kd5 Tf1 6. Ta3+ gewinnt ebenso wie 2.... Kg3 3. Kg6 oder 2.... Kf3 3. Kf8

nebst 4. f7 und der schwarze König gelangt nicht auf ein Remisfeld) 3. Kg8! (nicht 3. Kg6? Kh1 4. Th4+ Kg1 5. f7 Tf1 6. Ta4 Tf2 7. Txa2 Txa2 8. f8D Tg2+ mit Dauerschach – auf andere siebte Züge setzt Schwarz gleich seine Schachgebote ein. Ebenfalls schlecht ist 3. Kg7? Kh1 4. Th4+ Kg2 5. f7 Tg1 6. Ta4 Kh1+! remis, und 6. f8D schlägt fehl, weil Schwarz mit Schach umwandelt. Weiß muß f8 mit seinem König kontrollieren und gleichzeitig das Schach von a1 verhindern, deshalb 3. Kg8!.) Kh1 4. Th4+ Kg2 (... Kg1 5. f7 Tf1 6. Ta4 und gewinnt) 5. f7 Tg1 6. f8D (6. Ta4? Kh1+) a1D 7. Tg4+ Kh3 8. Df3+ Kh2 9. Df2+ Kh3 10. Dh4 matt.

(2) 1.... Kh3 (... Kh2 2. Kf8 und... Tf1 ist unzureichend, weil der Ba2 mit Schach fällt) 2. Ta4! (Der Zugzwang treibt den König auf die unangenehme zweite Reihe zurück.) Kh2 (... Kg3 3. Kg6 nebst 4. f7) 3. Kf8 gefolgt von 4. f7 und der schwarze Monarch ist von jeglichen Remisfeldern weit entfernt.

2. Ta4!

Notwendig, denn z.B. 2. Ta5 gestattet... Ke4 3. Ke6 Kd4 und der König ist in Sicherheit.

2. ...   Kf2

Schwarz ist hilflos, z.B. 2. ... Ke2/e3
3. Ke6, 2. ... Kg3 3. Kg6 oder 2. ...
Kg2 3. Kf8 (3. Kg6? Kh1! wie in Variante 1 macht nur remis) und 4. f7
gewinnt in jedem Fall.

3. Kf8!

Schwarz fehlt ein Tempo zum Erreichen der Remiszone, und er
könnte jetzt wie folgt verlieren: **3.
... Ke3** (... Kg3 4. f7 Kh3 gibt wieder Gelegenheit zum Standard-Lasker-Manöver) **4. f7 Kd3 5. Ke7
Te1+ 6. Kd6 Tf1 7. Ke6 Te1+ 8.
Kd5 Tf1 9. Ta3+** usw.

Wenn in der grundlegenden Lasker-Position (Diagramm 81) alles
um eine Linie nach rechts verschoben wird, vermag Weiß nicht mehr
zu gewinnen, z.B. 1. Kc8 Tc2+ 2.
Kb8 Td2 3. Tg6+ Ka5 4. Kc7 Tc2+
5. Kb7 Tb2+ 6. Ka7 Td2 7. Tg5+
Ka4 und der weiße König ist von
seinem Bauern zu weit weg. Aber es
gibt Situationen, sogar mit einem
Mittelbauern, in denen ein Manöver nach Lasker-Manier immer
noch möglich ist.

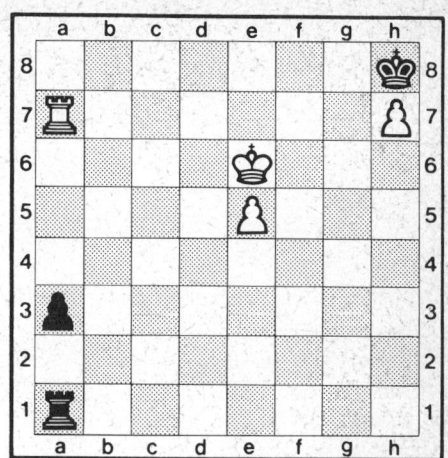

Saitzew – Dworetzki, UdSSR 1973

Die Farben sind vertauscht worden, d.h. Dworetzki hatte als
Schwarzer die beiden Bauern.

1. Ke7

Das Problem des Nachziehenden
ist die passive Stellung seines
Turms vor dem Bauern. Mit dem
Bauern auf a2 und dem befreiten
Turm auf der zweiten Reihe würde
er remis halten, da, wie wir eben
festgestellt haben, die Lasker-Idee
in dieser Situation nicht funktioniert.
Falls anstelle des Textzuges 1. Kd6
so Ta2! 2. e6? (oder 2. Ke7? Te2
nebst ... a2, daher ist 2. Ke6 am besten, um wieder von neuem zu beginnen) Td2+ 3. Kc6 Te2 4. e7 a2 5.
Kd7 Td2+ 6. Ke8 Kxh7 und macht
remis.

1. ...   Kxh7

... Te1 2. e6 Te3 3. Kd6 Td3+ 4. Kc5
Te3 (... Tc3+ 5. Kd4 und gewinnt)
5. Kd5 und Schwarz gerät in Zugzwang, z.B. ... Tg3 6. e7 Te3 7. Ta8+
mit Gewinn.

2. e6   a2

Oder ... Kg6 3. Ke8 Kf6 (... a2 mündet in die Partie ein) 4. e7 Kg7 (...
Te1 5. Ta6+ nebst 6. Txa3 und gewinnt) 5. Ta4 a2 6. Tg4+ Kf6 (Auf
... Kh7 entscheidet der Plan 7. Tg2,
8. Td2 und 9. Kd7.) 7. Tg2 Tb1 (...
Te1 8. Tf2+ und 9. Txa2) 8. Txa2
Tb8+ 9. Kd7 Tb7+ 10. Kd6 Tb6+
11. Kc7 Te6 12. Kd8 Td6+ 13. Ke8
und Weiß gewinnt.
Die Stellung nach 2. ... a2 ist identisch mit jener, die in einer Studie
von P. Keres (nach fünf Zügen) erreicht wird – mit seiner Komposition errang Keres den dritten Platz
bei dem UdSSR-Studienwettbewerb
1947. Es ist interessant, die Ver-
läufe von Partie und Studie zu vergleichen.

3. Ke8+   Kg6

Andere Felder sind nicht besser.

4. e7   Kg5

Der Rückzug ist am besten, er verhindert, daß der weiße Turm zur
zweiten Reihe überführt wird. Auf
z.B. ... Kg7 gewinnt 5. Ta3 Kg6 6.
Tg3+ gefolgt von 7. Tg2, 8. Td2 und
9. Kd7.

5. Ta5+

Nach 5. Kf7 Tf1+ 6. Kg7 Te1 7.
Ta5+ Kh4! klappt der Lasker-Plan
immer noch nicht. Keres gab 5. Ta3
als seine Hauptvariante an, aber
der Partiezug ist ebenso gut.

5. ...   Kh4
6. Ta3!

Jetzt ist Schwarz im Zugzwang,
und er muß entweder den gegnerischen Turmtransfer zur zweiten
Reihe oder die Anwendung des Lasker-Manövers gestatten. Saitzew
entschloß sich für das erstere. Die
Hauptvariante in der Keres-Studie
zeigt, wie Weiß im letzteren Falle
gewinnt: ... Kg4 7. Kf7 Tf1+ 8. Kg6
Te1 (Die schlechte Stellung seines
Königs beraubt Schwarz des
Schachs auf g1, und dies erweist
sich als verhängnisvoll.) 9. Ta4+
Kh3 10. Kf6 Tf1+ 11. Kg5 Tg1+ 12.
Kh5 Te1 13. Ta3+ Kg2 14. Txa2+
Kf3 (Obwohl Weiß den a-Bauern erbeutet hat, macht sein leicht abge-
drifteter König die Gewinnführung
ein wenig schwierig.) 15. Ta7 Te6
(Wenn der weiße König erst seinen
Bauern unterstützt, ist es aus, daher muß Kg6 unterbunden werden.) 16. Kg5 (droht Kf5 nebst
Kf6) Ke4 17. Tb7! (Dieser Bote
bringt den Zugzwang, ebenso wie
17. Tc7, jedoch nicht 17. Td7? Ke5!,
wonach Weiß sich dem Zugzwang
beugen und mit remis zufriedengeben muß.) Ke5 (notwendig, um den
weißen König auszuschließen) 18.
Td7 Ke4 19. Td1! Kf3 (erzwungen)

20. Tf1+ Ke2 21. Tf7 Ke3 22. Kf5 und der weiße König dringt mit entscheidender Wirkung nach f8 durch.

6.	...	Kg5
7.	Tg3+	Kf4
8.	Tg2	Kf3
9.	Th2	

Gut genug zum Gewinn, wenn auch etwas umständlicher, ist die Alternative 9. Tb2 Ke3 (... Kf4 10. Kf7 oder 9. ... Kg3/g4 10. Td2 nebst 11. Kd7 verlieren sofort) 10. Kd7 Td1+ 11. Kc7 a1D 12. e8D+ Kd4 13. Dh8+ Kc4 14. Dg8+ Td5 (... Kc3 15. Tb3+) 15. Dg4+ Td4 16. De6+ Td5 17. De4+ Td4 18. Dc2+ Kd5 19. Tb5+ nebst matt.

| 9. | ... | Ke3 |

Forciert, auf ... Kg3/g4 gewinnt 10. Td2.

10. Tb2

Setzt den Gegner in Zugzwang, denn wenn der schwarze König auf die d- oder f-Linie geht, kann das weiße Oberhaupt endlich hervortreten, ohne ein Schach befürchten zu müssen.

| 10. | ... | Ke4 |
| 11. | Te2+ | Kd3 |

Jetzt gibt es keine Wahl.

12.	Kd8	Kxe2
13.	e8D+	
	1:0	

da Weiß nach ... Kd2 14. Da4 (14. De5?? Td1) Kc3 15. Kc7 Kb2 (Ein amüsantes Abspiel mit Turmverlust ist ... Kd3 16. Db3+ Ke4 17. Dc4+ Kf5 18. Dd5+ Kg6 19. De6+ Kh7 20. Df7+.) 16. Dd4+ Kb1 17. De5 den Turm erbeutet.

Mit den Erkenntnissen, die wir aus den vorhergehenden Beispielen gewonnen haben, ist die nachfolgende Studie leicht zu bewältigen.

Diagramm 86/W

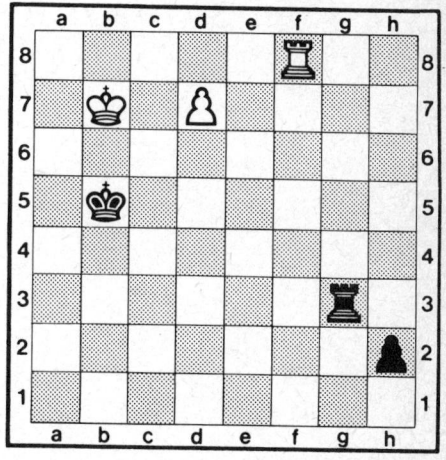

Gewinn

N. Kopajew, 2. Preis, Schachmaty 1951

Wie bereits erwähnt, ergibt sich nach 1. Th8 Td3 2. Th5+ Ka4! eine Stellung, in der der Lasker-Plan nicht funktioniert.

1. Tf5+! Ka4

Schwarz zieht sich natürlich auf die a-Linie zurück, so daß nach 2.

Th5 Td3 3. Kc7 Tc3+ 4. Kd8 Tc2 sein König die bestmögliche Position einnimmt, um die Anwendung des Lasker-Manövers zu verhindern.

2. Ta5+!

Eine taktische Maßnahme drängt den König auf die windige b-Linie und durchkreuzt die eben erwähnte Verteidigungsabsicht.

2. ...   Kb4

Selbstverständlich nicht ... Kxa5 wegen 3. d8D+ Kb5 (... Kb4/a4 4. Dh4+) 4. Dd5+ nebst 5. Dd2+ bzw. Da2+ mit Bauerngewinn.

3. Th5   Td3
4. Kc7   Tc3+

Auf der dritten Reihe (vielmehr als auf der zweiten) verhütet der Turm die sofortige Anwendung des Standardplans, da nach 5. Kb6 Td3 6. Th4+ Ka3 7. Kc6 (7. Kc7 Tc3+ 8. Kd8! mit Übergang zur Hauptvariante gewinnt trotzdem) Tc3+ 8. Kb5 Tb3+ 9. Ka5 Td3 kein Schach auf der dritten Reihe möglich ist. Die richtige Idee zielt darauf ab, Schwarz zu bewegen, seinen Bauern mit einem Turmzug auf die zweite Reihe zu decken — erst dann soll das obige Manöver die Ernte einfahren.

5. Kd8!   Tc2

und nun läuft alles wie am Schnürchen ab: **6. Ke7 Te2+ 7. Kd6 Td2+**

8. Kc6 Tc2+ 9. Kb6 Td2 10. Th4+ Ka3 11. Kc6 Tc2+ 12. Kb5 Tb2+ 13. Ka5 Td2 14. Th3+ und 15. Txh2 mit Gewinn.

Turmendspiele scheinen besonders viele systematische Manöver hervorzubringen. Mit ein paar ungewöhnlichen Beispielen aus der Praxis wollen wir den Einblick in diese Materie vertiefen.

Diagramm **87/S**

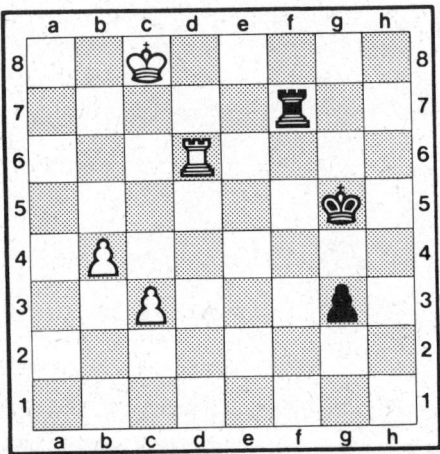

Blasbalg – Herland, Bukarest 1958

Wie Schwarz aus seinem zielstrebigen Freibauern Kapital schlägt, beruht auf einer sehr instruktiven Methode. Nicht auf Anhieb ersichtlich ist, daß der weiße Monarch auf einem schlechten Plätzchen rastet.

1. ...   g2

... Tf8+ würde mit Zugumstellung wieder zur Partie führen.

2. Td1   Tf8+!

Das verführerische ... Tf1 ist nicht klar: nach 3. Td8! Kh6 (... g1D 4. Tg8+ Kf6 5. Txg1 Txg1 6. b5 Tb1 7. c4 Ke5 8. Kc7 oder 7. ... Tb4 8. Kd7 Ke5 9. c5 Txb5 10. c6 ist jeweils remis, während 3. ... Tf6 4. Td1 die schwarze Position nicht verbessert) 4. Tg8 Tf8+ 5. Txf8 g1D 6. Tf6+ Kg5 7. Tc6 erhält Weiß ausgezeichnete Chancen, eine vollständige Blockade zu errichten. Dagegen hat die Partiefortsetzung den Vorzug, daß der schwarze Turm ggf. mit Tempogewinn auf die siebte Reihe zurückkehren kann.

3. Kc7   Tf1
4. Td8

Die weißen Züge sind erzwungen, z.B. 4. Td7 Kg6 5. Td6+ Kg7 nebst Umwandlung des Bauern.

4. ...   Tf7+

Auf 5. Kc6 käme nun ... Tf6+ und ... g1D.

5. Kc8   Kg6

Schwarz hat die Stellung (nach 1. ... g2) wiederholt, außer daß sein König nach g6 aufgerückt ist. Jetzt ist der Gewinn einfach.

0:1

im Hinblick auf 6. Td1 Tf1 7. Td8 Kg7 8. Td7+ Kg8.

Diagramm 88/W

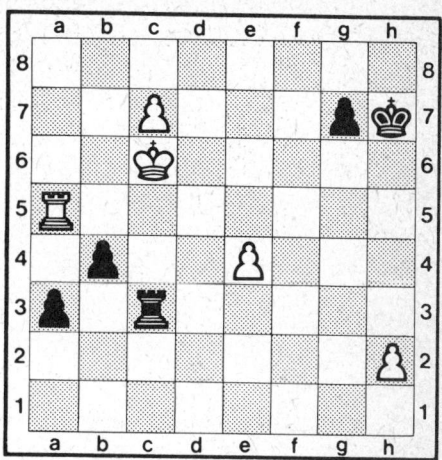

Borkowski – Dieks, Groningen 1974/75

Weiß würde den Schachgeboten gerne mit 1. Kb7 ausweichen, aber nach ... b3 2. Txa3 b2 droht die Umwandlung mit Schach, was Schwarz zumindest ein Remis garantiert. Außerdem bietet 1. Tc5 Txc5+ 2. Kxc5 a2 3. c8D a1D keine Gewinnchancen. Aber wie kann Weiß das Spiel zu seinen Gunsten gestalten?

1. Kd7   Td3+
2. Ke7   Tc3
3. Kd8   Td3+

Der Turm muß nach d3 zurück, denn ... b3 4. Txa3 ist ohne die mit einem Schach verbundene Umwandlung hoffnungslos für Schwarz. Doch nun, da der weiße König auf dem bestmöglichen Feld steht, faßt der Anziehende den Übergang in ein Damenendspiel ins Auge.

4. Td5   Tx3?

Eine natürliche Reaktion, die aber unwiderruflich zum Verlust führt. Schwarz hätte besser ... Txd5+ 5. exd5 a2 6. c8D a1D versuchen sollen, obwohl 7. Dh3+ Kg6 8. De6+ Kh7 9. De4+ Kg8 10. d6 dem Gegner immer noch gute Gewinnaussichten beläßt, z.B. ... Da5+ (... b3 11. De6+ nebst 12. Dxb3) 11. Ke7 Dg5+ 12. Ke6 Df6+ 13. Kd5 Dg5+ 14. Kc6 Dc1+ 15. Kb7 und der Bauer geht vor.

Mit dem Partiezug droht Schwarz immerhin ... a2, und es ist schwer zu sehen, was Weiß – abgesehen von 5. Ta5 – ausrichten kann.

5. Th5+!

Dieser schlaue Zug drängt den König auf ein schwächeres Feld.

5. ...   Kg6

Schwarz vermochte nur zwischen den Übeln zu wählen. Nach ... Kg8 würde Weiß in den Rückwärtsgang schalten: 6. Ta5 Td3+ 7. Ke7 Tc3 8. Kd7 Td3+ 9. Kc6 Tc3+ und nun entscheidet 10. Tc5, da Weiß mit Schach umwandelt.

6. Ta5   Td3+
7. Ke7   Tc3
8. Kd7   Td3+
9. Kc6   Tc3+

Zurück zum Start, aber was ist an dem veränderten Standort des schwarzen Monarchen so bedeutsam?

10. Kb7!   b3
11. Txa3   b2
12. Ta6+!

Die Pointe!

12. ...   Kf7
13. Tb6   Tc2
14. c8D
  1:0

Diagramm **89/W**

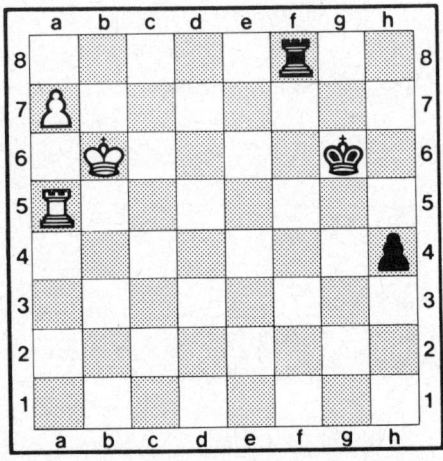

Dommes – Sosonko, Leningrad 1963

Zunächst die Partiefortsetzung: **1. a8D? Txa8 2. Txa8 Kf5 3. Th8** (3. Kc5 h3 4. Kd4 Kf4 remis) **Kg4 4. Kc5 h3 5. Kd4 Kg3 6. Ke3 Kg2!** (nicht ... h2? 7. Tg8+ Kh3 8. Kf2! h1S+ 9. Kf3 Kh2 10. Tg7 mit Springergewinn oder matt) **7. Ke2** (falls 7. Tg8+ so nicht ... Kh1 8. Kf3 h2 9. Ta8, sondern 7. ... Kf1! remis) **h2 8. Tg8+ Kh1 remis.**

Dommes konnte aber gewinnen! Der springende Punkt ist, daß,

nachdem Weiß umgewandelt und den feindlichen Turm erbeutet hat, sein König so schnell wie möglich nach e2 zurücklaufen muß. Hierfür benötigt er von b5 aus (statt b6) einen Zug weniger. Deshalb muß er versuchen, seinen König mit Tempogewinn nach b5 zurückzubringen. Sonderbarerweise geht bei diesem Verfahren der erste Schritt in die entgegengesetzte Richtung ...

1. Kb7!

Droht 2. a8D Txa8 3. Kxa8 mit Gewinnstellung, denn wenn Schwarz seinen Bauern bis zur zweiten Reihe vorgeschickt hat, vermag Weiß diesen durch Ta1 und Th1 abzuholen. Daher ist die Antwort erzwungen.

1. ...   Tf7+
2. Ka6!   Tf8

Nach ... Tf6+ gelingt der weiße Plan: 3. Kb5 Tf8 (... Tf5+ 4. Kb4 läuft auf dasselbe hinaus) 4. a8D Txa8 5. Txa8 Kf5 6. Kc4 h3 7. Kd3 Kf4 8. Ke2 Kg3 9. Kf1 h2 (... Kh2 10. Kf2 Kh1 11. Ta1+ Kh2 12. Ta3 nebst matt) 10. Th8 und gewinnt. Auf 2. ... Tf8 kann Weiß den Umstand, daß sein König nicht die b-Linie blockiert, zu einer neuen Drohung ausnutzen.

3. Tb5   h3

Schwarz hat gegen das beabsichtigte 4. Tb8 keine Verteidigung, und z.B. 3. ... Tf6+ 4. Tb6 oder 3. ... Ta8 4. Kb7 ist indiskutabel.

4. Tb8   Tf3

Oder ... h2 5. a8D Txb8 6. Dg2+ nebst Dxh2 und gewinnt.

5. Tb6+   Kg7

Falls ... Kg5 so 6. Tb5+ und 7. a8D.

6. a8D

und nach dem weiteren ... Ta3+ 7. Kb7 Txa8 8. Kxa8 kann Schwarz die Segel streichen.

Nur mit außergewöhnlich sorgfältigen Manövern erringt Weiß den Sieg in der folgenden Turmendspiel-Studie.

Diagramm **90/W**

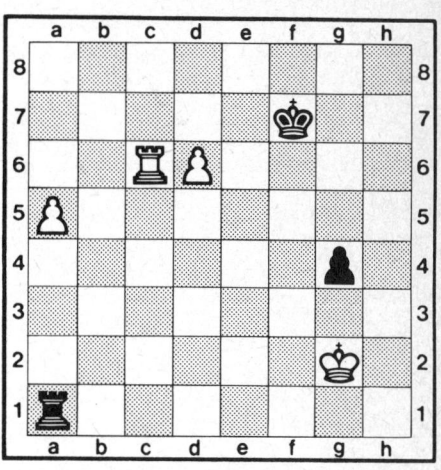

Gewinn
E. Zepler, 3. Preis,
Schweizerische Schachzeitung 1923/24

Weiß bleibt ohne Gewinnaussichten, wenn er nicht sofort etwas Aktives unternimmt. Daher liegen die ersten Züge auf der Hand.

1. d7   Ke7
2. Td6   Kd8
3. a6   Ta3

Der weiße König darf nicht auf die dritte Reihe, sonst kommt Schwarz rasch in Zugzwang, z.B. ... Ta2+ 4. Kg3 Ta4 5. Kh4 und dem g-Bauern ist nicht zu helfen, denn ... Tb4 verliert wegen 6. a7 Ta4 7. Th6! Kxd7 8. Th8!. So stellt sich nach 3. ... Ta3 für Weiß das Problem, den Anzug an den Gegner abzutreten. Schwarz am Zug hätte in dieser Stellung nur die Wahl, Kg3 zuzulassen oder selbst ... g3 zu spielen, in beiden Fällen gewinnt die Antwort Kh3. Trotz der Beschränkung des schwarzen Turms auf die a-Linie ist dies jedoch nicht so einfach zu bewerkstelligen, z.B. nach 4. Kh2 Th3+ 5. Kg1 (5. Kg2 Ta3) Tg3+ gibt es viele Schachs. Um dem zu entkommen, muß sich der weiße König also zur e-Linie hinüberwagen und gleichzeitig den g-Bauern im Auge behalten.

4. Kf2!

Nicht 4. Kf1? Ta2 5. Kg1 g3 6. Kf1 Tf2+ 7. Kg1/e1 Ta2 und Weiß hat wieder nichts Besseres als 8. Kf1 mit remis.

4. ...   Tf3+
5. Ke2!

5. Ke1? g3! 6. a7 (6. Ke2 Tf2+ 7. Ke3 Ta2 droht ... g2 und forciert das Remis) Ta3 7. Tg6 Kxd7 8. Tg8 Ta1+ 9. Ke2 g2 10. Kf2 Kc7 11. a8D (sonst ... Kb7 und remis) g1D+ 12. Txg1 Txa8 remis.

5. ...   Ta3

Die Rückkehr des weißen Königs auf die f-Linie wiederholt nur die Position, während er sich auf der d-Linie zu weit entfernt und ... g3 zuläßt.

6. Ke1!   Te3+

Leichter gewinnt Weiß nach ... g3 7. Kf1 Ta2 8. Kg1 (Zugzwang), 6. ... Ta2 7. Kf1 mündet wieder in die Hauptvariante ein.

7. Kd2

Natürlich nicht 7. Kd1? g3.

7. ...   Ta3
8. Ke2

Durch das Dreiecksmanöver ist der Anzug an Schwarz übertragen worden, der jetzt 8. ... g3 9. Kf1 Ta2 10. Kg1 oder 8. ... Ta1/a4 9. Kf2 Ta3 10. Kg2 vermeiden muß.

8. ...   Ta2+
9. Kf1   Ta5

Falls ... g3 so 10. Kg1 bzw. 9. ... Ta3 10. Kg2, während jeder andere Turmzug auf der a-Linie wie auch im Text beantwortet wird.

10. Kf2! Ta3
11. Kg2

Mit einem achtzügigen Manöver hat es Weiß geschafft, die Position nach 3. ... Ta3 zu wiederholen, allerdings mit Schwarz am Zug, und daher fällt der Rest leicht: **11. ... Ta1 12. Kg3 Ta4 13. Kh4** usw.

Wie wir im letzten Beispiel gesehen haben, können Dreiecksmanöver auch außerhalb der Vielfalt der Bauernendspiele vorkommen. Hier noch ein paar Stellungen zu diesem Thema.

Diagramm **91/W**

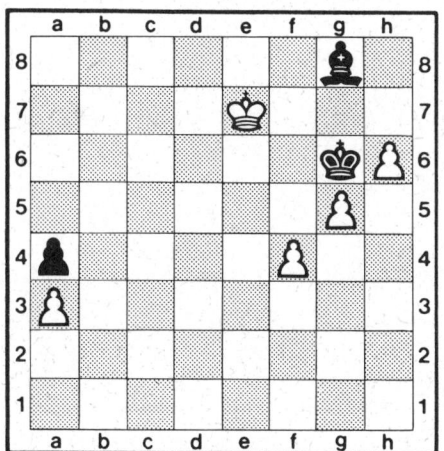

Botwinnik – Sozin, UdSSR 1929

Nehmen Sie an, daß Schwarz in der Ausgangsstellung am Zug ist. Dann verliert er nämlich sofort, z.b. 1. ... Lh7 2. Kf8 Kf5 3. Kg7, oder 1. ... Kf5/h5 2. Kf8 Lh7 3. Kg7, oder 1. ... Kh7 2. f5 nebst 3. f6 Kg6 4. h7

Kxh7 5. f7, oder schließlich 1. ... Lb3 2. f5+ Kh7 3. f6 usw. wie eben. In der Partie verpaßte der damals 18jährige Botwinnik die günstige Gelegenheit und erlaubte Schwarz, den Läufer via e6 auf die Diagonale b1—f5 zu transferieren: **1. Ke8? Le6 2. Kf8 Lf5 3. Ke7 Lc2 4. Kd6 Ld3 5. Ke6 Lc4+ 6. Ke7** (6. Ke5 Ld3 7. f5+ Lxf5 8. h7 Kxh7 9. Kxf5 Kg7 ist gleichfalls nur remis, wie man einfach durch Abzählen überprüfen kann) **Ld3** und Weiß kam nicht weiter, die Partie endete **remis.** Der springende Punkt ist, daß Schwarz seinen Läufer lediglich auf die Felder e6 oder h7 ziehen darf, andernfalls gewinnt die Erwiderung f5+. Weiß muß also darauf achten, daß immer wenn der Läufer auf g8 steht, sein König das Feld e6 kontrolliert.

1. Kd7! Lh7

Oder ...Kf5 (...Kf7? 2. f5 Lh7 3. g6+ Lxg6 4. fxg6+ Kxg6 5. Kc6 und gewinnt um ein Tempo) 2. Ke8 Kg6 (sonst 3. Kf8 nebst 4. Kg7 mit Gewinn) 3. Ke7 und Schwarz ist im Zugzwang.

2. Ke6 Lg8+
3. Ke7

und Weiß gewinnt.

Diagramm 92/W

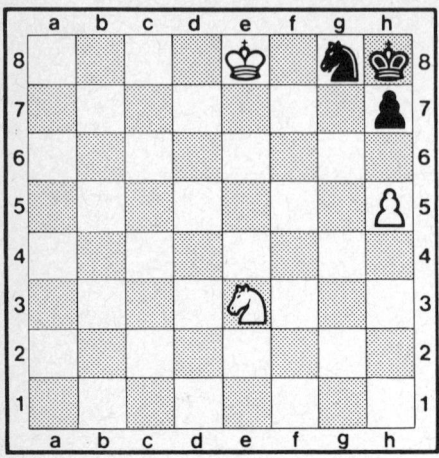

Gewinn
V. Bron, 2. Ehrenvolle Erwähnung,
UdSSR 1948

Die Idee des Dreiecksmanövers ist hier gut verhüllt, denn zu ihrer Realisierung bedarf es einer beträchtlichen Vorarbeit. Falls Schwarz seinen Springer aus der Ecke herausholen kann, macht er gewiß remis. Die Aufrechterhaltung dieser Bindung ist also für Weiß vorrangig. Da 1.... Kg7 und 1. ... Sf6 verhindert werden müssen, kommt eben nur der Textzug in Betracht.

1. Kf7   Sh6+

... h6 2. Sf5 Kh7 3. Sd6 usw. siehe Hauptvariante nach 7. Sd6.

2. Kf8   Sg8
3. Sg4

Unterbindet sowohl ... Sf6 als auch ... Sh6 wegen 4. Se5 (nicht 4. Sxh6? patt) nebst 5. Sf7 matt.

3. ...   h6
4. Kf7   Kh7

Die Postierung des weißen Königs auf f7 erlaubt seinem Widerpart, nur auf engstem Raum zu pendeln, während der Schimmel frei umherstreifen kann. Ein offensichtlicher Versuch ist, ... Kh8 mit Sf8 (oder ... Kh7 mit Sg6) zu beantworten, wonach Schwarz seinen Springer einbüßen würde. Unglücklicherweise klappt es bei diesem Plan mit den Tempi nicht, und daher muß Weiß einen Zug verlieren. Die Absicht mißlingt aber, wenn er nur den Springer beschäftigt, also muß der König auf irgendeine Weise Beistand leisten. Im Augenblick vermag Weiß nur Kf8 und dann wieder Kf7 zu spielen (der schwarze Monarch muß eingesperrt bleiben), aber so ist es unmöglich, einen Zug zu verlieren. Darum muß zunächst das Feld g7 mit dem Springer bewacht werden, um den König zu entlasten. Steht der Springer dann auf f5, verbleibt dem König noch die Verantwortung, ... Sf6 zu verhindern. Folglich darf er sich nur von f7 nach e6 und wieder zurück bewegen. Aus diesen Überlegungen ergibt sich, daß e8 der beste Platz für den Springer ist, wonach der König lediglich ... Se7 verhüten muß. Diese Funktion kann er auf den Feldern f7, e6, d6 oder d7 erfüllen. Demnach ist Weiß imstande,

durch das Manöver Ke6–
d6–d7–e6 das bewußte Tempo zu
verlieren und dabei die ganze Zeit
e7 zu überdecken!

5.	Se5	Kh8
6.	Sc4	Kh7
7.	Sd6	Kh8
8.	Se8	Kh7
9.	Ke6	Kh8
10.	Kd6	Kh7
11.	Kd7	Kh8
12.	Ke6	Kh7
13.	Kf7	Kh8

Nun erobert die Springerwanderung nach f8 den feindlichen Rappen.

14.	Sc7	Kh7
15.	Se6	Kh8
16.	Sf8	

und gewinnt.

Diagramm 93/W

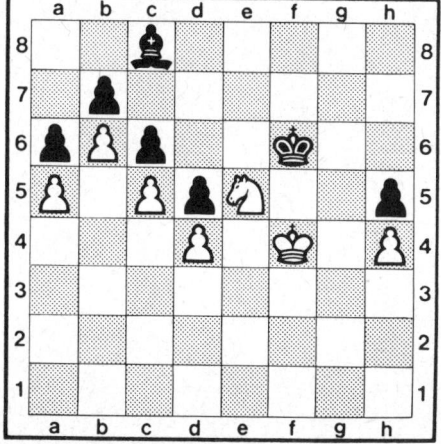

Schlechter – Walbrodt, Wien 1889

Schwarz leidet unter seinem
schlechten Läufer, und wäre er am
Zug, würde er in der Tat auf der
Stelle verlieren, da ein Läuferzug
Sxc6 und ein Königszug Kg5 zulie-
ße. Aber wie in den vorangegange-
nen Beipielen ist es bei weitem
nicht einfach für Weiß, ein Tempo
zu verlieren. Tatsächlich erweist
es sich in dieser Position als notwendig, verschiedene Ideen wie
z.B. den Springerangriff auf den h-
Bauern und sogar den Durchbruch
des Springers bis nach g8 miteinander zu verbinden.
Am besten läßt sich die Stellung
analysieren, indem man die Methode der entsprechenden Felder (Gegenfelder) anwendet. Normalerweise bedient man sich dieser Methode in Bauernendspielen, aber
sie ist hier auch verwertbar, weil
der Läufer unbeweglich ist und der
Springer bereits auf seinem opti-
malen Feld steht. Daher werden
beide Seiten hauptsächlich mit ihren Königen manövrieren.
Nehmen wir als Beginn 1. Kf3 an.
Schwarz muß Sf7–d6 verhindern,
also sind seine Möglichkeiten auf
...Ke6, Kg7 oder ...Ke7 beschränkt.
Falls 1. ... Ke6 so 2. Sd3! (droht
Sf4+) Kf6 (... Kf5 stellt wegen 3.
Sf4 den h-Bauern ein, während 2....
Ke7 3. Kf4 Kf6 4. Se5 Schwarz in
Zugzwang setzt) 3. Ke3! Kf5 (auf
einen Läuferzug folgt 4. Se5 Lc8 5.
Kf4, auf einen Königszug 4. Kf4 Kf6
5. Se5 wieder mit Zugzwang) 4. Sf4
Kg4 5. Sg6 Kg3 (... Le3 6. Se5+
Kxh4 7. Sxc6 Kg3 8. Se7 h4 9. c6 h3
10. cxb7 gewinnt leicht) 6. Se7 Ld7

7. Sg8! Kxh4 (... Lh3, 8. Sf6 Lg4 9. Se8 nebst 10. Sd6) 8. Kf4 Kh3 9. Sf6 Lg4 10. Sxh5! Lxh5 11. Ke5 und wenn Weiß umwandelt, ist der schwarze Bauer erst bis zur dritten Reihe vorgedrungen.

Nun zur zweiten Fortsetzung: 1. ... Kg7 verliert wegen 2. Ke3 Kf6 (eingedenk der Drohung Sf7) 3. Kf4 – Zugzwang. Wenn also der weiße König auf f3 steht, muß der schwarze auf e7 dagegenhalten (mit Weiß am Zug), sonst wird der Kampf sofort entschieden. Wir bezeichnen f3 und e7 als entsprechende Felder (Gegenfelder).

Nehmen wir weiter an, daß Weiß mit 1. Ke3 anfängt. Wohin muß Schwarz seinen König stellen? Auf ... Kf5 geschieht 2. Kf3 Ke6 (... Kf6 3. Kf4) 3. Sd3! und gewinnt wie gehabt, wobei 1. ... Ke7 (... Kg7 2. Kf3 Kf6 3. Kf4) 2. Kf3 Ke6 3. Sd3 auf dasselbe hinausläuft. Demnach kann Schwarz nur 1. ... Ke6 versuchen. Folglich sind e3 und e6 ebenfalls ein Gegenfelderpaar.

Ähnlich ist der Gedankengang nach 1. Kg3, also g3 und e6 sind auch Gegenfelder.

Schließlich probieren wir es mit dem weißen König auf f2. In Anbetracht der Gegenfelderpaare e3/e6 und f3/e7 besteht bei einem weißen König auf f2 die einzige Hoffnung für Schwarz darin, seinen König auf ein Feld zu plazieren, das sowohl an e6 als auch an e7 angrenzt. Es gibt nur ein solches Feld, nämlich f6. Aber durch denselben Gedankengang stoßen wir darauf, daß nicht nur f2 ein entsprechendes Feld zu f6 ist, sondern ebenso e2 und g2. Jetzt können wir den Gewinnplan entwickeln. Weiß braucht seinen König z.B. nur nach e2 zurückzuziehen, wonach die Antwort ... Kf6 forciert ist. Danach spielt Weiß Kf2 und zwingt den Gegner, die Übereinstimmung aufzugeben.

1. Kf3	Ke7
2. Ke2!	Kf6
3. Kf2!	

und nun führt ... Ke7 4. Kf3 Ke6 5. Sd3 oder 3. ... Ke6 4. Ke3 Ke7 5. Kf3 zu einem der behandelten Abspiele.

Nicht zufällig weist die folgende Studie eine sehr natürliche Stellung auf, sie ist das Ergebnis von Benkös eigener Partieanalyse.

Diagramm **94/W**

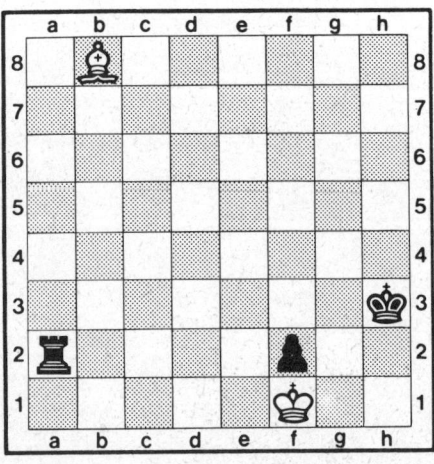

Remis
P. Benkö, 1. Preis, Magyar Sakkelet 1967

Entsprechende Felder spielen auch in dieser Studie eine Rolle, aber das Geschehen ist weniger kompliziert als im letzten Beispiel. Die weiße Position erscheint hoffnungslos. Falls Schwarz tatsächlich seinen König nach f3 herüberbringen kann, gewinnt er, sogar wenn indessen sein Bauer verlorengeht. Aber nach z.B. 1. Ld6 Kg4 hält 2. Kg2 remis. Es könnte weiter folgen: ... Ta6 3. Lc5 oder 2. ... f1D+ 3. Kxf1 Kf3 4. Kg1 (oder Ke1), und der weiße König parkt in der ‚richtigen' Ecke. Vermag Schwarz jedoch seinen Turm hinter dem Bauern aufzustellen, würde der weiße König unbeweglich und könnte das unheilvolle ... Kg4−f3 nicht parieren. Daher ist 1. Ld6? schlecht wegen ... Ta6! 2. Lc5 (2. Le5 Ta5 3. Lc7 Tf5 4. Lb8 Kg4 5. La7 Kf3 6. Lxf2 Tb5 und gewinnt) Kg3! 3. Lxf2+ Kf3 4. Ld4 (sonst Ta1+) Td6 mit Eroberung des Läufers. Durch denselben Gedankengang verliert 1. Le5? nach ... Ta5, während 1. Lf4? an ... Kg4 scheitert. Die Patt-Tricks 1. Lg3 und 1. Lh2 funktionieren gar nicht, weil Schwarz natürlich erst Schach bietet und dann den Läufer schlägt. Der richtige Zug ist also ...

1. Lc7!   Tb2

Nun macht ... Ta7 nur remis, weil 2. Lb6 den Turm attackiert und nach dessen Wegzug den Bf2 schlägt. Weiß muß den Läufer immer dort hinstellen, daß dieser, wenn der Turm ihn von der Seite bedroht, sich anschließend gleich mit einem Gegenangriff auf den Turm und f-Bauern revanchieren kann. Dies erklärt die folgenden Züge:

2. Ld6   Tc2
3. Le5   Td2
4. Lf4

Belästigt den Turm, daher bekommt Schwarz keine Gelegenheit zu ... Kg4. Es ist klar, daß die folgenden Felderpaare übereinstimmen: a2/c7, b2/d6, c2/e5 und d2/f4. Schwarz hat einen letzten Versuch:

4. ...   Te2!

Was nun? Auf 5. Lc7 (5. Lg3 Kxg3 oder 5. Ld6 Tb2!) besetzt Schwarz selbst ein Gegenfeld mit ... Ta2! und gewinnt nach 6. Lb8 (6. Ld6 Ta6 oder 6. Le5 Ta5) Ta8 7. Ld6 Ta6 8. Le5 Ta5 9. Ld4 Kg3!. Deswegen muß Weiß für den Läufer einen Platz finden, der nicht in der obigen Auflistung enthalten ist, um dann in der Lage zu sein, ein Gegenfeld zu besetzen, wohin auch der Turm entlang der zweiten Reihe ziehen mag.

5. Lb8!

Zu den oben erwähnten Felderpaaren dürfen wir e2/b8 hinzufügen! Aber warum fruchtet nun nicht das Manöver Te8 nebst Tf8, das wir die ganze Zeit verhindern wollten?

5. ...   Te8!
6. Lg3!

Dieser Trick ist gerade möglich, weil der Turm auf der e-Linie steht. Nicht 6. Ld6? Ld8! 7. Le7 Td7 8. Lc5 Kg3 und gewinnt.

6. ...   Kg4
7. Kxf2

und hält remis. Nicht aber 7. Lxf2? Kf3 und gewinnt.

Im letzten Beispiel dieses Kapitels treffen wir eine amüsante Situation an. Mit Hilfe des Zugzwangs bewirkt Weiß, daß einer seiner Bauern geschlagen werden muß!

Diagramm **95/W**

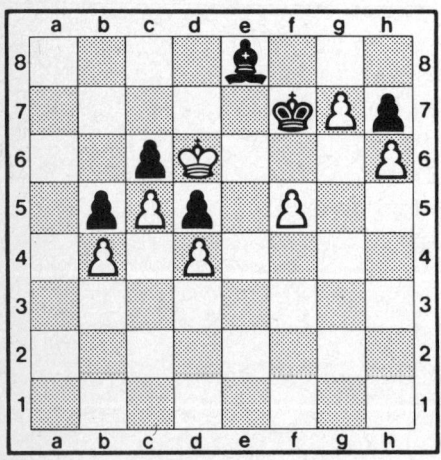

Tatajew – Gubnicki, UdSSR 1972

Trotz drückender Überlegenheit erreicht Weiß nur sein Ziel, wenn er noch das letzte Hindernis, den Bc6 beiseite räumt. Angesichts der beengten Position des Gegners erscheint dies einfach.

1. f6

Hätte der Anziehende die Verteidigungspointe vorausgesehen, würde er 1. g8D+! Kxg8 2. Ke7 gespielt haben. Mit 3. f6 bekäme er bereits die Position, die in der Partie (unter Zugumstellung) nach dem sechsten weißen Zug entsteht.

1. ...   Kg8

Forciert. Warum geschieht jetzt nicht einfach 2. Ke6 (oder Ke7) Lh5 3. Kd7? Und zwar wegen ... Le8+! und Schwarz rettet seinen Bauern. Aufgrund dieses Tricks fällt es schwer, der Verteidigung beizukommen. Wir werden schnell gewahr, daß die einzige Hoffnung für Weiß darin besteht, den Gegner zu einem Königszug zu zwingen, dann den g-Bauern zu opfern und das Patt aufzuheben. Auch hier ist ein Dreiecksmanöver angesagt, um den Anzug an Schwarz abzugeben und dessen König aus der Ecke herauszuholen.

2. Ke6!   Lh5
3. Kd7   Le8+
4. Kd6   Kf7

Zugzwang!

5. g8D+!   Kxg8
6. Ke7   Lh5
7. Kd7   Kf7
8. Kxc6   Le2

Noch die beste Chance. Es ist hoffnungslos, sich auf den Bh6 zu stürzen und Weiß zu einem Wettlauf herauszufordern. Der Verteidiger muß sich mit dem Versuch bescheiden, die feindlichen Freibauern aufzuhalten. Falls aber Weiß einen freien b-Bauern erhält, wäre dies unmöglich. Schwarz hat zwar genügend Zeit, seinen König vor dem nahegelegeneren d-Bauern aufzustellen — die Niederlage vermag er dennoch nicht abzuwenden.

9. Kxd5　　Kxf6
10. c6　　Ke7

Oder ... Kg6 11. Ke6 Kxh6 12. Ke7 Kg5 13. d5 Lf3 (sonst d6 nebst d7) 14. c7 Lg4 15. d6 mit leichtem Gewinn.

11. Kc5　　Kd8

12. d5 Kc7 13. d6+ Kc8 14. Kb6 Kd8 15. d7 (droht 16. c7+ Kxd7 17. Kb7 Lf3+ 18. Kb8 und Umwandlung des c-Bauern — Schwarz muß seinen b-Bauern preisgeben) **Lg4 16. Kxb5** und Schwarz kapitulierte im Hinblick auf Kc5, b5 nebst b6 — **1 : 0.**

8. Dauerschach

Ein gewisses Minimum an Material ist zum Dauerschach schon erforderlich, weswegen es in Endspielen nicht allzu häufig vorkommt. In allen Beispielen dieses Kapitels ist erwartungsgemäß entweder die Dame oder der Turm die Figur, von der der ‚Schachsegen' ausgeht. Die ersten beiden Stellungen zeigen, wie der Weiße in eine Falle tappt.

Diagramm **96/S**

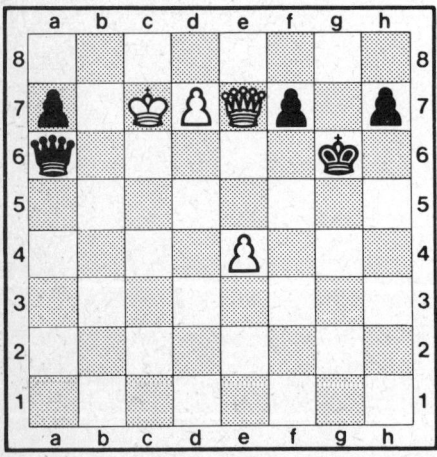

Földi – Erdy, Ungarn 1974

Schwarz ist auf der Verliererstraße, weil der a-Bauer seinem Versuch, Dauerschach zu geben, im Wege steht: 1. ... Db6+ 2. Kc8 Dc6+ 3. Kd8 Da8+ 4. Kc7. Deshalb spielt er auf eine Falle.

1.	...	Db6+
2.	Kc8	Dc6+
3.	Kd8	Kg7

Dieser Zug, der dem weißen König das Feld f8 nimmt, stellt eine Drohung auf, die Weiß übersieht. Dabei könnte er jetzt gewinnen: 4. De5+ f6 (... Kg8 5. Ke7 Db7 6. Dg5+ Kh8 7. Df6+ und matt in zwei Zügen) 5. Dd5 Db6+ 6. Ke8 mit Umwandlung des Bauern.

| | **4. e5?** | |

Beabsichtigt 5. Df6+. 4. Ke8? würde auf die gleiche Weise wie 4. e5? scheitern.

| 4. | ... | Db6+ |
| 5. | Ke8 | |

5. Kc8 Dc6+ 6. Kb8 Db5+ 7. Ka8 Dd5+ 8. Kxa7 Da5+ 9. Kb7 Db5+ 10. Kc7 Da5+ 11. Kc6 Da6+ 12. Kd5 Dd3+ ergibt ebenso Dauerschach.

5.	...	Db8+
6.	d8D	Db5+
	remis	

angesichts des Dauerschachs von b8, b5 und e5, denn Weiß vermag immer nur zwei von diesen Feldern gleichzeitig zu kontrollieren.

Diagramm **97/W**

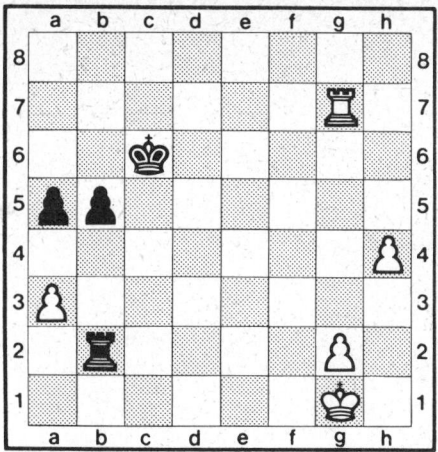

Matulovic – Siaperas, Athen 1969

Die weiße Gewinnstellung ist mit
1. h5 b4 2. a4 (2. axb4 ist auch
gut) b3 3. Tg3 Tb1+ 4. Kh2 b2 5.
Tb3 Ta1 6. Txb2 Txa4 7. Kh3 und
dem Vorgehen der Königsflügelbauern schnell zu realisieren. Matulovic wählte einen anderen Plan,
bei dem ihn aber eine unangenehme Überraschung erwarten sollte.

1.	h5	b4
2.	h6?	bxa3
3.	h7	a2
4.	h8D	a1D+
5.	Kh2	

Weil der Gegner kein Schach hat,
nahm Matulovic an, daß der völlig
schutzlose schwarze König rasch
dem Zangengriff der weißen
Schwerfiguren erliegen würde. Die
fehlerhafte Stelle an dieser Logik
ist, daß Schwarz nicht nur ein

Schach bieten kann, sondern in der
Tat sogar eine unbegrenzte Anzahl
davon.

5. ...   Txg2+!

Mit Blickrichtung auf die im Hin-
tergrund lauernde, tatendurstige
schwarze Dame wird die Fesselung
in der langen Diagonalen unerwar-
tet ausgenutzt.

6. Kxg2   Db2+

und nach einer Schachlawine einigten sich die Spieler auf remis.
Ein mögliches Abspiel ist 7. Kf3
Dc3+ 8. Ke4 Dc4+ 9. Kf5 Dd5+ 10.
Kg4 Dd4+ 11. Kg5 De5+ 12. Kg6
De6+ 13. Kh7 Dh3+ 14. Kg8 Dc8+,
Dauerschach. Solange Schwarz seine Pfeile zielstrebig auf der langen
Diagonalen abschießt (wenn der
weiße König auf der h-Linie steht,
um zu verhindern, daß der Turm
dazwischenzieht), kann er kaum
fehlgreifen.

Es ist wohlbekannt, daß Dame und
Springer gut im Angriff harmonie-
ren. Die folgende Stellung liefert
hierfür ein weiteres Musterbei-
spiel.

Diagramm **98/W**

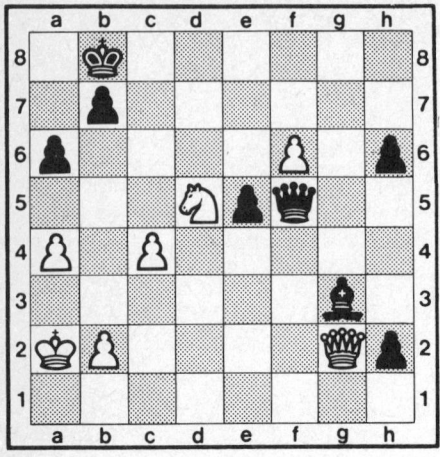

Parma – Bukic,
Jugoslawische Meisterschaft,
Belgrad 1978

1. f7   Dxf7

Parma behauptete im Schach-Informator, daß Schwarz mit 1. ... Ka8 gewinnen kann. Aber sehen Sie selbst:

(A) 2. a5? Dxf7 3. Dxg3 h1D 4. Dxe5 (mit der Doppeldrohung Dh8+ – d4+ und Sb6+ – c8+ und Dauerschach in beiden Fällen) Dg8! 5. Sb6+ (oder 5. Sc7+ Ka7 6. Dc5+ Kb8 7. Sxa6+ bxa6 8. Db6+ Db7 und gewinnt) Ka7 6. Dc7 (6. Dc5 Dhg1) Dh3 und Schwarz gewinnt.

(B) 2. Dxg3? h1D 3. Dg8+ Ka7 4. f8D Dfb1+ 5. Ka3 Da1+ 6. Kb4 (6. Kb3 Dhd1+ verläuft ähnlich) Dxb2+ 7. Kc5 Da3+ 8. Sb4 Dc6 matt.

(C) 2. Dh3! Dxf7 (Nach ... Dxh3 3. f8D+ Ka7 4. Dc5+ Kb8 5. Dd6+ Ka8 6. Df8+ gibt Weiß Dauerschach.) 3. Dc8+ Ka7 4. Dc5+ b6 (... Kb8 5. Dd6+ Ka8 6. Dd8+ Ka7 7. Db6+ ist wiederum remis) 5. Dxb6+ Ka8 6. Dxa6+ Kb8 7. Db6+ Kc8 8. Dc6+ Kd8 9. Dd6+, und wenn Schwarz das Dauerschach nicht hinnehmen will und mit ... Ke8 ausweicht, geht der Vorteil nach 10. Sf6+ Dxf6 11. Dxf6 h1D 12. Dg6+ nebst 13. Dxg3 an den Gegner über.

2. Dxg3   h1D
3. Dxe5+   Ka7

Schwarz kann das Friedensangebot schlecht ablehnen, z.B. ... Kc8 4. Sb6+ Kd8 5. Dd6+ Ke8 6. Sd5!, und sowohl nach ... Df8 7. Db8+ Kf7 8. Dxb7+ gefolgt von einem nachhaltigen Springerschach als auch nach 6. ... Dg7 7. Sc7+ geht unweigerlich eine der schwarzen Damen verloren.

4. Dd4+   Kb8
5. Dh8+
              remis

Diagramm **99/W**

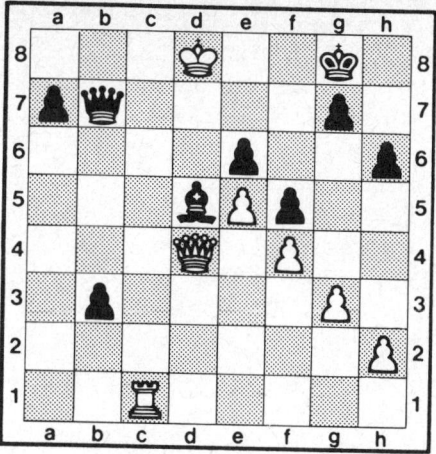

Muchin – Makaritschew, UdSSR 1975

Der weiße König steht ziemlich ungewöhnlich, aber keinesfalls gefährdet. Da der Läufer im Königsangriff keine Rolle spielen kann, ist für Schwarz der wichtigste Aktivposten vielmehr sein vorgerückter b-Bauer, und dieser lästige Geselle zwingt Weiß, sofortiges Gegenspiel zu suchen.

1. Tc7	Db6

2. Dxb6	axb6

Ist Weiß jetzt in Schwierigkeiten? Nach z.B. 3. Tc1? Le4 entfaltet der b-Bauer seine Kraft. Als einzige Chance bleibt ein konzentrischer Angriff auf den schwarzen Monarchen.

3. Ke7!	b2
4. Tc8+	Kh7
5. Kf7	b1D

Schwarz hat nichts Besseres. Falls …Lc6 (…Lf3 6. Tg8 Lh5+ 7. Kf8 remis) so 6. Tg8 Le8+ 7. Txe8 (Töricht wäre 7. Kf8 Kg6 und der König schlüpft aus dem Netz.) b1D 8. Tg8 mit unvermeidbarem Dauerschach.

6. Tg8

Trotz seines gewaltigen Materialübergewichts kann Schwarz nichts zur Abwendung des Dauerschachs unternehmen.

remis

Eine ähnliche „Rettung in letzter Minute" vollbringt der schwarze Turm in der nächsten Partie.

Diagramm **100/S**

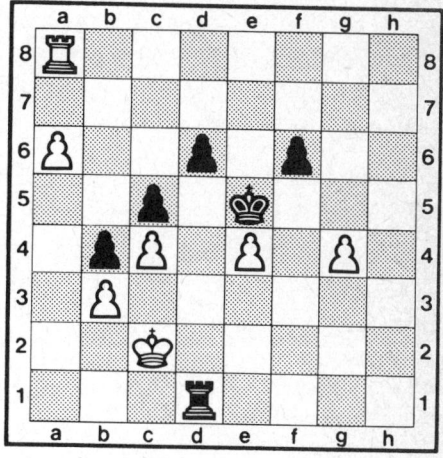

Sawon – Kogan, UdSSR 1971

1. …	Th1

Der Turm benötigt viel Raum, um den gegnerischen König attackieren zu können. 1. ... Ta1 2. a7 Kd4 erlaubt nach 3. g5! fxg5 4. e5!, den schwarzen König einem fatalen Schach auszusetzen.

2. a7 Kd4
3. Td8

Das beste Feld, denn um die Schachlawine aufzuhalten, kann der weiße Turm in manchen Varianten auf der d-Linie dazwischenziehen.

3. ... Th2+
4. Kd1

Nach 4. Kc1 kann Schwarz zur Partie überleiten: 4. ... Ke3! 5. Txd6 Ta2. Schlecht ist dagegen 4. ... Th1+? 5. Kd2 Th2+ 6. Kel Ke3 7. Kf1 Kf3 8. Kg1 Tb2 (wie im *Schachinformator* angegeben) wegen 9. a8D, und Weiß gewinnt leicht.

4. ... Ke3!

Auch hier ist diese Antwort erzwungen. Nun läßt Schwarz nicht mehr locker.

5. Txd6 Th1+
6. Kc2 Th2+
7. Kc1 Ta2!

... Th1+? 8. Td1 Th8 stellt den Turm zu passiv und verliert nach 9. e5 fxe5 10. g5 usw.

8. Kb1

Oder 8. Txf6 (8. Td7 Kxe4 ist remis, da der weiße Monarch auf den ersten beiden Reihen festgehalten wird. Wenn er versucht, zum Königsflügel zu marschieren, spielt Schwarz im geeigneten Moment ... Ta2+ und drängt ihn auf die Grundreihe zurück.) Txa7 9. e5 Ta1+ 10. Kc2 Tg1 (erneuert die Drohung des „ewigen Schachs") 11. Td6 Txg4 12. e6 Te4 und Weiß hat seine Möglichkeiten ausgeschöpft.

8. ... Ta3

... Txa7 ergab ebenfalls ein bequemes Remis.

remis

Es könnte noch folgen: 9. Txf6 Txa7 10. e5 (Der Verlust eines Tempos im Vergleich zu 8. ... Txc7 macht keinen großen Unterschied.) Tg7 11. e6 Txg4 12. e7 Te4 13. Tf1 Ke2 14. Tf7 Kd3 (droht Dauerschach) 15. Tf3+ Ke2 16. Tf7 und remis durch Zugwiederholung.

Wir beenden dieses Kapitel mit einer Studie, in der es darum geht, die Dauerschachplage zu vermeiden.

Diagramm **101/W**

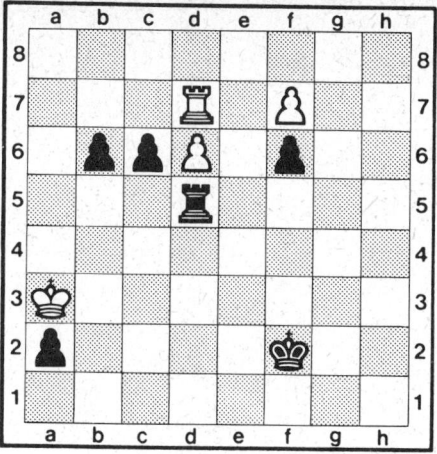

Gewinn
A. Herbstmann, UdSSR 1954

Der Bf7 wird letzten Endes zur Dame umgewandelt, doch vorerst muß Weiß sich mit dem feindlichen a-Bauern befassen. 99% aller Schachspieler würden wahrscheinlich, ohne einen Gedanken daran zu verschwenden, mit 1. Kxa2 loslegen. Dies erlaubt aber ... f5!, womit das Feld e4 gedeckt ist und Schwarz eine Dauerschachdrohung entlang der fünften Reihe aufstellen kann. Der einzige Gegenzug 2. Ta7 läßt nach der Erwiderung ... Te5! Weiß keine Gelegenheit mehr, die zweite Dauerschachdrohung, diesmal auf und ab der e-Linie, zu parieren (3. Te7 Ta5+).

1. Kb2!!   a1D+

Oder ... f5 (... Tb5+ 2. Ka1! und 1. ... Td2+ 2. Ka1 verlieren schnell) 2.

Ta7 (2. f8D? a1D+ remis) Te5 3. Txa2 mit einer verhängnisvollen Abzugsdrohung gegen den schwarzen König.

2. Kxa1   Ta5+

Schwarz vermag den Untergang nur hinauszuzögern. Die Grundidee wird ersichtlich in dem Abspiel ... f5 3. Ta7 Te5 4. Ta2+!. Der schwarze König muß die Kontrolle über e1 oder e3 aufgeben, und nach 5. f8D ist kein Dauerschach mehr möglich.

3. Kb2   Tb5+

... Ta8 4. Te7 Tf8 5. d7 ist hoffnungslos.

4. Kc3   Tc5+
5. Kd4   f5

Die letzte Gelegenheit für diesen Zug, denn sonst entkommt der König über e4.

6. Ta7!

Die einzige Abwehr des drohenden Dauerschachs.

6. ...   Td5+

Der König muß zur a-Linie ausweichen, aber tatsächlich findet er nur auf a1 einen Ruheplatz, wo auch die Belästigung ... Te5 pariert werden kann. So ergibt sich als kürzeste Lösung ...

7.	Kc3	Tc5+
8.	Kb2	Tb5+
9.	Ka1	Te5
10.	Ta2+	

gefolgt von 11. f8D und Weiß gewinnt.

9. Freibauern

Da die meisten Stellungen in diesem Buch Freibauern aufweisen, könnte es überflüssig erscheinen, ihnen ein besonderes Kapitel zu widmen. Dennoch gibt es ein paar interessante Positionen, die nicht zu irgendeiner anderen Gruppe gehören und besser dem Thema ‚Kampf von Figuren gegen Bauern' zuzuordnen sind. Daher haben diese ihren Eingang in Kapitel 9 gefunden. Noch etwas zu diesem Thema folgt im nächsten Kapitel, aber die verwickeltsten sind hier zusammengetragen. Es fiel mir wesentlich schwerer, Stellungen mit Figuren gegen Bauern zu analysieren als jeden anderen Endspieltyp. Oft kann eine kleine Finesse die Bewertung einer Variante auf den Kopf stellen, und der Analytiker muß wieder von vorn beginnen! Ich hoffe aber, der Wahrheit ziemlich nahe gekommen zu sein.

Diagramm **102/S**

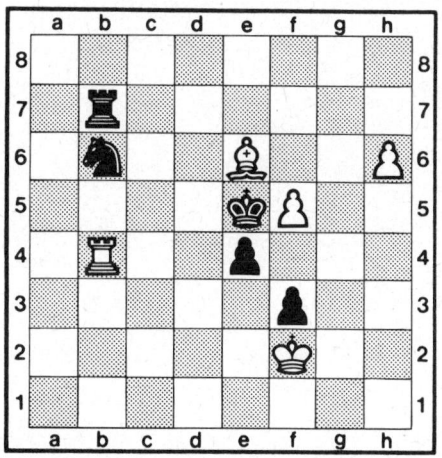

Makarow – Umanski, Charkow 1958

Schwarz hat einen aktiven König, der seine Freibauern unterstützt, aber die Beweglichkeit der anderen Figuren ist ernstlich beeinträchtigt. Weiß droht 2. Txb6 Txb6 3. h7 Tb2+ 4. Kg3 Tb8 5. Lg8 und Umwandlung des h-Bauern, deshalb ist schnelles Handeln erforderlich.

1. ...   Tc7!

Falls ... Kf4 so 2. Ld5! (... Te7 3. Txe4+ und gewinnt) 3. Txb7 e3+ 4. Kf1 f2 (... e2+ 5. Kf2) 5. h7 Kf3 6. Tb3 und Weiß gewinnt.

2. Txb6   Kf4

Klar am besten. Nichts ergibt ... Tc2+ 3. Kg3 Tg2+ 4. Kh3.

3. Tb1

Die Alternative war 3. Tb4 Tc2+, und nun:

(A) 4. Ke1 f2+? 5. Kf1 Kf3 6. Tc4! (Im Falle von 6. Tb3+ e3 7. Ld5+ Kf4 darf sich Weiß nicht auf 8. Tb4+ Kg3 oder 8. Lg2 Tc1+ 9. Ke2 Te1+ 10. Kd3 e2 einlassen, sondern sollte mit 8. Kg2 Tc1 9. Tb4+ Kxf5 10. Lc4 das Remis ansteuern.) Tb2 7. Tc3+ e3 8. Ld5+ Kf4 9. Lc4 und Weiß hat Gewinnchancen.

(B) 4. Ke1 Kg3! 5. Txe4! (5. Tb3? Kg2 und Schwarz gewinnt) f2+ 6. Kd1 f1D+ (Schwarz kann nicht auf Gewinn spielen, z.B. 6. ... Tc5 7. Ke2, und er muß mit ... Tc2+ die Züge wiederholen, oder 6. ... Tb2? 7. Lc4) 7. Kxc2 mit Remisstellung.

(C) 4. Kf1, und Schwarz sollte das Remis forcieren: 4. ... Tc1+ oder 4. ... Th2 (4. ... Kg3 5. Txe4 Th2 6. Ke1 ist Zugumstellung) 5. Ke1! Th1+ (nicht aber ... Kg3 6. Txe4 oder 5. ... f2+ 6. Ke2 und Weiß gewinnt) 6. Kf2 Th2+ 7. Ke1 (7. Kg1? Kg3) mit Dauerschach.

3. ...   Tc2+
4. Ke1

Der beste Zug, da 4. Kf1 (4. Kg1 Tg2+ 5. Kh1 Kg3 mit der Drohung ... Th2+ nebst ... f2+ gewinnt für Schwarz) e3 5. Ld5 (5. h7 Th2 6. Kg1 Kg3 und gewinnt) Th2 6. Kg1 Txh6 7. Lxf3 Kxf3 8. Tb3 Schwarz sehr gute Gewinnchancen bietet.

4. ...   e3
5. f6!

Viel besser als 5. Ld5? f2+ 6. Kf1 Kg3 und gewinnt. Der Textzug befähigt den Läufer, in manchen Abspielen über g4 einzugreifen.

5. ...   Kg3

Andere Züge führen ebenfalls zum Remis:

(A) 5. ... f2+ 6. Kf1 Kg3 7. Lg4! Kxg4 8. Kg2 Tc7 9. Th1 Th7 10. f7 Txf7 11. h7 e2 (... f1D+ 12. Txf1 Txh7 ändert nichts am Resultat) 12. Th4+ Kg5 13. Th5+ Kg6 14. Th6+ mit Dauerschach, denn falls der schwarze König die f-Linie betritt, gewinnt Weiß mit Kxf2.

(B) 5. ... Th2 6. Lc4! (6. Kd1? Th1+ 7. Kc2 Txb1 und gewinnt, da Weiß, um ... Tb8 zu verhindern, mit dem Zurückschlagen des Turms Zeit verschwenden muß) Th1+ 7. Lf1 e2 8. Kd2 (8. Kf2 verliert wegen ... Th2+ 9. Kg1 e1D 10. Txe1 f2+ 11. Kxh2 fxe1D) exf1D (... Txh6 9. Lxe2 ist leicht remis, während 8. ... Txf1 9. f7 sicherlich nicht günstig für Schwarz ist) 9. Txf1 Txh6 (natürlich nicht ... Txf1 10. f7) 10. f7 Tf6 11. Ta1 Txf7 12. Ke1 Kg3 (... Th7 wird ebenfalls mit 13. Ta8 beantwortet) 13. Ta8 (nicht aber 13. Kf1? Th7 und Schwarz gewinnt) Tg7 14. Kf1 und hält remis.

6. Kd1   Td2+

Nicht ... Th2 7. f7 e2+ 8. Kd2.

7. Kc1   Td8

Nach ... f2? 8. Lc4 e2 9. Kxd2 behält Weiß überraschenderweise die Bauern im Griff.

8. Kc2   e2

Droht ... f2. Es wäre jedoch ein Fehler gewesen, zuerst 8. ... f2 zu spielen, weil 9. Lc4 Tc8 10. Kd3 Txc4 11. f7 Tc8 (... Tf4 12. h7) 12. Kxe3 Tf8 13. h7 dem Weißen eine Gewinnstellung überläßt.

9. Lc4   Tc8
10. Kd3   Txc4
11. Tg1+

Diagramm **102a/S**

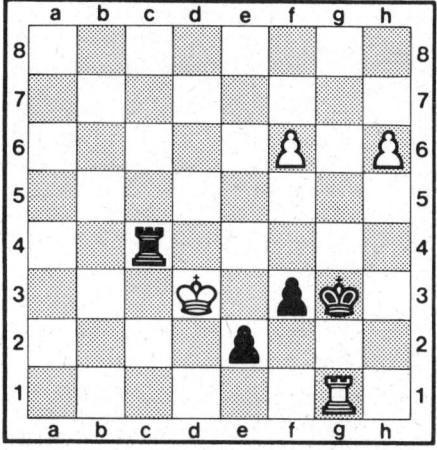

Nicht 11. Kxc4? f2 12. h7 f1D und Schwarz gewinnt. Bequemer als

der Textzug war für Schwarz aber 11. f7! Tc8 (... Tf4 12. h7) 12. Ke3 (um ... Kf2 zu verhindern) Kg2 13. h7, wonach eine Position entsteht, in der keine Seite Gewinnversuche unternehmen kann.

11. ...   Kh2

... Kf2 12. Kxc4 Kxg1 leitet zur Partie über.

12. Kxc4   Kxg1

Mehr Probleme hätte Schwarz mit ... f2! bereiten können, obwohl 13. h7 (13. f7? f1D) f1D (Die Alternativen 13. ... Kxg1 14. h8D e1D 15. Dg7+ Kf1 16. f7 und 13. ... fxg1D 14. h8D+ Kg2 15. Dg7+ Kf1 16. Dxg1+ Kxg1 17. f7 ergeben auch remis.) 14. h8D+ Kxg1 15. Dg7+ Kf2 (... Dg2 16. Dxg2+) 16. Da7+ Kf3 17. Db7+ Kf4 (Die einzige Möglichkeit für Schwarz, einen Fortschritt zu machen, besteht darin, den weißen Bauern zu erobern, um dann die Dame schützend vor ihren Gemahl zu stellen.) 18. Dc7+ Kf5 19. Dd7+ Kxf6 20. Dd8+ Kf5 21. Df8+ Kg4 (Instruktiv ist der Vergleich dieses Endspiels mit dem aus der Partie Estrin – Pytel/Kapitel 10.) 22. Dg7+ Kf3 23. Df6+ Kg2 24. Dg5+ Kh2 (... Kf2 25. Df4+ Ke1 26. Dc1+) 25. Dh4+ Dh3 26. Df2+ Dg2 27. Dh4+ Kg1 28. De1+ dennoch zum Remis führt.

13. f7   e1D

... f2 14. f8D f1D 15. Dg7+ Kh1 16.

Db7+ verläuft ähnlich wie das vorige Abspiel.

14. f8D   f2

... De4+ 15. Kc3 f2 16. Dg7+ Kh1 17. h7 ist eine weitere Remisvariante.

15. Dg7+
remis

wie die Fortsetzungen 15. ... Kf1 16. h7 oder 15. ... Kh1 16. Db7+ erhellen.

Eine bemerkenswerte Meinungsverschiedenheit gab es zur nächsten Stellung, die in mehreren Publikationen analysiert wurde.

Diagramm **103/S**

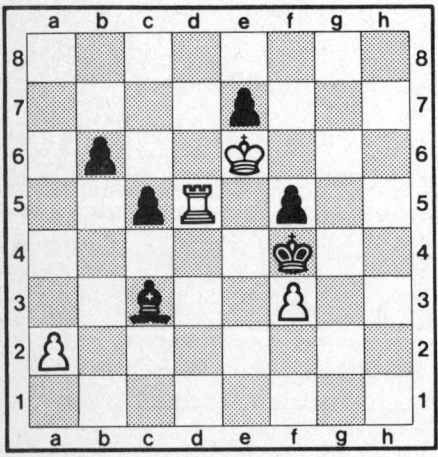

Matulovic – Dueball, Wraza 1975

1. ...   Kxf3?

In seiner Analyse im Schach-Informator gab Dueball diesem Zug zwei

Fragezeichen, während Barcza in der Zeitschrift The Chess Player den fraglichen Zug mit zwei Ausrufezeichen versah. Wer hatte recht? Dueballs ‚Gewinnabspiel‘ mit 1. ... Ld4 führt auch zum Remis, also sollte dieser Zug das Ergebnis der Partie (tatsächlich remis) nicht beeinflussen. Jedoch nach 1. ... Kxf3? kämpft Schwarz definitiv um den Ausgleich, daher meine ich, daß ein Fragezeichen ‚nicht unrichtig‘ ist! Nach 1. ... Ld4 2. Txf5+ Ke3 3. Kd5! (Weiß muß den Vormarsch des c-Bauern unterbinden.) kommen gleich mehrere Züge in Betracht:

(A) 3. ... e6+ 4. Kxe6 c4 5. Kd5 c3 6. Th5 c2 7. Th1 Lb2 (Weiß drohte Tc1, deshalb muß Schwarz den Läufer ziehen. Auf ... Lc5 remisiert 8. Kc6 Kd2 9. f4 c1D 10. Txc1 Kxc1 11. f5 Kb2 12. f6 Ka3 13. f7.) 8. Kc6 mit Beseitigung des letzten Bauern.

(B) 3. ... Kd3 4. Tf4 e5 (... Le3 5. Te4 b5 6. Txe3+ Kxe3 7. Kxc5 Kxf3 8. Kxb5 e5 9. a4 und beide Seiten wandeln um) 5. Th4 (Gut ist auch 5. Te4.) c4 6. f4 e4 7. f5 c3 8. Txe4 Le3 9. f6 c2 10. Tc4 c1D 11. Txc1 Lxc1 12. f7 La3 13. Kc6 wiederum mit leichtem Remis.

(C) 3. ... b5 4. Tf7 (am einfachsten) e5 5. Tb7 c4 (... b4 6. a3 bxa3 7. Tb3+ nebst 8. Txa3 macht remis) 6. a4 bxa4 (... c3 7. axb5 ist einfach) 7. Kxc4 Kxf3 8. Kb4 – wiederum fallen alle schwarzen Bauern.

(Die obigen Abspiele basieren auf einer Analyse von A. Becker/Deutsche Schachzeitung.)

2. Td3+   Kg2!

Von hier ab spielte Dueball sehr genau, um die Partie zu halten. Die Alternative ist ... Ke2? (... Ke4? 3. Txc3 f4 4. Tc4+ Ke3 5. Ke5 f3 6. Tc3+ Ke2 7. Ke4 mündet in die Analyse von 2. ... Ke2? ein) 3. Txc3 f4 (... Kd2 4. Tb3 c4 5. Txb6 f4 6. Kd5 c3 7. Ke4 c2 8. Tc6 e5 9. a4 c1D 10. Txc1 Kxc1 11. a5 Kd2 12. a6 Ke2 13. a7 f3 14. a8D f2 15. Da6+ Ke1 16. Ke3 mit Gewinn für Weiß) 4. Ke5 f3 5. Ke4 f2 6. Tc2+ Ke1 7. Ke3 f1S+ 8. Kd3 Sg3 (verhindert 9. Te2+) 9. Tb2 und der entfernte a-Bauer wird das Rennen machen, weil die schwarzen Figuren zu ungünstig stehen. Von der schlechten Stellung seines Königs in diesem Abspiel überzeugt, brachte Dueball ihn auf g2 außer Gefahr.

3. Txc3   f4
4. Tc2+   Kg1!

... Kg3? verschwendet nur Zeit, da der König ohnehin zurückkehren muß, um den f-Bauern umzuwandeln. Weiß gewinnt daher mit 5. Tb2 f3 6. Txb6 f2 7. Tb1 c4 8. Kd5 c3 9. Kd4 c2 10. Tc1 Kg2 (sonst stößt Weiß seinen a-Bauern vor) 11. Txc2 Kg1 12. Txf2 und wieder entscheidet der a-Bauer.

5. Tc1+

5. Tb2 f3 6. Txb6 f2 7. Tb1+ f1D 8. Txf1+ Kxf1 9. Kd5 Ke2 10. a4 Kd3 11. Kxc5 (sonst ... c4) e5 ergibt nur remis.

5. ...   Kg2
6. Kd5   f3
7. Kc6   f2
8. Kxb6   e5

... f1D? 9. Txf1 Kxf1 10. Kxc5 gewinnt für Weiß. Anstelle des Textzuges hätte Schwarz aber bequemer mit 8. ... c4! ausgleichen können: 9. Kc5 (nun aber nicht ... c3? 10. Kc4 e5 11. Kxc3 Kf3 12. Tb1! e4 13. Tb8 Ke2 14. Tf8 e3 15. Kd4 Kd2 16. a4, oder 11. ... e4 12. Kd4 Kf3 13. Tc8, da Weiß in beiden Fällen gewinnt) e5! 10. Kxc4 Kf3 11. a4 (Es gibt keine Wahl. Weil der schwarze Bauer mit Schach einzieht, ist jetzt die Idee, den Turm zur achten Reihe zu spielen, unmöglich.) e4 12. a5 e3 13. a6 e2 14. a7 e1D 15. a8D+ De4+ 16. Dxe4+ Kxe4 nebst ... Ke3–e2.

9. Kxc5   Kf3!

... e4? verliert wie gehabt: 10. Kd4 Kf3 11. Tc8 e3 12. Tf8+ Ke2 13. a4.

10. a4

10. Tb1 ist sinnlos, nach ... e4 11. Tb8 e3 12. Tf8+ Kg4 gewinnt sogar Schwarz.

10. ...	e4
11. a5	e3
12. a6	e2
13. a7	e1D
14. a8D+	

Obwohl Weiß eine Menge Schachs geben kann, ist irgendein echter Fortschritt ausgeschlossen. Es folgte noch: **14. ... Kg3 15. Dg8+ Kh2 16. Dh7+ Kg3 17. Dg6+ Kf3 18. Df5+ Kg3 19. Dg5+ Kf3 20. Dd5+ Kg3 21. Dd3+ Kg2 22. Dd5+** (Sogar 22. Tc2 Da5+ 23. Kc6 Da4+ und ... Dxc2 ist remis.) **Kg3 23. Dg5+ Kf3 24. Dh5+ Kg3 — remis.**

Diagramm **104/W**

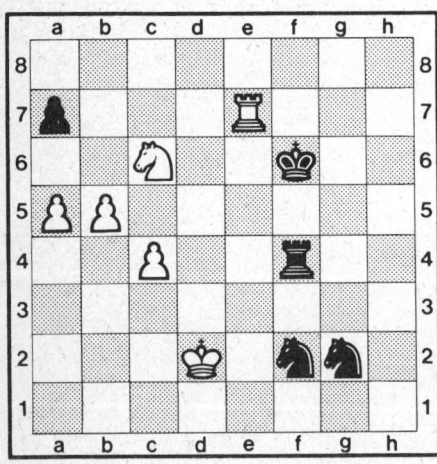

Gufeld – Smyslow, UdSSR 1975

Der eigensinnige Springer g2 ist zum großen Teil verantwortlich für Smyslows Niederlage.

1. c5!

Ungeachtet seines Materialnachteils bereitet der Anziehende ein weiteres Opfer vor. Nach 1. b6 axb6 2. axb6 Se4+ (... Txc4 3. b7 Txc6 4. b8D Kxe7 5. Da7+ räumt Weiß gute Gewinnchancen ein, z. B. ... Ke8 6. Dxf2 Tg6 7. Kd3 usw.) 3. Ke2 (3. Kc1 Sd6 ist eindeutig remis) Sc5 büßt Weiß seinen c-Bauern und damit alle Siegesmöglichkeiten ein.

1. ...	Se4+
2. Txe4	Txe4
3. b6	

Droht 4. bxa7 Te8 5. Sb8.

| 3. ... | Te8 |

Nach ... axb6 4. cxb6 Se3 5. b7 Te8 6. a6 Sc4+ 7. Kd3 Sd6 8. b8D Txb8 9. Sxb8 Sc8 hat Weiß ein gewonnenes Springerendspiel und erledigt den Gegner durch 10. Kc4 Ke7 11. Kc5 Kd8 12. Kc6 Se7+ 13. Kb7 Sc8 14. Sc6+ Kd7 15. Se5+ Kd8 16. Kb8 (Zugzwang) Sb6 17. a7 Sa8 (... Ke7/e8 18. Kb7) 18. Kb7 Sc7 19. Sc4 Sa8 (... Kd7 20. Sb6+ Kd8 21. Kc6 oder 20. ... Kd6 21. Sd5! mit weißem Gewinn) 20. Sb6 Sc7 21. Kc6.

| 4. Sxa7 | |

4. bxa7 Ta8 oder 4. b7 Ke6 5. b8D Txb8 6. Sxb8 bietet Weiß keine Gewinnaussichten.

| 4. ... | Se3 |

Oder ... Ke6 5. b7 Kd7 6. a6 Kc7 (... Se3 7. Sc8! Txc8 8. a7 und 7. ... Kc7

8. Sd6 nebst 9. a7 jeweils mit weißem Gewinn) 7. Sb5+ Kc6 8. Sd6 Td8 9. a7 Txd6+ 10. cxd6 Kxb7 11. d7 und ein Bauer wird umgewandelt.

5. a6   Sc4+

Das kritische Abspiel ist ... Ke6 (... Ke5 wird auch mit 6. Sc8! beantwortet) 6. Sc8! (6. Kxe3? Kd5+ ergibt nur remis: 7. Kf4 Kxc5 8. b7 Kb6 9. Sc8+ Kc7 10. Sd6 Tf8+ 11. Ke5 Kb6 12. Sc8+ Kc7 13. Sd6 bzw. 7. Kd3 Kxc5 8. b7 Kb6 9. Sc8+ Kc7 und 10. Sd6 scheitert an ... Td8) Sc4+ (... Kd7 7. a7 und gewinnt) 7. Kc3 Sxb6 (oder ... Sa5 8. b7 Sc6 9. a7 Sxa7 10. b8D Sxc8 11. Dc7 mit Gewinnstellung, während 7. ... Txc8 8. Kxc4 sofort gewinnt) 8. Sxb6 (droht a7) Te7 9. Kc4 Ta7 10. Kb5 Tc7 11. c6 Kd6 12. Sc4+ Kd5 13. Sa5 gefolgt von Kb6 und a7 mit weißem Gewinn.

6. Kc3	Se5
7. b7	Ke6
8. c6	Kd5

Oder ... Kd6 9. Sc8+ nebst 10. a7.

9. c7
1:0

Mit leichter Kost wollen wir dieses Kapitel abschließen. Schwarz benötigt nur ein paar sorgfältige Züge, um ein friedliches Ende herbeizuführen. Aber zunächst ist Weiß am Drücker.

Diagramm 105/W

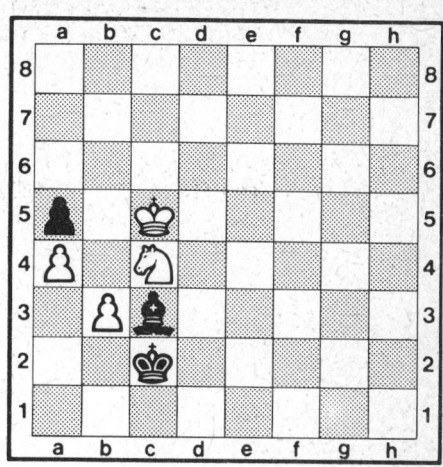

Parma—Gligoric, Bled 1961

Der b-Bauer droht abhanden zu kommen, deshalb gibt es nur einen Gewinnversuch.

1. Sxa5!

Falls ... Lxa5? so 2. b4 Lc7 3. a5 Kb3 4. a6 Lh2 (... Lb8 5. b5 Ka4 6. b6 und gewinnt) 5. Kc6 Lg1 6. b5 Ka4 7. b6 und Weiß gewinnt.

1. ...   Kb2!

Merkwürdigerweise ist Weiß unbeweglich. Nach 2. Kb5 Ka3 3. Kb6 Kb4 4. Ka6 Le1 oder 2. Kb6 Ka3 3. Kb5 Le1 4. Kb6 Kb4 vermag Weiß nur auf der Stelle zu treten, während 2. b4 Ka3 sofort einen Bauern einbüßt. Statt dessen beschließt Weiß, den Bb3 zu decken und mit einem Springerzug zu drohen.

2. Kc4   Lxa5!

Jetzt ist dies möglich.

3. b4   Lb6
4. a5   Lf2
5. a6

Oder 5. b5 Ka3 6. b6 Ka4 7. b7 La7 remis.

5. ...   La7
6. Kb5   Kc3
7. Ka4   Lb6
remis

10. Turmendspiele

Während ich die Stellungen für dieses Buch sammelte, fiel mir auf, daß es sich bei einem erstaunlich hohen Prozentsatz um Turmendspiele handelte. Ob dies daran liegt, daß Turmendspiele den geläufigsten Endspieltyp in der Praxis darstellen oder daran, daß sie häufiger als andere Endspiele taktischer Natur sind, ist schwer zu sagen; wahrscheinlich trifft beides zu. Turmendspiele gelten als schwierig, und die Beispiele in diesem Kapitel untermauern diese Ansicht: die meisten von ihnen wurden ungenau behandelt.

Den Anfang machen einige Positionen, in denen eine Seite einen Turm besitzt und die andere nicht. Selbstredend ist für den anderen Spieler einige Kompensation in Form von Freibauern vorhanden, wobei die Anzahl zwischen zwei und fünf schwankt (!).

Diagramm **106/S**

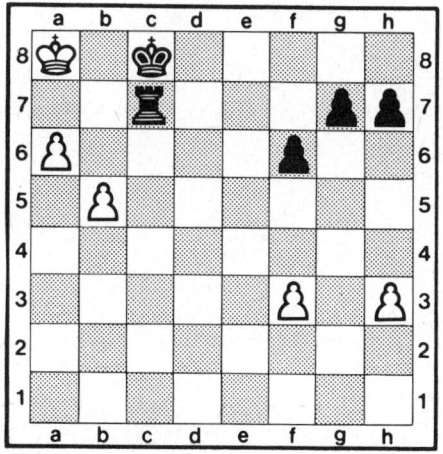

Milenkovic – Stankov,
Jugoslawien 1970

1. ...   Tc6

Ein spektakulärer Gewinnzug, aber als objektiver Kommentator sollte ich darauf hinweisen, daß profanere Methoden auch zum Ziel führen, z.B. 1. ... Tc1 2. b6 Tb1 3. b7+ (3. Ka7 g5 4. h4 gxh4 5. f4 und der Versuch, mit 6. f5 und 7. b7+ Kc7 8. b8D+ ein Patt zu erzwingen, schlägt wegen 5. ... Txb6 6. Kxb6 Kb8 fehl) Kc7 4. h4 g5 5. h5 (Weiß spekuliert eben darauf, daß sich seine Tempi am Königsflügel erschöpfen und das Patt durch a7 zu forcieren ist.) Tb6! 6. Ka7 h6 7. f4 g4 8. f5 Txa6+ 9. Kxa6 Kb8 und gewinnt.

2. bxc6

141

Schwarz drohte ... Tb6. Falls 2. Ka7 so erzwingt ... Kc7 das Schlagen 3. bxc6 (sonst Tb6), wonach Weiß für seine Pattverteidigung mehr Zeit braucht.

2. ...   g5!

Legt die feindlichen Bauern fest, und dem Weißen bleibt nun wirklich als einzige Hoffnung das Patt durch a7 und c7.

3. a7   f5
4. c7

Oder 4. h4 g4 5. h5 g3 und gewinnt exakt um ein Tempo.

4. ...   f4
5. h4   g4
6. h5   h6!

und Schwarz setzt in vier Zügen matt.

Diagramm **107/W**

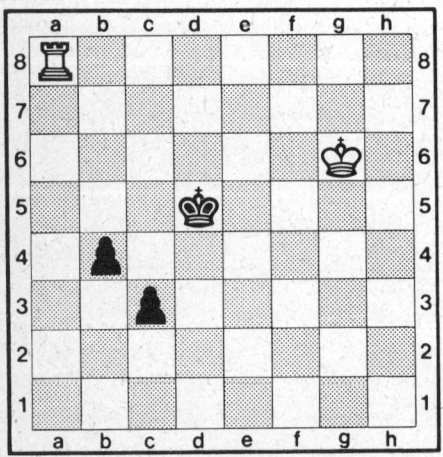

A. Petrosjan – Zeschkowski,
UdSSR 1976

Weiß zog das naheliegende **1. Kf5,** und die Spieler einigten sich auf **remis.** Tatsächlich konnte Schwarz in der Schlußstellung noch gewinnen! Das Verfahren ist aber keineswegs einfach.

1. Kf5   b3!

Der oberflächliche, verführerische Zug ... c2? verschenkt den halben Punkt: 2. Td8+ Kc4 3. Ke4 Kc3 (... b3 4. Tc8+ Kb4 5. Kd3 Ka3 6. Txc2 bietet weniger Chancen) 4. Tc8+ Kd2 (... Kb2 5. Kd3 b3 6. Kd2 remis) 5. Td8+ Ke2 (... Kc1 6. Kd3 b3 7. Tc8 Kd1 8. Th8 ist sowohl nach ... Kc1 als auch ... c1S+ remis) 6. Tc8 b3 7. Tc3! (der einzige Remiszug) Kd2 8. Td3+ Ke2 9. Te3+ Kf2 10. Tf3+ Kg1 (... Kg2 11. Tc3 nebst 12. Kd3 und 13. Txc2 remis) 11. Tg3+ usw.

2. Td8+   Kc5!

Nicht ... Kc4? 3. Ke4 b2 (... c2 siehe letzte Anmerkung) 4. Tc8+ Kb3 5. Tb8+ Kc2 7. Kd4 mit leichtem Remis.

3. Tc8+

3. Ke4 b2 4. Tc8+ Kd6 5. Tb8 c2 oder 3. Ke5 c2 gewinnt jeweils für Schwarz.

3. ...   Kd4
4. Td8+   Ke3

... Kc4? siehe Anmerkung zum zweiten Zug von Schwarz.

5. Tb8

Der Textzug ist nur wegen der schlechten Stellung des schwarzen Königs möglich, aber Schwarz hatte ja keine Wahl. Falls 5. Te8+ (5. Tc8 c2 ist hoffnungslos) so Kd2 6. Td8+ Kc1 7. Td3 Kc2 und Schwarz gewinnt.

5. ...   b2
6. Ke5

Auf 6. Tb3 gewinnt ... Kd4 7. Tb4+ Kc5. Nach 6. Ke5 hat Schwarz das Problem, ... c2 durchzusetzen. Dies ist nur spielbar, wenn sein König auf der ersten Reihe steht, denn der Versuch des sofortigen Vorgehens schlägt fehl, z.B. 6. ... Kd2? 7. Kd4 oder 6. ... Ke2? 7. Kd4. Schwarz muß also erst den gegnerischen König zur anderen Brettseite ablenken, so daß der Bc3 nicht mit ... Kd4 attackiert werden kann, wenn sein eigener König die zweite Reihe betritt.

6. ...   Kf3!

... Kd3 7. Kd5 verdirbt zwar nichts, aber nur wenn Schwarz sich eines Besseren besinnt und mit 7. ... Ke3 die Züge wiederholt. Der Textzug droht ... c2 8. Tb3+ Kg4, daher muß der weiße König opponieren.

7. Kf5   Ke2!

Noch einmal wäre der Trick ... Kg3? töricht wegen 8. Tb3! Kh4 (... Kf2 9. Ke4 Ke2 10. Kd4 Kd2 11. Kc4 – Zugzwang) 9. Tb4+ Kh5 10. Tb8 Kh6 11. Kf6 Kh7 12. Tb7+ remis.

8. Ke4   Kd1
9. Kd3   c2
10. Th8   c1S+!

nebst ... b1D und Schwarz gewinnt.

Auch in der nächsten Partie vermag die Bauernpartei nur durch geschickte Manöver den feindlichen Widerstand zu brechen.

Diagramm 108/S

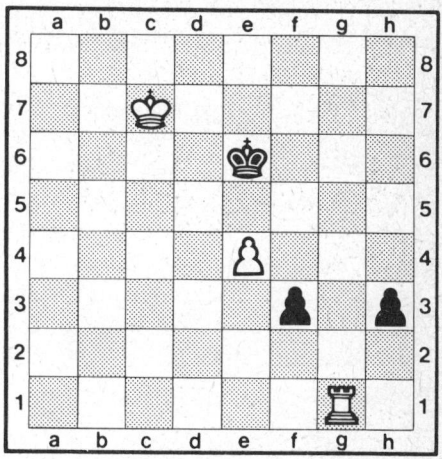

Kasimow – Komay, Israel 1979

Zuerst wollen wir die Partiefortsetzung betrachten:

1. ...   h2?

Obwohl Schwarz seine Bauern ganz einfach zur zweiten Reihe vorbringt, fällt es hingegen schwer, den König zur erfolgreichen Unterstützung nachzuschikken, weil der Turm manchmal einen der Bauern schlagen und gleichzeitig den anderen fesseln kann.

2. Th1!   f2
3. Kc6   Ke5

und nach **4. Kc5 Kxe4 5. Kc4 Ke3** (Dies macht keinen Unterschied – der König muß sowieso im nächsten Zug nach f3.) **6. Kc3 Kf3** (... Ke2 7. Txh2) **7. Kd3 Kg2 8. Ke2** einigten sich die Spieler auf **remis**. Eine andere schlechte Idee ist 1. ... f2? 2. Tf1! (Weiß muß den h-Bauern auf die zweite Reihe zwingen, 2. Th1? Ke5 usw. siehe untenstehende Anmerkung zum ersten Zug von Schwarz) h2 3. Kc6 Ke5 4. Kc5 Kxe4 5. Kc4 Ke3 (... Kf3 6. Kd3 Kg2 7. Ke2 ist ebenfalls remis) 6. Th1! Kf3 7. Kd3 und wir haben dieselbe Position wie im letzten Abspiel. Der richtige Plan für Schwarz besteht darin, erst seine Majestät an den Krisenherd zu befördern und sich die Wahl, welcher der Bauern auf die zweite Reihe rücken soll, vorzubehalten.

1. ...   Ke5!

Turmzüge verlieren jetzt, z.B. 2. Th1 f2 3. Kc6 (3. Tf1 h2 4. Kc6 Kxe4 5. Kc5 Kf3 und ... Kg2 gewinnt) Kxe4 4. Kc5 Kf3! (beabsichtigt ... Kg2 und f1D) 5. Txh3+ Kg2, oder 2. Tf1 Kxe4 (nicht ... h2? 3. Kc6! Kxe4 4. Kc5 Ke3 5. Kc4 Ke2 6. Th1 bzw. 4. ... f2 5. Kc4 und jeweils remis) 3. Kc6 mit Übergang zur Hauptvariante. Daher zieht Weiß seinen König.

2. Kc6   Kxe4
3. Tf1

Oder 3. Tg4+ (3. Kc5 f2 4. Th1 Kf3 und gewinnt) Ke5! (nicht ... Ke3? 4. Th4 remis) 4. Tg1 Kf4! 5. Kd5 f2 6. Tg8 (6. Ta1 Kf3 und ... Kg2) Ke3 7. Te8+ Kd2 8. Tf8 Ke2 9. Te8+ Kd1 10. Tf8 h2 und gewinnt.

3. ...   Kf4!

Nicht ... h2? 4. Kc5 (siehe Anmerkung zum ersten Zug von Schwarz) oder 3. ... Ke3? 4. Th1.

4. Kc5

Schwarz gewinnt einfacher, wenn Weiß mit 4. Kd5 die d-Linie versperrt: ... Kg3 5. Tg1+ Kh2 6. Tg8 f2 7. Tf8 Kg2 8. Tg8+ Kf3 9. Tf8+ Ke2 10. Te8+ Kd1 (... Kd2? 11. Tf8 mit Zugwiederholung) 11. Tf8 h2 und einer der Bauern geht zur Dame.

4. ...   Kg3
5. Tg1+   Kh2
6. Tg8   f2
7. Tf8   Kg3!

Bei der Stellung des weißen Königs auf c5 scheitert die folgende Überquerung des Brettes: 7. ... Kg2 8. Tg8+ Kf3 9. Tf8+ Ke2 10. Te8+ Kd1 11. Td8+ Kc1 (... Kc2 12. Tf8 remis) 12. Ta8! h2 (das einzige Mittel, um Zugwiederholung zu vermeiden) 13. Ta1+ Kd2 14. Th1 (droht Txh2) Kc3 15. Kd5 Kd3 16. Kc5 Ke3 17. Kc4 Kf3 18. Kd3 und remis wie in der Partie. Deshalb spaziert der schwarze Monarch lieber in heimatliche Gefilde zurück.

8. Tg8+

Nach 8. Kd4 funktioniert der vorherige Plan, z.B. ... Kg2 (... h2? 9. Ke3 remis) 9. Tg8+ Kf3 10. Tf8+ Ke2 11. Te8+ Kd1 12. Tf8 h2 und gewinnt.

8. ...   **Kh4**
9. Tf8

Auf weitere Schachs spielt Schwarz ... Kg5–h6–g7.

9. ...	h2
10. **Th8+**	**Kg5**
11. **Tg8+**	**Kh6**
12. **Th8+**	**Kg7**

und gewinnt.

Im nächsten Beispiel unterliefen beiden Spielern mehrere Versehen, aber als Resultat kam eine außergewöhnliche Stellung zustande!

Diagramm 109/W

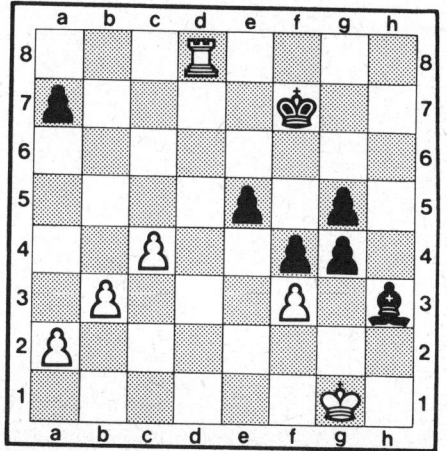

Stean – A. Herzog, Greifensee 1972

Die Kontrahenten hatten nur noch sehr wenig Bedenkzeit, um die vorgeschriebenen 40 Züge zu komplettieren. Die Zeitkontrolle erfolgte nach dem neunten Zugwechsel unseres Partiefragments. Weiß besitzt einen unaufhaltbaren Freibauern, weil der gegnerische König abgeschnitten ist. Daher konzentrieren sich die Hoffnungen des Schwarzen auf seine Bauernmasse am Königsflügel.

1. Kh2!

Am besten, denn nun muß Schwarz schon opfern, um seine Lawine ins Rollen zu bringen.

1. ...   **gxf3!**

Eine verblüffende Idee, die in verschiedenen Varianten immer gerade noch remis macht! Die Alternative war das erwartungsgemäße 1. ... Lf1 2. fxg4 e4, wonach es auch nicht klar ersichtlich ist, wie Weiß gewinnen kann, z.B. 3. c5 (3. Td1 Ld3 und der schwarze König eilt herüber und stoppt den c-Bauern) e3 4. Kg1 Lh3 5. Td3 (... f3 war eine Drohung) Lxg4 6. c6 Kf6 7. c7 Ke5 8. Td8 f3 9. c8D Lxc8 10. Txc8 Kf4 und vermutlich remis. Die Partiefortsetzung ist unter besonderer Berücksichtigung der Zeitnot dagegen eher geeignet, einen Gegner zu verwirren.

2. Kxh3   **e4**
3. Kg4

Auch nach 3. Kh2 vermag Schwarz ein Remis herauszuholen: ... e3 (... g4 4. Kg1 g3 verliert wegen 5. Td4, aber möglich ist 4. ... e3 mit Zugumstellung) 4. Kg1 e2 (... g4 5. Td4 e2 6. Txf4+ Kg6 7. Kf2! g3+! 8. Ke1 g2 9. Tg4+ geht mit Zugumstellung in dieses Abspiel über, aber Weiß sollte tunlichst 7. Te4 g3 vermeiden, wonach Schwarz nämlich gewinnt − 7. Txg4+ Kf5 8. Kf2 Kxg4 9. c5 ergibt jedoch wiederum remis) 5. Kf2 g4 6. Td4 g3+ 7. Ke1 g2 8. Txf4+ Kg6 9. Tg4+ Kf5 10. Tg8 Ke4 11. Kf2 (11. c5 Ke3 12. Te8+ Kd3 13. Kf2 Kd2 ist wieder eine Zugumstellung zu dem hier behandelten Abspiel) Kd3 12. c5 Kd2 13. Td8+ Kc2 14. Te8 Kd2 15. c6 g1D+ 16. Kxg1 e1D+ 17. Txe1 Kxe1 18. c7 f2+ 19. Kh2 f1D 20. c8D Df4+, und der halbe Punkt ist in greifbarer Nähe.

3.	...	f2
4.	**Td1**	**e3**
5.	**Kf3**	**g4+**
6.	**Ke2**	**g3**

Schwarz hätte mit 6. ... Ke6 7. c5 Ke5 eine Falle stellen können, denn danach verliert 8. c6? wegen ... Ke4 9. c7 f3+ 10. Kf1 g3 nebst matt, während 8. Tf1? in der Hoffnung auf ... Ke4 9. Txf2 f3+ 10. Ke1 exf2+ 11. Kxf2 Kf4 12. c6 g3+ 13. Kf1 remis deshalb scheitert, weil Schwarz hier stärker 10. ... g3! zieht und gewinnt. Der einzige gute Zug ist 8. Tc1!, wonach ... Kd4 9. Tc4+ remis durch Zugwiederholung ergibt, während 8. ... g3 9. Kf3

usw. eigentlich die Hauptvariante sein sollte.

7. Kf3   Ke6

Nicht ... g2? 8. Kxg2 e2 9. Td7+ Ke6 10. Kxf2 Kxd7 11. Kxe2 mit einem gewonnenen Bauernendspiel.

8. c5

Indem Weiß für ein Schach auf d6 Vorsorge trifft, verhindert er wieder ... g2.

8. ...   a5??

Schwarz möchte nach 9. c6? mit der Abwicklung ... g2 10. Kxg2 e2 11. c7 die Wogen glätten, da sowohl 11. ... f1D+ 12. Txf1 exf1D+ 13. Kxf1 Kd7 als auch 11. ... exd1D 12. c8D+ ein Remis erwarten lassen. Tatsächlich erlaubt der Textzug einen sofortigen Gewinn für Weiß: 9. Tc1! Kd5 (... Kd7 10. c6+ Kc7 11. a3 und das Vorgehen des b-Bauern entscheidet) 10. c6 Kd4 11. c7.

9. a3?   Ke5

Die Zeitkontrolle war damit geschafft, und wir können uns vorstellen, wie sich die Spieler zurückgelehnt haben, um in Ruhe die Position einzuschätzen.
Schwarz hätte mit 8. ... Ke5! die jetzige Stellung ohne die eingeschobenen Züge ... a5 und a3 erreichen können. Worin liegt der Unterschied? Erstaunlicherweise macht diese kleine Veränderung den Un-

terschied zwischen einem Remis und einem Gewinn für Weiß aus!

10. Tc1

Nun war ... g2 eine echte Drohung, die Weiß zu einem Turmzug bewog.

10. ... Kd4
11. c6 Kd3

Diagramm **109a/W**

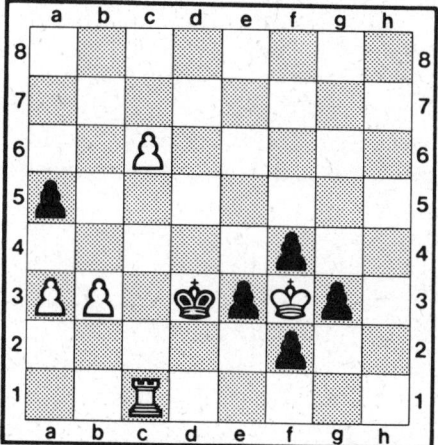

An dieser brisanten Stelle verzichtete Schwarz auf die Fortsetzung des Kampfes und gab auf. Das mögliche Schlußspiel können wir uns natürlich nicht entgehen lassen.

12. c7 e2
13. c8D

13. Tc3+ Kd2 14. Tc2+ ist remis, aber Weiß hat ja Besseres.

13. ... f1D+
14. Kg4 e1D

Die letzten Züge waren forciert, doch jetzt muß Weiß das wirkungsvollste Schach wählen.

15. Dc4+

Der Versuch, mit 15. Dd7+ Ke4 oder 15. Dc4+ Kd2 16. Tc2+ Kd1 ein Matt anzustreben, führt zu nichts. Daher beschließt Weiß den Generalabtausch und erlangt nicht nur sein Material zurück, sondern peilt überdies ein gewonnenes Bauernendspiel an!

15. ... Kd2
16. Dxf1 Dxc1

Oder ... De6+ (... Dxf1 17. Txf1 Ke2 18. Ta1) 17. Kxf4 Df7+ 18. Kxg3 Dg6+ 19. Kh2 Dh5+ 20. Kg1 Dg4+ 21. Dg2+ und gewinnt.

17. Dxf4+ Kc2
18. Dxc1+ Kxc1
19. Kxg3

Jetzt erkennen wir die Bedeutung der (eingeschobenen) Bauernzüge am Damenflügel. Hätte Schwarz 8. ... Ke5! gespielt, wäre er nun in der Lage, mit ... Kb2 das Remis endgültig klarzustellen. Aber so wie die Dinge liegen, verliert 19. ... Kb2 wegen 20. b4 a4 21. b5 Kxa3 22. b6, da der schwarze Bauer erst auf der dritten Reihe ist, während Weiß gerade umgewandelt hat.

Auch in der nächsten Stellung gebietet Schwarz über eine Heerschar von Bauern.

Diagramm 110/S

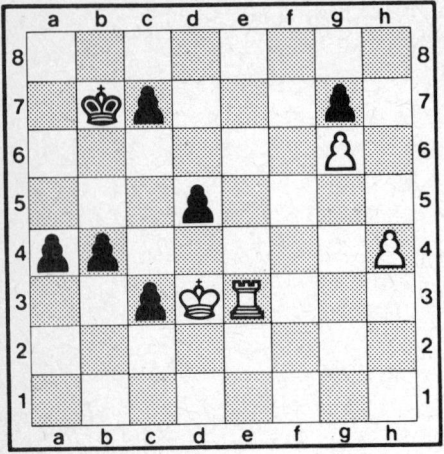

Bangijew – Silberman, UdSSR 1975

Wer steht besser? So imposant die schwarze Lawine auch sein mag, Weiß kann ebenfalls einen Bauern umwandeln. Vorweg der Partie- schluß: **1. ... a3?? 2. h5** (Schwarz hat seine Bauern immobil gemacht und sich damit quasi selbst über- listet. So vermag Weiß seinen Ge- schäften nahezu ungestört nach- zugehen.) **2. ... c5** (2. ... a2 3. Te1) **3. h6 c4+ 4. Kd4,** und Schwarz ka- pitulierte, weil er nach 4. ... a2 5. Te1 c2 (5. ... b3 6. Kxc3 d4+ 7. Kb2) 6. hxg7 b3 zu spät kommt.

Die Ausgangsstellung wurde von Boleslawski und Kapengut im *The Chess Player* analysiert. Sie kamen zu dem Schluß, daß Schwarz zwar besser steht, doch eine von ihnen entwickelte komplizierte Variante endete remis.

In der Erstausgabe dieses Buches brachte ich etwas mehr Analyse

bei, indes das Ergebnis blieb eben- falls unentschieden. Später ent- deckte ich, daß die Analyse zum größten Teil falsch ist, und in den letzten Jahren schwankte meine Überzeugung zwischen einem Ge- winn für Schwarz bzw. Weiß hin und her. Jetzt aber bin ich bei mei- nem ursprünglichen Resultat wie- der angekommen, daß die Stellung remis sein sollte – allerdings aus ganz anderen Gründen!

1. ...   c5!
2. Te2!

Dieser prophylaktische Zug ist am stärksten, und Schwarz kann sich hiernach nur durch äußerst sorg- fältiges Spiel retten.

Tatsächlich stellt die aktivere Fort- setzung 2. h5, die ebenfalls zum Re- mis führt, weniger Probleme: 2. ... c4+ 3. Ke2 (3. Kd4 c2 4. Te1 b3 5. h6 b2 6. hxg7 b1D 7. g8D Dxe1 8. Dxd5+ ist remis.) 3. ... d4! (3. ... c2 4. Kd2 d4 gestattet 5. Te1!.) 4. h6 (4. Te7+ Kc6 5. h6 d3+ 6. Kf3! c2 7. hxg7 d2 8. g8D d1D+ ist ziemlich unklar, obwohl sicherlich nicht schlecht für Schwarz. Dasselbe trifft für die Anzweigung 6. Kf2 c2 7. hxg7 c1D 8. g8D Df4+ zu, wenn- gleich hier der Vorteil des Schwar- zen etwas konkreter ist, weil er in ein paar Zügen den Turm erobern kann.) 4. ... c2 (4. ... dxe3 5. hxg7 c2 6. g8D c1D erlaubt sofortiges Dau- erschach.) 5. Te7+ Kc6 6. Kd2 c3+ 7. Kxc2 b3+ 8. Kd3 b2 9. Te1 (Nicht 9. Kc2? d3+ 10. Kb1 a3 und ge- winnt.) 9. ... a3 10. hxg7 a2 11. g8D b1D+ 12. Txb1 axb1D+ 13. Kxd4 c2, und wieder gibt Weiß Dauerschach. Nun zu 2. Te2!, der besten Chance von Weiß, wonach Schwarz über zwei plausible Erwiderungen verfügt: 2. ... d4 (A) und 2. ... c4+ (B).

(A) **2. ...   d4?**

Dieser Zug dürfte verlieren. Wiederum sind zwei Möglichkeiten zu berücksichtigen:

(A1) **3. h5**

Zwar naheliegend, aber nun vermag Schwarz sich zu behaupten.

3. ...   b3
4. h6   b2!

4. ... c4+ (4. ... c2? 5. Txc2 und gewinnt) ist nicht so klar wegen 5. Kxd4 (5. Kxc4 c2) 5. ... c2 (5. ... b2? 6. Kxc3 b1D 7. Tb2+ und gewinnt) 6. hxg7 c1D 7. g8D Dd1+ (Schwarz kann 7. ... Df4+ versuchen, aber Dame und Turm des Gegners kontrollieren genügend Felder, um ein Dauerschach zu verhindern. Es mag jedoch sein, daß, falls der weiße König e6 oder e7 betritt, Schwarz in dem Moment Zeit für b2 hat, weil der Turm nicht mit einem Schachgebot

eingreifen kann.) 8. Kc5 Dxe2 9. Dd5+, und Weiß behält seine Gewinnchancen. Wenn Schwarz es zuläßt, daß sein König in die Ecke getrieben wird, dann verliert er, z. B. 9. ... Ka7 10. Dd7+ Ka6 11. Dc6+ Ka7 12. Dc7+ Ka8 13. g7 Df2+ (oder 13. ... De3+ 14. Kb5 Dg5+ 15. Ka6) 14. Kb5 Df5+ 15. Kb6! Df2+ 16. Ka6 nebst Db6. Daher sollte Schwarz 9. ... Kc7 versuchen, aber selbst hier besitzt Weiß gute Aussichten. Sehen wir nun, warum 4. ... b2! den Ausgleich erzwingt.

5. Te1

Von 5. Kc2 d3+ 6. Kxc3 dxe2 bzw. 5. Txb2+ cxb2 6. Kc2 a3 7. hxg7 d3+ sollte Weiß lieber Abstand nehmen.

5. ...   a3
6. hxg7   a2
7. g8D   b1D+
8. Kc4

Mit 8. Ke2 würde Weiß ein Risiko eingehen.

8. ...   Dxe1

8. ... Db4+ 9. Kd3 Db1+ wäre in anderer Friedensschluß.

9. Dd5+

mit ewigem Schach. Falls der schwarze König über die e-Linie zu entschlüpfen versucht, kann Weiß ihn mit Df7+ wieder zurücktreiben.

(A2) **3. Tc2!**

Das Manöver Te2—c2 erscheint besonders paradox, weil hier ja der Zeitfaktor von ausschlaggebender Bedeutung ist und man daher leicht dazu neigt, den h-Bauern so schnell wie möglich vorzustoßen. Die Feinheit jedoch besteht darin, daß durch die Drohung, den Turm auf c3 zu opfern, der Vormarsch der schwarzen Bauernschar verlangsamt wird, während Weiß mehr Zeit gewinnt, als er mit dem Turmzug investiert.

3. ...   Kc6

Oder 3. ... b3 (3. ... a3 4. Kc4 führt zur völligen Blockade der schwarzen Bauern, z.B. 4. ... d3 5. Kxd3 b3 6. Txc3 b2 7. Kc2.) 4. Txc3 b2 5. Kc2 dxc3 6. h5 a3 7. Kb1, und der schwarze König ist von b3 zu weit weg.

4. h5   Kd5

4. ... Kb5 5. h6 b3 6. hxg7 b2 7. g8D b1D 8. Db8+ und Weiß gewinnt, ebenso nach 4. ... a3 5. h6 b3 6. Txc3 b2 7. Kc2 dxc3 8. Kb1.

5. Txc3!

Am einfachsten, obwohl 5. h6 auch gewinnen sollte.

5. ...   dxc3
6. h6   c4+
7. Kc2   Kd4

Bei anderen Fortsetzungen verliert Schwarz, weil Weiß mit einem Damenschach umwandelt.

8. hxg7   b3+
9. Kc1

und das schwarze Gegenspiel kommt um ein Tempo zu spät.

(B) **2. ...   c4+**

Was bei richtiger Weiterführung zum Remis reicht.

3. Kd4   a3

Nach 3. ... c2 4. Txc2 b3 (4. ... a3 5. h5 b3 geht mit Zugumstellung zu Variante B1 über.) 5. Tc1 hat Schwarz nichts

Besseres als 5. ... a3, was ebenfalls mit Zugumstellung zu
Variante B1 überleitet.

4. h5!

Durch den Angriff auf den
schwarzen König vermittels
5. Kc5, ursprünglich von den
Russen und dann auch von
mir empfohlen, läuft Weiß tatsächlich in sein Verderben:
4. ... c2 (4. ... b3? 5. Te7+ ist
sofort remis nach 5. ... Ka6
6. Te6+ usw., während 5. ...
Kb8?? wegen 6. Kb6 Kc8 7.
Kc6 Kd8 8. Txg7 nebst Td7+
und g7 sogar verliert.) 5. Te7+
Kc8! (Ka6? 6. Kc6 c1D 7. Te8
Ka7 8. Te7+ ist nur remis.) 6.
Te1 (6. Kc6 Kd8 ist keine Verbesserung, das Prozedere wird
so lediglich um zwei Züge ver-
längert.) 6. ... b3 7. h5 c1D!
(Durch diesen Zug erreicht
Schwarz die Bauernumwand-
lung auf a1 statt auf den uner-
giebigeren Feldern b1 oder c1.
So gestattet z.B. 7. ... b2 nach
8. h6 b1D 9. hxg7 Dxe1 10.
g8D+ dem Weißen, ewiges
Schach zu bieten.) 8. Txc1 b2
9. Tf1 (die beste Chance) 9. ...
a2 10. Kc6 (Der Plan mit h6
funktioniert nun nicht mehr,
weil die auf a1 neu geschaf-
fene Dame auf a7 mit Schach
einsteigen kann.) 10. ... Kb8!
(10. ... Kd8 11. Kd6 Ke8 12.
Te1+, und der schwarze König
muß wegen Matt nach d8 zurück – 12. ... Kf8?? 13. Kd7.)

11. Tf8+ Ka7 12. Tf7+ Ka6 13.
Tf8 Ka5 14. Kc5 Ka4, und
Schwarz gewinnt, da dem weißen König das Feld c4 verwehrt ist.
Nun nach 4. h5! verzweigt
sich die Varianten-Magistrale
noch einmal.

(B1) **4. ...   c2?**

Im Falle von 4. ... a2 vermag Weiß die gegneri-
schen Bauern zu stop-
pen und seinen eigenen
Kandidaten umzuwan-
deln, bevor der schwar-
ze König eingreift: 5.
Txa2 b3 6. Kxc3 (oder 6.
Ta1 c2 7. Kc3 d4+ 8. Kb2
d3 9. Kc3 d2 10. Kxd2 b2
11. Ta7+!) 6. ... bxa2 7.
Kb2. Das Geschehen
nach 4. ... c2? ist reiz-
voll und verdient, näher
ausgeführt zu werden,
ungeachtet der Tatsa-
che, daß Schwarz alter-
nativ eine klare Remis-
fortsetzung zur Verfü-
gung hat.

5. Txc2   b3
6. Tc1

Alle anderen Züge ver-
lieren, z.B. 6. Kc3 d4+
7. Kd2 bxc2 8. Kxc2 (8.
h6 a2) 8. ... d3+, und
Schwarz ist schneller.

Diagramm 110a/S

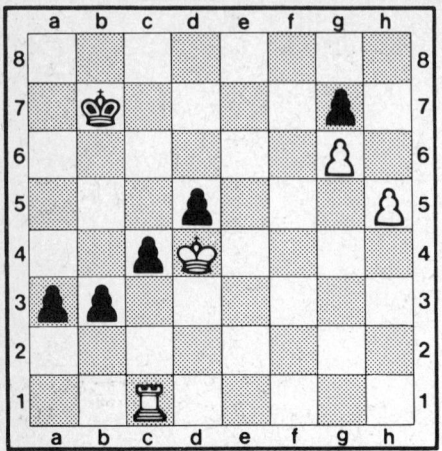

6. ...   Kc6!

Dieser Königszug rührt an die tiefsten Geheimnisse der Stellung! Das sofortige Vorgehen eines Freibauern ist nicht allzu schwer zu widerlegen:

1) 6. ... b2 7. Tb1 Kc6 (Der schwarze König steht auf der b-Linie schon ziemlich unglücklich.) 8. Kc3 d4+ (Falls Schwarz darauf spielt, den Turm zu beseitigen, dann verliert er, weil ihm letztlich exakt ein Tempo fehlt, um noch an die Königsflügelbauern heranzukommen: 8. ... a2 9. Kxb2 axb1D+ 10. Kxb1 Kd6 11. h6 usw.) 9. Kc2 d3+ (9. ... c3 10. Kb3 ist ebenso hoffnungslos wie 9. ... Kc5 10. h6 Kb4 11. hxg7.) 10. Kc3 d2 11. Td1, und die Bauernschar ist gebändigt.

2) 6. ... a2 7. Kc3 Kb6 (7. ... d4+ 8. Kb2) 8. h6 d4+ 9. Kb2 Kb5 10. hxg7 Kb4 11. Txc4+ und gewinnt. Deshalb muß Schwarz seinen König ziehen. Da 6. ... Kb6 keine Drohung beinhaltet, kommt nur Ka6 oder Kc6 in Betracht, um den b-Bauern vorzustoßen. Der Textzug Kc6 dürfte gewiß nicht schlechter als Ka6 sein. Außerdem bietet er einige Vorteile, nämlich, daß der König nach c5 gehen mag und solche taktischen Probleme ausgeschaltet sind, die daraus resultieren, daß der Turm einen der a- oder b-Bauern mit Schach schlagen kann.

7. Th1!!

Wahrscheinlich der einzige Gewinnzug. Weiß muß sich gegen die Drohung ... b2 wappnen, und weil 7. Kc3 wegen ...

152

d4+ usw. verliert, bleibt
nur ein Turmzug auf der
ersten Reihe. Welches
Feld aber ist dafür geeignet? 7. Td1 (7. Tb1? a2
bzw. 7. Ta1? b2 scheidet
sofort aus.) mag verlok-
kend sein, nach 7. ... b2!
8. Kc3 d4+ 9. Kc2 c3! 10.
Kb3 a2 11. Kxa2 c2 je-
doch wird aufgedeckt,
daß auch d1 eine unbe-
hagliche Zuflucht für
den Turm darstellt.
Scheinbar ist es ohne
Bedeutung, ob der Turm
nach e1, f1, g1 oder h1
ausweicht, wenn es
nicht doch einen vitalen
Unterschied gäbe, wie
wir noch sehen werden!

7. ...   b2

7. ... a2 8. Kc3 Kc5 (8. ...
d4+ 9. Kb2 Kc5, und 10.
Ka3! hält die Bauern für
mehrere Züge auf.) 9.
Kb2 (drohend 10. Ka3)
9. ... Kb4 10. Th4!, und
Weiß blockiert die Bau-
ern überraschender-
weise lange genug, um
in der Zwischenzeit am
anderen Flügel durch-
brechen zu können.

8. Kc3   d4+

8. ... Kc5 9. h6 d4+ ist
eine Zugumstellung.

9. Kc2   Kc5

9. ... c3 10. Kb3 bzw.
9. ... d3+ 10. Kc3, und
Schwarz ist sofort am
Ende.

10. h6   Kb4
11. h7!   d3+
12. Kd2

Bloß nicht 12. Kb1??
Kb3, und Weiß wird
matt gesetzt.

12. ...   c3+
13. Kxd3

13. Ke3? c2 ermöglicht
es Schwarz, unter gün-
stigeren Umständen
umzuwandeln, da, falls
die schwarze Dame auf
c1 auftaucht, der weiße
König den Schachs
nicht entkommt.

13. ...   a2
14. h8D   b1D+

Jetzt vermögen wir die
Pointe des weißen
Spiels, basierend auf
dem 7. und 11. Zug, zu
erkennen: Weil der
Turm gedeckt ist, darf
der weiße König leich-
ten Herzens beiseite
treten.

15. Ke3

Nach 15. Kd4? Dxg6 hat sich Weiß die vierte Reihe verstellt, und da der Turm nicht mit Schach einschreiten kann, ist kein Gewinn zu finden, z.B. 16. Db8+ (16. Th4 mag clever wirken, nach 16. ... Dd6+ 17. Ke3+ Kb3 jedoch geht es auch nicht weiter.) 16. ... Ka4 17. Da7+ Kb3 (vermeidet ein Schach auf c5), und Weiß erzielt keinen Fortschritt.

Auf 15. Ke3 hat Schwarz zwei Antworten, die aber in Anbetracht des feindlichen Angriffs von Dame und Turm beide ungenügend sind:

1) **15. ... c2** 16. Th4+ Kb5 17. Db8+ Ka5 18. Da7+ Kb5 19. Db7+ Ka5 20. Th5+ Ka4 21. Da6+ Kb3 22. Tb5+ und 23. Dc6 matt.

2) **15. ... Dxg6** 16. Th4+ Kb3 (16. ... Kb5 17. Db8+ Kc5 18. Db4+ Kc6 19. Tc4+ usw.) 17. Db8+ Kc2 18. Th2+ Kc1 19. Df4! Df6 (Dh6 20. Txh6 gxh6 21. Kd3+ und gewinnt) 20. Th1+ Kb2 21. Db4+ Kc2 22. Th2+ Kc1 23. Da3+ Kd1 24. Th1+ Kc2 25. Dxa2 matt.

(B2) **4. ...   b3!**
5. h6

Hier muß man vor Stolperdrähten ständig auf der Hut sein. Falls 5. Kxc3?, so folgt 5. ... d4+, und Schwarz wird zuerst umwandeln. Nach 5. Kc5? a2 6. Te7+ Kc8 7. Kc6 Kd8 kann Weiß nicht einmal mehr remis halten: 8. Td7+ Ke8 9. Ta7 b2 10. Kd6 a1D, und das Mattfeld a8 ist überdeckt. Falls 10. h6, so jedoch nicht 10. ... a1D?? wegen 11. hxg7 Dxa7 12. g8D+ Ke7 13. Df7+ Kd8 14. Df8 matt; hier aber geht der b-Bauer vor: 10. ... b1D (xg6+), und Weiß ist verloren.

5. ...   a2

Am gefährlichsten, weil Schwarz, wenn beide Seiten geradlinig umwandeln (6. hxg7 a1D 7. g8D c2+), seinen c-Bauern mit einem Abzugsschach vorstoßen könnte. Schickt Schwarz einen anderen Bauern vor, so stellt sich nur die Frage, ob Weiß gewinnen kann, z.B. 5. ... b2 6. hxg7 b1D 7. g8D Dd3+ 8. Kc5 Dxe2 9. Dxd5+.

6. Te1!

Nach 6. hxg7? schwingt Schwarz das Zepter: 6. ... a1D 7. g8D c2+ 8. Kxd5 (8. Kc5 Da5+ verläuft ähnlich.) 8. ... Da5+ 9. Kd4 (9. Ke6 c1D oder 9. Kd6 Dc7+ 10. Kd5 c1D) 9. ... Db6+ 10. Kd5 Dc6+ 11. Kd4 Dd6+ 12. Ke4 c1D und gewinnt.

| 6. ... | b2 |
| 7. hxg7 | a1D |

7. ... b1D 8. g8D kommt ziemlich aufs gleiche hinaus; in Ermangelung eines Besseren muß Schwarz den Turm e1 nehmen.

8. g8D   Dxe1

Der Turm auf der ersten Reihe hat die Umwandlung eines zweiten Bauern verhindert. Nun vermag Weiß seinem Gegner den Schachsegen zu erteilen.

9. Dxd5+	Kc7
10. Dc5+	Kd7
11. Dd5+	Ke8(Ke7)
12. Df7+	

und indem der schwarze König wieder auf die d-Linie getrieben wird,

ist das Endresultat **remis** durch ewiges Schach.

Diagramm **111/S**

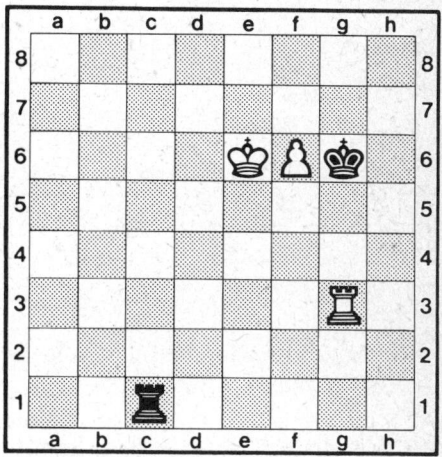

Sax – Zeschkowski, Rovinj-Zagreb 1975

Es kam ziemlich überraschend, daß Schwarz nach langem Kampf plötzlich die Waffen streckte, denn er hätte jetzt relativ leicht ein Remis erreichen können.

Bevor wir uns jedoch der Lösung zuwenden, zum besseren Verständnis zunächst ein ungleich interessanterer Ausnahmefall in sehr ähnlicher Stellung:

Diagramm 111 a

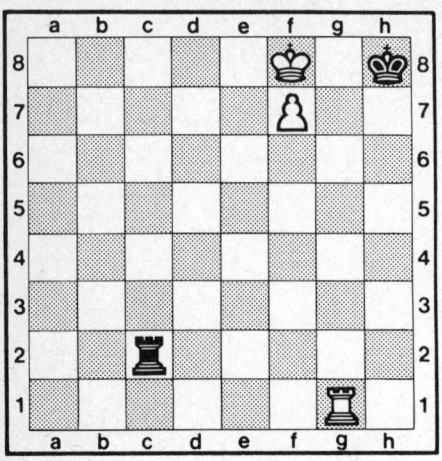

Schwarz am Zug/Weiß gewinnt
N. Kopajew, UdSSR 1953

Die instruktive Gewinnführung der Studie lautet: **1. ... Tc8+ 2. Ke7 Tc7+ 3. Kf6** (3. Ke6 Tc8 4. Kd7 Ta8 remis) **Tc6+ 4. Ke5!** (Die Königswanderung 4. Kf5 Tc5+ 5. Kg6 Tc6+ 6. Kh5 Tc5+ 7. Kh6 Tc6+ 8. Tg6 Txg6+ 9. Kxg6 führt zum Patt.) **Tc8** (... Tc5+ 5. Kd6 Tc8 6. Te1 Kg7 7. Te8 und gewinnt) **5. Tg6!** (Der Gewinnzug. Um ihn zu ermöglichen, mußte der weiße König zunächst die sechste Reihe räumen.) **Kh7** (... Ta8 6. Ta6 nebst 7. Kf6 und gewinnt) **6. Tc6! Ta8 7. Kf6 Tb8 8. Te6 nebst 9. Te8.**
Nun zurück zu unserer Partiestellung:

1. ...   Kh7!

Jedoch nicht ... Kh6? 2. f7 Tc8 3. Tg8.

2. f7

Die einzige Gefahr für Schwarz, nach 2. Tg7+ hält er remis durch ... Kh8 oder ... Kh6. Jetzt dürfte der feine Unterschied zwischen Partie und Studie auffallen, nämlich, daß der schwarze König auf h7 und nicht auf h8 steht und somit die erwähnte Gewinnführung Tg6 usw. hier nicht möglich ist. Auch den Umstand, daß der schwarze Turm sich nahe beim Bauern befindet, kann Weiß nicht ausnutzen, wenn Schwarz nun ...

2. ...   Tc8!

zieht. Nicht aber ... Tc6+? 3. Kd7 Tf6 4. Ke7 oder 2. ... Te1+? 3. Kd7 Tf1 4. Ke7 Te1+ 5. Kf8 Tf1 (... Th1 6. Te3 nebst 7. Ke7 usw.) 6. Th3+ Kg6 7. Kg8 Txf7 8. Tg3+ jeweils mit Gewinn für Weiß.

3. Kd7

Oder 3. Ke7 Tc7+ 4. Ke8 Tc8+ und Weiß kommt nicht weiter.

3. ...   Ta8

und im sicheren Abstand garantieren die Flankenschachs Schwarz das Remis (4. Kc6 Tf8).

Die folgende Stellung ist auch nicht kompliziert.

Diagramm 112/W

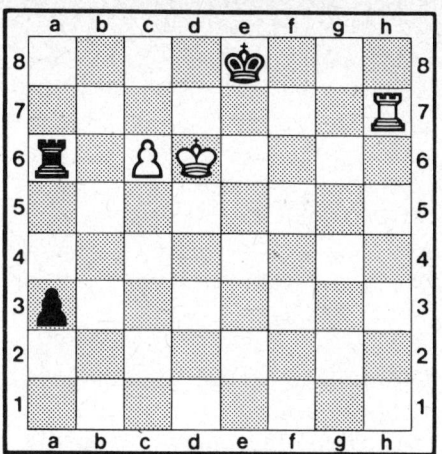

Bogoljubow – Thomas, Hastings 1922

Auf 1. Th8+ Kf7 2. Thl a2 3. Tal Ke8 4. Kc7 Ta3 5. Kc8 Ke7 6. c7 Ke8 gleicht Schwarz aus, daher unternimmt Weiß einen letzten Gewinnversuch.

1. Kc5   a2?

Unterschätzt die Drohung 2. c7, die allein durch ... Kd8! zu parieren war; danach müßte Weiß seine Gewinnversuche einstellen, denn 2. Kb5 a2 wäre nur für ihn gefährlich.

2. c7

Nun kann sich Schwarz lediglich mit Turmschachs behelfen, da er gegen die drohende Umwandlung des c-Bauern sonst keine Verteidigung hat.

2. ...   Ta5+

Die Partie nahm folgendes Ende: **3. Kb6 Ta6+ 4. Kc5 Ta5+ 5. Kc6 Ta6+ 6. Kd5 Ta5+ 7. Ke6 Ta6+** und die Spieler einigten sich auf **remis.** Sogar in der Schlußstellung kann Weiß immer noch gewinnen, aber die schnellste Methode ist ...

3. Kc4   Ta4+
4. Kb3   Ta3+
5. Kc2!   Tc3+

Oder ... a1S+ 6. Kb2 und gewinnt.

6. Kb2!

Jetzt darf Weiß den Bauern schlagen. Danach bleibt der schwarze Turm an die c-Linie gebunden, während Weiß seinen König in Richtung c8 schickt und die Lucena-Stellung erreicht.

Das nächste Beispiel ist subtiler. Weiß konnte zwischen zwei sehr ähnlichen Abspielen wählen, aber leider entschied er sich für das falsche.

Diagramm 113/S

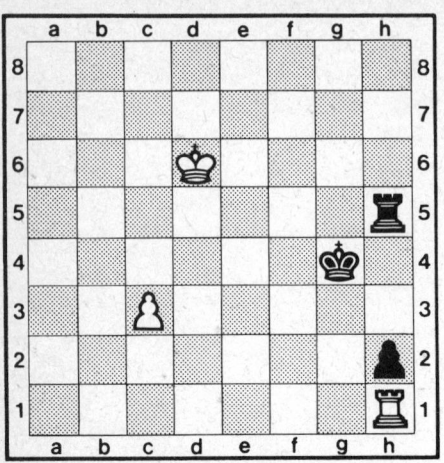

Neistadt –Volkevic,
Moskauer Meisterschaft 1958

1. ...   Kf3
2. c4   Ke4!

... Kg2 3. Txh2+ Kxh2 4. c5 macht nur remis, deshalb ist Schwarz mit dem Angriff auf den feindlichen Bauern besser beraten.

3. c5?

Der Verlustzug. Weiß hätte das Gleichgewicht bewahren können: 3. Ke6! Kd4 (... Th6+ 4. Kf7 Kd4 5. Kg7 Th3 6. Kg6 Kxc4 7. Kg5 Kd4 8. Kg4 bzw. 4. ... Kf3 5. Ke7! Kg2 6. Txh2+ Kxh2 7. Kd7 Th5 8. Kd6 ist jeweils remis) 4. Kf6 Kxc4 5. Kg6 Th8 6. Kg5 Kd4 (oder ... Kd3 7. Kf4 Ke2 8. Kg3 Tg8+ 9. Kf4! Tg2 10. Ta1 Kf2 11. Th1 bzw. 10. ... Kd3 11. Th1 remis) 7. Kf4! (7. Kg4 würde zur Partie übergehen) nebst 8. Kg3 ergibt klar remis.

3. ...   Th6+
4. Ke7

4. Kd7 Kd5 5. c6 Th7+ verliert den Bauern unter ungünstigeren Bedingungen, weil der weiße König sich noch weiter von dem schwarzen Bauern entfernt.

4. ...   Kd5
5. Kf7   Kxc5
6. Kg7   Th3

Nun verläuft es ähnlich der obigen Variante, allerdings mit einem wesentlichen Unterschied: Weiß hat ein Tempo weniger, und um es wiederzugewinnen, muß er den schwarzen Turm attackieren. Aber dies hat zur Folge, daß der weiße König sich nur über das ungünstige Feld g4 nähern kann, während er auf f4 in der Remisvariante den schwarzen König fernhalten konnte.

7. Kg6   Kd4
8. Kg5   Ke3
9. Kg4   Th8
10. Kg3   Tg8+!
11. Kh4

Oder 11. Kh3 Kf2! 12. Txh2+ Kf3 und erbeutet den Turm.

11. ...   Kf3
0 : 1

da gegen die Drohung ... Kg2 kein Kraut gewachsen ist.

Diagramm **114/W**

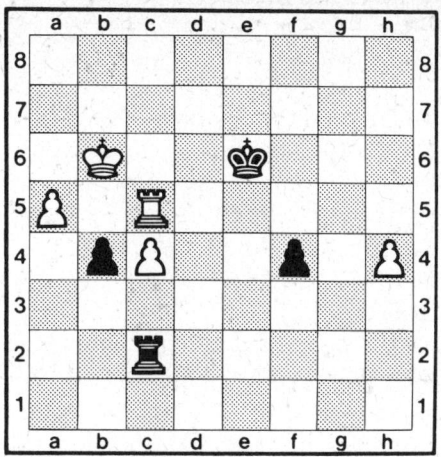

Gutman – Alburt, UdSSR (1. Liga) 1978

Beide Seiten besitzen gefährliche Freibauern, aber trotz des aktiveren weißen Königs gelang es Schwarz, die Partie zu seinen Gunsten zu entscheiden. Nichtsdestoweniger hielt Weiß lange Zeit mit und stolperte praktisch erst auf den letzten Metern.

1. a6

Nach 1. Tb5? f3 2. Txb4 f2 3. Tb1 Tb2+ 4. Txb2 f1D ist Schwarz zwar im Vorteil, der aber objektiv nicht zum Gewinn reichen sollte.

1. ...   Ta2

Ein überraschender, guter Zug. Nach ... f3 (... b3? 2. Tb5 f3 3. Txb3 f2 4. Tf3 und gewinnt) 2. a7 Ta2 3. Ta5 Txa5 4. Kxa5 f2 5. a8D f1D 6. De4+ (deckt beide Bauern) nebst 7.

Kxb4 dürfte Weiß auf Gewinn stehen.

2. a7

Zum Remis führen 2. Tb5 f3 3. Txb4 f2 4. Tb1 Tb2+ 5. Txb2 f1D 6. a7 Df3 oder 2. Ta5 b3 3. a7 b2 4. a8D b1D+ 5. Kc7 Dh7+ 6. Kb6 und Schwarz sollte die Züge wiederholen, da 6. ... Tb2+ 7. Tb5 den Gegner begünstigt. Der Partiezug verhindert ... f3 wegen 3. Ta5 usw. wie oben angegeben.

2.	...	b3
3.	Tb5	b2
4.	c5	

Möglicherweise versuchte Weiß zu gewinnen, denn remis konnte er bequem haben: 4. Kb7 (4. a8D? Txa8 5. Txb2 Tb8+) f3 5. a8D Txa8 6. Txb2 Tf8 7. Tf2. Gut genug für den halben Punkt war auch 4. Kc6 f3 5. Txb2 Txa7 6. Tf2 Tf7 7. c5 Ke5 8. Kb6 Kf4 9. c6 Kg3 10. Tf1 (oder 10. c7 Txc7 11. Txf3+) Kxh4 11. c7 Txc7 12. Kxc7 Kg3.

4.	...	f3
5.	c6	f2
6.	c7	Kd7
7.	Td5+	

7. Kb7? Txa7+ 8. Kxa7 f1D und gewinnt.

7.	...	Ke7
8.	Td1	

Erzwungen. Es gibt kein Zurück

mehr, denn 8. Tb5? verliert klar nach ... f1D 9. c8D Dxb5+! 10. Kxb5 b1D+.

8. ...   Ta1
9. a8D?!

Ein dubioser Zug. Richtig war 9. c8D b1D+ 10. Txb1 Txb1+ 11. Kc7 Tc1+ (... f1D? 12. Dd7+ Kf6 13. a8D Tc1+ 14. Kd8 Td1 15. Dc6+ Ke5 16. De6+ nebst 17. Df5+ und 18. Dxf1 mit weißem Gewinn) 12. Kb8 Txc8+ (... f1D stellt die Falle 13. a8D? Df4+ 14. Ka7 Dd4+ 15. Kb8 Dd6+ 16. Ka7 Ta1+ 17. Kb7 Tb1+ und matt, aber 13. Dxc1 ist sofort remis, wohingegen 13. Db7+ Weiß sogar die besseren Aussichten einräumt) 13. Kxc8 f1D 14. a8D remis.

9. ...   Txa8
10. Tb1

Hält Schwarz von ... Ta1 ab, weil dieser nach 11. c8D nicht sofort auf b1 umwandeln kann. Selbstverständlich scheitert 10. Kb7 oder 10. Tf1 an ... Ta1 11. c8D b1D+ und Schwarz behält einen Turm mehr.

10. ...   Tf8!

Die Drohung ... f1D läßt nur eine Antwort zu ...

11. Tf1   Tg8

Mit der eindeutigen Absicht ... Tg1 13. c8D b1D+, daher muß Weiß entweder Tb1 spielen oder seinen Kö-

nig aus der brenzligen b-Linie entfernen.

12. Kc6??

Verliert auf der Stelle. 12. Ka7 Kd6 13. Kb7 Tg1 ist auch schlecht, aber 12. Tb1! würde bei sorgfältiger Fortsetzung remis halten: ... Kd6 13. h5! (13. Kb7? Tg7! 14. Td1+ Ke5 15. Tb1 Tf7! 16. Tf1 Ke4 17. Kb8 Txc7 18. Kxc7 Kd3 19. h5 Ke2 und Weiß fehlt ein Tempo zum Remis. Zu beachten ist, daß 15. Tb1 wegen der Drohung ... Tg1 vonnöten war, und daß 15. ... Tf7! den Tempoverlust vermied, der entstanden wäre, wenn Weiß anstelle der Umwandlung erst h5−h6 gezogen hätte.) Ke5 14. h6 Tf8 15. Tf1 Ke4 16. Kb7 Kd3 17. c8D Txc8 18. Kxc8 Ke2 19. h7 Kxf1 20. h8D b1D 21. Dh1+ Ke2 22. Dxb1 f1D und der Kampf ist zu einem völligen Gleichstand abgeflaut.

12. ...   Tg6+!
0:1

weil Kc5/d5 die Erwiderung ... Kd7 erlaubt, während ein Rückzug des Königs auf die b-Linie der bekannten Drohung ... Tg1 in die Arme läuft.

Das folgende Wettrennen rivalisierender Freibauernformationen läßt an Schärfe auch nichts zu wünschen übrig.

Diagramm **115/W**

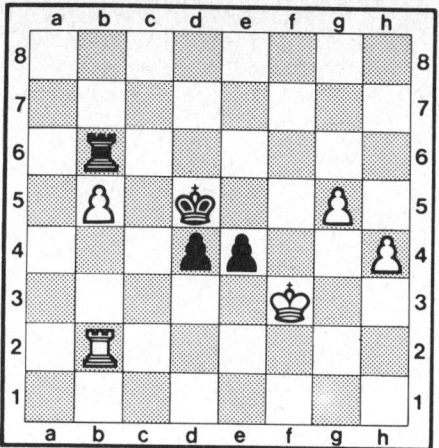

Vogt – Espig, DDR 1975

Die freien Mittelbauern des Schwarzen werden von ihrem König tatkräftig unterstützt. Obwohl Weiß einen Bauern mehr hat und seine Aussichten günstiger sind, dürfte es eine knappe Entscheidung geben.

1. Ke2

Um die gegnerischen Bauern zu bremsen, sollte der König besser zurückbleiben. Nach 1. Kf4? e3 2. h5 (2. Kf3 Tb8! mit dem Plan ... Tf8+ 4. Ke2 Ke4 ist gleichfalls gut für Schwarz) Tb3 3. g6 Tf8+ 4. Kg5 d3 5. g7 Tg8 6. h6 d2 gewinnt Schwarz.

1. ...   Ke5

Vorbereitung von ... Kf4 und ... d3+. Die Alternative war 1. ... Kc4, doch nach 2. Tc2+! (2. h5 Kc3 3. g6

Kxb2 4. g7 Tb8 5. h6 Kc2 6. h7 d3+ 7. Ke3 d2 8. g8D ist auch möglich, wonach sowohl 8. ... Txg8 9. hxg8D d1D 10. Dc4+ Kb2 11. Kxe4 als auch 8. ... d1D 9. Dxb8 Weiß noch Gewinnchancen bieten – aber 2. Tc2+ ist vermutlich stärker) Kd5 (... Kb3 3. Tc6! Txb5 4. g6 d3+ 5. Kd2 Td5 6. g7 Td8 7. Td6! Te8 8. Ke3 Tg8 9. Td7 gefolgt von dem Vormarsch des h-Bauern gewinnt für Weiß) 3. Tc8 Txb5 4. g6 Tb2+ 5. Kf1 erhält Weiß gute Gewinnchancen, z.B. ... Tb1+ 6. Kg2 Tb2+ 7. Kh3 Tb3+ 8. Kg4 Tb1 9. h5 e3 10. h6 e2 11. Te8 d3 12. g7 Tg1+ 13. Kf3 Kc5 (... d2 14. Td8+ und 15. Kxe2) 14. Txe2 und gewinnt.

2. h5   Kf5

Schwarz zieht es vor, sich passiv zu verteidigen, wonach der weiße Mehrbauer b5 zu einem mitbestimmenden Faktor wird. Es scheint aber, daß Weiß nach 2. ... Kf4 ebenfalls am Ruder bleibt: 3. g6 d3+ 4. Kd2 Td6 5. Tb4 (Voreilig wäre 5. g7?? wegen ... e3+ 6. Kd1 Td8 7. h6 Ta8 8. Tb1 Kf3 9. h7 Ta2! und Schwarz ist zuerst am Ziel.) Kf3 6. Txe4 Kxe4 7. g7 Td8 8. h6 Ta8 9. h7 Ta2+ 10. Kc3 d2 11. g8D d1D 12. De6+! (12. Dxa2? Dd4+ 13. Kb3 Dd5+ 14. Ka3 Dc5+, Dauerschach) und nun:

(A) 12. ... Kf4 13. Dxa2 Dc1+ (... Df3+ 14. Kb4 und die Schachs hören auf) 14. Dc2 De3+ (... Da3+ 15. Kc4 oder 14. ... Da1+ 15. Kb3) 15. Dd3 Dc1+ 16. Kb3 und gewinnt.

(B) 12. ... Kf3 13. Dxa2 Dc1+ (...
De1+ 14. Dd2 De5+ 15. Kc2
bzw. 14. ... Da1+ 15. Kc4 Da4+
16. Db4+ jeweils mit weißem
Gewinn) 14. Dc2 De1+ (...
Da1+ 15. Kb3 oder ... Da3+ 15.
Kc4) 15. Kb2 und Schwarz
muß aufgeben.

3. g6   Kf6

Oder ... Kg5 4. g7 Tb8 5. Tb1! Kh6
(... Kxh5 6. g8D Txg8 7. Th1+ oder
6. Th1+ Kg6 7. Th8) 6. Tg1 Tg8 7.
b6 Kh7 (... Kxh5 8. b7 Kh6 9. b8D)
8. b7 e3 9. Kd3 Kh6 (Ratlosigkeit)
10. Tb1 Tb8 11. g8D und gewinnt.

4. Tb4   Td6

Auf ... Kg7 5. Txd4 Txb5 6. Td7+
werden die Bauern schnell durch-
gebracht: ... Kh6 7. Th7+ Kg5 8. g7
Tb8 9. Th8 bzw. 6. ... Kf6 7. Tf7+
bzw. 6. ... Kf8/g8/h8 7. h6 usw.

5.	b6	d3+
6.	Kd1!	e3
7.	b7	d2
8.	Tb1	Td8

Nach der erzwungenen Folge kann
Weiß nun zu dem Endspiel T+2Bn/
T abwickeln, und der Rest fällt aufgrund der schlechten Stellung des
schwarzen Königs leicht.

9.	b8D	e2+
10.	Kxe2	d1D+
11.	Txd1	Txb8
12.	Td7	

Ein Fehlgriff wäre 12. Td6+? Kg5
13. Td5+ Kh6 mit Remisstellung.

12. ...   Kg5

Weiß wird sowieso 13. Th7 spielen,
außer auf 12. ... Th8, wonach 13.
Tf7+ Kg5 14. Th7 entscheidet.

13. Th7
1:0

da, von gegnerischen Schachgeboten abgesehen, die nächsten weißen Züge g7, h6 und Th8 sein werden.

Diagramm 116/W

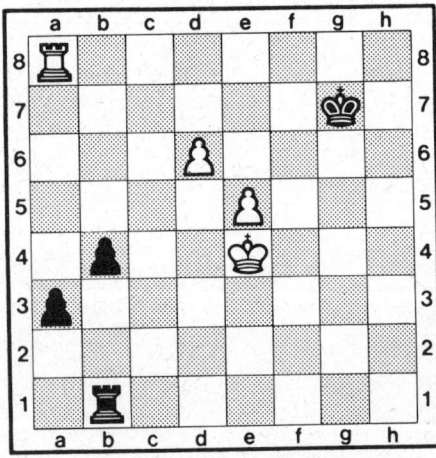

Estrin – Pytel, Albena 1973

Dieses faszinierende Endspiel wurde von P. Griffiths im British Chess
Magazine (August 1974) analysiert.
Griffiths kam zu dem Schluß, daß
beide Seiten fehlerfrei gespielt hatten, was aber nur eingeschränkt
gilt, wie wir noch sehen werden.

Die Stellung erschien auch im Schach-Informator mit Anmerkungen von Estrin sowie der Informator-Redaktion, und alle gelangten zu demselben Ergebnis wie Griffiths.

1. Ta7+?

Weiß hätte mit 1. e6 (gar nicht im Schach-Informator erwähnt) gewinnen können (nicht 1. d7? Td1 2. e6 Kf6 nebst Blockade der Bauern, da 3. d8D Txd8 4. Txd8 a2 5. Ta8 b3 für Schwarz gewinnt): 1. ... Te1+ (... Kf6 2. e7 Te1+ 3. Kd3) 2. Kf5! (2. Kd5 ist nur remis: ... b3! 3. Txa3 b2 4. Tg3+ Kf6 5. Tf3+ Kg7 mit Zugwiederholung, während 3. d7? b2 womöglich besser für Schwarz ist) b3 (... Tf1+ 3. Kg5 Tf8 4. Ta7+ Kg8 5. e7 bzw. 3. ... Tg1+ 4. Kh4 Th1+ 5. Kg3 Tg1+ 6. Kf2 ist jeweils für Weiß gewonnen) 3. Ta7+ Kh6 (... Kf8 4. Tf7+ Kg8 5. d7 Td1 6. e7 und ein Bauer geht zur Dame) 4. Txa3 b2 5. Tb3 b1D+ 6. Txb1 Txb1 7. d7 und wieder kommt einer der Bauern durch.

1. ...   Kg6

... Kf8 2. e6 Te1+ 3. Kf5 Tf1+ 4. Kg4 gewinnt mühelos, z. B. ... b3 5. e7+ Kf7 6. Ta8 Te1 7. d7.

2. d7   Te1+

Die interessante Alternative ... Td1 3. Ta6+ Kf7 4. Td6 Txd6 5. exd6 a2 6. d8D a1D resultiert in einem Damenendspiel, das für Weiß gewonnen sein sollte, z. B. 7. De7+ Kg6 (... Kg8 8. De6+ Kf8 9. d7 verläuft ähnlich der Hauptvariante) 8. De6+ (Der Schach-Informator und das British Chess Magazine gaben beide 8. De8+ Kg5 9. d7 an, aber 9. De5+! vollstreckt sofort, wobei noch 8. ... Kg7 logischer ist und Weiß der Möglichkeit beraubt, seinen König auf g8 zu verstecken, wenn die schwarzen Damenschachs einsetzen.) Kg7 9. d7, der weiße König entkommt letztlich auf b7 den Schachs. Einem weiteren Schach auf der Diagonalen h1—b7 stellt sich dann die weiße Dame auf c6 entgegen. Es leuchtet ein, daß die Dame auf e6 über einen größeren Einflußbereich als auf e8 verfügt.

3.	Kf4	Tf1+
4.	Ke4	Te1+
5.	Kf4	Tf1+
6.	Ke3	

Wegen Zeitnot akzeptierte Weiß die Zugwiederholung. Das Vorrücken seines Königs half nämlich nichts, z. B. 5. Kd5 Kf5! 6. Kd6 Td1+ (Griffiths gab das kompliziertere ... b3 an.) 7. Ke7 Kxe5 8. Ta5+ Ke4 9. Ta4 Txd7+ 10. Kxd7 Kd3 11. Txb4 Kc3 ist klar remis.

6. ...   Td1

Der beste Zug. Auf 6. ... Tf8 könnte folgen: 7. Ke4 (7. Kd4 Tb8 8. Kc5 macht nur remis nach ... b3 9. Txa3 b2 10. Tg3+ Kf7 11. Tg1 Ke7 12. Tb1 Kxd7) Tb8 8. Kd5 (8. e6 Kf6 9. Kd5 Ke7 ist dagegen ausgezeichnet für Schwarz) b3 (... Kf5 verliert sofort wegen 9. e6 Kf6 10. Kd6 Tb6 11. Kc7) 9. Txa3 b2 10. Tg3+ Kf5 (oder ... Kf7 11. e6+ Ke7 12. Tg7+ Kf6 13. Tf7+ Kg6 14. Tf1 b1D 15. Txb1 Txb1 16. e7 und gewinnt) 11. Tf3+ Kg6 12. Tf1 b1D 13. Txb1 Txb1 14. e6! (14. Kc6 Td1 15. Kc7 Kf5 oder 14. Ke6 Td1 15. Ke7 Kf5 16. e6 Ke5 reicht jeweils nur zum Remis) Td1+ (Angesichts der Drohung 15. e7 hat Schwarz nichts Besseres.) 15. Ke5 Te1+ 16. Kf4 Tf1+ 17. Kg3 Tg1+ 18. Kh2 Td1 19. e7 und Weiß gewinnt.

7.	Ta6+	Kf5
8.	Td6	Txd6
9.	exd6	a2
10.	d8D	a1D

Diagramm 116a/W

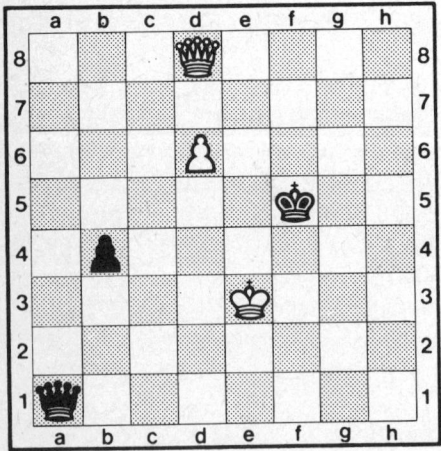

Eine ähnliche Position kam bereits in der Anmerkung nach dem zweiten Zug von Schwarz zustande. Aber hier trifft Weiß auf mehr Wi-derstand, insbesondere weil der schwarze König aktiver steht.

11. Dc8+

Zieht Weiß unverzüglich d7, folgt sicherlich Dauerschach, also muß er zunächst versuchen, seine Dame bestmöglich zu plazieren. Dabei sollte er aber den schwarzen König von e6 fernhalten, z.B. 11. Df8+? Ke6 12. De7+ Kd5 remis, denn 13. d7 empfiehlt sich kaum. Deshalb erfolgte das Schach von c8.

11. ...   Kg6?

Erst dieser nachlässige Zug dürfte die Ursache für die Niederlage sein! Der springende Punkt ist der, daß Weiß nach dem Vorstoß d7 die Hauptwaffe gegen das Dauer-schach, nämlich das Dazwischen-ziehen seiner Dame, hier mit einem vernichtenden Gegenschach einsetzen kann. Mit dem schwar-zen König auf g6 könnte dies auf a6 stattfinden, und auf diese Weise ist Weiß nun imstande, seinen Königs-marsch nach a7 zu schützen. Dage-gen wäre nach 11.... Kg5! ein fried-licher Ausgang in Sicht gewesen.

12. d7   De5+
13. Kd2!

Die vordringliche Aufgabe von Weiß ist jetzt die Eroberung des Bb4, worum sich der Chef persön-lich kümmern wird. Falls aber 13. Kd3? so Dd5+ 14. Kc2 Da2+, und der König vermag sich dem Bauern nicht zu nähern.

13. ...   Dd4+

Oder ... Dd5+ (... Db2+ 14. Dc2+)
14. Kc1! Dg5+ 15. Kb2 usw.

14. Kc2   b3+

Der Bauer war ohnehin dem Untergang geweiht. Nun steuert Weiß auf
a7 los.

15. Kxb3   Dd3+

Nach ... Db6+ 16. Ka4 Da7+ 17.
Kb5 ist es sofort aus.

16. Ka4	**Dd4+**	
17. Ka5	**Dd5+**	
18. Kb6	**Dd4+**	
19. Kb7	**Db4+**	
20. Ka7	**Dd4+**	

Ein unbefriedigendes Schach, aber
mit scheelem Blick zu seinem Kö-

nig g6 bleibt ihm keine Wahl. Stün-
de der König auf g5, wäre alles in
Ordnung: ... Da5+ 21. Kb8 Db6+
22. Db7 Dd8+ 23. Ka7 Da5+ 24.
Da6 Dc7+ ergäbe hier ein klares
Remis.

21. Ka8   Dd5+

Oder ... Da4+ 22. Kb8 Db4+ (...
Df4+ 23. Dc7 Db4+ 24. Ka7 Da4+
25. Kb7 und gewinnt) 23. Db7 Df8+
(... Dd6+ 24. Dc7 usw.) 24. Ka7 gefolgt von Db6+ bzw. Dd5+ (falls
der schwarze König auf die fünfte
Reihe geht) nebst Umwandlung.

22. Kb8	**De5+**	
23. Dc7	**Db5+**	
24. Ka7		
	1:0	

da 24. ... Da4+ 25. Kb7 usw. die Partie beendet.

11. Bauernendspiele

Wegen des reduzierten Materials lassen sich Bauernendspiele zu einem tieferen Grad als alle anderen Positionsarten analysieren. Die Fähigkeit, mit Sicherheit den Ausgang einer breiten Gruppe von Stellungen vorherzubestimmen, bedeutet, daß die Festlegung des besten Zuges häufig nicht eine Frage des abwägenden Urteils ist, sondern auf exakter Berechnung basiert. Dies heißt nicht, daß Bauernendspiele einfach sind; die Menge der erforderlichen Berechnungen kann hier oft größer sein als für eine komplexe Mittelspiel-Stellung. Ein weiteres Problem besteht darin zu wissen, wann man mit dem Rechnen fertig ist.

Diagramm **117/S**

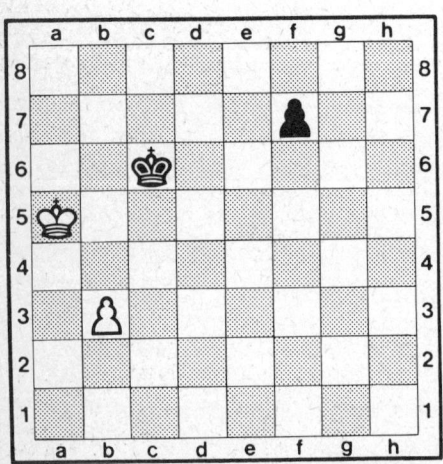

Ljubojevic – Browne, Amsterdam 1972

In der Partie geschah **1.... f5?? 2. Kb4,** und die Spieler einigten sich auf **remis,** da nach 2.... Kd5 3. Kc3 Ke4, 4. Kd2 Kf3 5. b4 Kg2 beide Seiten fast gleichzeitig umwandeln. Nachdem Browne diese Variante gesehen hatte, nahm er wahrscheinlich an, daß die Analyse mit dem Remisergebnis abgeschlossen war. Wenn er ein bißchen länger gerechnet hätte, wäre ihm der Gewinn wohl nicht entgangen:

1. ...   Kd5!

Die Stellung ist jetzt identisch mit einer Studie von Grigorjew (nach dem ersten Zug von Weiß), die in der Isvestija 1928 veröffentlicht wurde. Vielleicht sollte den Endspiel-Studien tatsächlich mehr Aufmerksamkeit gewidmet werden!

2. b4

Nach 2. Kb4 Kd4 3. Ka3 f5 4. Kb2 (4. b4 f4 5. b5 und Schwarz gewinnt sowohl mit ... Kc5 als auch mit ... f3 durch einen Damenspieß) f4 5. Kc2 Ke3 6. Kd1 Kf2 7. b4 Kg2 8. b5 f3 – Schwarz wandelt zuerst mit Schach um.

2. ...   f5
3. b5   f4
4. b6   Kc6!

Der Schlüsselzug. Es kommt zwar zur beiderseitigen Promotion, aber mit dem Textzug stellt Schwarz sicher, daß der eigene Bauer mit Schach einzieht.

5. Ka6   f3
6. b7   f2
7. b8D   f1D+

und Schwarz gewinnt: 8. Ka7 Da1 matt oder 8. Ka5 Da1+ 9. Kb4 Db1+. Das Manöver ... Kc6—d5—c6 ist ziemlich überraschend.

Auch in der folgenden Position bedarf es der Vorstellungskraft, um den richtigen Plan zu erkennen.

Diagramm **118/W**

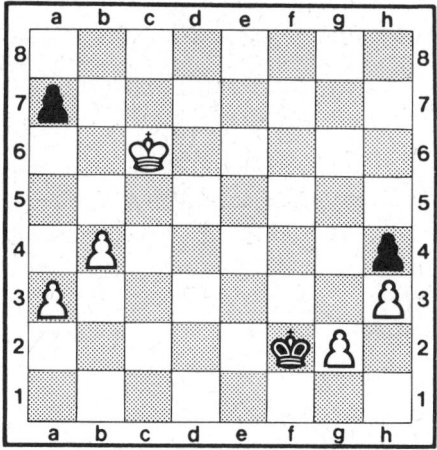

Mandler – Prochazka, Österreich 1924

Auf den ersten Blick erwartet man einen geradlinigen Wettlauf zwischen den beiden Flügeln, da der schwarze h-Bauer schnell befreit

ist. Vielversprechend ist für Weiß aber weder 1. b5 Kxg2 2. a4 Kxh3 3. a5 Kg4 4. b6 axb6 5. axb6 h3 noch 1. b5 Kxg2 2. Kb7 Kxh3 3. Kxa7 Kg4 4. b6 h3 5. b7 h2 6. b8D h1D, denn das resultierende Damenendspiel mit dem a-Bauern reicht gegen eine umsichtige Verteidigung nicht zum Sieg.

Den richtigen Plan verfolgt Weiß, indem er seinen König flugs in die Heimat zurückbeordert, um den eingedrungenen Feind auf der h-Linie festzunageln.

1. Kd5!   Kxg2
2. Ke4   Kxh3

Wenn Schwarz sich sträubt, den h-Bauern zu nehmen, begünstigt er nur die gegnerische Aktion am Damenflügel.

3. Kf3   Kh2

Die hauptsächliche Verteidigungsidee von Schwarz ist die Pattsetzung seines Königs mittels ... Kh1 und ... h3—h2 in der Hoffnung, den a-Bauern loszuwerden. Wir können sehen, daß mit einem weißen Bauern auf b5 der Zug ... a5 mit b6 beantwortet werden kann, wonach sich Schwarz durch ... a4 festlegen wird. Glücklicherweise braucht die Pattverteidigung am Königsflügel ihre Zeit.

4. Kf2!

4. a4? ist schlecht, da hiermit freiwillig dem Schwarzen ein Tempo-

zug mit dessem a-Bauern abgenommen wird, und in der Tat kommt Weiß nach ... h3 5. Kf2 a5! 6. bxa5 Kh1 7. a6 h2 um einen Zug zu spät. 4. b5? macht auch nur remis wegen 4. ... Kg1! 5. Kg4 Kg2! 6. Kxh4 Kf3 7. a4 Ke4 8. a5 Kd5.

4. ...   h3

Erzwungen, weil nach ... Kh3 5. b5 ein Bauer durchläuft.

5. b5

Jedoch nicht 4. a4? a5 usw. wie oben.

5. ...   Kh1
6. Kf1!

Wieder muß Weiß seinen a-Bauern in Ruhe lassen, da 6. a4? a5 remis macht, nicht aber 6. ... h2?? 7. a5! a6 8. Kf1 axb5 9. a6 b4 10. a7 b3 11. a8D(L) matt.

6. ...   h2

Oder ... Kh2 7. a4 Kh1 (... Kg3 8. Kg1 bzw. 7 ... a5 8. bxa6 e.p.) 8. a5 h2 (... a6 9. Kf2 Kh2 10. bxa6) 9. Kf2 a6 10. Kf1 nebst matt auf a8.

7. b6!   a5

Oder ... axb6 8. a4 b5 9. a5.

8. b7   a4

und Weiß gewinnt leicht: 9. Ke2 Kg2 10. b8D h1D 11. Db7+ Kg1 12. Dxh1+ Kxh1 13. Kd3 oder auch 12.

Db6+ Kg2 13. Dc6+ Kg1 14. Dc5+ Kg2 15. Dg5+ Kh2 16. Dh4+ Kg2 17. Dg4+ Kh2 18. Kf2.

Obwohl das nachstehende Partiebeispiel nur noch zwei Züge dauerte, wurde der halbe Punkt zwischen den Spielern einmal hin- und hergereicht!

Diagramm **119/S**

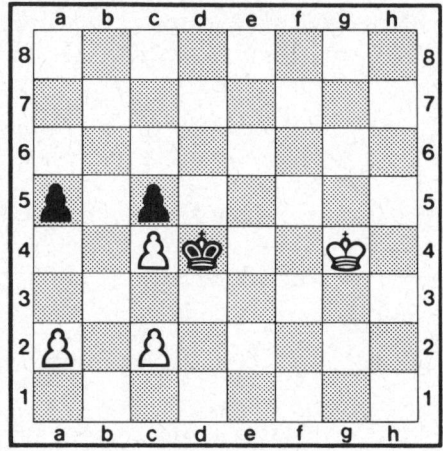

Belkadi – Pachman,
Olympiade München 1958

Die Partie endete: **1. ... Kc3 2. Kf4 Kb2 — 0:1.** Bei oberflächlicher Betrachtung mag dies vernünftig erscheinen, aber wir wollen der Sache auf den Grund gehen.

1. ...   Kc3?

Gibt den Gewinn aus der Hand. Richtig war 1. ... Kxc4 2. Kf4 und nun entweder ... a4 3. Ke5 (3. Ke3 Kc3 4. Ke4 Kxc2 5. Kd5 Kb2 6. Kxc5 Kxa2 oder 3. a3 Kc3 4. Ke4 Kxc2 5.

Kd5 Kb3) a3 4. Kd6 Kd4 5. Kc6 c4 6. Kb5 Kc3 7. Kc5 Kb2 8. Kxc4 Kxa2 9. Kb5 Kb2 10. c4 a2 und gewinnt, oder 2. ... Kd4 3. Kf5 (Schwarz drohte ... c4 und ... Kc3, während die Alternative 3. Kf3 wegen ... c4 4. Ke2 Kc3 5. Kd1 Kb2 6. Kd2 Kxa2 7. Kc3 a4 8. Kxc4 Kb2 verliert) a4 4. Ke6 (4. a3 c4 5. Ke6 c3 nebst ... Ke3–d2) a3 5. Kd6 c4 und gewinnt wie in der Analyse nach 2. ... a4. 2. ... Kc3? ist jedoch nur remis: 3. Ke4 a4 4. Kd5 c4 5. a3 oder 4. ... a3 5. Kxc5 Kb2 6. c4 Kxa2 7. Kd6! Kb3 8. c5 a2 9. c6 a1D 10. c7 – die Dame gelangt nicht sofort auf die Diagonale h3–c8, und ihr König steht ein Feld außerhalb der Gewinnzone.

2. Kf4   Kb3
3.   0 : 1??

Anstatt zu resignieren, hätte Weiß den halben Punkt erkämpfen können: 3. Ke4 Kxa2 4. Kd5 a4 5. Kxc5 a3 6. Kd6 Kb2 7. c5 a2 8. c6 a1D 9. c7 (Ohne den Bc2 wäre dies ganz klar remis, aber wie die Dinge liegen, ist Weiß seiner üblichen Pattressource beraubt.) Da6+ 10. Kd7 Db5+ 11. Kd8 Dd5+ 12. Ke8 Dc6+ 13. Kd8 Dd6+ 14. Kc8 Ka3 (... Kc3 erlaubt die Pattverteidigung 15. Kb7 Dd7 16. Kb8 Db5+ 17. Ka8 Dc6+ 18. Kb8 Db6+ 19. Ka8) 15. c4 Kb4 16. Kb7! (16. c5?? Kxc5 17. Kb7 Dd7 18. Kb8 Kb6 und Schwarz gewinnt) remis, da ohne ein Schach auf b5 der weiße König nicht nach c8 gedrängt werden kann, während der Trick 16. ... De7 17. Kb8 Kc5 18. c8D+ Kb6 durch

19. c5+ zunichte gemacht wird. Dies ist ein bemerkenswertes Beispiel dafür, welche Verwicklungen in einer scheinbar einfachen Position möglich sind. So waren nicht nur die Spieler am Brett überfordert, sondern überdies irrten sich auch Staudte und Milescu, die in ihrem Buch Das 1×1 des Endspiels [17] beiden Akteuren eine sorgfältige Endspielführung bescheinigten!

Auch das folgende berühmte Endspiel hat mehrere Kommentatoren hinters Licht geführt.

Diagramm **120/W**

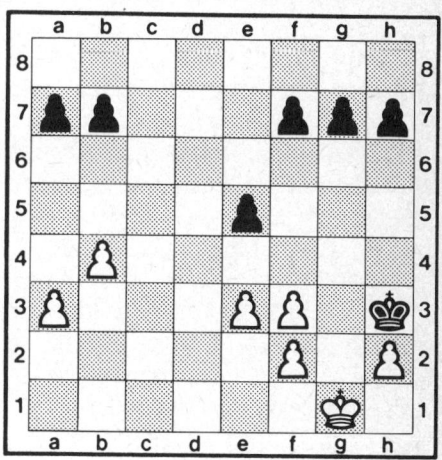

Cohn – Rubinstein, Petersburg 1909

Diese Position ist z.B. in dem Buch Pawn Endings [7] von Awerbach und Maiselis angegeben: sie soll den Plan demonstrieren, wie alle Bauern auf einer Seite (hier der Königsflügel) aufgelöst werden und dann der überlegene schwarze Monarch zur anderen Brettseite marschiert, um dort abzuräumen. Man sollte jedoch immer darauf achten, daß mit der Auflösung eines ganzen Flügels unvermeidlich auch die Remischancen des Verteidigers erhöht werden. In der Begegnung Cohn — Rubinstein vermag Schwarz indes nur den Sieg davonzutragen, wenn er die Bauern auf beiden Brettseiten beläßt.

1. Kh1

Weiß ist völlig gebunden und kann die Ereignisse nur abwarten.

1. ... b5

Hätte Weiß seine Damenflügelbauern noch mehr geschwächt (z.B. durch a4), dann funktionierte der o.g. Plan des Generalabtausches am Königsflügel. Im vorliegenden Fall aber beschließt Schwarz, sich das Reservetempo ... a6 zu sichern, obwohl er auch gewinnen kann, wenn er die Damenseite ignoriert.

2. Kg1	**f5**
3. Kh1	**g5**
4. Kg1	**h5**
5. Kh1	**g4**

An dieser Stelle spielte Cohn **6. e4,** und nach **... fxe4 7. fxe4** (7. fxg4 hxg4 8. Kg1 e3 9. fxe3 e4 10. Kh1 g3 nebst Abholung des Be3) **h4 8. Kg1 g3 9. hxg3 hxg3** gab er sich geschlagen — **0:1,** im Hinblick auf 10. f4 exf4 11. e5 g2 12. e6 Kg3 13. e7 f3 14. e8D f2 matt.

Wir setzen mit einem interessanten Zug fort:

6. fxg4 hxg4

Dies vergibt zwar noch nicht den Gewinn, aber ein einfacheres Abspiel ist ... fxg4 7. Kg1 h4 8. Kh1 g3 9. hxg3 (9. f4 exf4 10. exf4 Kg4) hxg3 10. f3 g2+ 11. Kg1 Kg3 12. f4 exf4 13. exf4 Kxf4 14. Kxg2 Ke3 — Schwarz besitzt ein Mehrtempo gegenüber der Anmerkung nach dem 9. Textzug und schaltet hier die dort verfügbare Verteidigungsressource aus. Zu beachten ist, daß Schwarz in dem letzten Abspiel gewann, weil nach der Liquidation des Königsflügels noch die beiden e-Bauern auf dem Brett verblieben.

7. Kg1	**f4**
8. exf4	**exf4**
9. Kh1	**f3!**

Die Kommentatoren gaben in den meisten Fällen ... g3 10. fxg3 fxg3 11. hxg3 Kxg3 als Vollendung der schwarzen Strategie an, übersahen aber 12. Kg1 Kf3 13. Kf1 Ke3 14. Ke1 Kd3 15. a4! a6 (sonst verbleiben Schwarz ein oder zwei nutzlose Randbauern) 16. axb5 axb5 17. Kd1 und Weiß nimmt nach ... Kxb4 mit Kb2 die Opposition ein und hält remis.

10. Kg1	**Kh4**
11. Kf1	**Kh5!**

Verliert ein Tempo, so daß der weiße König auf einem höchst unpas-

senden Feld steht, wenn sein Widerpart g5 betritt.

12. Ke1   Kg5
13. Kf1

Unglücklicherweise darf der weiße
König wegen ... Kh4 nicht auf die
d-Linie ziehen, daher kann
Schwarz unangefochten eindringen.

13. ...   Kf4
14. Ke1

14. Kg1 Ke4 15. h3 gxh3 16. Kh2
Kd3 17. Kxh3 Ke2 18. Kg3 und das
Reservetempo ... a6 kommt sehr
gelegen.

14. ...   Ke4
15. Kd2   Kd4
16. Kc2   Kc4

Der weiße König muß nun wei-
chen, und nach 17. Kd2 Kb3 18.
Ke3 Kxa3 19. Kf4 Kxb4 20. Kxg4 a5
wandelt Schwarz zuerst auf a1 um
und stoppt gerade den h-Bauern.
(Ein Teil der obigen Ausführungen
basiert auf einer Analyse von
Staudte und, unabhängig davon,
von Mestel.)

Es ist endlich an der Zeit, die Geheimnisse der Studie zu enthüllen,
die in der Einleitung so die Neu-
gierde geweckt hatte. Trotz des ge-
ringen Materials gestaltet sich das
Spiel äußerst subtil.

Diagramm **121/W**

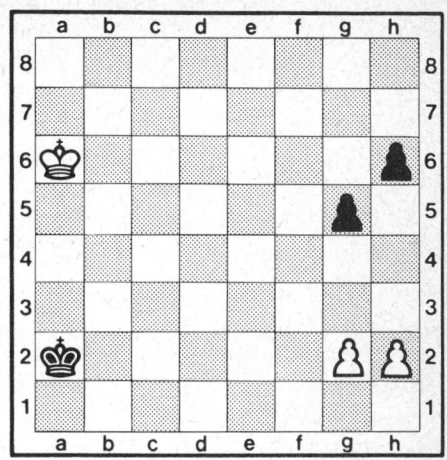

Gewinn
N. D. Grigorjew, 1. Preis,
Schachmaty w SSSR 1937

Diese Stellung kann durch die
Oppositionsbeziehungen interpre-
tiert werden. Weiß hat jederzeit die
Möglichkeit, den Königsflügel mit
g4 zu blockieren. Er sollte dies tun,
wenn er die Opposition hat und
dann die Könige zur anderen Seite
marschieren lassen, wobei die Opposition immer aufrechtzuerhal-
ten ist. Bei Stellung der Könige
wKf5/sKf3 schließlich verliert
Schwarz am Zug: 1. ... Kg2 2. Kg6
Kh3 3. Kh5! Kxh2 4. Kxh6. Da Weiß
in der Diagrammstellung die Opposition einnimmt, drängt sich 1. g4!
auf, aber erst wollen wir sehen,
warum andere Züge fehlschlagen:
(A) 1. Kb5? Kb2! (natürlich nicht
... Kb3? 2. g4) 2. Kc5 (Falls 2.
g4 erhält Schwarz durch ...
Kb3 die Opposition und hält

remis nach 3. Kc5 Kc3 4. Kd5 Kd3 5. Ke5 Ke3 6. Kf5 Kf3. Auf 2. Kc6 folgt ... Kc3! – Schwarz muß solange eine ‚Anti-Opposition' einnehmen, bis Weiß g4 gespielt hat.) Kc2 3. Kd5 Kd2 4. Ke5 Ke2 5. Kf6 (Nach 5. Kf5 Kf2 6. g4 Kf3 oder 5. g4 Ke3 kann Schwarz sich leicht behaupten, aber nun stellt sich ein Problem, weil das ‚Anti-Oppositionsfeld' f3 nicht zugänglich ist.) g4! (nicht ... Kf2 6. g4 Kf3 7. Kf5 oder 6. ... Kg2 7. Kg6) 6. Kf5 (6. g3? verliert sogar: ... Kf2 7. Kf5 Kf3 8. Kg6 Kg2 9. Kh5 Kh3) und nun ist sowohl 6. ... Kf2 als auch 6. ... g3! (am einfachsten) 7. hxg3 Kf2 remis. Zu beachten ist, daß Schwarz ... g4 nicht früher spielen konnte, weil er so lange warten muß, bis Weiß seinen König dem Feld f6 anvertraut hat.

(B) 1. Kb6? Kb3! (Der Gedankengang ist genau derselbe wie im vorigen Abspiel.) 2. Kc6 Kc3 3. Kd6 Kd3 4. Ke6 Ke3 5. Kf6 g4! und remisiert wie vorher.

So kommen wir zum richtigen Zug:

1. g4!   Ka3!

Da Weiß ja den Wechsel zum Königsflügel erstrebt, käme 1. ... Kb3 2. Kb5 oder 1. ... Kb2 2. Kb6 seinen Wünschen nur entgegen.

2. Ka5!

Der König kann immer noch nicht auf die b-Linie, weil 2. Kb6? Kb4 oder 2. Kb5? Kb3 Schwarz das Remis in den Schoß legt.

2. ...   Ka2

Auf ... Kb3 folgt natürlich 3. Kb5, aber falls 2. ... Kb2 muß sich Weiß vor 3. Kb4? hüten, wonach ... Kc2 4. Kc4 Kd2 5. Kd4 Ke2 6. Ke4 Kf2 7. Kf5 Kf3 den Ausgleich erzwingt. Die korrekte Erwiderung auf 2. ... Kb2 ist 3. Kb6!, und wenn nun ... Kb3 so 4. Kb5.

Nun gilt es für Weiß, das Hauptproblem zu bewältigen: wie soll er nach dem Textzug 2. ... Ka2 jemals auf die b-Linie kommen, ohne dem Gegner die Opposition zu geben? Im ersten Augenblick scheint 3. Ka4 die geeignete Antwort zu sein, aber dies erlaubt ... Kb2 4. Kb4 Kc2 und remis, wie wir bereits gesehen haben. Die Lösung ist ziemlich überraschend.

3. Kb6!   Kb3

Die Stellung nach 3. ... Kb2 ist für Weiß gewonnen, egal, wer am Zug ist! Ein Beispiel mit Weiß am Zug: 4. Kc6 Kc2 (... Kc3 5. Kc5) 5. Kd6 Kd2 6. Ke6 Ke2 7. Kf6 Kf2 8. Kg6 Kf3 9. Kh5! Kf4 10. h3 Kg3 11. Kxh6 Kh4 12. Kg6 und gewinnt.

Zusammenfassend kann man also sagen: bei Gegenüberstellung der Könige b6/b2 siegt Weiß, einerlei wer am Zug ist, während bei der Konstellation b5/b3 das Ergebnis davon abhängt, wer zuerst zieht; d.h. wir haben es hier mit einem beiderseitigen Zugzwang zu tun.

4. Kb5

Nicht 4. Kc6? Kc4 oder 4. Kc5? Kc3.

4.	...	Kb2
5.	Kc6	Kc3
6.	Kc5	Kc2
7.	Kd6	Kd3
8.	Kd5	Kd2
9.	Ke6	Ke3
10.	Ke5	Ke2
11.	Kf6	Kf3
12.	Kf5	Kg2
13.	Kg6	

und Weiß gewinnt, z.B. 13. ... Kh3 14. Kh5 oder 13. ... Kf3 14. Kh5 Kf4 15. h3 usw. wie gehabt.

Das folgende Beispiel entstammt einer Hängepartie aus dem Mannschaftskampf England – Polen, Olympiade Buenos Aires 1978. Auch hier wird das Geschehen durch scharfsinniges Oppositionsspiel bestimmt, und wie so oft entdeckt man die meisten der analytischen Feinheiten hinter den Kulissen.

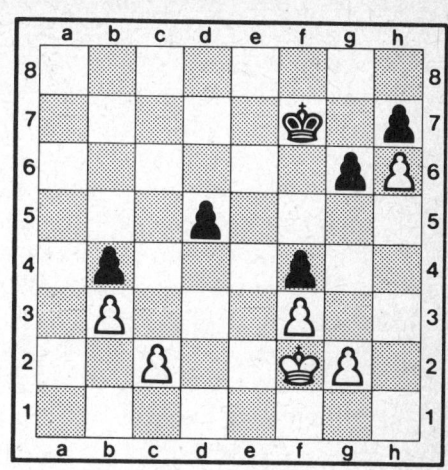

Mestel – Sznapik,
Olympiade Buenos Aires 1978

Zuerst hatten wir unsere Gewinnchancen optimistisch eingeschätzt. Weiß verfügt über den geradlinigen Plan Ke2–d3 und will sich einen entfernten Freibauern durch c3 verschaffen. Aber bald wurde klar, daß dieser Absicht viele Schwierigkeiten entgegenstehen.

1. Ke2   Ke6
2. Kd3   Kd7!

Diesen Zug entdeckten wir ungefähr 2.00 Uhr morgens – bis dahin hatten wir gedacht, daß Weiß ein chancenreiches Damenendspiel forcieren kann. Hierzu zwei Abspiele:

(A) 2. ... Kd6 (von den drei Möglichkeiten die schlechteste) 3. Kd4 Kc6 (... Ke6 4. Kc5 Ke5 5. Kxb4 Kd4 6. c4 ist hoffnungslos für Schwarz) 4. Ke5 Kc5 5. Kxf4 (5. Kf6 Kd6 ergibt nur remis, weil der weiße König letztlich auf der h-Linie abgeklemmt wird.) Kd4 6. g4 Kc3 7. Ke5 Kxc2 (... d4 8. f4 d3 9. cxd3 Kxb3 10. f5 gxf5 11. g5 Kc2 12. g6 b3 13. gxh7 b2 14. h8D b1D 15. Dc8+ Kd2, und nun dürfte Weiß entweder mit 16. h7 oder 16. Dxf5 gewinnen) 8. f4 Kxb3 (... d4 9. Kxd4 Kxb3 10. f5 gxf5 11. gxf5 und wohin Schwarz seinen König auch stellt, Weiß kann nach der beiderseitigen Umwandlung die Damen tauschen) 9. f5 gxf5 (Nach irgendeinem anderen Zug schlägt Weiß g6 und h7 und erhält im Damenendspiel zwei verbundene Freibauern am Königsflügel.) 10. g5 Kc2 (... f4 11. Kxf4 und nun muß Schwarz ... Kc4 ziehen, um den Damentausch oder die Umwandlung mit Schach zu vermeiden, aber Weiß gewinnt immer noch: 12. Ke3 Kc3 13. g6 d4+ 14. Ke2 b3 15. gxh7 b2 16. h8D b1D 17. Dc8+ nebst Damentausch bzw. 14. ... d3+ 15. Kd1 und Weiß wandelt zuerst mit Schach um) 11. g6 b3 12. gxh7 b2 13. h8D b1D 14. Dc8+ Kd2 15. h7 – dem Schwarzen stehen bei seinen Dauerschachversuchen eigene Bauern im Weg, z.B. ... De4+ 16. Kd6 Db4/f4+ 17. Kd7 Da4+ (... Db5+ 18. Dc6 Db8 19. Dh6+) 18. Ke6 De4+ 19. Kf7 und gewinnt.

(B) 2. ... Ke5 (besser als A, aber keineswegs ein klares Remis) 3. c3 bxc3 4. Kxc3 Kd6 (nicht ... Ke6 wegen 5. Kb4 Kd6 6. Kb5 und der d-Bauer kommt abhanden) 5. Kd4 Kc6 6. Ke5! (am besten, denn 6. b4 Kb5 7. Kxd5 Kxb4 wäre für Schwarz ein günstiger Übergang zur Partie) Kc5 7. Kxf4 Kd4 8. b4 Kc4 9. Ke5 (9. Ke3 gestattet den sofortigen Ausgleich durch ... Kc3 10. Ke2 Kc2 11. Ke3 Kc3) d4 10. b5 d3 11. b6 d2 12. b7 d1D 13. b8D Dd4+ (Es ist besser, den Bh6 statt den auf g2 abzuholen, da ... De2+ nur den weißen König ermutigt, in Richtung g7 zu ziehen.) 14. Ke6 De3+ 15. Kf7 Dxh6 16. De5! – Weiß kann immer noch Gewinnversuche unternehmen, weil der schwarze König abgeschnitten ist und dessen Dame gerade sehr passiv steht. Dagegen tummelt sich das weiße Herrscherpaar bedrohlich in der Nähe der feindlichen Bauern. Dennoch sollte Schwarz bei sorgfältiger Verteidigung die Niederlage abwenden können.

Von den drei plausiblen Möglichkeiten ist 2. ... Kd7! daher die beste, weil sie das Bauernendspiel tatsächlich im Gleichgewicht hält!

3. c4   bxc3 e.p.
4. Kxc3   Kc6!

... Kd6 würde in Abspiel B überleiten.

5. Kd4	Kd6
6. b4	Kc6
7. Kc5	Kb5
8. Kxd5	Kxb4
9. Ke5	Kc5
10. Kxf4	

10. Kf6 Kd6 bietet überhaupt keine Gewinnchancen.

10. ... Kd4!

Diagramm **122a/S**

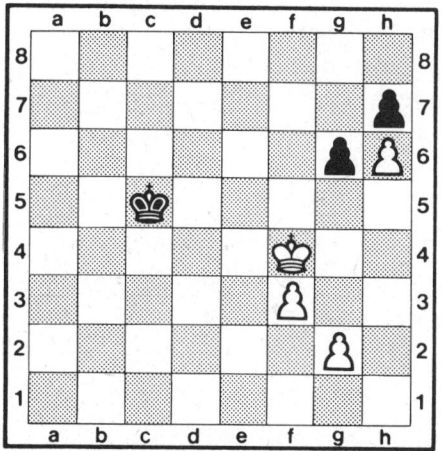

Es bedurfte schon einiger Stunden gemeinsamer Analyse, bis Mestel, Speelman und ich ... Kd4! als einzigen Remiszug erkannten, und da während dieses Zeitraums unsere Beurteilung sich dreimal änderte, kann ich nur hoffen, daß schließlich die richtige Antwort gefunden wurde!

Zuerst werden wir uns einer Position zuwenden, die, obwohl von eigenständiger Bedeutung, durchaus in Beziehung zu unserem Partiefragment steht.

Diagramm **122b/W**

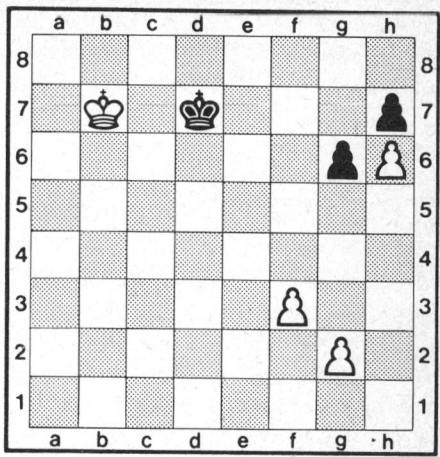

Wie ist diese Stellung mit Weiß am Zug zu bewerten? Auf den ersten Blick vermutet man ein sicheres Remis, weil 1. g3 g5! 2. g4 (2. f4 gxf4 nebst ... Ke6) Kd6 3. Kc8 Kc6! den weißen König ein für allemal auf die 8. Reihe verbannt. Ein scheinbar irrelevanter Zug leistet jedoch Erstaunliches ...

1. Kb8!

Nach 1. f4? Ke6 (zwingt Weiß zur Aufgabe seines Reservetempos) 2. g4 (2. Kc6 Kf5 3. g3 g5) Kf7 geht Schwarz in Fernopposition und erreicht damit eine Remisstellung, wie sie auch später in der Partie vorkommt.

1. ... g5

Falls ... Kd8 so 2. f4! Ke7 (... Kd7 3. g4 und wegen Drohung 4. f5 gxf5 5. g5 ist Schwarz gezwungen, mit 3. ...

Ke7 auf die e-Linie zurückzuweichen, wonach Weiß aber die Opposition erringt: 4. Kc7 Ke8 5. Kd6 Kf8 6. Ke6 Ke8 7. f5 gxf5 8. gxf5 Kf8 9. Kf6 und gewinnt) 3. Kc7 g5 (... Ke6 4. Kd8 g5 5. g3) 4. g3 gxf4 (Es macht keinen Unterschied, wenn Schwarz diesen Tausch aufschiebt.) 5. gxf4 Kf6 6. Kd6! (eine instruktive Position zum Einprägen – es herrscht ein beiderseitiger Zugzwang vor) Kf7 (... Kf5 7. Ke7 Kxf4 8. Kf6) 7. Kd7 Kf6 (... Kf8 8. Ke6) 8. Ke8 Ke6 9. Kf8 Kf6 10. Kg8 Kg6 11. f5+ und gewinnt.

2. Kb7   g4

Sonst gelangt der weiße König auf die c-Linie, was die Lage des Schwarzen nur verschlimmert.

3. fxg4

Nicht 3. f4 wegen ... g3.

3. ...   Ke7
4. Kc7

Das weiße Operationsziel besteht darin, den Gegner zum Schlagen des Bh6 zu zwingen, ohne das Reservetempo g3 verbrauchen zu müssen.

4. ...   Ke6
5. Kd8   Kf6

6. Kd7 (nicht 6. Ke8? Kg6 7. Ke7 Kxh6, denn 8. Kf6 setzt leider patt) Kf7 7. Kd6 Kf6 8. Kd5 Kf7 9. Ke5 (Nun kann Schwarz den h-Bauern

nicht verschmähen, da dieser sonst mit Kf4 und g5 verteidigt wird.) Kg6 10. Kf4 Kxh6 11. Kf5 Kg7 12. Kg5 (Mit dem Bauern auf g3 anstatt auf g2 wäre diese Stellung remis.) Kf7 (... h6+ 13. Kh5 und 14. g5) 13. Kh6 Kf6 (... Kg8 14. g5 Kh8 15. g6) 14. g3! und wieder ist eine beiderseitige Zugzwangsituation erreicht, in der Schwarz am Zug kapitulieren muß, weil sein h-Bauer gleich fällt.

Auf der Grundlage dieser Analyse waren wir der Meinung, daß Weiß in der Partie Mestel – Sznapik gewinnen kann, falls Schwarz 10. ... Kd6 anstelle von ... Kd4 zieht. Aber wie man sieht ...

10. ...   Kd6
11. Ke4   Ke6
12. Kd4   Kd6

... Kf5 13. Kd5 Kf4 (... Kg5 14. Ke6 Kxh6 15. Kf6 Kh5 16. g3 Kh6 17. g4 g5 18. Kf5 gewinnt auch) 14. Ke6 Kg3 15. Kf6 Kxg2 16. f4 Kf3 17. f5 gxf5 18. Kxf5 und Weiß gewinnt.

13. Kc4   Kc6

... Ke5 14. Kc5 verläuft ähnlich der letzten Anmerkung.

14. Kb4   Kd6(?)

Nach ... Kb6(?) 15. f4 Kc6 16. g4 Kd6 17. f5 gxf5 18. g5 wandelt Weiß um.

15. Kb5   Kd5
16. Kb6   Kd6
17. Kb7   Kd7

womit die vorhergehende Diagrammstellung (122b) erreicht ist. Leider enthält dieses Abspiel einen Fehler! Im 14. Zug kann Schwarz die Gebote der Opposition ignorieren und durch einen Konterangriff auf die weißen Bauern seine Probleme meistern:

14. ...   **Kd5!**
15. Kb5   **g5!**

16. Kb6 (16. g3 Kd4) g4 17. Kc7 (17. fxg4 Ke5 18. g3 Kf6 19. Kc5 Kg5 20. Kd4 Kxh6 21. Ke4 Kg5 oder 17. f4 g3 geht jeweils für Schwarz in Ordnung) g3 18. Kd7 Kd4 19. Ke6 Ke3 20. f4 (20. Kf6 wäre freilich töricht!) Kxf4 21. Kf6 Ke3 22. Kg7 Kf2 und das Spiel verflacht völlig.

Die Quintessenz dieser Ausführungen ist, daß beide Fortsetzungen 10. ... Kd6 und 10. ... Kd4 zum Remis genügen. Damit können wir zur Diagrammstellung 122a zurückkehren und das Partiegeschehen weiterverfolgen:

10. ...   **Kd4!**

Um seinen König freizubekommen, muß Weiß gleich sein Reservetempo investieren, wonach es die Verteidigung viel leichter hat.

11. Kg5	Ke5
12. g3	Ke6
13. Kf4	Kf6
14. Ke4	Ke6
15. Kd4	Kd6

16. Kc4   **Kc6**
17. f4

Da der Bf3 jetzt einem Angriff ausgesetzt ist, hat ein Umgehungsmanöver keinen Zweck, z. B. 17. Kb4 Kd5 18. Kb5 g5 gefolgt von ... Kd4 – e3.

17. ...   **Kd6**
18. g4

Wiederum gleicht Schwarz nach 18. Kb5 Ke6 19. Kc5 (19. g4 Kf7 geht zur Partie über) mit ... g5! mühelos aus.

18. ...   **Ke6**

Obwohl Schwarz nun gehalten ist, seinen König nicht über die e-Linie hinaus zu entfernen, um stets den drohenden Durchbruch f5 gxf5 g5 parieren zu können, reicht es völlig aus, wenn er die Gebote der Nah- und Fernopposition korrekt befolgt. Weiß kann nicht gewinnen, da er keine Tempozüge mehr hat, und der Kampf nahm trotz vergeblicher Bemühungen bald ein friedliches Ende: **19. Kc3 Ke7** (Das einzig richtige Feld! Die sogenannte virtuelle Opposition und andere Spielarten werden noch ausprobiert.) **20. Kd4 Kf6 21. Kc5 Ke7 22. Kb5 Kf7 23. Kc5 Ke7 24. Kd5 Kf7 25. Ke4 Ke6 26. Kf3 Kf7 27. Kg3 Ke7 28. Kf2 Kf6 29. Ke3 Ke7 30. Kd4 Kf6 31. Kd5 Kf7 32. Kd6 Kf6 33. Kd7 Kf7 34. f5 gxf5 35. gxf5 Kf6 – remis.**

12. Studien

Hier und da tauchen in diesem Buch immer wieder Studien auf. Es mag daher wie eine Wiederholung erscheinen, ihnen ein eigenes Kapitel zu widmen. Der Hauptgrund dafür ist, daß ich bei einer Reihe von Studien, die in den vorhergehenden Kapiteln nicht leicht unterzubringen waren, das Gefühl hatte, sie gehörten einfach in dieses Buch. Ich bin geneigt gewesen, solche Studien auszuwählen, die partienahe Stellungen aufweisen, und mit einer Ausnahme trifft dies auf alle in diesem Kapitel aufgeführten Kompositionen zu. Es gibt hier eine Fülle von interessanten taktischen Situationen, und ich hoffe, daß der ehrgeizige Leser versuchen wird, die Lösungen selbst herauszufinden und andere Schachfreunde sich an dem Nachspielen erfreuen werden.

Diagramm **123/W**

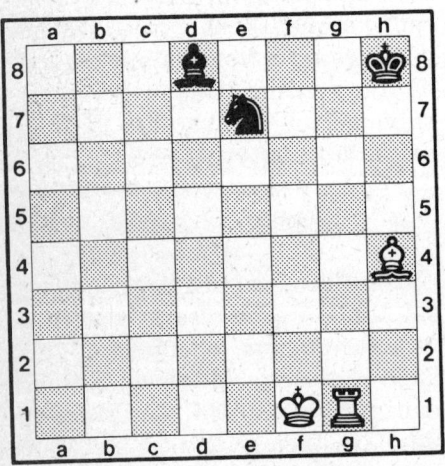

Gewinn
T. Gorgijew, 2. Preis, Schachmaty 1929

Mit nur sechs Steinen bietet diese Miniatur mehrere überraschende taktische Wendungen, bevor Weiß schließlich siegt. Bei dem vorhandenen Materialverhältnis liegt ein Remis sehr nahe, deshalb muß der Anziehende unverzüglich handeln.

1. Lf6+   Kh7
2. Tg7+   Kh6

Setzt sich Schwarz mit ... Kh8 der Batterie aus, gibt es nach 3. Txe7+ Kg8 4. Te8+ einen Kurzschluß.

3. Tf7!   Kg6

Der einzige Zug, da Weiß 4. Lxe7 Kg6 5. Tf6+ drohte, und auf 3. ... Sc6 4. Lxd8 Sxd8 5. Td7 geht der Springer verloren.

4. Tf8

Es ist klar, daß nun auf jeden beliebigen schwarzen Zug entweder der Läufer oder der Springer zum Opfer fällt, aber trotz dieses ungewöhnlichen Zugzwangs kann Schwarz noch weiterkämpfen.

4. ... Sc6!
5. Lxd8 Kg7

Mit der Idee eines permanenten Angriffs auf den Turm, der auf vier Felder entlang der achten Reihe beschränkt ist. Doch es gibt gerade noch einen Ausweg!

6. Te8 Kf7
7. Th8 Kg7
8. Lf6+!

und gewinnt, da Weiß mit einem Turm mehr herauskommt.

Es folgt eine der berühmtesten Endspiel-Studien, die jemals komponiert wurde, aber für einige Schachfreunde mag sie dennoch unbekannt sein.

Diagramm **124/W**

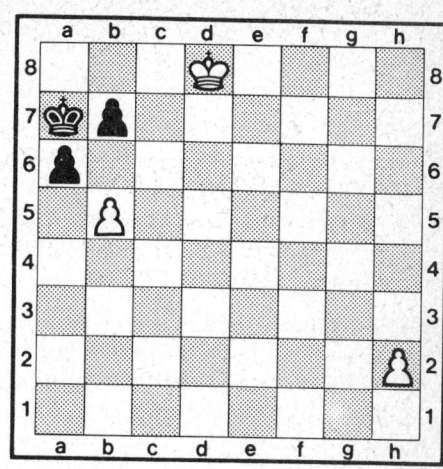

Gewinn

D. Joseph, British Chess Magazine 1922

Genau genommen ist dies nicht die Stellung, die ursprünglich von Joseph veröffentlicht wurde, sondern die erweiterte Version eines unbekannten tschechischen Komponisten, welche 1923 in der Ceskoslovenska Republika erschien.

1. b6+!

1. bxa6? b5 usw. scheidet selbstverständlich wegen des Damenspießes auf b8 aus, während 1. h4? axb5 Weiß das schlechtere Damenendspiel mit einem Minusbauern überläßt. Bei flüchtiger Betrachtung scheint die Angelegenheit nach 1. b6+ entschieden, weil der schwarze b-Bauer blockiert ist und im anstehenden Wettlauf der Randbauern der h-Bauer zuerst das Ziel erreicht.

1. ...	**Kb8!**

Der Versuch einer Pattverteidigung.

2. h4	a5
3. h5	a4
4. h6	a3
5. h7	a2
6. h8D	

Nach 6. h8L? a1D 7. Lxa1 ist die Stellung remis, weil der schwarze König niemals aus seiner Ecke vertrieben und nur pattgesetzt werden kann.

6. ...	**a1D**

Jetzt beginnt der Kampf eigentlich erst richtig. Weiß muß seine Dame ziehen, aber wohin? Allein sinnvoll ist, die Dame auf der achten Reihe zu behalten, um mit dem Aufzug des Königs ein Matt zu drohen.

7. Dg8!	

Nicht 7. Df8? Da3! und Weiß muß die achte Reihe verlassen, da Schwarz ... Dd6+ nebst ... Dxb6 beabsichtigt. Ebenfalls unangenehm ist 7. De8? Dg7! und Weiß ist im Zugzwang.

7. ...	**Da2**
8. De8!	

Jetzt ist dieser Zug spielbar, weil der weiße König für einen Augenblick immun ist.

8. ...	**Da4**

Nun kann Weiß die Pointe seines vorherigen Damenzuges aufdecken.

9. De5+!	**Ka8**
10. Dh8	

und gewinnt, weil Schwarz seiner Pattverteidigung beraubt ist.

Die nächste Studie gipfelt in einer originellen Schlußstellung.

Diagramm **125/W**

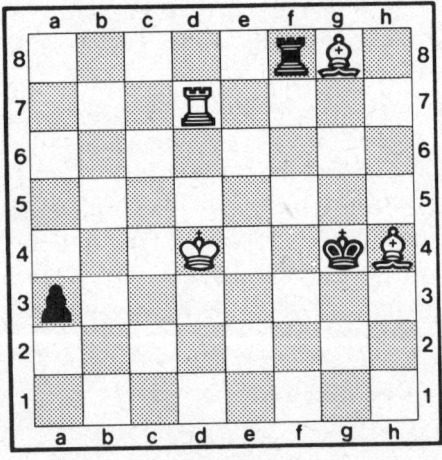

Gewinn

D. Petrow, 1. Preis, Schachmaty 1959

Da beide Läufer angegriffen sind, drängt sich der erste Zug auf.

1. Td8	a2!

Falls ... Tf4+ so 2. Ke3 (2. Ke5? a2 und remis nach 3. Lxa2 Ta4 4. Lb3 Tb4 oder 3. Ta8 Tf5+ 4. Ke6 Tf8 5. Ta4+ Kh3 6. Lf7 a1D) Ta4 (... Tf3+ 3. Ke2 oder 2. ... a2 3. Ta8 Tf8 4. Ta4+ Kh5 5. Lxa2) 3. Lf6 nebst 4. Td1 und der Bauer ist gestoppt.

2. Lxa2   Tf4+
3. Ke3!

3. Ke5? siehe Anmerkung nach dem ersten Zug von Schwarz.

3. ...   Ta4

Nicht ... Tf3+ 4. Ke2 Ta3 5. Td4+ und der Lh4 wird mit Tempogewinn verteidigt.

4. Lb3   Tb4

Auf ... Ta3 gewinnt 5. Td4+ gefolgt von 6. Tb4. Aber nach dem Textzug scheint es, daß Weiß seine Ressourcen erschöpft hat und einen der Läufer einbüßt.

5. Td4+!!   Txd4
6. Le7

Eine höchst erstaunliche Position! Der Turm ist inmitten des Brettes gefangen, z. B. ... Tf4 7. Le6+ Tf5 (... Kg3 8. Ld6) 8. Ke4 oder 6. ... Td7 7. Le6+. Der Schlüsselzug 5. Td4+ macht die Lösung sehr schwer, weil man kaum darauf kommt, daß die Läufer den Turm fangen.

Diagramm 126/W

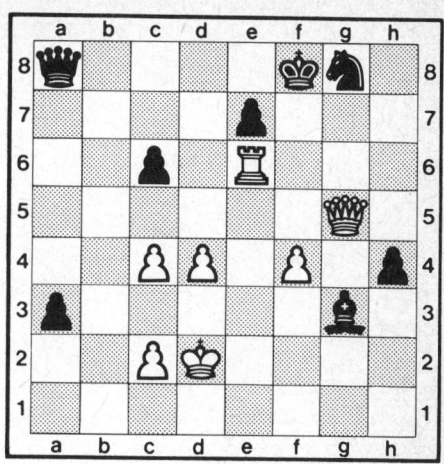

Gewinn
L. Kubbel, 1. Preis, „64" 1925

Diese Komposition versetzt uns geradezu in die Mittelspielphase einer praktischen Partie. Das Material ist ungefähr ausgeglichen, doch in Anbetracht des vorgepreschten a-Bauern muß Weiß seine Angreifer zu allerhöchster Eile antreiben.

1. Tg6

Der einzig vernünftige Zug, weil 1. Df5+ Sf6 2. Txf6+ exf6 3. Dxf6+ Kg8 mit Dauerschach nicht zufriedenstellen kann.

1. ...   Sf6

... Kf7 leitet nach 2. Df5+ Sf6 3. Txf6+ exf6 4. Dh7+ in die Hauptvariante ein, während 1. ... Lxf4+ (1. ... Le1+ 2. Kd3 verschlimmert

nur die Lage von Schwarz) 2.
Dxf4+ Sf6 3. Dh6+ Kf7 4. Tg7+ Ke6
5. De3+ und matt in drei Zügen die
Verteidigungsmoral schnell unter-
gräbt.

2. Dh6+ Kf7

Nun würde der bedrängte Monarch
nach 3. Tg7+ Ke6 4. f5+ Kd6 freu-
dig entschlüpfen, aber Weiß greift
zu einem stärkeren Mittel.

3. Txf6+! exf6
4. Dh7+ Ke6
5. f5+ Kd6
6. c5+ Kd5

Bis hierher war alles forciert, doch
wie soll es weitergehen? Falls 7.
Kd3 so ... Da6+ oder 7. Dd7+ Kc4,
und beide Male triumphiert
Schwarz.

7. Dg8+! Dxg8
8. Kd3

und 9. c4 matt erlegt den Wander-
könig. Eine glänzende Kombination!

Nach solch lärmendem Gefecht
bietet die nächste Studie eine will-
kommene Abwechslung.

Diagramm **127/W**

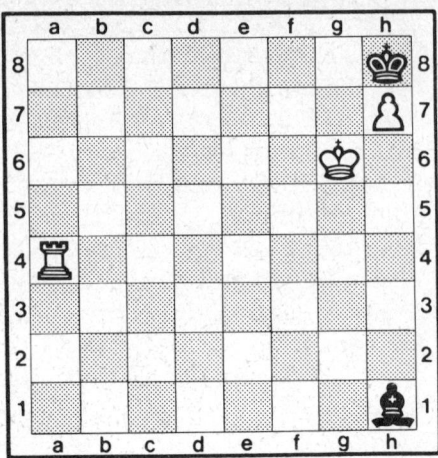

Gewinn
J. Vancura, „28 Rijen" 1924

Der Turm braucht nur auf der achten Reihe zu landen, um die Angelegenheit zu beenden, aber dies ist
schwieriger als es den Anschein
hat. Schwarz verfügt über die Drohung ... Le4+!, die entweder zum
Patt verhilft oder den Bh7 erobert.
Im letzten Fall würde das Spiel klar
remis sein, weil die Verteidigung
den ‚richtigen' Läufer besitzt, d.h.
hier einen Läufer von der entge-
gengesetzten Farbe des Eck- bzw.
Umwandlungsfeldes des Bauern.
Zur Abwendung dieser Drohung
kommt für Weiß nur 1. Ta7 oder ein
Königszug in Betracht. Falls aber
1. Ta7 so ... Le4+ 2. Kh6 Lb7! 3. Kg6
(Auf 3. Ta1 zwingt z.B. ... Le4 den
Turm wieder zur Rückkehr.) Le4+
4. Kf7 Lg6+ remis. Dasselbe ist 1.
Kh6 Le4 2. Ta7 Lb7, während 1.
Kh5 Kxh7 sowie 1. Kf7 Ld5+ 2.

Kg6 Le4+ einfache Remisen sind. Zwei etwas schwierigere Abspiele sind: a) 1. Kf5 Lc6 2. Th4 (2. Ta7 Le4+) Lb5 (beabsichtigt ... Ld3 mit oder ohne Schach) 3. Ke4 Le8 4. Th6 (4. Kf5 Lg6+) La5 5. Kd3 (5. Kh2 Le8 erzwingt wieder 6. Th6) Ld7 6. Th5 Le8 und remis durch Zugwiederholung, b) 1. Kf6 Lc6 2. Tc4 (2. Ta7 Le4 oder 2. Th4 Lb5 3. Th3 La4 und remis ähnlich der Variante a) Lb5 3. Tb4 Ld3 4. Kf7 Lg6+ remis.

Demnach bleibt als einziger Gewinnzug ...

1. Kg5!!

Weiß verhindert die störenden Schachs und beläßt gleichzeitig seinen König in Reichweite des wichtigen Feldes h6.

1. ... Lc6

Weiß ist bestrebt, seinen Turm mit Tempogewinn von der a-Linie zu entfernen und dann Kh6 zu spielen. Daher erlauben 1. ... Lf3 2. Tf4 nebst 3. Kh6 sowie 1. ... Ld5 2. Td4 nebst 3. Kh6, dieses Ziel sofort zu erreichen. Nur ein kleiner Umweg ist 1. ... Lg2 2. Tg4 Lc6 (... Lh3 3. Td4 und 4. Kh6) 3. Kh6 Ld5 4. Td4 und gewinnt. Schließlich 1. ... Lb7 wird mit 2. Tf4! Kg7 (sonst 3. Kh6) 3. Tf7+ Kh8 4. Kh6 widerlegt.

2.	Tc4	Lb5
3.	Tc7	La4
4.	Kh6	Ld7
5.	Ta7	

und nun führen sowohl 5. ... Lc6/c8 6. Tf7 als auch 5. ... Le8 6. Tb7 zum Matt.

Die folgende Komposition von Mitrofanow weist eine unnatürliche Ausgangsstellung auf, die aber durch den spektakulären Spielverlauf mehr als aufgewogen wird.

Diagramm 128/W

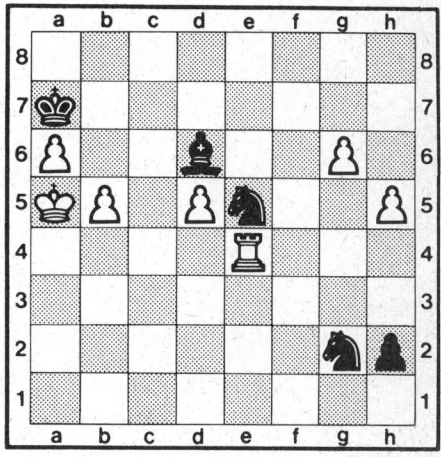

Gewinn
L. Mitrofanow,
Vjetscherni Leningrad 1971

Auf das ungestüme 1. g7 verhindert ... Lc7+, daß der König auf die Grundreihe zurückgetrieben wird – Schwarz gewinnt.

1. b6+ Ka8

... Kb8 wäre ein Fehler, weil Schwarz in der Lage sein muß, nach 2. g7 h1D 3. g8D+ seinen Läufer auf b8 schützend dazwischenzustellen.

2. Te1!

Voreilig wäre wieder 2. g7 wegen ...
h1D 3. g8D+ Lb8, und angesichts
der Drohung ... Da1+ ist Weiß außerstande, seinen Druck zu ver-
stärken. Durch den Textzug soll die
Wirkungslinie der künftigen Dame
von h1 nach a1 unterbrochen werden.

2. ...	Sxe1
3. g7	h1D
4. g8D+	Lb8
5. a7	

Die weiße Dame hat weiterhin den
Punkt d5 zu bewachen, deshalb ist
allein 5. a7 effektvoll. Danach erscheint die Zwangslage von
Schwarz in der Tat aussichtslos,
z.B. ... Sc4+ 6. Ka6 verliert sofort.
Jedoch mit einem Verzweiflungs-
opfer schöpft er neue Hoffnung.

5. ...	Sc6+!
6. dxc6	Dh5+

Um das Dauerschach nach 7. Ka6
De2+ abzuwenden, muß Weiß
schon in die Trickkiste greifen.

7. Dg5!!	Dxg5+

Das Angebot konnte nicht abge-
lehnt werden, denn wenn die Dame
sich gesträubt hätte, wäre 8. b7+
Kxa7 9. Dc5 matt gefolgt.

8. Ka6	Lxa7

Oder ... Da5/b5+ 9. Kxa5/b5 Lxa7
10. c7 und gewinnt.

9. c7

Trotz seiner Materialübermacht
ist Schwarz hilflos, z.B. 9. ... Dd5
10. c8D+ Lb8 11. b7+ oder 9. ...
Da5+ 10. Kxa5 Kb7 11. bxa7. Es ist
wirklich studienhaft, daß Schwarz
in der Schlußstellung ohne den Se1
remis halten könnte: 9. ... Da5+ 10.
Kxa5 Lb6+ 11. Kxb6 patt.

Die folgende Studie, die einen unglaublich spitzfindigen Zug ver-
birgt, ist eine meiner liebsten.

Diagramm 129/W

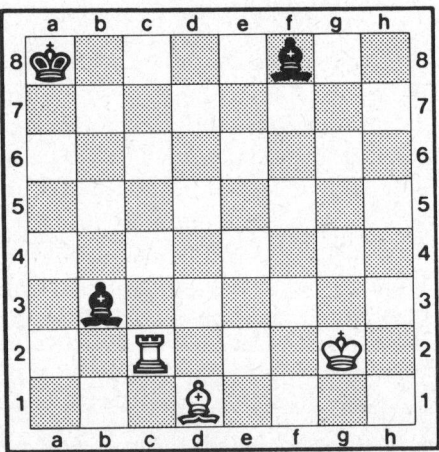

Gewinn
R. Missiaen, 2. Preis,
Schakend Nederland 1974

Weiß muß einen der Läufer erbeuten. Da aber 1. Tc8+ Kb7 als Auftakt nichts taugt, bleibt nur ...

1. Lf3+	Ka7

Nicht ... Kb8 2. Tb2. Auf 1. ... Ka7 ist es verführerisch, 2. Tc8 (2. Tc7+ Ka6 hilft Schwarz) mit der Doppeldrohung Txf8 und Ta8+ nebst Tb8+ zu versuchen, jedoch nach 2. ... Ld6 3. Tc3 (3. Tc6 Lf4) La4 hat Schwarz seine versprengte Truppe wieder vereinigt. Der richtige Plan ist, zuerst Jagd auf den anderen Läufer zu machen.

2. Tc3   Le6

Die Abspiele 2. ... La2/a4 3. Tc8 nebst 4. Ta8+, 2. ... Lf7 3. Tc7+ und 2. ... Lg8 3. Tc8 sind elementar, daher war der Textzug vonnöten.

3. Tc6   Lb3

3. ... Lf5 4. Tf6 verliert ebenso elementar wie oben.
Weiß hat die Stellung seines Turmes verbessert, aber wie kann er weiter Unruhe stiften? 4. Tc8 geht über zur Anmerkung nach dem ersten Zug von Schwarz, und sonst ist auch kein Fortschritt ersichtlich. Nehmen wir aber einfach an, daß Schwarz in diesem Augenblick am Zug ist. Die Abspiele 4. ... La3 5. Tc3 und 4. ... Le7/g7 5. Tc7+ zeigen, daß Schwarz 4. ... Lb4 ziehen muß. Doch den Umstand, daß die Läufer gerade auf einer Linie stehen, kann Weiß mit 5. Tc1 ausnutzen. So verliert Schwarz einen der Läufer nach 5. ... Le6 6. Tc7+, 5. ... Ld6/f8 6. Ta1+ nebst 7. Tb1 sowie 5. ... La5 6. Ta1 Ka6 7. Le2+ Kb6 8. Tb1, daher ist der Zug 5. ... Lg8 erzwungen. Leider verfügt Weiß danach über

keine wirksame Fortsetzung, z.B. 6. Tc7+ Kb6 oder 6. Tc8 Le6 7. Tc6 Lf5. Wir sollten aber bei allem nicht vergessen, daß Weiß noch ein überschüssiges Tempo hat, da wir uns seinen vierten Zug vorbehalten haben. Durch einen Gedankensprung vermögen wir zu erkennen, wie Weiß den Läufer mit 6. Tg1 verfolgen könnte, wenn sein König nicht die g-Linie versperrte. Eine kurze Überprüfung beweist, daß 6. ... Lc4 7. Tg4, 6. ... Le6 7. Tg7+ nebst 8. Tg6 und 6. ... Lb3 7. Tb1 in der Tat funktionieren. Indem wir also zur Stellung vor dem vierten Zug von Weiß zurückkehren, brauchen wir nur noch den König so aus der g-Linie zu ziehen, daß er keinen Moment einem Schach ausgesetzt ist. Folglich ist der richtige Zug ...

4. Kh1!!

Beiderseitiger Zugzwang! Wäre Weiß in der Pflicht, könnte er weder Turm noch Läufer ziehen, ohne den schwarzen Läufern vitale Zufluchtsfelder einzuräumen (z.B. d6 oder d1), während ein Königszug entweder ein Schach zuläßt oder die g-Linie verstellt (... Lb4 remis).

4. ...	Lb4
5. Tc1	Lg8
6. Tg1	Le6
7. Tg7+	

und 8. Tb7+ bzw. 8. Tg6 erobert einen der Läufer.

Dieses Kapitel soll eine exquisite Partiestellung beenden, die ebensogut als Studie ausgegeben werden könnte.

Diagramm 130/S

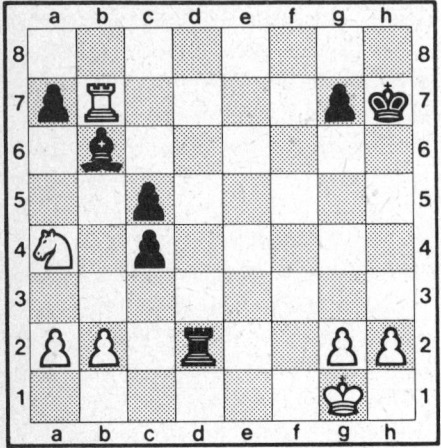

Ortueta – Sanz, Madrid 1934

Schwarz läßt eine präzise berechnete, sehr attraktive Kombination vom Stapel, die seine Damenflügelbauern zu großen Taten anspornt.

1. ...   Txb2!!
2. Sxb2   c3

Falls nun 3. Sd3 so ... c4+ 4. Txb6 cxd3, und die verbundenen Freibauern triumphieren. Da auch 3. Te7 cxb2 4. Te1 c4+ hoffnungslos ist, muß Weiß sich auf b6 bedienen.

3. Txb6

um nach ... axb6 oder ... c2 durch 4. Sd3 Einhalt zu gebieten.

3. ...   c4!

Toll! Es droht ... c2, und auf 4. Sxc4 c2 5. Tc6 c1D+ 6. Kf2 Df4+ 7. Kg1 De4! folgt Matt oder Turmgewinn. Demnach gibt es gegen ... c2 nur einen Verteidigungszug.

4. Tb4   a5!

Die ganze Kombination läuft wie ein Uhrwerk – wohin der Turm auch zieht, der Bauer drängelt sich entweder auf c1 oder b1 zur Umwandlung.

5. Sa4   axb4
0 : 1

13. Praktische Beispiele

In den vorhergehenden Kapiteln haben wir uns gewöhnlich auf ein besonderes taktisches Element konzentriert und alle anderen vernachlässigt. In der Praxis ist es allerdings selten so einfach. Deshalb werfen wir in diesem Kapitel einen Blick auf solche Partiestellungen, in denen zahlreiche Elemente der früheren Kapitel miteinander verwoben sind. Die Analyse ist im allgemeinen recht komplex, aber lassen Sie sich nicht abschrecken – die Beispiele sind durchweg äußerst interessant.

Diagramm **131/W**

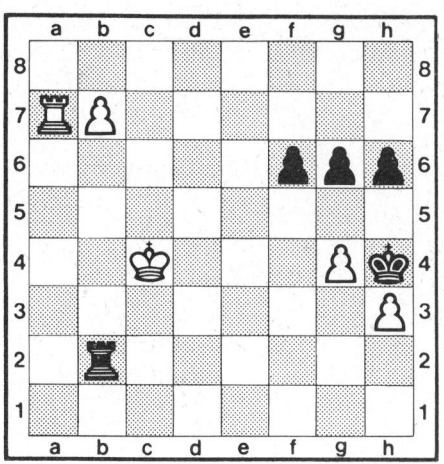

Galvenius – Stone, England 1952

Diese Stellung aus dem Vergleichskampf der Grafschaften Middlesex und Oxfordshire wurde nach Ab-

bruch als Gewinn für Weiß abgeschätzt. Yanofsky veröffentlichte eine Analyse in Chess (Januar 1953), die diese Ansicht untermauerte. Später gab es eine Leserzuschrift mit dem Hinweis, die Analyse sei falsch. Wer hatte recht? Wir wollen uns anschauen, wie Yanofskys Untersuchung fortfuhr.

1. g5!

In Anbetracht der passiven Stellung seines Turms kann Weiß nicht erwarten, mit normalen Mitteln zu gewinnen: 1. Kc5? gestattet ... Kxh3 (was in der Ausgangsposition wegen der Wendung 2. Ta3+ nebst 3. Tb3 verhindert ist), und die drei schwarzen Bauern werden das Rennen machen.

1. ...   fxg5

Selbstverständlich nicht ... Kxg5? 2. Ta5+ und 3. Tb5. Der Leser behauptete aber, 1. ... hxg5 sei besser. Obwohl die daraus resultierende Bauerngruppe näher zum weißen König ist, wird Schwarz nicht von Mattdrohungen wie in der Hauptvariante belästigt. Dennoch vermag Weiß zu gewinnen, z.B. 1. ... hxg5 2. Kc3 Tb6 3. Ta4+ Kxh3 4. Tb4 Txb7 5. Txb7 f5 6. Tg7! (In der Leserzuschrift wurde nur 6. Kd3? g4 berücksichtigt, wonach sowohl 7. Ke3 Kg3 8. Tg7 f4+ 9. Ke2 Kg2

187

10. Txg6 f3+ 11. Ke3 g3 als auch 7. Tg7 Kg3 8. Txg6 Kf2! 9. Tg5 g3 10. Txf5+ Ke1! zum Remis führt – jedoch Weiß gewinnt vermutlich durch 6. Kd2, da ... Ke1 wie in dem letzten Abspiel verhindert ist.) g4 7. Txg6 Kg3/g2 (Nach ... g3 gewinnt 8. Kd3, weil der König rechtzeitig f2 erreicht.) 8. Kd2 Kf2 (sonst blockiert der weiße König die Bauern) 9. Tg5 g3 10. Txf5+.

2.	Kc3	Tb6
3.	Ta4+	Kxh3
4.	Tb4	Txb7
5.	Txb7	h5

Janowsky konzentrierte sich hauptsächlich auf ... g4 6. Kd3 g3, wonach Weiß leichter siegt (... h5 7. Ke2 h4 8. Kf1 Kh2 9. Tb4! ist ganz einfach): 7. Ke2 h5 (... Kg2 8. Th7 h5 9. Th6 Kh2 10. Txg6 h4 11. Kf3 Kh3 12. Th6 g2 13. Tg6 und der g-Bauer fällt, während 7. ... Kh2 8. Kf3 h5 9. Tb2+ zur nachfolgenden Variante A überleitet) 8. Kf3 und nun:

(A) 8. ... Kh2 9. Tb2+ Kh3 10. Tb5 h4 (... Kh2 11. Tg5 h4 ist Zugumstellung) 11. Tg5 Kh2 12. Txg6 mit Übergang zu Variante C.

(B) 8. ... g2 9. Tb1 g5 10. Kf2 g4 (die einzige Verteidigung gegen 11. Tg1) 11. Tb3+ Kh2 12. Tg3 und gewinnt.

(C) 8. ... h4 9. Tg7 Kh2 10. Txg6 Kg1 11. Tg4 Kf1 12. Tb4 Kg1 13. Txh4 g2 14. Tg4 Kh1 15. Kf2 und gewinnt.

(D) 8. ... g5 9. Th7 g4+ (... h4 10.

Tg7 Kh2 11. Txg5 und wir sind wieder in Variante C) 10. Ke2 h4 (... g2 11. Kf2! g3+ 12. Kg1 und gewinnt) 11. Th8! g2 12. Kf2 g3+ 13. Kg1 und Schwarz verliert alle Bauern.

6. Kd3

6. Kd2 ist ebenso gut.

6. ...   Kg2

Schwarz darf dies auch gleich spielen, weil er früher oder später doch die Annäherung des weißen Königs vereiteln muß. Janowsky erwähnte diesen Zug in seiner Analyse überhaupt nicht.

7. Ke2!

Verlockende Alternativen, die allesamt fehlschlagen, sind:

(A) 7. Tg7 h4 8. Txg6 h3 9. Txg5+ Kf3 10. Th5 Kg2 11. Ke2 h2 12. Tg5+ Kh1 remis.

(B) 7. Tb2+ Kf3 8. Kd2 Kf2 9. Kd1+ Kf1 10. Tb6 h4 11. Tf6+ Kg2 12. Txg6 h3 13. Txg5+ Kf3 14. Th5 Kg2 15. Ke2 h2 und remis wie in A.

(C) 7. Ke3 g4 8. Kf4 g5+! 9. Kxg5 g3 10. Kf4 (10. Tb2+ Kh1 oder 10. Kh4 Kh2 ist sofort remis) h4! (vermeidet die Falle ... Kh2? 11. Tb2+ Kh3 12. Kf3 h4 13. Tb4 g2 14. Tg4 und gewinnt) 11. Tb2+ (11. Kg4 wird mit ... Kh2 beantwortet) Kh3 12. Kf3 g2 (spielt auf patt) 13. Tb1 Kh2 14. Kf2 h3 und Weiß kann nicht verhindern, daß der Gegner durch ... g1D+ 16. Txg1 ins Patt flüchtet.

7. ...   g4

... h4 8. Tb4 h3 9. Tg4+ Kh1 10. Kf2 h2 11. Tb4 nebst matt.

8. Th7   g3

... Kg1 9. Th6 g3 10. Txg6 h4 11. Kf3 und gewinnt.

9. Th6!!

Bringt Schwarz in Zugzwang: ... Kh2 (... Kg1 10. Kf3) 10. Txg6 h4 (... Kg2 11. Th6) 11. Kf3 Kg1 12. Tg4 Kf1 13. Ta4 Kg1 14. Txh4 g2 15. Tg4 Kh1 16. Kf2 und Weiß gewinnt.
Eine wirklich erstaunliche Feststellung ist, daß nach 9. Th6!! ein beiderseitiger Zugzwang vorherrscht, das heißt z. B. mit anderen Worten: wenn Weiß noch einmal am Zug wäre, könnte er nicht gewinnen: 10. Txg6 h4, 10. Ke3 Kf1 und 10. Ke1 Kh2 11. Txg6 h4 12. Kf1 h3 13. Tg8 g2+ 14. Kf2 g1D+ 15. Txg1 patt.
Folglich war das Abschätzungsergebnis völlig korrekt.

Nach Ablauf der Gesamtspielzeit einer Partie bietet die Abschätzung eine günstige Gelegenheit für eine gründliche Analyse. Bei einer Hängepartie kann es ähnlich sein. Oftmals halten jedoch allein die zahlreichen Möglichkeiten den Analytiker davon ab, den wahrscheinlichen Werdegang einer Abbruchstellung ausfindig zu machen. Man begnügt sich dann mit allgemeinen Erkenntnissen und Plänen. Gelegentlich ist es aber möglich, die Entwicklung lange und genau vorauszusehen, wie in dem nächsten Beispiel.

Diagramm **132/S**

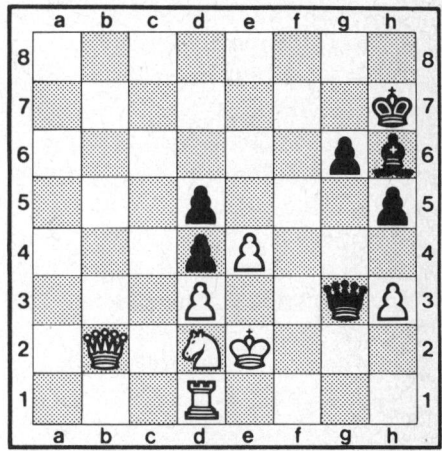

Hvenekilde – Speelman, Teesside 1979

Dies ist ein Kampfbild aus dem Ländervergleich Dänemark – England vom Clare-Benedict-Turnier 1979. Die Position weist zwar viele Charakteristika eines Mittelspiels auf, aber Übergänge zu verschiedenen Endspieltypen sind durchaus möglich. Schwarz hat einen Turm weniger, doch wenn er wollte, könnte er augenblicklich Dauerschach geben. Die alleinige Frage ist: kann er gewinnen?

1 ...	De3+
2. Kf1	Dxh3+

... Dxh3+ war der Abgabezug. Es ist sinnvoll, zuerst diesen Bauern zu schlagen, da der Bd3 nicht wegläuft, was nach 2. ... Dxd3+ aber unter Umständen für den weißen König zutreffen könnte. Fast das ganze englische Team machte sich mit Jon Speelman daran, die Stellung in der zweistündigen Abbruchpause zu analysieren. Zu unserer Überraschung waren wir in der Lage, eine sehr lange Variante aufzuspüren, von der Weiß kaum abweichen kann. Dieses Abspiel kam bei Wiederaufnahme der Partie tatsächlich aufs Brett, dennoch hatte unsere Analyse einen Fehler ...

3. Ke1 De3+

Den Läufer sogleich in den Angriff einzuschalten, wäre schlecht: ... Dg3+ 4. Ke2 Dg2+ 5. Ke1 Le3 6. Tb1 Lxd2+ 7. Kd1! und Weiß behält einen Turm mehr.

4. Kf1	Dxd3+
5. Ke1	

5. Kf2 Le3+ 6. Ke1 leitet zur Partie über, während Weiß nach 5. Kg1 Le3+ 6. Kh1 De2 7. Dc2 dxe4 hoffnungslos gebunden ist.

5. ... Lg5!

Auf ... Dg3+ 6. Kf1 Le3 7. Db7+ Kh6 8. Df7 d3 9. Df8+ erzwingt Weiß den Friedensschluß, weil der Versuch, das Dauerschach mit 9. ... Kg5 10. De7+ Kg4 11. De6+ Kh4 zu vermeiden, wegen 12. Df6+ Kh3 13. Df3 Lxd2 14. Dxg3+ Kxg3 15. exd5 Weiß eine Gewinnstellung überläßt. Der Partiezug hingegen droht nicht nur matt, sondern gibt überdies dem schwarzen König ein Versteck auf h6.

6. Ta1

Besser als 6. Tc1 (6. Tb1? Lxd2+), wonach Schwarz einfach ... dxe4 spielen kann.

6. ... Dg3+

... dxe4 war wegen 7. Ta7+! Kh6 8. Ta3 ein Schlag ins Wasser, weil 8. ... Lxd2+ eben mit Schach erfolgt. 6. ... De3+ war jedoch ebenso gut wie der Textzug.

7. Kd1

Oder 7. Kf1 Dh3+ 8. Ke1 Dh1+ 9. Ke2 (9. Sf1 verliert wegen ... Lh4+ auf der Stelle, während 9. Kf2 Le3+ 10. Ke2 Dg2+ 11. Kd3 dxe4+ 12. Kc4 Lxd2 usw. einen späteren Punkt dieser Anmerkung vorwegnimmt.) Dg2+ 10. Kd3 (10. Kd1 Dg1+ leitet zur Partie über. Trivial verliert 10. Ke1 Dg1+ 11. Ke2 d3+ 12. Kxd3 De3+ 13. Kc2 Dxd2+ nebst ... Dxb2+ und ... Lf6+.) dxe4+ 11. Kc4 Lxd2 12. Ta7+ Kh6 13. Dxd4 und Schwarz verfügt über ausgezeichnete Gewinnchancen in Anbetracht seines relativ sicher postierten Königs.

7. ...	Dg1+
8. Kc2	d3+
9. Kb3	Db6+
10. Ka2	Dxb2+
11. Kxb2	Lf6+
12. Kb1	

Von den möglichen Übergängen ins Endspiel ist dies für Weiß der einzige mit Ausgleichschancen. Falls z. B. 12. e5 so ... Lxe5+ 13. Kb1 Lxa1 14. Kxa1 h4 15. Sf3 Kh6 16. Kb2 g5 17. Kc3 Kh5 18. Kxd3 g4 und der h-Bauer läuft durch. Oder 12. Kb3 Lxa1 13. exd5 Le5 14. Sf3 Lf4 15. Kc3 d2 16. Kc2 Kg7 und der König nimmt den letzten weißen Bauern unter seine Fittiche.

12.	Lxa1
13. Kxa1	h4

Diagramm **132a/W**

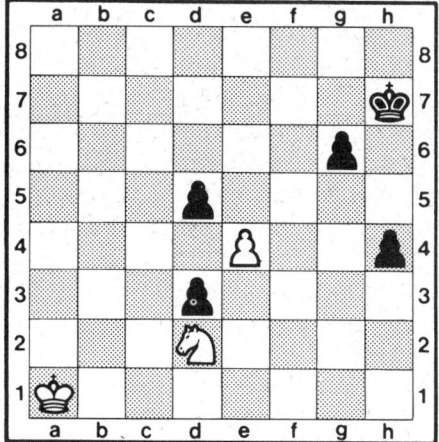

Mit 13. ... dxe4 14. Sxe4 Kh6 hätte Schwarz nur Zeit vergeudet und das Eingreifen seines Königs erschwert.

Während der Hängepartie-Analyse hatten wir dieses Endspiel als leicht gewonnen abgetan und uns vornehmlich gegnerischen Alternativen zugewandt. Aber als die Partie sich dieser Stellung näherte, bemerkte Jon Speelman plötzlich, daß die Angelegenheit keineswegs einfach ist und ihm kamen zu Recht Zweifel am Gewinn. Die Ursache für diesen Widerspruch war unschwer zu ermitteln – wir hatten nach der Untersuchung einer der vorhergehenden Varianten nicht alle Figuren wieder aufgebaut und waren bei der Betrachtung der jetzt kritischen Position davon ausgegangen, daß der schwarze König auf h6 statt auf h7 steht! Glücklicherweise hatte Hvenekilde diese Stellung während der Unterbrechung überhaupt nicht analysiert und kam sogleich vom rechten Wege ab ...

14. Sf3?

Schwarz drohte ... h3 15. Sf3 d2. Das richtige Gegenmittel war aber 14. Kb2!, um ins Quadrat des Bd3 zu gelangen. Weiter könnte folgen ... h3 15. Sf3 dxe4 (... Kg7 16. exd5 g5 17. Sh2 und Weiß hat sämtliche Bauern im Griff) 16. Sg5+ und nun:

(A) 16. ... Kh6 17. Sxh3 Kh5 18. Sf2 d2 19. Sd1! Kg4 20. Kc2 bzw. 17. ... e3 18. Sf4 d2 19. Kc2 nebst 20. Sg2 ist jeweils klar remis.

(B) 16. ... Kg7 17. Sxe4 (am einfachsten, aber auch 17. Sxh3

hält remis: ... Kf6 18. Kc3 Ke5
19. Kd2! Kd4 20. Sf4 e3+ 21.
Kd1 Kc3 22. Sd5+ bzw. 18. ...
Kf5 19. Kd2 Kg4 20. Sf2+ Kf3
21. Sh3 Kg3 22. Sg5 und
Schwarz kann keinen Fort-
schritt erzielen) h2 (... Kh6
18. Sf2) 18. Sf2 remis, weil der
schwarze König zu spät herauskommt, z. B. ... g5 19. Kc3
g4 20. Sh1 Kg6 21. Kxd3 Kh5
22. Ke3 Kh4 23. Kf2 Kh3 24.
Sg3.

14. ...   dxe4
15. Sg5+

Hier muß Weiß den gefährlicheren
h-Bauern verschmähen, da sein
König gegen die Drohung ... d2
nicht gewappnet ist.

15. ...   Kh6
16. Sxe4   h3

Gegenüber Variante B hat Weiß ein
gewichtiges Tempo weniger, und
dies beraubt ihn der Möglichkeit,
Sf2 zu spielen.

17. Kb2   h2
18. Sf2   Kg5
19. Kc3   Kf4
20. Kxd3   Kf3
                0 : 1

denn nach 21. Sh1 Kg2 usw. entscheidet der nachrückende g-
Bauer.

Aus dem Interzonenturnier in Rio
de Janeiro 1979 stachen zwei

hochinteressante Endspiele her-
vor; in beiden war Velimirovic der
Leidtragende.

Diagramm **133/W**

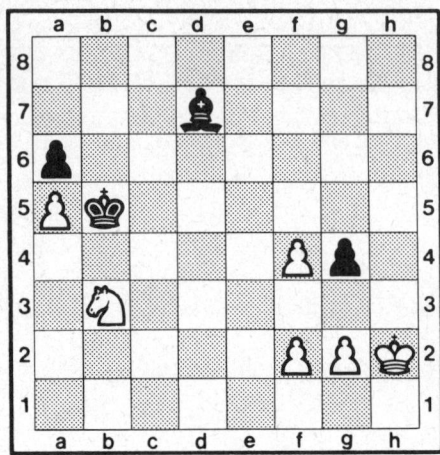

Portisch – Velimirovic,
Rio de Janeiro 1979

Im Augenblick besitzt Weiß noch
zwei Mehrbauern, doch Schwarz
droht, mittels ... Kb4 und ... Kxa5
einen entfernten Freibauern zu
schaffen.

1. f5!

Weiß setzt ein taktisches Mittel ein,
um seinen Trumpf so schnell wie
möglich auszuspielen.

1. ...   Lxf5!

Obwohl dieses Opfer unzureichend
ist, stellt es zweifellos die beste
praktische Chance dar. Nach 1. ...
Kb4 2. f6 Le8 3. Sd4 Kxa5 4. Kg3

Kb4 5. Kxg4 Kc4 (... a5 6. Sc6+ nebst 7. Sxa5 gewinnt ebenfalls) 6. Sf5 Kd5 7. Se3+ gewinnt Weiß mühelos. Mit dem Partiezug baut Schwarz auf die Tatsache, daß Springer im Kampf gegen Randbauern besonders hilflos sind.

2. Sd4+   Kxa5
3. Sxf5   Kb4
4. Se3?

Danach hängt der Siegeskranz weitaus höher. Korrekt war 4. Sd4! Kc4 (... a5 5. Sc6+ nebst 6. Sxa5 oder 4. ... Kc3 5. Sc6, was den Bauern für zwei wichtige Tempi festhält) 5. Sc2 Kb3 (... a5 ist Zugumstellung, weil Schwarz nicht umhin kann, irgendwann ... Kb3 zu ziehen) 6. Sa1+! Kb2 7. Kg3 Kxa1 8. Kxg4 a5 9. f4 a4 10. f5 a3 11. f6 a2 12. f7 – Weiß tauscht die frischgebackenen Damen und gewinnt.

4. ...   a5
5. f4

Weiß verfügt über eine ganz andere Gewinnmethode, die mit 5. Kg1! beginnt. Um diesen Zug und das weitere Geschehen zu verstehen, wollen wir uns erst mit der folgenden Position vertraut machen:

Kg3 Kxa1 8. Kxg4 a4 9. f4 a3 10. f5 a2 11. f6 Kb1/b2 12. f7 a1D 13. f8D und dieses Damenendspiel mit dem Springerbauern bietet Weiß gute Gewinnchancen, wie zahlreiche Beispiele aus der Praxis belegen.

Diagramm **133a**

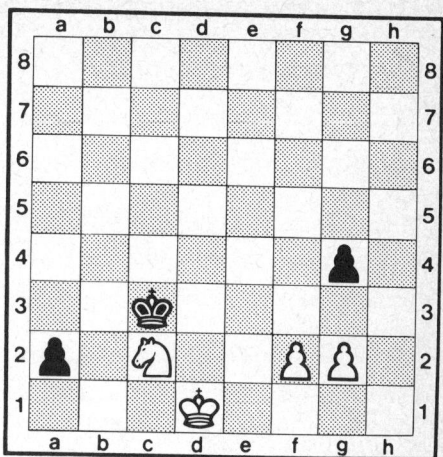

Einmal mehr haben wir nämlich eine Stellung mit beiderseitigem Zugzwang vor uns. Schwarz am Zug verliert: 1. ... Kb3 (1. ... Kd3 2. Sb4+) 2. Kd2 Kc4 (... Kb2 3. Kd3 Kb3 4. f4) 3. Sa1 Kd4 4. Sb3+ Kc4 (... Ke4 5. Ke2) 5. Kc2 Kb4 6. Kb2 Kc4 7. Sc1 nebst 8. Kxa2 usw. Mit Weiß am Zug ergeben sich folgende Abspiele: 1. Kc1 (1. Sa1 Kb2 2. Sc2 Kc3) Kd3 2. Kb2 Ke2 3. f4 gxf3 e.p. 4. Sd4+ Kf2 5. g4 (5. gxf3 Ke3) Kg3 oder 1. g3 Kb3 2. Kd2 (2. Kc1 Kc3 3. Sa1 Kd3 4. Kd1 Kc3 wiederholt die Stellung) Kb2 3. Kd3 (Ohne Figurenunterstützung kann Weiß jetzt keinen Freibauern mehr bilden.) Kb3 – Schwarz hält in beiden Fällen remis.

Nun kehren wir zur Stellung nach 5. Kg1! zurück und können uns vorstellen, wie behutsam beide Spieler auf die letzte Diagrammstellung lossteuern, um im kritischen Augenblick nicht am Zug zu

sein: 5. Kg1! a4 6. Kf1 Kb3! (nicht
... a3? 7. Sc2+ und 8. Sxa3, oder 6. ...
Kc3 7. Ke2 a3 8. Kd1 und gewinnt,
da nach 8. ... a2 9. Sc2 Schwarz im
Zugzwang ist; 8. ... Kd3 9. Sc2 verliert den a-Bauern und 8. ... Kb3 9.
Sc2 a2 10. Kd2 führt zu einem
(nach 1. ... Kb3) bereits behandelten Abspiel) 7. Ke1 Kc3 (Schwarz
muß die feindliche Aufstellung Kd2
nebst Sc2 verhindern.) 8. Ke2!
(nicht 8. Kd1? a3 9. Sc2 a2, denn
hier bekommt Weiß den Zugzwang
aufgedrängt!) a3 (sonst Kd2) 9.
Kd1 a2 10. Sc2 und Weiß gewinnt.

5. ...   gxf3 e. p.
6. g4!

Der einzige Gewinnzug, weil die
Zeit kostbar ist und der Bauer nach
6. gxf3 einen längeren Weg zur
anderen Brettseite hätte.

6. ...   Kc3!

Nicht ... a4 (... Kb3 läßt Weiß zuerst
mit Schach umwandeln) 7. g5 Kc3
8. g6 a3 9. g7 a2 10. g8D a1D 11.
Dg7+ und gewinnt.

7. g5   Kd4?!

Ein schwacher Zug, der den König
einem vernichtenden Damenschach auf der Diagonale h8−a1
aussetzt. 7. ... a4?! verläuft wie in
der vorherigen Anmerkung, während Weiß nach 7. ... Kd2?! 8. Sf1+
Ke1 9. g6 zuerst umwandelt. Den
zähesten Widerstand jedoch bot
7. ... Kd3! und nun:

(A) 8. Sd1 a4 9. g6 a3 10. Sc3 f2 11.
Kg2 Kxc3 12. g7 f1D+ 13. Kxf1
a2 remis.

(B) 8. Sd5 a4 (Fehlerhaft ist 8. ...
f2? 9. Kg2, wonach sowohl 9.
... Ke2 10. Sf4+ Ke1 11. Sd3+
Ke2 12. Sxf2 a4 13. Se4 a3 14.
Sc3+ Kd3 15. Sa2 als auch 9. ...
a4 10. Kxf2 a3 11. g6 Kc4 12.
Se3+ Kd3 13. g7 a2 14. g8D
a1D 15. Dc4+ Kd2 16. Dc2
matt jeweils für Weiß ge-
winnt.) 9. g6 a3 10. Kg3 (10.
g7 f2 11. Kg2 a2 12. g8D f1d+
remis) 10. ... Kc4! (10. ... a2?
11. Sb4+ Ke2 12. Sxa2 f2 13.
Sc1+ Ke3 14. Kg2 und ge-
winnt) 11. g7 (11. Se3+ Kd3
12. Sd5 Kc4 ergibt Zugwiederholung, während 11. Sc3 Kxc3
12. g7 f2! 13. Kxf2 a2 14. g8D
Kb2 remis ist, weil der weiße
König ein Feld außerhalb der
Gewinnzone steht.) 11. ... a2
12. g8D a1D 13. Se3++ Kd3,
und die weißen Gewinnbestre-
bungen sind völlig ausge-
schöpft.

(C) 8. Sf1! (Dieser überraschende
Rückzug gipfelt in einem stu-
dienartigen Gewinn!) 8. ... a4
9. g6 a3 10. g7 a2 11. g8D a1D
12. Dh7+! Kc4 (12. ... Ke2 13.
De4+ Kd1 14. Se3+ Kd2 15.
Sc4+ Kd1 16. Dd3+ Kc1 17.
Df1+, und die schwarze Dame
fällt zum Opfer.) 13. Sd2+ Kb4/
Kb5 (13. ... Kd5 14. Dd7+, und
wieder wird die schwarze Dame erbeutet.) 14. Db7+, und
Schwarz wird entweder matt,
oder er büßt seine Dame durch

eine Springer- bzw. Damen-
gabel ein.

8. Sg4!

Nicht 8. Sc4? Kxc4 9. g6 Kd3 mit
Promotion des f-Bauern. Jedoch
nach dem Textzug kann Schwarz
sich nicht auf einen Wettlauf der
Bauern einlassen, da sein König zu
schlecht steht, z.B. 8. ... a4 9. g6 10.
g7 a2 11. g8D nebst 12. Dg7+.

8. ...	Kd5
9. Kg3	Ke6
10. Se3!	

1 : 0

Die Schlußpointe – Weiß schaltet ...
Kf5 aus und verschafft sich genü-
gend Zeit, um den Bf3 mit seinem
König zu beseitigen. Nach 10. ... a4
11. Kxf3 a3 12. Kg4 a2 13. Sc2 Kf7
14. Kh5 Kg7 15. g6 Kg8 16. Kh6
Kh8 17. g7+ Kg8 18. Sa1 geht der g-
Bauer zur Dame.

Zum Abschluß unseres Streifzuges
durch die schöpferische Welt des
Endspiels habe ich ein Beispiel
ausgewählt, dessen harmloser
Schein besonders trügt, denn es
handelt sich hier um die bei weitem
komplexeste Stellung dieses Buches mit vielen reizvollen und erstaunlichen Feinheiten.

Diagramm 134/S

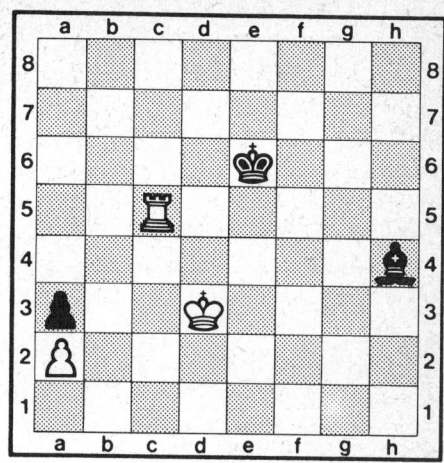

Timman – Velimirovic,
Rio de Janeiro 1979

Wir befinden uns in der Partie nach
dem 64. Zug von Weiß, der gerade
auf c5 geschlagen hatte. Objektiv
sollte die Stellung remis sein.
Schwarz plaziert seinen Läufer auf
b2, und die damit verbundene Kontrolle der Felder e5 und f6 macht es
Weiß unmöglich, den schwarzen
König an den Brettrand zu drängen. Gelingt dies dennoch auf irgendeine Weise, dann gewinnt
Weiß. Eine andere große Gefahr für
Schwarz tritt auf, wenn sein König
aus der oberen rechten Brettecke
abdriftet und sich entweder zur
oberen linken oder zur unteren
rechten Brettecke begeben muß.
Selbst wenn der König nicht gleich
an den Rand gedrängt ist, wäre die
Lage schon kritisch, weil der Läufer ihm keinen Beistand leisten
könnte. Aber dies kann nicht erzwungen werden.

1. ...	Lf6
2. Tc6+	Ke7
3. Ke4	Lb2
4. Kd5	Kf7

Zum Remis reicht auch ... Kd7 5. Te6 Lc1!, wobei der Läuferzug schon vonnöten ist, wie die folgenden Alternativen zeigen:

(A) 5. ... La1 6. Ta6 Lb2 7. Ta7+ treibt den König auf die Grundreihe zurück, wonach Weiß (wie oben erwähnt) gewinnt.

(B) 5. ... Kd8 6. Kd6 (droht Te7) Lg7 7. Te3 Lf8+ 8. Kc6 Lb4 9. Th3 und ... Ke7 verliert wegen 10. Tb3. Daher vermag Weiß mit 10. Th7 den feindlichen König festzunageln.

(C) 5. ... Kc7 6. Th6! La1 (... Kb7 7. Kc5 mit der Drohung Tc6 nebst Kb5 ist Zugumstellung, wogegen auf 7. ... Kc7 natürlich 8. Th7+ folgt) 7. Tc6+ Kb7 (... Kd7 8. Ta6 Lb2 9. Ta7+) 8. Kc5 Ld4+ 9. Kb5 Lb2 10. Td6 Kc7 (sonst Td7+) 11. Td3! und wieder einmal muß der König auf die achte Reihe. In diesem Abspiel, ebenso wie in sehr vielen noch folgenden, ist der Zugzwang die Hauptwaffe.

Weiß kommt jedoch nach 5. ... Lc1! nicht weiter, z.B. 6. Ta6 (6. Te4 Lb2 7. Te1 Lc3) Ke7 7. Te6+ Kd7! (nicht ... Kf7? wegen 8. Ke5 nebst 9. Kf5, was zu einer späteren Stelle der Partie überleitet, an der Weiß auf Gewinn steht), und der schwarze König kann sich auf der siebten Reihe halten.

5. Te6	Kg7?

Der Verlustzug. Nach ... La1 6. Te3 Lb2 7. Kd6 Kf6 8. Tf3+ Kg5 9. Kd5 Kg4 10. Ke4 (droht 11. Tf5, was den König abschneidet und gewinnt) Kg5 ist der König nicht auf die h-Linie abzudrängen.

6. Ke4

Die Überführung des Königs nach f5 resultiert in einer Gewinnstellung, da Weiß gleich imstande ist, den feindlichen König auf die Grundreihe zurückzutreiben.

6. ...	Kf7
7. Kf5	Kf8

7. ... Kg7 8. Te7+ oder 7. ... Lc1 8. Tc6 nebst 9. Tc7+ und der König muß in jedem Fall an den Brettrand.

8. Kg6	Lc3

Welchen Zug Schwarz auch mit seinem Läufer macht, Weiß kann mit Hilfe des Zugzwangs den Turm auf die siebte Reihe überführen.

9. Ta6	Lb2
10. Ta7	

Diagramm **134a/S**

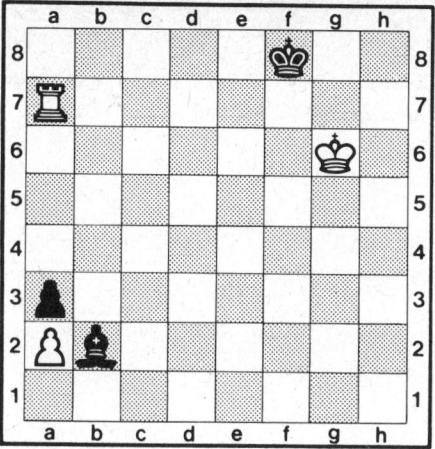

Chéron war der erste, der nachwies, daß Weiß in dieser Stellung gewinnen kann, und die Analyse wurde in seinem Lehr- und Handbuch der Endspiele [9] veröffentlicht. Die Gewinnführung ist sehr verwickelt und erfordert mehr als 50 Züge. Allerdings war Chéron mehr an dem Gewinnachweis interessiert als daran, den kürzesten Weg zu finden. Deshalb waren Timman und Andersson in der Lage, einige Verbesserungen und kürzere Wege aufzuspüren. So gelang es Timman tatsächlich, die Partie unter Einhaltung der 50-Züge-Regel zu entscheiden. Er veröffentlichte seine Anmerkungen im Schaakbulletin, und im folgenden verlassen wir uns im wesentlichen auf die Analysen von Chéron, Timman und Andersson.

Der Gewinnplan ist in mehrere Stufen zu gliedern:

(1) Weiß drängt den schwarzen König auf die h-Linie und postiert seinen Turm auf der g-Linie.

(2) Weiß schafft die Drohung Txb2, indem er seinen König nach b3 zurückzieht. Schwarz muß derweil den Transfer seines Läufers auf die Diagonale a3—f8 vorbereiten, was aber mit Risiken verbunden ist, da zu diesem Zweck sein König aus der Geborgenheit der oberen rechten Ecke hervortreten muß.

(3) Wenn Schwarz wirklich seinen Läufer auf die Diagonale a3—f8 stellt, kann Weiß diesem die Felder abschneiden und den a-Bauern erbeuten.

(4) Bringt Schwarz den Läufer nach b2 zurück, wird sein König abgeschnitten und allmählich nach h2 oder g2 getrieben.

(5) Während der Turm den schwarzen König auf den ersten beiden Reihen festhält, marschiert der weiße König hinüber zum Damenflügel. Falls der Läufer dann immer noch auf b2 steht, gewinnt Weiß durch Kb4 nebst Txa3. Wenn der Läufer hingegen zur Diagonale a3—f8 gewechselt hat, so werden ihm wieder die Felder abgeschnitten, und Weiß erobert den Bauern.

10. ...	Ke8
11. Kf5	**Kf8**

197

Geht der König zum Damenflügel, gewinnt Weiß schnell: ... Kd8 12. Ke6 Kc8 13. Kd6 Kb8 14. Td7 Kc8 15. Kc6 Lc1 16. Td3 Lb2 (... Kb8 17. Kb6 Kc8 18. Tc3+) 17. Kb6 – Zugzwang.

12. Ke6	Kg8
13. Tf7	Lc3
14. Tf3	Lb2

Der Läufer wird solange wie möglich auf b2 verweilen. Weiß gewinnt nach ... Lb4 15. Tg3+ Kf8 (... Kh7 16. Kf6 Lc5 17. Tg6 Ld4+ 18. Kf7 Lb2 19. Tc6 Ld4 20. Tc4 Lf2 21. Tc2 Lg1 22. Tc1 und Weiß schnappt sich den Läufer) 16. Tb3 Lc5 17. Tc3 Lb4 18. Tc7 Ld2 (... Kg8 19. Kf6 und 20. Tf7 ist Zugumstellung) 19. Tf7+ Kg8 (... Ke8 20. Ta7) 20. Kf6 Lc3+ 21. Kg6 Lb2 22. Tf3 Lc1 23. Tc3. Dieses Abspiel macht deutlich, daß Schwarz vermeiden muß, seinen König in der Ecke einklemmen zu lassen, da die Position wKf7, Tg6/sKh7, L bel. unabhängig vom Anzug für Weiß gewonnen ist.

15. Ke7	Kh7

... Kg7 16. Tg3+ Kh6 läuft auf dasselbe hinaus, daher kann Schwarz die Abdrängung seines Königs auf die h-Linie nicht verhindern.

16. Tg3	Kh6

Die erste Stufe des Plans ist abgeschlossen! Wenn Weiß gleich auf irgendeine Weise die Position wKf5, Tg6/sKh5, L bel. erreichen

könnte, wäre er bereits in der Lage, Stufe 4 in Angriff zu nehmen, aber nach 17. Ke6 Kh5 18. Kf5 Kh6 ist kein direktes Weiterkommen in Sicht. Also muß er einen Umweg über den Damenflügel machen!

17. Kd6	Kh5

Die folgenden Alternativen verlieren schneller:

(A) 17. ... Lg7 18. Kd5 Lf8 (... Lb2 19. Kc4 nebst Kb4 und Txa3) 19. Ke6 und Weiß kann sich bereits der Stufe 3 widmen.

(B) 17. ... Lc1 18. Kd5 Kh5 19. Kc4 Kh4 20. Tg8 und nun:

  (B1) 20. ... Le3 (... Lf4/g5 ist ähnlich) 21. Kd3 Lc1 22. Ke4 Kh5 23. Kf5 Kh6 (sonst erreicht Weiß mit Tg6 die angestrebte Stellung) 24. Tg6+ Kh7 25. Kf6 nebst 26. Kf7 und gewinnt.

  (B2) 20. ... Lb2 21. Kb3 Kh3 (sonst 22. Tg2 und 23. Txb2, oder falls 22. ... Lc1 so 23. Tc2) 22. Tg6 Lc1 (... Kh2 23. Tg4 – a4 – xa3 oder 22. ... Kh4 23. Tg2) 23. Tc6 Lb2 24. Tc4 nebst Ta4 – xa3 und gewinnt.

18. Kc5	

Eine ähnliche Annäherung wurde von Chéron angegeben, nämlich 18. Ke6 Kh6 (... Kh4 19. Tg6 nebst 20. Kf5, oder 18. ... Lc1 19. Kf5 Kh6 20. Tg6+ Kh7 21. Kf6) 19. Kd5 Kh5

20. Kc4 Kh4 21. Tg8 mit Übergang zur Partie nach dem 21. Zug von Weiß.

18. ...   Kh4

Sonst entscheidet 19. Kb4 nebst 20. Txa3.

19. Tg8   Le5

Den Wechsel auf die Diagonale a3—f8 kann Schwarz nicht länger aufschieben, weil ... Kh3 20. Kb4 Kh4 21. Kb3 mit Zugumstellung zur Anmerkung nach dem 17. Zug von Schwarz/Variante B2 überleitet. Auf 19. ... Lf6 20. Tg6 Le7+ (... Lb2 21. Kb4 ist dasselbe wie nach 19. ... Kh3) 21. Kd5 Kh5 22. Tg3 mündet das Spiel ein in die Anmerkung nach dem 21. Zug von Schwarz/nach 24. ... Le7.

Diagramm **134b/W**

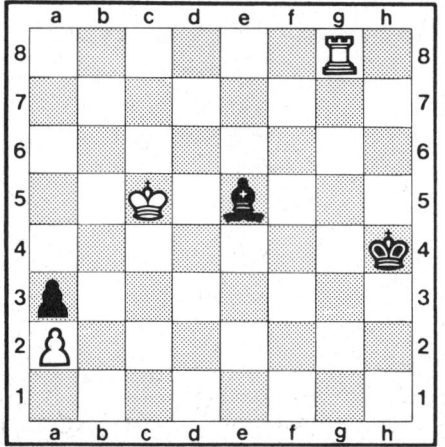

20. Kd5   Lb2
21. Kc4   Lf6

Damit sind wir am Ende von Stufe 2, und dies ist der Punkt, an dem Schwarz sich entscheiden muß, ob sein Läufer nun permanent die Diagonale a3—f8 besetzen soll. Hierzu wollen wir ein Abspiel untersuchen: 21. ... Le5 22. Kb3 Ld6 23. Tg6 Lf8 (... Lc5? 24. Ta6 Kg4 25. Ta4+ Kf3 26. Txa3 und gewinnt, oder 23. ... Le7 24. Kc4 mit ähnlichem Verlauf wie im folgenden) 24. Kc4 Kh5 (... Le7 25. Kd5 Kh5 26. Tg3 Kh6 27. Ke6 Lb4 28. Kf5 geht über zur Anmerkung nach dem 23. Zug von Schwarz) 25. Tg8 Le7 (... Ld6 26. Kd5 Lb4 27. Tg3 ist Zugumstellung) 26. Tg2! (nicht 26. Kd5? Lf6 und Weiß hat keinen Fortschritt gemacht) Ld6 (... Kh6 27. Kd5 Lf6 28. Tg3 Lb2 29. Kc4 nebst Kb4 und Txa3 gewinnt ebenso wie 26. ... Kh4 27. Kd5 nebst Ke6—f5, wonach der schwarze König von der oberen rechten Ecke abgeschnitten ist; 26. ... Lf8 ist mehr oder weniger dasselbe wie 26. ... Ld6, weil Schwarz nach beiden Zügen außerstande ist, Kd5 mit einem Läuferzug auf die Diagonale a1—h8 zu beantworten) 27. Kd5 Lb4 28. Tg3 (nicht 28. Ke6? Lc3) Kh4 29. Tb3 Lf8 (... Le7 ist fast dasselbe) 30. Tf3 Le7 31. Ke6 Lc5 (... Kg4 32. Tc3 Lf8 33. Tc8 Lh6 34. Tc4+ Kh5 35. Kf5 und gewinnt).

Diagramm 134c/W

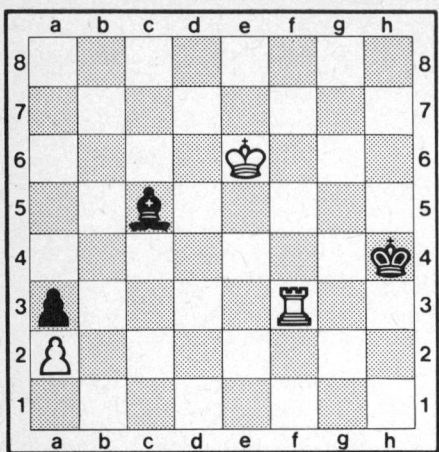

32. Td3!! (eine wichtige Verbesserung gegenüber Chérons 32. Tc3) und nun:

(A) 32. ... Kg4 33. Tc3 Lf8 34. Tc8 Lh6 35. Tc4+ Kg5 (... Kh5 36. Kf5 und gewinnt) 36. Kf7 nebst 37. Tc3 und der Ba3 fällt.

(B) 32. ... Lf8 33. Kf6! (... Kh5 34. Td4! Lh6 35. Kf5 Lf8 36. Td8 Lg7 37. Td1 mit Eroberung des Läufers, während 33. ... Lc5 34. Kf7 Kg4 in die Hauptvariante übergeht) 34. Kf7 Lc5 35. Tc3 Ld6 36. Ke6 Lf8 37. Tc8 Lh6 38. Tc4+ Kh5 (... Kg5 39. Kf7 usw. wie gehabt) 39. Kf5 Lf8 40. Tc8 Lg7 41. Tc1 und gewinnt.

22. Tg6   Lg5

... Le7 wurde bereits in den Ausführungen nach 21. ... Lf6/Klammeranmerkung nach 24. ... Kh5 behandelt.

23. Kd5

Im Schach-Informator empfahl Milic 23. Kb3 Lc1 24. Tg1 Lb2 25. Tg2 als rasch zum Sieg führend, aber Schwarz spielt natürlich 23. ... Le7.

23. ...   Lc1

Beschließt, den Läufer nach b2 zurückzuordnen, worauf Weiß mit Stufe 4 des Plans beginnen kann. Versucht Schwarz, seinen König wieder in die obere rechte Brettecke zu bringen, dann gelangt der Läufer aber nicht mehr nach b2 zurück. In diesem Fall ist die Hauptvariante 23. ... Kh5 24. Tc6! Ld2 (... Lh6 25. Ke6 und ... Lg7 26. Kf5 führt mit Zugumstellung zur Partie, während 25. ... Kg6 26. Tc3 Lf8 27. Tg3+ Kh6 28. Kf6 Kh5 29. Kf5 Kh6 30. Tg6+ Kh7 31. Kf6 nebst 32. Kf7 für Weiß gewinnt) 25. Ke6 Kg5 26. Tc4! (Zugzwang) und nun:

(A) 26. ... Kg6 27. Tc2 Le1 (... Lb4 28. Tg2+ Kh6 29. Tg3 Lc5 30. Kf5 und jetzt geht ... Le7 in die untenstehende Variante B1 über, während 30. ... Kh7 31. Kf6 nebst Tg6 für Weiß gewinnt) 28. Tg2+ Kh5 (... Kh6 wird gleich in B behandelt) 29. Kf5 Kh4 (... Kh6 30. Tg6+ Kh7 31. Kf6 oder 30. ... Kh5 31. Tg1) 30. Tg4+ Kh3 31. Ta4 und gewinnt.

(B) 26. ... Kh6 27. Tc2 Le1 (Nach ... Lb4 28. Kf6 Kh5 29. Tc6! kann Schwarz nichts gegen das drohende Kf5 ausrichten, da 29. ... Kh6 30. Tc4 Le1 31. Tc1 Lh4+

32. Ke6 nebst 33. Tc3 den a-Bauern abholt. Auf diese Art ist der schwarze König abgeschnitten und der Läufer immer noch außerstande, nach b2 zurückzukehren.) 28. Th2+ Kg5 29. Th3 Lb4 30. Tf3 Kh5 (wieder der Zugzwang – falls ... Kg4 so 31. Tb3 Lf8 32. Tb8 und sowohl ... Lc5 33. Tc8 als auch 32. ... Lh6 33. Tc8! Ld2 34. Tc2 Lh6 35. Tc4+ Kg5 36. Kf7 nebst Tc3 verliert den Ba3) 31. Kf5 Kh6 32. Tg3 und einmal mehr teilt sich der Weg:

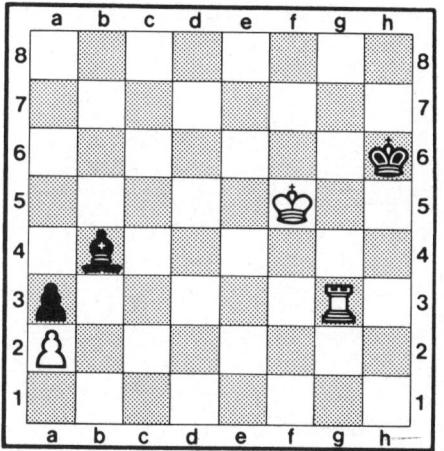

(B1) 32. ... Le7 33. Tg6+ Kh7 34. Tc6! Lb4 (oder ... Kg7 35. Tc7 Kf8 36. Ke6 und ... Lg5 37. Tc3 oder ... Lb4 37. Tf7+ Kg8 38. Kf6 Lc3+ 39. Kg6 Lb2 40. Tf3 Lc1 41. Tc3 ist jeweils für Weiß gewonnen) 35. Kf6 (droht Kf7) Kh6 36. Tc4 Le1 37. Tc1 Lh4+

38. Ke6 nebst 39. Tc3 und erobert den Bauern.

(B2) 32. ... Lc5 33. Tg4! (Chérons 33. Tg6+ Kh5 34. Tc6 Ld4, was den Läufer nach b2 zurückläßt, ist viel langsamer.) Kh5 (... Le7 34. Tg6+ führt wieder zu B1, wohingegen 33. ... Le3 34. Tg6+ Kh7 35. Kf6 und 33. ... Kh7 34. Kf6 rascher verlieren) 34. Tc4 Ld6 35. Ke6 Lf8 (sonst Tc3) 36. Kf7 Ld6 37. Td4 und nach 38. Td3 fällt wieder der Bauer.

(C) 26. ... Kh5 27. Kf6 Lg5+ (Das Abspiel ... Lh6 28. Kf5 Lf8 29. Tc8 Lg7 30. Tc1 kennen wir bereits!) 28. Kf5 Kh6 29. Tc6+ Kh5 30. Tc3 und gewinnt.

24. Ke4   Lb2
25. Kf5   Kh5
26. Td6!

Nun wird Stufe 4 mit der wirksamsten Methode absolviert.

26. ...   Kh4

Am zähesten, da ... Lc1 27. Td1 und 26. ... Lh8 27. Td3 sofort in den Orkus führen.

27. Td3   Lc1
28. Tc3   Lb2
29. Te3   Lc1
30. Te1   Ld2

Diagramm 134e/W

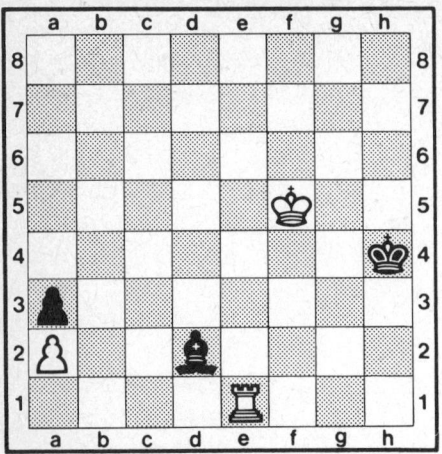

Die Alternative 30. ... Lb2 widerlegt Weiß wie folgt: 31. Tg1 Kh3 32. Kf4 Kh2 33. Tg4 Kh3 34. Kf3 Kh2 (... Lc3 35. Ta4 Lb2 36. Kf2! Lc1 37. Ke2 Kg2 38. Kd1 Lb2 39. Kc2 Kf3 40. Kb3 nebst 41. Txa3 und gewinnt) 35. Kf2! (schneller als Chérons 35. Th4+) Lf6 (oder ... Kh3 36. Ta4 Lc1 37. Ke2 usw. wie oben nach 34. ... Lc3) 36. Tg2+ Kh1 37. Kf1 (37. Kg3 Le5+ 38. Kh3 La1! 39. Tg3 Lb2 ist nicht so klar) Lb2 38. Tg3 Kh2 39. Tb3 Lc1 40. Ke2 Kg2 41. Kd1 Lb2 42. Kc2 Kf2 43. Txb2 und der weiße Bauer geht zur Dame.

31. Th1+   Kg3
32. Td1   Lb4
33. Td3+   Kf2

Zu guter Letzt kann Weiß die Endstufe 5 einläuten.

34. Ke4   Ke2

Nur geringfügig wird das Ende durch 34. ... Lc5 hinausgeschoben: 35. Kd5 Ke2 36. Kc4 Le7 37. Kc3 Lf8 (... Lf6+ 38. Kc2 Lb2 39. Tb3 und 40. Txb2) 38. Kc2 Lc5 39. Tc3 Lb4 40. Th3 Ld6 41. Kb3 mit Übergang zur Partie nach dem 38. Zug von Weiß. Da Timman aber immer noch 5 Züge innerhalb des 50-Züge-Limits zur Verfügung standen, hätte diese Verzögerung nicht das Ergebnis der Partie beeinflussen können.

35. Kd4   Lc5+

... Kf2 36. Kc4 Ke2 37. Th3 und 38. Kb3 führt wieder zur Partie.

36. Kc4   Le7
37. Th3   Ld6
38. Kb3   Lf8

Diese Position ist grundsätzlich für Weiß gewonnen. Dabei spielt es keine Rolle, auf welchem Feld der Diagonalen a3–f8 der Läufer steht bzw. wo sich der schwarze König gerade auf der zweiten Reihe aufhält. Der Läufer hat einfach zu wenig Felder, z.B. 38. ... Kd2 39. Th6 Lc5 40. Tc6 Le7 41. Tc7 Lf8 42. Tf7! (wieder etwas flinker als Chéron, der 42. Tc8 vorschlug) Lc5 43. Kc4, wonach der Läufer endlich von der Diagonalen vertrieben wird und Weiß mit 44. Kb4 nebst 45. Kxa3 Ernte hält.

39. Th8   Ld6

Oder ... Lc5 40. Tc8 Ld6 41. Ta8.

40. Ta8

1:0

da nach 40. ... Kd2/d3 41. Td8 wie schon so oft ein Fesselungsmotiv entscheidet, während Weiß auf andere Züge mit 41. Txa3 gewinnt. Schach ist ein schwieriges Spiel!

Literaturverzeichnis

1. Awerbach, Bishop Endings, B.T. Batsford, 1977.
2. Awerbach, Bishop v Knight Endings, B.T. Batsford, 1976.
3. Awerbach, Rook v Minor Piece Endings, B.T. Batsford, 1978.
4. Awerbach, Queen and Pawn Endings, B.T. Batsford, 1975.
5. Awerbach und Tschechower, Knight Endings, B.T. Batsford, 1977.
6. Awerbach, Tschechower und Henkin, Queen v Rook/Minor Piece Endings, B.T. Batsford, 1978.
7. Awerbach und Maiselis, Pawn Endings, B.T. Batsford, 1974.
8. Bán, The Tactics of End-games, Corvina Press, Budapest, 1963.
9. Chéron, Lehr- und Handbuch der Endspiele, Siegfried Engelhardt Verlag, Berlin (4 Bände, die letzte Auflage erfolgte in den Jahren 1960−1970).
10. Fine, Basic Chess Endings, D. McKay, Philadelphia, 1941.
11. Földeák, Turmendspiele in Schachpartien, Falken-Verlag, 1976.
12. Kasparjan, 555 Miniatur-Studien (Original russisch), Eriwan, 1975.
13. Kasparjan, Zauber des Endspieles, Walter Rau Verlag, 1974.
14. Löwenfisch und Smyslow, Rook Endings, B.T. Batsford, 1971.
15. Lommer, 1357 End-game Studies, Pitman, 1975.
16. Lommer und Sutherland, 1234 Modern End-game Studies, Dover, 1968.
17. Milescu und Staudte, Das 1×1 des Endspiels, Walter de Gruyter & Co., Berlin, 1965.
18. Roycroft, Test-tube Chess, Faber & Faber, 1972.

Außer den vorgenannten Werken habe ich viele Schachzeitschriften und andere regelmäßige Veröffentlichungen berücksichtigt, einschließlich Schach-Informator, The Chess Player, Chess, British Chess Magazine, Deutsche Schachzeitung und Schachmatny Bulletin sowie verschiedene Turnierbücher.

Falls Sie an weiterführender Endspielliteratur interessiert sind, dürften folgende Kurzbeschreibungen der obigen Bücher nützlich sein. [10] ist immer noch das beste einbändige Endspielwerk, obwohl einige Abschnitte (insbesondere das Kapitel über Damenendspiele) nicht auf dem neuesten Stand sind. Die Bücherfolge [1], [2], [3], [4], [5], [6], [7] und [14], aus dem Russischen übertragen, ist mit Recht berühmt wegen der umfassenden Behandlung aller Endspieltypen. Etwas unglücklich ist die Tatsache, daß ein für die Praxis so wichtiges Endspiel wie Turm plus Läufer gegen Turm in keinem der acht Bände aufzufinden ist, aber derartige Lücken sind selten. Die Serie ist nach wie vor ein unentbehrliches Nachschlagewerk für starke Spieler und Fernschachfreunde. [9] ist ein ziemlich sonderbares Werk. Generell enthält es außerordentlich tiefschürfende Analysen, diese auch zu vielen einfachen Endspielen von großer praktischer Bedeutung, aber auch zu manchen extravaganten Studien, die außer den Autor kaum jemanden interessieren dürften. Gleichwohl entdeckt man eine ganze Menge Analysen, die sonst nirgendwo vorzufinden sind (wie die Ausführungen zu Partiestellung 134 in meinem Buch deutlich machen!). Wenn Sie nichts dagegen haben, daß der Lehrstoff mit etwas Phantasie aufgelockert wird, werden Sie an diesem Werk Gefallen finden. [11] ist ein unterhaltsames, weniger bekanntes Buch. [17] behandelt sehr gründlich das Verhältnis zwischen Partie und Studie und ist wahrscheinlich am ehesten mit dem vorliegenden Band zu vergleichen. Erstaunlicherweise gibt es eine große Anzahl von Büchern über Studien. [15] und [16] gelten als die maßgeblichen englischen Studiensammlungen, allerdings gehen die Lösungen oft nicht ausreichend ins Detail. [12] wird den Spielern zusagen, weil keine der Stellungen mehr als sieben Steine aufweist und Bezug auf die Praxis genommen wird, während [13] eine bunte Sammlung eines der größten Studienkomponisten aller Zeiten ist. Dennoch halte ich [8] für das vielleicht beste englische Buch für Spieler mit Interesse an Studien, da hier die Auswahl wohlerwogen im Hinblick auf die praktische Bedeutung getroffen wurde. [18] enthält eine gut verfaßte Darstellung der Entwicklung der Studien über die Jahrhunderte.

Verzeichnis der Spieler und Studienkomponisten

Die Ziffern bezeichnen die Diagrammnummern

Verzeichnis der Stellungen anhand der Materialverhältnisse

Die Ziffern bezeichnen die Diagrammnummern

I. Könige und Bauern

K+B/K+B 117
K+2Bn/K+B 53
K+2Bn/K+2Bn 1, 121, 124
K+3Bn/K+2Bn 119, 122a, 122b
Mehr als 5 Bauern 65, 66, 118, 120, 122

II. Leichtfiguren

L+Bn/Bn 26, 27, 43, 91, 95
L+Bn/L+Bn 41, 52, 57
S+Bn/Bn 4, 37, 132a, 133a
S+Bn/S+Bn 12, 67, 68, 75, 92
L+Bn/S+Bn 73, 74, 77, 93, 105, 133
L+S+Bn/L+S+Bn 69
Mehr als 2 Leichtfiguren 5, 17, 59

III. Türme und Bauern

T+Bn/Bn 106, 107, 108, 109a, 110, 110a
T+B/T 111, 111a
T+2Bn/T 78
T+B/T+B 81, 84, 86, 89, 112, 113
T+2Bn/T+B 25, 29, 58b, 82, 83, 85, 87, 90
T+2Bn/T+2Bn 102a, 116
T+3Bn/T+B 36

T+3Bn/T+2Bn 55, 97, 114, 115
T+3Bn/T+3Bn 15, 88, 131
T+4Bn/T+2Bn 70, 101
Mehr als 6 Bauern 23, 100
2T/Bn 48
2T+B/2T 20

IV. Türme und Leichtfiguren

T+Bn/L+Bn (bis zu 4 Bauern) 35, 94, 127, 134−134e
T+Bn/L+Bn (mehr als 4 Bauern) 14, 44, 71, 103, 109
T+L+Bn/T+Bn 6, 11, 30, 64
T+S+Bn/T+Bn 10, 51, 63
T+Leichtfigur/2 Leichtfiguren 13, 42, 123, 129
T+S+Bn/T+S+Bn 2, 8
T+L+Bn/T+L+Bn 45, 47, 49, 50, 79, 102, 130
T+L+Bn/T+S+Bn 28, 38, 56, 62
T+2L+Bn/T+Bn 125
T+Bn/L+2S+Bn 128
2T+Bn/T+S+Bn 9
2T+Bn/T+2 Leichtfiguren+Bn 7, 46
T+2S+Bn/T+S+Bn 104
2T+L+Bn/T+L+Bn 16
2T+L+Bn/2T+Bn 18
T+2L+Bn/T+L+S+Bn 60
2T+S+Bn/2T+L+Bn 40

Nützliche Ratgeber

Stand: Sommer 1988

Essen und Trinken

FALKEN EXKLUSIV
Kochen in höchster Vollendung
Aus vier Elementen ist alles zusammengefügt (Theophrast). (4291) Von M. Wissing, M. Kirsch, 160 S., 230 Farbfotos, Leinen geprägt mit Schutzumschlag, im Schuber, **DM 98,–**, S 784.–

Was koche ich heute?
Neue Rezepte für Fix-Gerichte. (0608) Von A. Badelt-Vogt, 112 S., 16 Farbtafeln, kart. ●

Kochen für 1 Person
Rationell wirtschaften, abwechslungsreich und schmackhaft zubereiten. (0586) Von M. Nicolin, 136 S., 8 Farbtafeln, 23 Zeichnungen, kart. ●

Schnell und individuell
Die raffinierte Single-Küche
(4266) Von F. Faist, 160 S., 151 Farbfotos, Pappband. ●●●

Gesunde Kost aus dem Römertopf
(0442) Von J. Kramer, 128 S., 8 Farbtafeln, 13 Zeichnungen, kart. ●

FALKEN-FEINSCHMECKER
Pasta in Höchstform **Nudeln**
(0884) Von M. Kirsch, 64 S., 62 Farbfotos, Pappband. ●

Nudelgerichte
– lecker, locker, leicht zu kochen. (0466) Von C. Stephan, 80 S., 8 Farbtafeln, kart. ●

FALKEN-FEINSCHMECKER
In Hülle und Fülle
Pasteten und Terrinen
(0883) Von M. Kirsch, 48 S., 62 Farbfotos, Pappband. ●

FALKEN-FEINSCHMECKER
Spezialitäten unter knuspriger Decke
Aufläufe
(0882) Von C. Adam, 48 S., 33 Farbfotos, Pappband. ●

Eintöpfe und Aufläufe
Das Beste aus den Kochtöpfen der Welt (5079) Von A. und G. Eckert, 64 S., 50 Farbfotos, Pappband. ●●

FALKEN-FEINSCHMECKER
Herzhaftes für Leib und Seele
Eintöpfe
(0820) Von P. Klein, 48 S., 30 Farbfotos, Pappband. ●

Schnell und gut gekocht
Die tollsten Rezepte für den Schnellkochtopf. (0265) Von J. Ley, 96 S., 8 Farbtafeln, kart. ●

Kochen und backen im Heißluftherd
Vorteile, Gebrauchsanleitung, Rezepte. (0516) Von K. Kölner, 72 S., 8 Farbtafeln, kart. ●

Zaubern mit der schnellen Welle
Die neue Mikrowellenküche
(4289) Von F. Faist, 208 S., 188 Farbfotos, Pappband. ●●●

Das neue Mikrowellen-Kochbuch
(0434) Von H. Neu, 64 S., 4 Farbtafeln, 16 s/w Zeichnungen, kart. ●

Ganz und gar mit Mikrowellen
(4094) Von T. Peters, 208 S., 24 Farbfotos, 12 Zeichnungen, kart. ●●●

FALKEN-FEINSCHMECKER
Schnell auf den Tisch gezaubert
Kochen mit Mikrowellen
(0818) Von A. Danner, 64 S., 52 Farbfotos, Pappband. ●

Marmeladen, Gelees und Konfitüren
Köstlich wie zu Omas Zeiten – einfach selbstgemacht. (0720) Von M. Gutta, 32 S., 23 Farbfotos, 1 Zeichnung, Pappband. ●

Einkochen
nach allen Regeln der Kunst. (0405) Von B. Müller, 128 S., 8 Farbtafeln, kart. ●

Einkochen, Einlegen, Einfrieren
(4055) Von B. Müller, 152 S., 27 s/w.-Abb., kart. ●●

Haltbarmachen in der Öko-Küche
Gesunde Konservierungsmethoden für Obst, Gemüse, Kräuter und Pilze. (0932) Von M. Bustorf-Hirsch, 120 S., 56 Farbfotos, 36 Farbzeichnungen. kart. ●●

FALKEN-FEINSCHMECKER
Goldbraun und knusprig
Fritierte Leckerbissen
(0868) Von F. Faist, 64 S., 47 Farbfotos, Pappband. ●

Das neue Fritieren
geruchlos, schmackhaft und gesund. (0365) Von P. Kühne, 96 S., 8 Farbtafeln, kart. ●

FALKEN-FEINSCHMECKER
Die Krönung der feinen Küche
Saucen
(0817) Von G. Cavestri, 48 S., 40 Farbfotos, Pappband. ●

FALKEN-FEINSCHMECKER
Edler Kern in harter Schale
Meeresfrüchte
(0886) Von L. Grieser, 48 S., 52 Farbfotos, Pappband. ●

FALKEN-FEINSCHMECKER
Von Tatar und falschen Hasen
Hackfleisch
(0866) Von A. und G. Eckert, 64 S., 42 Farbfotos, Pappband. ●

Mehr Freude und Erfolg beim Grillen
(4141) Von A. Berliner, 160 S., 147 Farbfotos, 10 farbige Zeichnungen, Pappband. ●●●

Grillen für Geniesser
Fleisch · Fisch · Beilagen · Soßen. (5001) Von E. Fuhrmann, 64 S., 38 Farbfotos, Pappband. ●●

FALKEN-FEINSCHMECKER
Köstliches von Rost und Spieß
Grillen
(0931) Von A. Kalcher-Dähn, H. K. Kalcher, 64 S., 43 Farbfotos, Pappband. ●

Chinesisch kochen
mit dem Wok-Topf und dem Mongolen-Topf. (0557) Von C. Korn, 64 S., 8 Farbtafeln, kart. ●

FALKEN-FEINSCHMECKER
Verheißungsvoll fernöstlich
Spezialitäten aus dem Wok
(0933) Von H. K. Jen, 64 S., 56 Farbfotos, Pappband. ●

Schlemmerreise durch die
Chinesische Küche
(4184) Von K. H. Jen, 160 S., 117 Farbfotos, Pappband. ●●●

Nordische Küche
Speisen und Getränke von der Küste. (5082) Von J. Kürtz, 64 S., 44 Farbfotos, Pappband. ●●

Essen in Hessen
Spezialitäten zwischen Schwalm und Odenwald. (0837) Von R. Witt, 120 S., 10 s/w-Zeichnungen, Pappband. ●●

Schlemmerreise durch die
Französische Küche
(4296) Von H. Imhof, 160 S., 147 Farbfotos, 3 s/w-Fotos, Pappband. ●●●

Französisch kochen
Eine kulinarische Reise durch Frankreich. (5016) Von M. Gutta, 64 S., 35 Farbfotos, Pappband. ●●

Französische Küche
(0685) Von M. Gutta, 96 S., 16 Farbtafeln, kart. ●

Französische Spezialitäten aus dem Backofen
Herzhafte Tartes und Quiches mit Fleisch, Fisch, Gemüse und Käse
(5146) Von P. Klein, 64 S., 43 Farbfotos, Pappband. ●

FALKEN-FEINSCHMECKER
Aus lauter Lust und Liebe
Knoblauch
(0867) Von L. Reinirkens, 64 S., 45 Farbfotos, Pappband. ●

Kochen und würzen mit Knoblauch
(0725) Von A. und G. Eckert, 96 S., 8 Farbtafeln, kart. ●

Schlemmerreise durch die
Italienische Küche
(4172) Von V. Pifferi. 160 S., 109 Farbfotos, Pappband. ●●●

Pizza, Pasta und die feine italienische Küche
(4270) Von R. Rudatis, 120 S., 255 Farbfotos, Pappband. ●●

Italienische Küche
Ein kulinarischer Streifzug mit regionalen Spezialitäten. (5026) Von M. Gutta, 64 S., 35 Farbfotos, Pappband. ●●

FALKEN-FEINSCHMECKER
Schlemmen wie bei Mamma Maria
Pizzas
(0815) Von F. Faist, 64 S., 62 Farbfotos, Pappband. ●

Köstliche Pilzgerichte
Tips und Rezepte für die häufigsten Pilzgattungen. (5133) Von V. Spicker-Noack, M. Knoop, 64 S., 52 Farbfotos, Pappband. ●●

Fondues
und fritierte Leckerbissen. (0471) Von S. Stein, 96 S., 8 Farbtafeln, kart. ●

Fondues · Raclettes · Flambiertes
(4081) Von R. Peiler und M.-L. Schult, 136 S., 15 Farbtafeln, 28 Zeichnungen, kart. ●●

Neue, raffinierte Rezepte mit dem Raclette-Grill
(0558) Von L. Helger, 56 S., 8 Farbtafeln, kart. ●

Rezepte rund um Raclette und Doppeldecker
(0420) Von J. W. Hochscheid, 72 S., 8 Farbtafeln, kart. ●

Falken-Verlag GmbH · Postfach 1120   D-6272 Niederhausen/Ts. · Tel.: 0 61 27/70 20   **1**

Fondues und Raclettes
(4253) Von F. Faist, 160 S., 125 Farbfotos,
Pappband. ●●●

FALKEN-FEINSCHMECKER
Schmelzendes Käsevergnügen
Raclette
(0881) Von F. Faist, 48 S., 33 Farbfotos, Pappband. ●

Kulinarischer Feuerzauber
Flambieren
(4294) Von R. Wesseler, 120 S., 100 Farbfotos, Pappband. ●●●

Kochen und würzen mit
Paprika
(0792) Von A. und G. Eckert, 88 S., 8 Farbtafeln, kart. ●

Köstlichkeiten für Gäste und Feste
Kalte Platten
(4200) Von I. Pfliegner. 160 S., 130 Farbfotos,
Pappband. ●●●

Kalte Happen und Partysnacks
Canapés, Sandwiches, Pastetchen, Salate
und Suppen. (5029) Von D. Peters, 64 S.,
44 Farbfotos, Pappband. ●●

Garnieren und Verzieren
(4236) Von R. Biller, 160 S., 329 Farbfotos,
57 Zeichnungen, Pappband. ●●●

Desserts
Puddings, Joghurts, Fruchtsalate, Eis,
Gebäck, Getränke. (5020) Von M. Gutta,
64 S., 41 Farbfotos, Pappband. ●

FALKEN-FEINSCHMECKER
Süße Verführungen
Desserts
(0885) Von M. Bacher, 64 S., 75 Farbfotos,
Pappband. ●

FALKEN-FEINSCHMECKER
Süße Geheimnisse eiskalt gelüftet
Eis und Sorbets
(0870) Von H. W. Liebheit, 48 S., 38 Farbfotos, Pappband. ●

Crêpes, Omeletts und Soufflés
Pikante und süße Spezialitäten. (5131) Von
J. Rosenkranz, 64 S., 45 Farbfotos, Papp-
band. ●

Kuchen und Torten
Die besten und beliebtesten Rezepte. (5067)
Von M. Sauerborn, 64 S., 79 Farbfotos, Papp-
band. ●●

Tortenträume und Kuchenfantasien
Gebackene Köstlichkeiten originell dekoriert
und verziert. (0823) Von F. Faist, 80 S.,
150 Farbfotos, kart. ●●

Backen mit Lust und Liebe
(4284) Von M. Schumacher, R. Krake, 242 S.,
348 Farbfotos, 18 farb. Vignetten, 3 vier-
seitige Ausklapptafeln, Pappband. ●●●●

Backen, was allen schmeckt
Kuchen, Torten, Gebäck und Brot. (4166) Von
E. Blome, 556 S., 40 Farbtafeln, Pappband.
●●●

Meine Vollkornbackstube
Brot · Kuchen · Aufläufe. (0616) Von
R. Raffelt, 96 S., 4 Farbtafeln, 12 Zeich-
nungen, kart. ●

FALKEN-FEINSCHMECKER
Knusprig, kernig, urgesund
Vollkornbrot
(0938) Von S. Reiter, 64 S., 56 Farbfotos,
Pappband. ●

FALKEN-FEINSCHMECKER
Mit Körnern, Zimt und Mandelkern
Vollkorngebäck
(0816) Von M. Bustorf-Hirsch, 48 S., 39 Farbfotos, Pappband. ●

Biologisch Backen
Neue Rezeptideen für Kuchen, Brote, Klein-
gebäck aus vollem Korn. (4174) Von
M. Bustorf-Hirsch, 136 S., 15 Farbtafeln,
47 Zeichnungen, kart. ●●

Selbst Brotbacken
Über 50 erprobte Rezepte. (0370) Von
J. Schiermann, 80 S., 6 Zeichnungen, 4 Farb-
tafeln, kart. ●

Mehr Freude und Erfolg beim
Brotbacken
(4148) Von A. und G. Eckert, 160 S.,
177 Farbfotos, Pappband. ●●●

Brotspezialitäten
knusprig backen – herzhaft kochen.
(5088) Von J. W. Hochscheid, L. Helger,
64 S., 48 Farbfotos, Pappband. ●●

Weihnachtsbäckerei
Köstliche Plätzchen, Stollen, Honigkuchen
und Festtagstorten. (0682) Von M. Sauerborn, 32 S., 34 Farbfotos, Pappband. ●

Waffeln
süß und pikant. (0522) Von C. Stephan,
64 S., 8 Farbtafeln, kart. ●

Alles mit Joghurt
tagfrisch selbstgemacht. Mit vielen Rezepten. (0382) Von G. Volz, 88 S., 8 Farbtafeln,
kart. ●

Joghurt, Quark, Käse und Butter
Schmackhaftes aus Milch hausgemacht.
(0739) Von M. Bustorf-Hirsch. 32 S., 59 Farbabb., Pappband. ●

FALKEN-FEINSCHMECKER
Raffiniert und gesund würzen
Kräuterküche
(0869) Von A. Görgens, 48 S.,43 Farbfotos,
Pappband. ●

Miekes Kräuter- und Gewürzkochbuch
(0323) Von I. Persy, K. Mieke, 96 S., 8 Farbtafeln, kart. ●

Das köstliche knackige Schlemmer-
vergnügen.
Salate
(4165) Von V. Müller. 160 S., 80 Farbfotos,
Pappband. ●●●

FALKEN-FEINSCHMECKER
Frisch und leicht als Hauptgericht
Schlemmersalate
(0934) Von C. Adam, 64 S., 49 Farbfotos,
Pappband. ●

111 köstliche Salate
Erprobte Rezepte mit Pfiff. (0222) Von
C. Schönherr, 96 S., 8 Farbtafeln, 30 Zeich-
nungen, kart. ●

FALKEN-FEINSCHMECKER
Köstlich frisch auf den Tisch
Rohkostsalate
(0865) Von C. Adam, 48 S., 26 Farbfotos,
Pappband. ●

**Die abwechslungsreiche
Vollwertküche**
Vitaminreich und naturbelassen kochen und
backen. (4229) Von M. Bustorf-Hirsch,
K. Siegel, 280 S., 31 Farbtafeln, 78 Zeich-
nungen, Pappband. ●●●●

Die feine Vollwertküche
(4286) Von M. Bustorf-Hirsch, 160 S.,
83 Farbfotos, Pappband. ●●●

Meine Vollkornküche
Herzhaftes von echtem Schrot und Korn
(0858) Von S. Walz, 128 S., 8 Farbtafeln, kart.
●

FALKEN-FEINSCHMECKER
Dinkel, Hirse, Roggenkorn…
Kerniges aus der Getreideküche
(0932) Von S. Frank, 64 S., 49 Farbfotos,
Pappband. ●

FALKEN-FEINSCHMECKER
Die verlockende Alternative
Süße Vollwertküche
(0936) Von A. Roßmeier, 64 S., 50 Farbfotos,
Pappband. ●

FALKEN-FEINSCHMECKER
Die gesunde Art, sich zu verwöhnen
Vollwertküche für Singles
(0937) Von A. Görgens, 64 S., 43 Farbfotos,
Pappband. ●

**Alternativ essen
Die gesunde Sojaküche.**
(0553) Von U. Kolster, 112 S., 8 Farbtafeln,
kart. ●

Kochen mit Tofu
Die gesunde Alternative. (0894) Von
U. Kolster, 80 S., 8 Farbtafeln, kart. ●

Das Reformhaus-Kochbuch
Gesunde Ernährung mit hochwertigen Natur-
produkten. (4180) Von A. und G. Eckert,
160 S. 15 Farbtafeln, Pappband. ●●●

**Gesund kochen mit Keimen und
Sprossen**
(0794) Von M. Bustorf-Hirsch, 104 S., 8 Farbtafeln, 13 s/w-Zeichnungen, kart. ●

Keime und Sprossen in der Naturküche
(4299) Von M. Bustorf-Hirsch, 96 S.,
144 Farbfotos, Pappband. ●●

Die feine Vegetarische Küche
(4235) Von F. Faist, 160 S., 191 Farbfotos,
Pappband. ●●●

Biologische Ernährung
für eine natürliche und gesunde Lebensweise. (4125) Von G. Leibold, 136 S., 15 Farbtafeln, 47 Zeichnungen, kart. ●●

Gesunde Ernährung für mein Kind
(0776) Von M. Bustorf-Hirsch, 96 S., 8 Farbtafeln, 5 s/w Zeichnungen, kart. ●

Vitaminreich und naturbelassen
Biologisch Kochen
(4162) Von M. Bustorf-Hirsch, K. Siegel,
144 S., 15 Farbtafeln, 31 Zeichnungen, kart.
●●

Gesund kochen
wasserarm · fettfrei · aromatisch. (4060) Von
M. Gutta, 240 S., 16 Farbtafeln, Pappband. ●

Naturküche à la carte
(4406) Von M. Wissing, M. Kirsch, 160 S.,
179 Farbfotos, Pappband. ●●●●

Würzig kochen ohne Salz
(0922) Von S. Roediger-Streubel, 160 S.,
16 Farbtafeln, kart. ●

Natursammlers Kuchbuch
Wildfrüchte und Gemüse, Pilze, Kräuter –
finden und zubereiten. (4040) Von C. M.
Kerler, 140 S., 12 Farbtafeln, kart. ●

Kräuter- und Heilpflanzen-Kochbuch
für eine gesunde Lebensweise. (4066) Von
P. Pervenche, 143 S., 15 Farbtafeln. kart. ●

●●**Pralinen und Konfekt**
Kleine Köstlichkeiten selbstgemacht. (0731)
Von H. Engelke, 32 S., 57 Farbfotos,
Pappband. ●

FALKEN-FEINSCHMECKER
Zart schmelzende Versuchungen
Schokolade
(0819) Von J. Schroer, 48 S., 53 Farbfotos,
Pappband. ●

Die hier vorgestellten Bücher, Videokassetten und Software sind in folgende Preisgruppen unterteilt:

● Preisgruppe bis   DM 10,–/S 79,– ●●● Preisgruppe über DM 20,– bis DM 30,– ●●●● Preisgruppe über DM 30,– bis DM 50,–
●● Preisgruppe über DM 10,– bis DM 20,–   S 161,– bis S 240,–   S 241,– bis S 400,–
                                                                       ●●●●● Preisgruppe über DM 50,–/S 401,–
                                                                       *(unverbindliche Preisempfehlung)

Die Preise entsprechen dem Status beim Druck dieses Verzeichnisses (s. Seite 1) – Änderungen, im besonderen der Preise, vorbehalten –

Das richtige Frühstück
Gesunde Vollwertkost vitaminreich und
naturbelassen. (0784) Von C. Kratzel, R. Böll,
32 S., 28 Farbfotos, Pappband. ●

Bocuse à la carte
Französisch kochen mit dem Meister.
(4237) Von P. Bocuse, 88 S., 218 Farbfotos,
Pappband. ●●

Kochschule mit Paul Bocuse
(6016) VHS, 60 Min. in Farbe. ●●●●●*

Der schön gedeckte Tisch
Vom einfachen Gedeck bis zur Festtafel stim-
mungsvoll und perfekt arrangiert.
(4246) Von H. Tapper, 112 S., 206 Farbabbildungen, 21 s/w-Abbildungen, Pappband.
●●●

Servietten dekorativ falten
Geschmackvolle Anregungen aus Stoff und
Papier. (0804) Von H. Tapper, 3T S., 134 Farb-
fotos, Pappband. ●

Cocktails
(4267) Von W. R. Hoffmann, W. Hubert,
U. Lottring, 160 S., 164 Farbfotos, 1 s/w-Foto,
Pappband. ●●

Neue Cocktails und Drinks
mit und ohne Alkohol. (0517) Von S. Späth,
128 S., 4 Farbtafeln, kart., ●

Mixgetränke
mit und ohne Alkohol (5017) Von C. Arius,
64 S., 35 Farbfotos, Pappband. ●●

FALKEN-FEINSCHMECKER
Fruchtig, spritzig, eisgekühlt
Mixen ohne Alkohol
(0935) Von S. Späth, 64 S., 44 Farbfotos,
Pappband. ●

Cocktails und Mixereien
für häusliche Feste und Feiern. (0075) Von
J. Walker, 96 S., 4 Farbtafeln, kart. ●

Die besten Punsche, Grogs und Bowlen
(0575) Von F. Dingden, 64 S., 4 Farbtafeln,
kart. ●

Weine und Säfte, Liköre und Sekt
selbstgemacht. (0702) Von P. Arauner,
232 S., 76 Abb., kart. ●●

Mitbringsel aus meiner Küche
selbst gemacht und liebevoll verpackt.
(0668) Von C. Schönherr, 32 S., 30 Farbfotos,
Pappband. ●

Weinlexikon
Wissenswertes über die Weine der Welt.
(4149) Von U. Keller, 228 S., 6 Farbtafeln,
395 s/w-Fotos, Pappband. ●●●

Heißgeliebter Tee
Sorten, Rezepte und Geschichten. (4114) Von
C. Maronde, 153 S., 16 Farbtafeln, 93 Zeich-
nungen, Pappband. ●●

Tee für Genießer.
Sorten · Riten · Rezepte. (0356) Von M. Nicolin, 64 S., 4 Farbtafeln, kart. ●

Tee
Herkunft · Mischungen · Rezepte. (0515) Von
S. Ruske, 96 S., 4 Farbtafeln, 16 s/w-Abbil-
dungen, Pappband. ●●

Kinder lernen spielend backen
(5110) Von M. Gutta, 64 S., 45 Farbfotos,
Pappband. ●●

Kinder lernen spielend kochen
Lieblingsgerichte mit viel Spaß selbst zube-
reitet. (5096) Von M. Gutta, 64 S., 45 Farbfotos, Pappband. ●●

Komm, koch mit mir
Kunterbuntes Kochvergnügen für Kinder.
(4285) Von S. und H. Theilig, Illustrationen
von B. v. Hayek, 96 S., 48 Farbfotos,
350 Farb- und 1 s/w-Zeichnung, Pappband.
●●

Schlank werden nach Dr. Hay
Trennkost
Die bewährten Vollwert-Rezepte von Ursula
Summ. (4298) Von U. Summ, 96 S., 54 Farb-
tafeln, 1 Zeichnung, kart. ●●

**Gesund leben – schlank werden mit der
Bio-Kur**
(0657) Von S. Winter. 144 S., 4 Farbtafeln,
kart. ●

SLIM
Der neue, individuelle Schlankheitsplan
(4277) Von Prof. Dr. E. Menden, W. Aign.
120 S., 440 Farbfotos, Pappband. ●●●

Kalorien – Joule
Eiweiß · Fett · Kohlenhydrate tabellarisch
nach gebräuchlichen Mengen. (0374) Von
M. Bormio, 88 S., kart. ●

Vitamine und Ballaststoffe
So erreich ich meinen täglichen Bedarf
(0746) Von Prof. Dr. M. Wagner, I. Bongartz.
96 S., 6 Farbabb., zahlreiche Tabellen, kart. ●

Hobby und Freizeit

Aquarellmalerei
als Kunst und Hobby. (4147) Von H. Haack,
B. Wersche, 136 S., 62 Farbfotos, 119 Zeichnungen, Pappband. ●●●●

Aquarellmalerei
Materialien · Techniken · Motive.
(5099) Von T. Hinz, 64 S., 79 Farbfotos,
Pappband. ●

Hobby Aquarellmalen
Landschaft und Stilleben. (0876) Von
I. Schade, A. Brück, 80 S., 111 Farbabbildun-
gen, kart. ●●

Videokassette
Hobby Aquarellmalen
Landschaft und Stilleben (6022) VHS,
ca. 40 Min., in Farbe, ●●●●*

Aquarellmalerei leicht gelernt
Materialien · Techniken · Motive.
(0787) Von T. Hinz, R. Braun, B. Zeidler,
32 S., 38 Farbfotos, 1 Zeichnung, Pappband. ●

Aquarellieren auf Seide
Materialien · Techniken · Motive.
(0917) Von I. Demharter, 32 S., 41 Farbfotos,
Pappband. ●

Hobby Ölmalerei
Landschaft und Stilleben. (0875) Von
H. Kämper, I. Becker, 80 S., 93 Farbabb., kart. ●

Videokassette
Hobby Ölmalerei
Landschaft und Stilleben (6025) VHS,
ca. 40 Min., in Farbe, ●●●●*

Falken-Handbuch
Zeichnen und Malen
(4167) Von B. Bagnall, 336 S., 1154 Farbabb.,
Pappband. ●●●●●

Das große farbige PLAKA-Buch
Malen und Basteln
(4402) Von H.-J. Giesecke, 192 S., 225 Farbfotos, 20 Farb- und 4 s/w- Zeichnungen,
Pappband. ●●●

Das große farbige
Bastelbuch für Kinder
(4254) Von K. Barff, I. Burkhardt, J. Maier.
224 S., 157 Farbfotos, 430 Farb- und 69 s/w-
Zeichnungen, Pappband. ●●●

Punkt, Punkt, Komma, Strich
Zeichenstunden für Kinder. (0564) Von
H. Witzig, 144 S., über 250 Zeichnungen,
kart. ●

Einmal grad und einmal krumm
Zeichenstunden für Kinder. (0599) Von
H. Witzig, 144 S., 363 Abb. kart. ●

Naive Malerei
Materialien · Motive · Techniken. (5083) Von
F. Krettek, 64 S., 76 Farbfotos, Pappband. ●●

Bauernmalerei
als Kunst und Hobby. (4057) Von A. Gast,
H. Stegmüller, 128 S., 239 Farbfotos, 26 Riß-
Zeichnungen, Pappband. ●●●

Hobby Bauernmalerei
(0436) Von S. Ramos und J. Roszak, 80 S.,
116 Farbfotos und 28 Motivvorlagen, kart. ●●

Bauernmalerei
Kreatives Hobby nach alter Volkskunst
(5039) Von S. Ramos, 64 S., 85 Farbfotos,
Pappband. ●●

Glasmalerei
als Kunst und Hobby. (4088) Von F. Krettek
und S. Beeh-Lustenberger, 132 S., 182 Farbfotos, 38 Motivvorlagen, Pappband. ●●●●

Naive Hinterglasmalerei
Materialien · Techniken · Bildvorlagen
(5145) Von F. Krettek, 64 S., 87 Farbfotos,
6 Zeichnungen, Pappband. ●●

Kalligraphie
Die Kunst des schönen Schreibens
(4263) Von C. Hartmann, 120 S., 44 Farbvor-
lagen, 29 s/w-Vorlagen, 2 s/w-Zeichnungen,
38 Farbfotos, Pappband. ●●●

Seidenmalerei als Kunst und Hobby
(4264) Von S. Hahn, 136 S., 256 Farbfotos,
1 s/w-Foto, 34 Farbzeichnungen, Pappband.
●●●●

Kunstvolle Seidenmalerei
Mit zauberhaften Ideen zum Nachgestalten.
(0783) Von I. Demharter, 32 S., 56 Farbfotos,
Pappband. ●

Zauberhafte Seidenmalerei
Materialien · Techniken · Gestaltungs-
vorschläge. (0664) Von E. Dorn, 32 S.,
62 Farbfotos, Pappband. ●

Neue zauberhafte Seidenmalerei
Motive und Anregungen aus der Natur.
(0924) Von R. Henge, 80 S., 148 Farbfotos,
27 s/w-Zeichnungen, kart. ●●

Hobby Seidenmalerei
(0611) Von R. Henge, 88 S., 106 Farbfotos,
28 Zeichnungen, kart. ●●

Hobby Stoffdruck und Stoffmalerei
(0555) Von A. Ursin, 80 S., 68 Farbfotos,
68 Zeichnungen, kart. ●●

Stoffmalerei und Stoffdruck
Materialien · Techniken · Ideen · Modelle
(5074) Von H. Gehring, 64 S., 110 Farbfotos,
Pappband. ●●

Batik
leicht gemacht. Materialien ·Färbetechniken ·
Gestaltungsideen. (5112) Von A. Gast, 64 S.,
105 Farbfotos, Pappband. ●●

Kreatives Bilderweben
Materialien – Vorlagen – Motive
(0814) Von A. Schulte-Huxel, 32 S., 58 Farbfotos, 8 Zeichnungen, Pappband. ●

Hobby Applikationen
Materialien · Techniken · Modelle.
(0899) Von H. Probst-Reinhardt, 80 S., 92 Farbfotos, 31 Zeichnungen, kart. ●●

Flechten
mit Bast, Stroh und Peddigrohr. (5098) Von H. Hangleiter, 64 S., 47 Farbfotos, 76 Zeichnungen, Pappband. ●●

Falken-Handbuch
Nähen
Abc der Nähtechniken und kreative Modellschneiderei in ausführlichen Schritt-für-Schritt-Bildfolgen. (4272) Von A. Bree, 320 S., 1142 Abbildungen, Schnittmusterbogen für alle Modelle, Pappband. ●●●●

Falken-Handbuch
Häkeln
ABC der Häkeltechniken und Häkelmuster in ausführlichen Schritt-für-Schritt-Bildfolgen. (4194) Von H. Fuchs, M. Natter, 288 S., 597 Farbfotos, 476 farbige Zeichnungen. Pappband. ●●●●

Häkeln
Schritt für Schritt für Rechts- und Linkshänder. (5134) Von H. Klaus, 64 S., 120 Farbfotos, 144 Zeichnungen, Pappband. ●●

Monogrammstickerei
Mit Vorlagen für Initialen, Vignetten und Ornamente. (5148) Von H. Fuchs, 64 S., 50 Farbfotos, 50 Zeichnungen, Pappband. ●●

Falken-Handbuch
Stricken
ABC der Stricktechniken und Strickmuster in ausführlichen Schritt-für-Schritt-Bildfolgen. (4137) Von M. Natter, 312 S., 106 Farb- und 922 s/w-Fotos, 318 Zeichnungen, Pappband. ●●●●

Das moderne Standardwerk von der Expertin
Perfekt Stricken
Mit Sonderteil Häkeln. (4250) Von H. Jaacks, 256 S., 703 Farbfotos, 169 Farb- und 121 s/w-Zeichnungen, Pappband. ●●●

Videokassette Stricken
(6007) VHS. Von P. Krolikowski-Habicht, H. Jaacks, 51 Min., in Farbe. ●●●●*

Stricken
Schritt für Schritt für Rechts- und Linkshänder. (5142) Von S. Oelwein-Schefczik, 64 S., 148 Farbfotos, 173 Zeichnungen, Pappband. ●●

Die schönsten Handarbeiten zum Verschenken
(4225) Von B. Wenzelburger, 128 S., 156 Farbfotos, 70 zweifarbige Zeichnungen, Pappband. ●●●●

Kuscheltiere stricken und häkeln
Arbeitsanleitungen und Modelle. (0734) Von B. Wehrle, 32 S., 60 Farbfotos, 28 Zeichnungen, Spiralbindung. ●

Hobby Patchwork und Quilten
(0768) Von B. Staub-Wachsmuth, 80 S., 108 Farbabb., 43 Zeichnungen, kart. ●●

Hobby Spitzencollagen
Bezaubernde Motive aus edlem Material. (0847) Von H. Westphal, 80 S., 186 Farbfotos, kart. ●●

Textiles Gestalten
Weben, Knüpfen, Batiken, Sticken, Objekte und Strukturen. (5123) Von J. Fricke, 136 S., 67 Farb- und 189 s/w-Fotos, 15 Zeichnungen, kart. ●●

Gestalten mit Glasperlen
fädeln · sticken · weben (0640) Von A. Köhler, 32 S., 55 Farbfotos, Spiralbindung. ●

Schmuck, Accessoires und Dekoratives
aus Fimo modelliert. (0873) Von A. Aurich, 32 S., 54 Farbfotos, Pappband. ●

Exklusiver Modeschmuck
aus dem eigenen Atelier
(0925) Von J. Niemeier, J. Klein, 80 S., 141 Farbfotos, 25 Zeichnungen, kart. ●●

Neue zauberhafte Salzteig-Ideen
(0719) Von I. Kiskalt, 80 S., 324 Farbfotos, 12 Zeichnungen, kart. ●●

Hobby Salzteig
(0662) Von I. Kiskalt, 80 S., 150 Farbfotos, 5 Zeichnungen, Schablonen, kart. ●●

Gestalten mit Salzteig
formen · bemalen · lackieren. (0613) Von W.-U. Cropp, 32 S., 56 Farbfotos, 17 Zeichnungen, Pappband. ●

Originell und dekorativ
Salzteig mit Naturmaterialien
(0833) Von A. und H. Wegener, 80 S., 166 Farbfotos, kart. ●●

Buntbemalte Kunstwerke aus Salzteig
Figuren, Landschaften und Wandbilder. (5141) Von G. Belli, 64 S., 165 Farbfotos, 1 Zeichnung, Pappband. ●●

Kreatives Gestalten mit Salzteig
Originelle Motive für Fortgeschrittene. (0769) Hrsg. I. Kiskalt, 80 S., 168 Farbfotos, kart. ●●

Videokassette Salzteig
(6010) VHS. Von I. Kiskalt, Dr. A. Teuchert, in Farbe, ca. 35 Min. ●●●●●*

Tiffany-Spiegel selbermachen
Materialien · Arbeitsanleitung · Vorlagen. (0761) Von R. Thomas, 32 S., 53 Farbfotos, Pappband. ●

Tiffany-Schmuck selbermachen
Materialien · Arbeitsanleitungen · Modelle. (0871) Von B. Poludniak, H. W. Scheib, 32 S., 54 Farbfotos, 3 Zeichnungen, Pappband. ●

Tiffany-Lampen selbermachen
Arbeitsanleitung · Materialien · Modelle. (0684) Von I. Spliethoff, 32 S., 60 Farbfotos, Pappband. ●

Hobby Glaskunst in Tiffany-Technik
(0781) Von N. Köppel, 80 S., 194 Farbfotos, 6 s/w-Abb., ●●

Altes Brauchtum neu endeckt
Schmuck-Eier
Kunstvoll gestalten und verzieren. (0919) Von I. Kiskalt, 32 S., 45 Farbfotos, 3 s/w-Zeichnungen, Pappband. ●

Origami
Die Kunst des Papierfaltens. (0280) Von R. Harbin, 160 S., 633 Zeichnungen, kart. ●

Hobby Origami
Papierfalten für groß und klein. (0756) Von Z. Aytüre-Scheele, 88 S., über 800 Farbfotos, kart. ●●

Neue zauberhafte Origami-Ideen
Papierfalten für groß und klein. (0805) Von Z. Aytüre-Scheele, 80 S., 720 Farbfotos, kart. ●●

Weihnachtsbasteleien
(0667) Von M. Kühnle und S. Beck, 32 S., 56 Farbfotos, 6 Zeichnungen, kart. ●

Alle Jahre wieder…
Avent und Weihnachten
Basteln – Backen – Schmücken – Singen – Vorlesen – Feiern.
(4260) Von H. und Y. Nadolny, 256 S., 105 Farbfotos, 130 Zeichnungen, Pappband. ●●●●

Bastelspaß mit der Laubsäge
Mit Schnittmusterbogen für viele Modelle in Originalgröße. (0741) Von K. Giesche, M. Bausch, 32 S., 61 Farbfotos, 7 Zeichnungen, Schnittmusterbogen, kart. ●

Strohschmuck selbstgebastelt
Sterne, Figuren und andere Dekorationen (0740) Von E. Rombach, 32 S., 60 Farbfotos, 17 Zeichnungen, Pappband. ●

Das Herbarium
Pflanzen sammeln, bestimmen und pressen. (5113) Von I. Gabriel, 96 S., 140 Farbfotos, Pappband. ●●

Gestalten mit Naturmaterialien
Zweige, Kerne, Federn, Muscheln und anderes. (5128) Von I. Krohn, 64 S., 101 Farbfotos, 11 farbige Zeichnungen, Pappband. ●●

Blütenbilder aus Blumen und Blättern
Phantasievolle Naturcollagen.
(0872) Von G. Schamp, 32 S., 57 Farbfotos, 1 Zeichnung, Pappband. ●

Dauergestecke
mit Zweigen, Trocken- und Schnittblumen. (5121) Von G. Vocke, 64 S., 57 Farbfotos, Pappband. ●●

Ikebana
Einführung in die japanische Kunst des Blumensteckens. (0548) Von G. Vocke, 152 S., 47 Farbfotos, kart. ●●

Hobby Trockenblumen
Gewürzsträuße, Gestecke, Kränze, Buketts. (0643) Von R. Strobel-Schulze, 88 S., 170 Farbfotos, kart. ●●

Hobby Gewürzsträuße
Gesammelt und zauberhafte Gebinde nach Salzburger Art. (0726) Von A. Ott, 80 S., 101 Farbfotos, 51 farbige Zeichnungen, kart. ●●

Trockenblumen und Gewürzsträuße
(5084) Von G. Vocke, 64 S., 63 Farbfotos, Pappband. ●●

Töpfern
als Kunst und Hobby. (4073) Von J. Fricke, 132 S., 37 Farbfotos, 222 s/w-Fotos, Pappband. ●●●●

Kreatives Gestalten mit Ton
Töpfern ohne Scheibe – Aufbaukeramik
(0896) Von A. Riedinger, 80 S., 207 Farbfotos, 16 Zeichnungen, 7 Vignetten, kart. ●●

Schöne Sachen modellieren
Originelles aus Cernit – ideenreich gestaltet. (0762) Von G. Thelen, 32 S., 105 Farbfotos, Pappband. ●

Porzellanpuppen
Zauberhafte alte Puppen selbst nachbilden. (5138) Von C. A. und D. Stanton, 64 S., 58 Farbfotos, 22 Zeichnungen, Pappband. ●●

Zauberhafte alte Puppen
Sammeln · Restaurieren · Nachbilden (4255) Von C. A. Stanton, J. Jacobs, 120 S., 157 Farbfotos, 24 Zeichnungen, Pappband. ●●●●

Stoffpuppen
Liebenswerte Modelle selbermachen.
(5150) Von I. Wolff, 56 S., 115 Farbfotos,
15 Zeichnungen, mit Schnittmusterbogen,
Pappband. ●●

Hobby Puppen
Bezaubernde Modelle selbst gestalten.
(0742) Von B. Wenzelburger, 88 S., 163 Farbfotos, 41 Zeichnungen, 11 Schnittmuster,
kart. ●●

Selbstgestrickte Puppen
Materialien und Arbeitsanleitungen.
(0638) Von B. Wehrle, 32 S., 21 Farbfotos,
24 Zeichnungen, Pappband. ●

Dekorative Rupfenpuppen
Arbeitsanleitungen und Gestaltungsvor-
schläge. (0733) Von B. Wenzelburger, 32 S.,
57 Farbfotos, 14 Zeichnungen, Spiralbindung. ●

Phantasiepuppen stricken und häkeln
Märchenhafte Modelle mit Arbeitsanleitungen. (0813) Von B. Wehrle, 32 S., 26 Farbfotos, 30 einfarbige und 16 dreifarbige
Zeichnungen, Pappband. ●

Heißgeliebte Teddybären
Selbermachen · Sammeln · Restaurieren.
(0900) Von H. Nadolny, Y. Thalheim, 80 S.,
119 Farbfotos, 23 s/w-Zeichnungen, 14 S.
Schnittmusterbogen, kart. ●●

Schritt für Schritt zum Scherenschnitt
Materialien · Techniken · Gestaltungsvor-
schläge. (0732) Von H. Klingmüller, 32 S.,
38 Farbfotos, 34 Vorlagen, Pappband. ●

Hobby Drachen
bauen und steigen lassen. (0767) Von
W. Schimmelpfennig, 80 S., 1 dreiseitige
Ausklapptafel, 55 Farbfotos, 139 Zeichnungen, kart. ●●

Ferngelenkte Motorflugmodelle
bauen und fliegen. (0400) Von W. Thies,
184 S., mit Zeichnungen und Detailplänen,
kart. ●●

Flugmodelle
bauen und einfliegen. (0361) Von W. Thies
und W. Rolf, 160 S., 63 Abb., 7 Faltpläne,
kart. ●●

Kleine Welt auf Rädern
Das faszinierende Spiel mit **Modelleisenbahnen** (4175) Von F. Eisen, 256 S., 72 Farb-
und 180 s/w-Fotos, 25 Zeichnungen,
Pappband. ●●●

Anlagenbau in Modultechnik
für Modelleisenbahnen und Dioramen.
(0845) Von J. Thal, 104 S., 68 Farbfotos,
28 Zeichnungen, kart. ●●●

Videokassette
Die Modelleisenbahn
Anlagenbau in Modultechnik. Neue kreative
Gestaltung. Neue raffinierte Techniken.
(6028) VHS, Von J. Grahn, 30 Min., in Farbe.
●●●●*

Schiffsmodelle
selber bauen. (0500) Von D. und R. Lochner,
200 S., 93 Zeichnungen, 2 Faltpläne, kart.
●●

Ferngelenkte Segelflugmodelle
bauen und fliegen. (0446) Von W. Thies,
176 S., 22 s/w-Fotos, 115 Zeichnungen, kart.
●●

Garagentore selbst bemalt
Techniken und Motive. (0786) Von H. und Y.
Nadolny, 32 S., 24 Farbfotos, 12 s/w-Zeich-
nungen, Pappband. ●

Falken Handbuch
Heimwerken
Reparieren und Selbermachen im Haus und
Wohnung - über 1100 Farbfotos. Praktische
Tips vom Profi: Selbermachen, Reparieren,
Renovieren, Kostensparen. (4117) Von Th.
Pochert, 440 S., 1103 Farbfotos, 100 ein- und
zweifarbige Abb., Pappband. ●●●●

Falken-Heimwerker-Praxis
Tapezieren
(0743) Von W. Nitschke, 112 S., 186 Farbfotos, 9 Zeichnungen, kart. ●●

Falken-Heimwerker-Praxis
Anstreichen und Lackieren
(0771) Von P. Müller, 120 S., 186 Farbfotos,
2 s/w-Fotos, 3 Zeichnungen, kart. ●●

Falken-Heimwerker-Praxis
Fahrrad-Reparaturen
(0796) Von R. van der Plas, 112 S., 140 Farbfotos, 113 farbige Zeichnungen, kart. ●●

Falken-Heimwerker-Praxis
Kleinmöbel aus Holz
(0905) Von O. Maier, 128 S., 210 Farbfotos,
80 Zeichnungen, kart. ●●

Restaurieren von Möbeln
Stilkunde, Materialien, Techniken, Arbeitsanleitungen in Bildfolgen. (4120) Von
E. Schnaus-Lorey, 152 S., 37 Farbfotos,
75 s/w Fotos, 352 Zeichnungen, Pappband.
●●●●

**Möbel aufarbeiten, reparieren und
pflegen**
(0386) Von E. Schnaus-Lorey, 96 S.,
28 Fotos, 101 Zeichnungen, kart. ●

Feuerzeichen behaglicher Wohnkultur
Kachelöfen, Kamine und Kaminöfen
(4288) Von V. C. Berninghaus. Von
R. Heinen, G. Kosicek, H. P. Sabborrosch,
168 S., 291 Farbfotos, 2 s/w-Fotos, 8 Zeichnungen, Pappband. ●●●●●

Moderne Fotopraxis
(4401) Von G. Koshofer, Prof. H. Wedewardt,
224 S., 363 Farbfotos, 106 s/w-Fotos, 5 Farb-
und 24 s/w-Zeichnungen, Pappband. ●●●

Aktfotografie
Interpretationen zu einem unerschöpflichen
Thema. Gestaltung · Technik · Spezialeffekte.
(0737) Von H. Wedewardt, 88 S., 144 Farb-
und 6 s/w-Fotos, 6 Zeichnungen, kart. ●●

Videokassette
Aktfotografie
(6001) VHS, Laufzeit ca. 60 Min. in Farbe.
●●●●●

So macht man bessere Fotos
Das meistverkaufte Fotobuch der Welt.
(0614) Von M. L. Taylor, 192 S., 457 Farbfotos, 15 Abb., kart. ●●

Schmalfilmen
Ausrüstung · Aufnahmepraxis · Schnitt · Ton.
(0342) Von U. Ney, 108 S., 4 Farbtafeln,
25 s/w-Fotos, kart. ●

Schmalfilme selbst vertonen
(0593) Von U. Ney, 96 S., 57 s/w-Fotos, kart. ●

Videografieren
Filmen mit Video 8. Technik – Bildgestaltung
– Schnitt – Vertonung. (0843) Von M. Wild,
K. Möller, 120 S., 101 Farbfotos,
22 s/w-Fotos, 52 Zeichnungen, kart. ●●

Videokassette
Videografieren
Filmen mit Video 8. Technik – Bildgestaltung
– Schnitt – Vertonung. (6031) VHS, (6033)
Beta, (6034) Sony 8 mm, Von M. Wild,
60 Min., in Farbe. ●●●●●*

Mit vollem Genuß
Pfeife rauchen
Alles über Tabaksorten, Pfeifen und Zubehör.
(4227) Von H. Behrens, H. Frickert, 168 S.,
127 Farbfotos, 18 Zeichnungen, Pappband. ●●●

Die Fazination der Philatelie
Briefmarken sammeln
(4273) Von D. Stein, 212 S., 124 s/w-Fotos,
24 Farbtafeln, Pappband. ●●●

Briefmarken
sammeln für Anfänger. (0481) Von D. Stein.
120 S., 4 Farbtafeln, 98 s/w-Abb., kart. ●

Münzen
Ein Brevier für Sammler. (0353) Von
E. Dehnke, 128 S., 4 Farbtafeln, 17 s/w-Abb.,
kart. ●●

Astronomie als Hobby
Sternbilder und Planeten erkennen und
benennen. (0572) Von D. Block, 176 S.,
16 Farbtafeln, 49 s/w-Fotos, 93 Zeichnungen, kart. ●●

Astronomie im Bild
Unser Sternenhimmel rund ums Jahr
(0849) Von Dr. E. Übelacker, 88 S., 48 Farbfotos, 1 s/w-Foto, 68 Farbzeichnungen, kart.
●●

Freizeit mit dem Mikroskop
(0291) Von M. Deckart, 132 S., 8 Farbtafeln,
64 s/w-Abb., 2 Zeichnungen, kart. ●

Gitarre spielen
Ein Grundkurs für den Selbstunterricht.
(0534) Von A. Roßmann, 96 S., 1 Schallfolie,
150 Zeichnungen, kart. ●●

Komm mit ins Land der Lieder
Das große Buch der Kinder-, Volks- und
Chorlieder. (4261) Hrsg. von H. Rauhe,
176 S., 146 Farbzeichnungen, Pappband.
●●●

Die schönsten Wander- und Fahrtenlieder
(0462) Hrsg. von F. R. Miller, empfohlen vom
Deutschen Sängerbund, 80 S., mit Noten
und Zeichnungen, kart. ●

Die schönsten Volkslieder
(0432) Hrsg. von D. Walther, 128 S., mit
Noten und Zeichnungen, kart. ●

Technik

Dampflokomotiven
(4204) Von W. Jopp, 96 S., 134 Farbfotos,
Pappband. ●●●

Die Super-Eisenbahnen der Welt
(4287) Von W. Kosak, H. G. Isenberg, 224 S.,
269 Farbfotos, 79 s/w-Fotos, 8 Vignetten,
5 farb. Ausklapptafeln, Pappband. ●●●●

Zivilflugzeuge
Vom Kleinflugzeug zum Überschall-Jet
(4218) Von R. J. Höhn, H. G. Isenberg, 96 S.,
115 Farbfotos, Pappband. ●●●

Trucks
Giganten der Landstraßen in aller Welt.
(4222) Von H. G. Isenberg, 96 S., 131 Farbfotos, Pappband. ●●●

Die Super-Trucks der Welt
(4257) Von H. G. Isenberg, 194 S., 205 Farbfotos, 87 s/w-Fotos, 7 Farbzeichnungen,
4 Ausklapptafeln, Pappband. ●●●●

Die Super-Motorräder der Welt
(4193) Von H. G. Isenberg, 192 S., 170 Farb-
und 100 s/w-Fotos, 8 Zeichnungen, Pappband. ●●●●

Motorrad-Hits
Chopper, Tribikes, Heiße Öfen. (4221) Von
H. G. Isenberg, 96 S., 119 Farbfotos, Papp-
band. ●●●

Motorrad-Faszination
Heiße Öfen, von denen jeder träumt.
(4223) Von H. G. Isenberg, 96 S., 103 Farb-
und 20 s/w-Fotos, Pappband. ●●●

Sport und Fitneß

ZDF Sportjahr '87
Rekorde, Siege, Schicksale, Ergebnisse,
Termine '88
(4290) Hrsg. von B. Heller, 192 S., 275 Farb-
und 4 s/w-Fotos, kart. ●●

Neue Lehrmethoden der Judo-Praxis
(0424) Von P. Herrmann, 223 S., 475 Abb.,
kart. ●●

Judo
Grundlagen – Methodik. (0305) Von
M. Ohgo, 208 S., 1025 Fotos, kart. ●●

Fußwürfe
für Judo, Karate und Selbstverteidigung.
(0439) Von H. Nishioka, 96 S., 260 Abb.,
kart. ●

Modernes Karate
Das große Standardwerk mit 2229 Abbildungen. (4280) Von T. Okazaki, Dr. med.
M. V. Stricevic, übers. von M. Pabst, 376 S.,
2279 Abbildungen, Pappband. ●●●●●

Karate für alle
Karate-Selbstverteidigung in Bildern. (0314)
Von A. Pflüger, 112 S., 356 s/w-Fotos, kart. ●

Nakayamas Karate perfekt 1
Einführung. (0487) Von M. Nakayama,
136 S., 605 s/w-Fotos, kart. ●●

Nakayamas Karate perfekt 2
Grundtechniken. (0512) Von M. Nakayama,
136 S., 354 s/w-Fotos, 53 Zeichnungen, kart.
●●

Nakayamas Karate perfekt 3
Kumite 1: Kampfübungen. (0538) Von
M. Nakayama, 128 S., 424 s/w-Fotos, kart.
●●

Nakayamas Karate perfekt 4
Kumite 2: Kampfübungen. (0547) Von
M. Nakayama, 128 S., 394 s/w-Fotos, kart. ●

Nakayamas Karate perfekt 5
Kata 1: Heian, Tekki. (0571) Von M. Nakayama, 144 S., 1229 s/w-Fotos, kart. ●●

Nakayamas Karate perfekt 6
Kata 2: Bassai-Dai, Kanku-Dai, (0600) Von
M. Nakayama, 144 S., 1300 s/w-Fotos,
107 Zeichnungen, kart. ●●

Nakayamas Karate perfekt 7
Kata 3: Jitte, Hangetsu, Empi. (0618) Von
M. Nakayama, 144 S., 1988 s/w-Fotos,
105 Zeichnungen, kart. ●●

Nakayamas Karate perfekt 8
Gankaku, Jion. (0650) Von M. Nakayama,
144 S., 1119 s/w-Fotos, 99 Zeichnungen, kart.
●●

Kontakt-Karate
Ausrüstung · Technik · Training. (0396) Von
A. Pflüger, 112 S., 238 s/w-Fotos. ●●

Karate-Do
Das Handbuch des modernen Karate. (4028)
Von A. Pflüger, 360 S., 1159 Abb., Pappband.

Bo-Karate
Kukishin-Ryu – die Techniken des Stock-
kampfes. (0447) Von G. Stiebler, 176 S.,
424 s/w-Fotos, 38 Zeichnungen, kart. ●●

Karate 1
Einführung · Grundtechniken. (0227) Von
A. Pflüger, 148 S., 195 s/w-Fotos, 120 Zeich-
nungen, kart. ●

Karate 2
Kombinationstechniken · Katas. (0239) Von
A. Pflüger, 176 S., 452 s/w-Fotos und Zeich-
nungen, kart. ●

Karate Kata 1
Heian 1-5, Tekki 1, Bassai Dai. (0683) Von
W.-D. Wichmann, 164 S., 703 s/w-Fotos,
kart. ●●

Karate Kata 2
Jion, Empi, Kanku-Dai, Hangetsu. (0723) Von
W.-D. Wichmann, 140 S., 661 s/ w-Fotos,
4 Zeichnungen, kart. ●●

25 Shotokan-Katas
Auf einen Blick: Karate-Katas für Prüfungen
und Wettkämpfe. (0859) Von A. Pflüger,
88 S., 185 s/w-Abbildungen, 26 ganzseitige
Tafeln mit über 1.600 Einzelschritten. ●●

Videokassette
Karate
Einführung und Grundtechniken.
(6037) VHS, Von A. Pflüger, ca. 45 Min.,
in Farbe, ●●●●●*

Ninja 1
Die Lehre der Schattenkämpfer. (0758) Von
S. K. Hayes, 144 S., 137 s/w-Fotos, kart. ●●

Ninja 2
Die Wege zum Shoshin (0763) Von
S. K. Hayes, 160 S., 309 s/w-Fotos, kart. ●●

Ninja 3
Der Pfad des Togakure-Kämpfers.
(0764) Von S. K. Hayes, 144 S.,
197 s/w-Fotos, 2 Zeichnungen, kart. ●●

Ninja 4
Das Vermächtnis der Schattenkämpfer.
(0807) Von S. K. Hayes, 196 S., 466 s/w-
Fotos, kart. ●●

Der König des Kung-Fu
Bruce Lee
Sein Leben und Kampf. (0392) Von L. Lee,
136 S., 104 s/w-Fotos, kart. ●

Bruce Lees Kampfstil 1
Grundtechniken. (0473) Von B. Lee,
M. Uyehara, 109 S., 220 Abb., kart. ●

Bruce Lees Kampfstil 2
Selbstverteidigungs-Techniken. (0486) Von
B. Lee, M. Uyehara, 128 S., 310 Abb., kart. ●

Bruce Lees Kampfstil 3
Trainingslehre. (0503) Von B. Lee,
M. Uyehara, 112 S., 246 Abb., kart. ●

Bruce Lees Kampfstil 4
Kampftechniken. (0523) Von B. Lee,
M. Uyehara, 104 S., 211 Abb., kart. ●

Bruce Lees Jeet Kune Do
(0440) Von B. Lee, 192 S., mit 105 eigenhän-
digen Zeichnungen von B. Lee, kart. ●●

Ju-Jutsu 1
Grundtechniken – Moderne Selbstverteidigung. (0276) Von W. Heim, F. J. Gresch,
164 S., 450 s/w-Fotos, 8 Zeichnungen, kart.
●

Ju-Jutsu 2
für Fortgeschrittene und Meister. (0378) Von
W. Heim, F. J. Gresch, 160 S., 798 s/w- Fotos,
kart. ●●

Ju-Jutsu 3
Spezial-, Gegen- und Weiterführungs-Techni-
ken. (0485) Von W. Heim, F. J. Gresch,
200 S., über 600 s/w-Fotos, kart. ●●

Ju-Jutsu als Wettkampf
(0826) Von G. Kulot, 168 S., 418 s/w-Fotos,
2 Zeichnungen, kart. ●●

Nunchaku
Waffe · Sport · Selbstverteidigung. (0373)
Von A. Pflüger, 144 S., 247 Abb., kart. ●●

Shuriken · Tonfa · Sai
Stockfechten und andere bewaffnete Kampf-
sportarten aus Fernost. (0397) Von A. Schulz,
96 S., 253 s/w-Fotos, kart. ●●

**Illustriertes Handbuch des
Taekwondo**
Koreanische Kampfkunst und Selbstverteidi-
gung. (4053) Von K. Gil, 248 S., 1026 Abb.,
Pappband. ●●●

Taekwon-Do
Koreanischer Kampfsport. (0347) Von K. Gil,
152 S., 408 Abb., kart. ●●

Taekwondo perfekt 1
Die Formenschule bis zum Blaugurt.
(0890) Von K. Gil, Kim Chul-Hwan, 176 S.,
439 s/w-Fotos, 107 Zeichnungen, kart. ●●

Aikido
Lehren und Techniken des harmonischen
Weges. (0537) Von R. Brand, 280 S.,
697 Abb., kart. ●●

Kung-Fu und Tai-Chi
Grundlagen und Bewegungsabläufe. (0367)
Von B. Tegner, 182 S., 370 s/w-Fotos, kart. ●●

Kung-Fu
Theorie und Praxis klassischer und moderner Stile. (0376) Von M. Pabst, 160 S.,
330 Abb., kart. ●●

Shaolin-Kempo – Kung-Fu
Chinesisches Karate im Drachenstil. (0395)
Von R. Czerni, K. Konrad. 246 S., 723 Abb.,
kart. ●●

Hap Ki Do
Grundlagen und Techniken koreanischer
Selbstverteidigung. (0379) Von Kim Sou
Bong, 112 S., 153 Abb., kart. ●●

Dynamische Tritte
Grundlagen für den Zweikampf. (0438) Von
C. Lee, 96 S., 398 s/w-Fotos, 10 Zeichnun-
gen, kart. ●

Kickboxen
Fitneßtraining und Wettkampfsport.
(0795) Von G. Lemmens, 96 S., 208 s/w-
Fotos, 23 Zeichnungen, kart. ●●

Selbstverteidigung
Abwehrtechniken für Sie und Ihn
(0853) Von E. Deser, 96 S., 259 s/w-Fotos,
kart. ●

Muskeltraining mit Hanteln
Leistungssteigerung für Sport und Fitness.
(0676) Von H. Schulz, 108 S., 92 s/w-Fotos,
2 Zeichnungen, kart. ●

Leistungsfähiger durch Krafttraining
Eine Anleitung für Fitness-Sportler, Trainer
und Athleten (0617) Von H. W. Kieser, 100 S.,
20 s/w-Fotos, 62 Zeichnungen, kart. ●

Die Faszination athletischer Körper
Bodybuilding
mit Weltmeister Ralf Möller. (4281) Von
R. Möller, 128 S., 169 Farbfotos, 14 s/w-
Fotos, 1 Farbzeichnung, Pappband. ●●●●

Die hier vorgestellten Bücher, Videokassetten und Software sind in folgende Preisgruppen unterteilt:

●   Preisgruppe bis   DM 10,–/S 79,–
●● Preisgruppe über DM 10,– bis DM 20,–
        S 80,– bis S 160,–

●●● Preisgruppe über DM 20,– bis DM 30,–
        S 161,– bis S 240,–

●●●●   Preisgruppe über DM 30,– bis DM 50,–
          S 241,– bis S 400,–
●●●●● Preisgruppe über DM 50,–/S 401,–
*(unverbindliche Preisempfehlung)

Die Preise entsprechen dem Status beim Druck dieses Verzeichnisses (s. Seite 1) – Änderungen, im besonderen der Preise, vorbehalten –

Bodybuilding
Anleitung zum Muskel- und Konditionstraining für sie und ihn. (0604) Von R. Smolana. 160 S., 171 s/w-Fotos, kart. ●

Hanteltraining zu Hause
(0800) Von M. Kieser, 80 S., 71 s/w-Fotos, 4 Zeichnungen, kart. ●

Fit und gesund
Körpertraining und Bodybuilding zu Hause. (0782) Von H. Schulz, 80 S., 100 Farbfotos, 3 Zeichnungen, kart. ●●

Videokassette
Fit und gesund
(6013) VHS, Laufzeit 30 Minuten, in Farbe. ●●●●

Bodybuilding für Frauen
Wege zu Ihrer Idealfigur (0661) Von H. Schulz, 108 S., 84 s/w-Fotos, 4 Zeichnungen, kart. ●

Bodyshaping · Bodybuilding
Mit Anja Albrecht. (4405) Von A. Albrecht, 128 S., 164 Farbfotos, 4 s/w-Fotos, 1 Farb- und 1 s/w-Zeichnung, Pappband. ●●●●

Optimale Ernährung
für Krafttraining und Budybuilding. (0912) Von B. Dahmen, 88 S., 8 Farbtafeln, 8 Zeichnungen, kart. ●

Top-Form im Sport
Ernährungs-Training
Das Erfolgsprogramm für den Ausdauersportler. (0945) Von M. Inzinger, Dipl.-Oec. troph. G. Wagner, 160 S., 31 Farbzeichnungen, 16 Grafiken, kart. ●●

Gesund und leistungsfähig durch
Konditionsübungen, Fitneßtraining, Wirbelsäulengymnastik
(0844) Von R. Milser, K. Grafe, 104 S., 99 Farbfotos, 12 Farbzeichnungen, 5 s/w-Zeichnungen, kart. ●●

Stretching
Mit Dehnungsgymnastik zu Entspannung. Geschmeidigkeit und Wohlbefinden. (0717) Von H. Schulz, 80 S. 90 s/w-Fotos, kart. ●

Isometrisches Training
Übungen für Muskelkraft und Entspannung. (0529) Von L. M. Kirsch, 140 S., 162 s/w-Fotos, kart. ●

Gesund und fit durch Gymnastik
(0366) Von H. Pilss-Samek, 132 S., 150 Abb., kart. ●

Spaß am Laufen
Jogging für die Gesundheit. (0470) Von W. Sonntag, 140 S., 41 s/w-Fotos, 1 Zeichnung, kart. ●

Mein bester Freund, der Fußball
(5107) Von D. Brüggemann, D. Albrecht, 144 S., 171 Abb., kart. ●●

Fußball
Training und Wettkampf. (0448) Von H. Obermann, P. Walz, 166 S., 92 s/w-Fotos, 15 Zeichnungen, 29 Diagramme, kart. ●●

Handball
Technik · Taktik · Regeln. (0426) Von F. und P. Hattig, 128 S., 91 s/w-Fotos, 121 Zeichnungen, kart. ●●

Volleyball
Technik · Taktik · Regeln. (0351) Von H. Huhle, 104 S., 330 Abb., kart. ●

Badminton
Technik · Taktik · Training. (0699) Von K. Fuchs, L. Sologub, 168 S., 51 Abb., kart., ●●

Die neue Tennis-Praxis
Der individuelle Weg zu erfolgreichem Spiel. (4097) Von R. Schönborn, 240 S., 202 Farbzeichnungen, 31 s/w-Abb., Pappband. ●●●●

Erfolgreiche Tennis-Taktik
(4086) Von R. Ford Greene, übersetzt von M. R. Fischer, 182 S., 87 Abb., kart. ●●

Moderne Tennistechnik
(4187) Von G. Lam, 192 S., 339 s/w-Fotos, 91 Zeichnungen, kart. ●●●

Tennis
Technik · Taktik · Regeln. (0375) Von H. Elschenbroich, 112 S., 81 Abb., kart. ●

Tischtennis-Technik
Der individuelle Weg zu erfolgreichem Spiel. (0775) Von M. Perger, 144 S., 296 Abb. kart. ●●

Squash
Ausrüstung · Technik · Regeln. (0539) Von D. von Horn, H.-D. Stünitz, 96 S., 55 s/w-Fotos, 25 Zeichnungen, kart. ●

Golf
Ausrüstung · Technik · Regeln. (0343) Von J. C. Jessop, übersetzt von H. Biemer, mit einem Vorwort im H. Krings, Präsident des Deutschen Golf-Verbandes, 160 S., 65 Abb., Anhang Golfregeln des DGV, kart. ●●

Pool-Billard
(0484) Herausgegeben vom Deutschen Pool-Billard-Bund, von M. Bach, K.-W. Kühn, 104 S., mit über 64 Abb., kart. ●

Sportschießen
für jedermann. (0502) Von A. Kovacic, 124 S., 116 s/w-Fotos, kart. ●●

Fechten
Florett · Degen · Säbel. (0449) Von E. Beck, 88 S., 185 Fotos, 10 Zeichnungen, kart. ●●

Wir lernen tanzen
Standard- und lateinamerikanische Tänze. (0200) Von E. Fern, 168 S., 118 s/w-Fotos, 47 Zeichnungen, kart. ●

So tanzt man Rock'n'Roll
Grundschritte · Figuren · Akrobatik. (0573) Von W. Steuer und G. Marz, 224 S., 303 Abb., kart. ●

Tanzen überall
Discofox, Rock'n'Roll, Blues, Langsamer Walzer, Cha-Cha-Cha zum Selberlernen. (0760) Von H. M. Pritzer, 112 S., 128 Farbfotos, kart. ●●

Anmutig und fit durch
Bauchtanz
(0911) Von Marta, 120 S., 229 Farbfotos, 6 s/w-Zeichnungen, kart. ●●

Fit mit Stretching
(2304) Von B. Kurz, 96 S., 255 Farbfotos, kart. ●●

Fit mit Tai Chi
als sanfte Körpererfahrung
(2305) Von B. u. K. Moegling, 112 S., 121 Farbfotos, 6 Farb- u. 4 s/w-Zeichnungen, kart. ●●

Fit mit Volleyball
(2302) Von Dr. A. Scherer, 104 S., 27 Farb- und 1 s/w-Foto, 12 Farb- und 29 s/w-Zeichnungen, kart. ●●

Fit mit Tanzen
(2303) Von K. Richter, H. Kleinow, 88 S., 94 Farbfotos, kart. ●●

Fit mit Karate
(2308) Von A. Pflüger, 96 S., 134 Farbfotos, 4 s/w-Zeichnungen, kart. ●●

Funboard-Surfen
Material · Technik · Regatten · Internationale Reviere. (4297) Von J. Evans, 144 S., 106 Farbfotos, 9 Farbzeichnungen, 68 zweifarbige und 5 s/w-Zeichnungen, kart. ●●●

Segeln
Der neue Grundschein – Vorstufe zum A-Schein – Mit Prüfungsfragen. (5147) Von C. Schmidt, 80 S., 8 Farbtafeln, 18 Farbfotos, 82 Zeichnungen, kart., ●●

Falken-Handbuch
Angeln
in Binnengewässern und im Meer. (4090) Von H. Oppel, 344 S., 24 Farbtafeln, 66 s/w-Fotos, 151 Zeichnungen, gebunden. ●●●●

Angeln
Kleine Fibel für den Sportfischer. (0198) Von E. Bondick, 96 S., 116 Abb., kart. ●

Sportfischen
Fische – Geräte – Techniken. (0324) Von H. Oppel, 144 S., 49 s/w-Fotos, 8 Farbtafeln, kart. ●

Sporttauchen
Theorie und Praxis des Gerätetauchens. (0647) Von S. Müßig, 144 S., 8 Farbtafeln, 35 s/w-Fotos, 89 Zeichnungen, kart. ●●

Ski-Gymnastik
Fit für Piste und Loipe. (0450) Von H. Pilss-Samek, 104 S., 67 s/w-Fotos, 20 Zeichnungen, kart. ●

Alpiner Skisport
Ausrüstung · Techniken · Skigymnastik. (5130) Von K. Meßmann, 128 S., 8 Farbtafeln, 93 s/ w-Fotos, 45 Zeichnungen, kart. ●●

Skilanglauf, Skiwandern
Ausrüstung · Techniken · Skigymnastik. (5129) Von T. Reiter und R. Kerler, 80 S., 8 Farbtafeln, 85 Zeichnungen und s/w-Fotos, kart. ●●

Eishockey
Lauf- und Stocktechnik, Körperspiel, Taktik, Ausrüstung und Regeln. (0414) Von J. Čapla, 264 S., 548 s/w-Fotos, 163 Zeichnungen, kart. ●●

Fibel für Kegelfreunde
Sport- und Freizeitkegeln · Bowling. (0191) Von G. Bocsai, 72 S., 62 Abb., kart. ●

Beliebte und neue Kegelspiele
(0271) Von G. Bocsai, 92 S., 62 Abb., kart. ●

111 spannende Kegelspiele
(2031) Von H. Regulski, 88 S., 53 Zeichnungen, kart., ●

Schach

Einführung in das Schachspiel
(0104) Von W. Wollenschläger und K. Colditz, 92 S., 116 Diagramme, kart. ●

Falken-Handbuch **Schach**
(4051) Von T. Schuster, 360 S., über 340 Diagramme, gebunden. ●●●●

Spielend Schach lernen
(2002) Von T. Schuster, 128 S., kart. ●

Kinder- und Jugendschach
Offizielles Lehrbuch des Deutschen Schachbundes zur Erringung der Bauern-, Turm- und Königsdiplome. (0561) Von B. J. Withuis, H. Pfleger, 144 S., 220 Zeichnungen und Diagramme, kart. ●●

Neue Schacheröffnungen
(0478) Von T. Schuster, 108 S., 100 Diagramme, kart. ●

Die hier vorgestellten Bücher, Videokassetten und Software sind in folgende Preisgruppen unterteilt:

●   Preisgruppe bis DM 10,–/S 79,–
●● Preisgruppe über DM 10,– bis DM 20,–
    S 80,– bis S 160,–

●●● Preisgruppe über DM 20,– bis DM 30,–
    S 161,– bis S 240,–

●●●● Preisgruppe über DM 30,– bis DM 50,–
    S 241,– bis S 400,–
●●●●● Preisgruppe über DM 50,–/S 401,–
    *(unverbindliche Preisempfehlung)

Die Preise entsprechen dem Status beim Druck dieses Verzeichnisses (s. Seite 1) – Änderungen, im besonderen der Preise, vorbehalten –

FALKEN

Falken-Verlag GmbH · Postfach 1120   D-6272 Niedernhausen/Ts. · Tel.: 06127/7020   **7**

Schach für Fortgeschrittene
Taktik und Probleme des Schachspiels.
(0219) Von R. Teschner, 96 S., 85 Diagramme, kart. ●

Taktische Schachendspiele
(0752) Von J. Nunn, 200 S., 151 Diagramme, kart. ●●

Die Schach-Revanche
Kasparow/Karpow 1986. (0831) Von O. Borik, H. Pfleger, M. Kipp-Thomas, 144 S., 19 s/w-Fotos, 72 Diagramme, kart. ●●

Schachstrategie
Ein Intensivkurs mit Übungen und ausführlichen Lösungen. (0584) Von A. Koblenz, dt. Bearb. von K. Colditz, 212 S., 240 Diagramme, kart. ●●

Schachtraining mit den Großmeistern
(0670) Von H. Bouwmeester, 128 S., 90 Diagramme, kart. ●●

Schach als Kampf
Meine Spiele und mein Weg. (0729) Von G. Kasparow, 144 S., 95 Diagramme, 9 s/w-Fotos, kart. ●●

Helmut Pflegers
Schachkabinett
Amüsante Aufgaben – überraschende Lösungen. (0877) Von H. Pfleger, 160 S., 118 Diagramme, kart. ●●

Die besten Partien deutscher Schachgroßmeister
(4121) Von H. Pfleger, 192 S., 29 s/w-Fotos, 89 Diagramme, Pappband. ●●●

Lehr-, Übungs- und Testbuch der Schachkombinationen
(0649) Von K. Colditz, 184 S., 227 Diagramme, kart. ●●

Die hohe Schule der
Schachkombination
(0920) Von W. Golz, P. Keres, 272 S., 322 Diagramme, Pappband. ●●

Offizielles Lehrbuch des Deutschen Schachbundes
Das systematische Schachtraining
Trainingsmethoden, Strategien und Kombinationen. (0857) Von Sergiu Samarian, 152 S., 159 Diagramme, 1 Zeichnung, kart. ●●

So denkt ein Schachmeister
Strategische und taktische Analysen. (0915) Von H. Pfleger, G. Treppner, 120 S., 75 Diagramme, kart. ●●

FALKEN-SOFTWARE
Das komplette Schachprogramm
Spielen, Trainieren, Problemlösen mit dem Computer. (7006) Von J. Egger, Diskette für C 64, C 128 PC, mit Begleitheft. ●●●●●*

Zug um Zug
Schach für Jedermann 1
Offizielles Lehrbuch des Deutschen Schachbundes zur Errringung des Bauerndiploms. (0648) Von H. Pfleger, E. Kurz, 80 S., 24 s/w-Fotos, 8 Zeichnungen, 60 Diagramme, kart. ●

Zug um Zug
Schach für Jedermann 2
Offizielles Lehrbuch des Deutschen Schachbundes zur Errringung des Turmdiploms. (0659) Von H. Pfleger, E. Kurz, 132 S., 8 s/w-Fotos, 14 Zeichnungen, 78 Diagramme, kart. ●

Zug um Zug
Schach für Jedermann 3
Offizielles Lehrbuch des Deutschen Schachbundes zur Errringung des Königdiploms. (0728) Von H. Pfleger, G. Treppner, 128 S., 4 s/w-Fotos, 84 Diagramme, 10 Zeichnungen, kart. ●

Zug um Zug
Schach für Jedermann 1
(7015) Wendediskette für C 64/C 128 PC, mit Begleitheft. ●●●●*
(7005) Wendediskette für Atari ST 520/1040, mit Begleitheft. ●●●●●*

Schach mit dem Computer
(0747) Von D. Frickenschmidt, 140 S., 112 Diagramme, 29 s/w-Fotos, 5 Zeichnungen, kart. ●●

Spiele und Denksport

Kartenspiele
(2001) Von C. D. Grupp, 144 S., kart. ●

Neues Buch der siebzehn und vier Kartenspiele
(0095) Von K. Lichtwitz, 96 S., kart. ●

Alles über Pokern
Regeln und Tricks. (2024) Von C. D. Grupp, 112 S., 29 Kartenbilder, kart. ●

Rommé und Canasta
in allen Variationen. (2025) Von C. D. Grupp, 124 S., 24 Zeichnungen, kart. ●

Schafkopf, Doppelkopf, Binokel, Cego, Gaigel, Jaß, Tarock und andere „Lokalspiele".
(2015) Von C. D. Grupp, 152 S., kart. ●●

Spielend Skat lernen
unter freundlicher Mitarbeit des Deutschen Skatverbandes. (2005) Von Th. Krüger, 156 S., 181 s/w-Fotos, 22 Zeichnungen, kart. ●

Das Skatspiel
Eine Fibel für Anfänger. (0206) Von K. Lehnhoff, überarb. von P. A. Höfges, 96 S., kart. ●

Black Jack
Regeln und Strategien des Kasinospiels. (2032) Von K. Kelbratowski, 88 S., kart. ●

Falken-Handbuch **Patiencen**
Die 111 interessantesten Auslagen. (4151) Von U. v. Lyncker, 216 S., 108 Abbildungen, Pappband. ●●●

Patiencen
in Wort und Bild. (2003) Von I. Wolter, 136 S., kart. ●

Neue Patiencen
(2036) Von H. Sosna, 160 S., 43 Farbtafeln, kart. ●

Falken-Handbuch **Bridge**
Von den Grundregeln zum Turnierspiel. (4092) Von W. Voigt und K. Ritz, 280 S., 792 Diagramme, gebunden. ●●●●

Spielend Bridge lernen
(2012) Von J. Weiss, 108 S., 58 Zeichnungen, kart. ●

Spieltechnik im Bridge
(2004) Von V. Mollo und N. Gardener, deutsche Adaption von D. Schröder, 216 S., kart. ●●

Besser Bridge spielen
Reiztechnik, Spielverlauf und Gegenspiel. (2026) Von J. Weiss, 144 S., 60 Diagramme, kart. ●

Herausforderung im Bridge
200 Aufgaben mit Lösungen. (2033) Von V. Mollo, 152 S., kart. ●●

Präzisions-Treff im Bridge
(2037) Von E. Jannersten, 152 S., kart. ●●

Kartentricks
(2010) Von T. A. Rosee, 80 S., 13 Zeichnungen, kart. ●

Mah-Jongg
Das chinesische Glücks-, Kombinations- und Gesellschaftsspiel. (2030) Von U. Eschenbach, 80 S., 30 s/w-Fotos, 5 Zeichnungen, kart. ●

Neue Kartentricks
(2027) Von K. Pankow, 104 S., 20 Abb., kart. ●

Backgammon
für Anfänger und Könner. (2008) Von G. W. Fink und G. Fuchs, 116 S., 41 Abb., kart. ●

Würfelspiele
für jung und alt. (2007) Von F. Pruss, 112 S., 21 s/w-Zeichnungen, kart. ●

Gesellschaftsspiele
für drinnen und draußen. (2006) Von H. Görz, 128 S., kart. ●

Spiele für Party und Familie
(2014) Von Rudi Carrell, 160 S., 50 Abb., kart. ●

Das japanische Brettspiel Go
(2020) Von W. Dörholt, 104 S., 182 Diagramme, kart. ●

Roulette richtig gespielt
Systemspiele, die Vermögen brachten. (0121) Von M. Jung, 96 S., zahlreiche Tabellen, kart. ●

Spielend Roulette lernen
(2034) Von E. P. Caspar, 152 S., 1 s/w-Foto, 45 Zeichnungen, kart. ●●

Gesellschaftsspiele
für drinnen und draußen. (2006) Von H. Görz, 128 S., kart. ●

Spiele für Party und Familie
(2014) Von Rudi Carrel, 160 S., 50 Abb. kart. ●

Neue Spiele für Ihre Party
(2022) Von G. Blechner, 120 S., 54 Zeichnungen, kart. ●

Lustige Tanzspiele und Scherztänze
für Partys und Feste. (0165) Von E. Bäulke, 80 S., 53 Abb., kart. ●

Straßenfeste, Flohmärkte und Basare
Praktische Tips für Organisation und Durchführung. (0592) Von H. Schuster, 96 S., 52 Fotos, 17 Zeichnungen, kart. ●●

Zaubertricks für jedermann
(0282) Von J. Merlin, 176 S., 113 Abb., kart. ●●

Zaubern
einfach - aber verblüffend. (2018) Von D. Bouch, 84 S., 41 Zeichnungen, kart. ●

Magische Zaubereien
(0672) Von Widenmann, 64 S., 31 Zeichnungen, kart. ●

Kinderspiele
die Spaß machen. (2009) Von H. Müller-Stein, 112 S., 28 Abb., kart. ●

Spiele für Kleinkinder
(2011) Von D. Kellermann, 80 S., 23 Abb., kart. ●

Spiel und Spaß am Krankenbett
für Kinder und die ganze Familie. (2035) Von H. Bücken, 104 S., 97 Zeichnungen, kart. ●

Die hier vorgestellten Bücher, Videokassetten und Software sind in folgende Preisgruppen unterteilt:

● Preisgruppe bis DM 10,–/S 79,–
●● Preisgruppe über DM 10,– bis DM 20,– S 80,– bis S 160,–
●●● Preisgruppe über DM 20,– bis DM 30,– S 161,– bis S 240,–
●●●● Preisgruppe über DM 30,– bis DM 50,– S 241,– bis S 400,–
●●●●● Preisgruppe über DM 50,–/S 401,– *(unverbindliche Preisempfehlung)

Die Preise entsprechen dem Status beim Druck dieses Verzeichnisses (s. Seite 1) – Änderungen, im besonderen der Preise, vorbehalten –

Kasperletheater
Spieltexte und Spielanleitungen · Basteltips für Theater und Puppen. (0641) Von U. Lietz, 136 S., 4 Farbtafeln, 12 s/w-Fotos, 39 Zeichnungen, kart. ●

Knobeleien und Denksport
(2019) Von K. Rechberger, 142 S., 105 Zeichnungen, kart. ●

Das Geheimnis der magischen Ringe
Alles über das Puzzle vom Würfel-Erfinder. Die schönsten Figuren. (0878) Von Dr. Ch. Bandelow, 96 S., 198 Zeichnungen, 8 Cartoons, kart. ●

Quiz
Mehr als 1500 ernste und heitere Fragen aus allen Gebieten. (0129) Von R. Sautter und W. Pröve, 92 S., 9 Zeichnungen, kart. ●

500 Rätsel selberraten
(0681) Von E. Krüger, 272 S., kart. ●

501 Rätsel selberraten
(0711) Von E. Krüger, 272 S., kart. ●

Riesen-Kreuzwort-Rätsel-Lexikon
über 250.000 Begriffe. (4197) Von H. Schiefelbein, 1024 S., kart. ●●

Das Super-Kreuzwort-Rätsel-Lexikon
Über 150.000 Begriffe. (4279) Von H. Schiefelbein, 688 S., Pappband. ●●

Guten Tag, Kinder!
Neue Texte mit Spielanleitungen fürs Kasperletheater. (0861) Von U. Lietz, 96 S., 18 s/w-Zeichnungen, kart. ●

Kindergeburtstag
Vorbereitung, Spiel und Spaß. (0287) Von Dr. I. Obrig, 136 S., 40 Abb., 11 Zeichnungen, 9 Lieder mit Noten, kart. ●

Kindergeburtstage die keiner vergißt
Planung, Gestaltung, Spielvorschläge. (0698) Von G. und G. Zimmermann, 102 S., 80 Vignetten, kart. ●

Kinderfeste
daheim und in Gruppen. (4033) Von G. Blechner, 240 S., 320 Abb., kart. ●●

Scherzfragen, Drudel und Blödeleien
gesammelt von Kindern. (0506) Hrsg. von W. Pröve, 112 S., 57 Zeichnungen, kart. ●

Humor und Unterhaltung

Heitere Vorträge und witzige Reden
Lachen, Witz und gute Laune. (0149) Von E. Müller, 104 S., 44 Abb., kart. ●

Heitere Vorträge
(0528) Von E. Müller, 128 S., 14 Zeichnungen, kart. ●

Die große Lachparade
Neue Texte für heitere Vorträge und Ansagen. (0188) Von E. Müller, 80 S., kart. ●

So feiert man Feste fröhlicher
Heitere Vorträge und Gedichte. (0098) Von Dr. Allos, 96 S., 15 Abb., kart. ●

Lustige Vorträge für fröhliche Feiern
(0284) Von K. Lehnhoff, 96 S., kart. ●

Vergnügliches Vortragsbuch
(0091) Von J. Plaut, 192 S., kart. ●

Humor und Stimmung
Ein heiteres Vortragsbuch. (0460) Von G. Wagner, 112 S., kart. ●

Humor und gute Laune
Ein heiteres Vortragsbuch. (0635) Von G. Wagner, 112 S., 5 Zeichnungen, kart. ●

Gereimte Vorträge
für Bühne und Bütt. (0567) Von G. Wagner, 96 S., kart. ●

Damen in der Bütt
Scherze, Büttenreden, Sketsche. (0354) Von T. Müller, 136 S., kart. ●

Narren in der Bütt
Leckerbissen aus dem rheinischen Karneval. (0216) Zusammengestellt von T. Lücker, 112 S., kart. ●

Rings um den Karneval
Karnevalsscherze und Büttenreden. (0130) Von Dr. Allos, 144 S., 2 Zeichnungen, kart. ●

Helau und Alaaf 1
Närrisches aus der Bütt. (0304) Von E. Müller, 112 S., 4 Zeichnungen, kart. ●

Helau und Alaaf 2
Neue Büttenreden. (0477) Von E. Luft, 104 S., kart. ●

Helau und Alaaf 3
Neue Reden für die Bütt. (0832) Von H. Fauser, 144 S., 13 Zeichnungen, kart. ●

Wir feiern Karneval
Festgestaltung und Reden für die närrische Zeit. (0904) Von M. Zweigler, 120 S., 4 Zeichnungen, kart. ●

Tolle Sketche
mit zündenden Pointen – zum Nachspielen. (0656) Von E. Cohrs, 112 S., kart. ●

Vergnügliche Sketche
(0476) Von H. Pillau, 96 S., 7 Zeichnungen, kart. ●

Fidele Sketche und heitere Vorträge
Humor zum Nachspielen. (0157) Von H. Ehnle. 96 S., kart. ●

Vorhang auf!
Neue Sketche für jung und alt. (0898) Von H. Pillau, 96 S., 22 Zeichnungen, kart. ●

Sketche und spielbare Witze
für bunte Abende und andere Feste. (0445) Von H. Friedrich, 120 S., 7 Zeichnungen, kart. ●

Sketche
Kurzspiele zu amüsanter Unterhaltung. (0247) Von M. Gering, 132 S., 16 Abb., kart., ●

Witzige Sketche zum Nachspielen
(0511) Von D. Hallervorden, 160 S., kart. ●●

Sketche und Blackouts zum Nachspielen
(0941) Von E. Cohrs, 112 S., 12 Zeichnungen, kart. ●

Locker vom Hocker
Witzige Sketche zum Nachspielen. (4262) Von W. Giller, 144 S., 41 Zeichnungen, Pappband. ●●

Phantasievolles Schminken
Verzauberte Gesichter für Maskeraden, Laienspiel und Kinderfeste. (0907) Hrsg. von Y. u. H. Nadolny, 64 S., 227 Farbfotos, kart. ●●

Die Kleidermotte ernährt sich von nichts, sie frißt nur Löcher
Stilblüten, Sprüche und Widersprüche aus Schule, Zeitung, Rundfunk und Fernsehen. (0738) Von P. Haas, D. Kroppach, 112 S., zahlreiche Abb. kart. ●

Da lacht das Publikum
Neue lustige Vorträge für viele Gelegenheiten. (0716) Von H. Schmalenbach, 104 S., kart. ●

Witzig, witzig
(0507) Von E. Müller, 128 S., 16 Zeichnungen, kart. ●

Die besten Witze und Cartoons des Jahres 1
(0454) Hrsg. von K. Hartmann, 288 S., 125 Zeichnungen, geb. ●●

Die besten Witze und Cartoons des Jahres 4
(0579) Hrsg. von K. Hartmann, 288 S., 140 Zeichnungen, Pappband. ●●

Die besten Witze und Cartoons des Jahres 5
(0642) Hrsg. von K. Hartmann, 288 S., 88 Zeichnungen, Pappband. ●●

Die besten Witze und Cartoons des Jahres 6
(0916) Hrsg. von D. Kroppach, 288 S., 84 Zeichnungen, Pappband. ●●

Das Superbuch der Witze
(4146) Von B. Bornheim, 504 S., 54 Cartoons, Pappband. ●●

Witze
Lachen am laufenden Band (4241) Von J. Burkert, D. Kroppach, 400 S., 41 Zeichnungen, Pappband. ●●

Heller Wahnwitz
(0887) Von D. Kroppach, 220 S., 200 Vignetten, kart. ●

Spaßvögel
Über sexhundert komische Nummern. (0888) Von E. Zeller, mit Limericks von W. Müller, 220 S., 200 Vignetten, kart. ●

Total bescheuert
Kinder- und Schülerwitze. (0889) Von G. Geßner und E. Zeller, 220 S., 200 Vignetten, kart. ●

Die besten Beamtenwitze
(0574) Hrsg. von W. Pröve, 112 S., 59 Cartoons, kart. ●

Die besten Kalauer
(0705) Von K. Frank, 112 S., 12 Zeichnungen, kart., ●

Robert Lembkes Witzauslese
(0325) Von Robert Lembke, 160 S., 10 Zeichnungen von E. Köhler, Pappband. ●●

Fred Metzlers Witze mit Pfiff
(0368) Von F. Metzler, 112 S., kart. ●

O frivol ist mir am Abend
Pikante Witze von Fred Metzler. (0388) Von F. Metzler, 128 S., mit Karikaturen, kart. ●

Herrenwitze
(0589) Von G. Wilhelm, 112 S., 31 Zeichnungen, kart. ●

Witze am laufenden Band
Horror zum Totlachen
(0461) Von F. Asmussen, 118 S., kart. ●

Gruselwitze
(0536) Von F. Lautenschläger, 96 S., 44 Zeichnungen, kart. ●

Die besten Ostfriesenwitze
(0495) Hrsg. von O. Freese, 80 S., 15 Zeichnungen, kart. ●

Olympische Witze
Sportlerwitze in Wort und Bild. (0505) Von W. Willnat, 112 S., 126 Zeichnungen, kart. ●

Ich lach mich kaputt! Die besten Kinderwitze
(0545) Von E. Hannemann, 128 S., 15 Zeichnungen, kart. ●

Die hier vorgestellten Bücher, Videokassetten und Software sind in folgende Preisgruppen unterteilt:

● Preisgruppe bis DM 10,–/S 79,–
●● Preisgruppe über DM 10,– bis DM 20,–
S 80,– bis S 160,–

●●● Preisgruppe über DM 20,– bis DM 30,–
S 161,– bis S 240,–

●●●● Preisgruppe über DM 30,– bis DM 50,–
S 241,– bis S 400,–
●●●●● Preisgruppe über DM 50,–/S 401,–
*(unverbindliche Preisempfehlung)

Die Preise entsprechen dem Status beim Druck dieses Verzeichnisses (s. Seite 1) – Änderungen, im besonderen der Preise, vorbehalten –

Falken-Verlag GmbH · Postfach 1120   D-6272 Niedernhausen/Ts. · Tel.: 06127/7020   **9**

Lach mit!
Witze für Kinder, gesammelt von Kindern.
(0468) Hrsg. von W. Pröve, 96 S., 17 Zeichnungen, kart. ●
Die besten Kinderwitze
(0757) Von K. Rank, 112 S., 28 Zeichnungen, kart. ●
Lustige Sketche für Jungen und Mädchen
Kurze Theaterstücke für Jungen und Mädchen. (0669) Von U. Lietz und U. Lange, 104 S., kart. ●
Spielbare Witze für Kinder
(0824) Von H. Schmalenbach, 128 S., 30 Zeichnungen, kart. ●

Garten, Tiere, Umwelt

Garten heute
Der moderne Ratgeber · Über 1000 Farbbilder. (4283) Von H. Jantra, 384 S., über 1000 Farbabbildungen, Pappband. ●●●●
Das Gartenjahr
Arbeitsplan für den Hobbygärtner. (4075) Von G. Bambach, 152 S., 16 Farbtafeln, 141 Abb., kart. ●●
Gärtner Gustavs Gartenkalender
Arbeitspläne · Pflanzenporträts · Gartenlexikon. (4155) Von G. Schoser, 120 S., 146 Farbfotos, 13 Tabellen, 203 farbige Zeichnungen, Pappband. ●●●
Der richtige Schnitt von Obst- und Ziergehölzen, Rosen und Hecken
(0619) Von E. Zettl, 88 S., 8 Farbtafeln, 39 Zeichnungen, 21 s/w-Fotos, kart. ●
Blumenpracht im Garten
(5014) Von I. Manz, 64 S., 93 Farbfotos, Pappband. ●●
Blütenpracht in Haus und Garten
(4145) Von M. Haberer, u. a., 352 S., 1012 Farbfotos, Pappband. ●●●
Sag's mit Blumen
Pflege und Arrangieren von Schnittblumen. (5103) Von P. Möhring, 64 S., 68 Farbfotos, 2 s/w-Abb., Pappband. ●●
Grabgestaltung
Bepflanzung und Pflege zu jeder Jahreszeit. (5120) Von N. Uhl, 64 S., 77 Farbfotos, 2 Zeichnungen, Pappband. ●●
Wintergärten
Das Erlebnis, mit der Natur zu wohnen. Planen, Bauen und Einrichten. (4256) Von LOG, ID, 136 S., 130 Farbfotos, 107 Zeichnungen, Pappband. ●●●●
Häuser in lebendigem Grün
Fassaden und Dächer mit Pflanzen gestalten. (0846) Von U. Mehl, K. Werk, 88 S., 116 Farbfotos, 4 Farb- und 17 s/w-Zeichnungen, kart. ●●
Rund ums Jahr erfolgreich gärtnern Gewächshäuser
planen · bauen · einrichten · nutzen. (4408) Von Dr. G. Schoser, J. Wolff, 232 S., 315 Farbfotos, 5 s/w-Fotos, 53 Farbzeichnungen, Pappband. ●●●●●
Gartenteiche und Wasserspiele
planen, anlegen und pflegen (4083) Von H. R. Sikora, 160 S., 31 Farb- und 31 s/w-Fotos, 73 Zeichnungen, Pappband. ●●●

Wasser im Garten
Von der Vogeltränke zum Naturteich – Natürliche Lebensräume selbst gestalten. (4230) Von H. Hendel, P. Keßeler, 240 S., 247 Farbfotos, 68 Farbzeichnungen, Pappband. ●●●●
Mein kleiner Gartenteich
planen – anlegen – pflegen (0851) Von I. Polaschek, 144 S., 85 Farbfotos, 10 Farbzeichnungen, kart. ●●
Leben im Naturgarten
Der Biogärtner und seine gesunde Umwelt. (4124) Von N. Jorek, 128 S., 68 s/w-Fotos, kart. ●●
So wird mein Garten zum Biogarten
Alles über die Umstellung auf naturgemäßen Anbau. (0706) Von I. Gabriel, 128 S., 73 Farbfotos, 54 Farbzeichnungen, kart. ●●
Gesunde Pflanzen im Biogarten
Biologische Maßnahmen bei Schädlingsbefall und Pflanzenkrankheiten. (0707) Von I. Gabriel, 128 S., 126 Farbfotos, 12 Farbzeichnungen, kart. ●●
Kosmische Einflüsse auf unsere Gartenpflanzen
Sterne beeinflussen Wachstum und Gesundheit der Pflanzen. (0708) Von I. Gabriel, 112 S., 57 Farbfotos, 43 Farbzeichnungen, kart. ●●
Der Biogarten unter Glas und Folie
Ganzjährig erfolgreich ernten. (0722) Von I. Gabriel, 128 S., 62 Farbfotos, 45 Farbzeichnungen, kart. ●●
Obst und Beeren im Biogarten
Gesunde und schmackhafte Früchte durch natürlichen Anbau. (0780) Von I. Gabriel, 128 S., 38 Farbfotos, 71 Farbzeichnungen, kart. ●●
Kräuter und Heilpflanzen im Biogarten
Gesunde Ernte durch natürlichen Anbau. (0929) Von I. Gabriel, 112 S., 63 Farbfotos, 19 Farbzeichnungen, kart. ●●
Neuanlage eines Biogartens
Planung, Bodenvorbereitung, Gestaltung. (0721) Von I. Gabriel, 128 S., 73 Farbfotos, 39 Zeichnungen, kart. ●●
Der biologische Zier- und Wohngarten
Planen, Vorbereiten, Bepflanzen und Pflegen. (0748) Von I. Gabriel, 128 S., 72 Farbfotos, 46 Farbzeichnungen, kart. ●●
Gemüse im Biogarten
Gesunde Ernte durch naturgemäßen Anbau. (0830) Von I. Gabriel, 128 S., 26 Farbfotos, 86 Farbzeichnungen, kart. ●●
Erfolgreich gärtnern
durch naturgemäßen Anbau (4252) Von I. Gabriel, 416 S., 176 Farbfotos, 212 Farbzeichnungen, Pappband. ●●●
Das Bio-Gartenjahr
Arbeitsplan für naturgemäßes Gärtnern. (4169) Von N. Jorek, 128 S., 8 Farbtafeln, 70 s/w-Abb., kart. ●●
Selbstversorgung aus dem eigenen Anbau
Reichen Erntesegen verwerten und haltbar machen. (4182) Von M. Bustorf-Hirsch, M. Hirsch, 216 S., 270 Zeichnungen, Pappband. ●●●
Mischkultur im Nutzgarten
Mit Jahreskalender und Anbauplänen. (0651) Von H. Oppel, 112 S., 8 Farbtafeln, 23 s/w-Fotos, 29 Zeichnungen, kart. ●

Erfolgreich gärtnern mit Frühbeet und Folie
(0828) Von Dr. Gustav Schoser, 88 S., 8 Farbtafeln, 46 s/w-Fotos, kart. ●
Erfolgstips für den Gemüsegarten
Mit naturgemäßem Anbau zu höherem Ertrag. (0674) Von F. Mühl, 80 S., 30 s/w-Fotos, 4 Zeichnungen, kart. ●
Erfolgstips für den Obstgarten
Gesunde Früchte durch richtige Sortenwahl und Pflege. (0827) Von F. Mühl, 88 S., 16 Farbtafeln, 33 Zeichnungen, kart. ●
Erfolgstips für den Zierkarten
Schmuckpflanzen und Rasen richtig pflegen. (0930) Von F. Mühl, 156 S., 12 Farbtafeln, 26 s/w-Zeichnungen, kart. ●●
Gemüse, Kräuter, Obst aus dem Balkongarten – Erfolgreich ernten auf kleinstem Raum. (0694) Von S. Stein, 32 S., 34 Farbfotos, 6 Zeichnungen, Spiralbindung, kart. ●
Keime, Sprossen, Küchenkräuter
am Fenster ziehen – rund ums Jahr. (0658) Von F. und H. Jantzen, 32 S., 55 Farbfotos, Pappband. ●
Balkons in Blütenpracht
zu allen Jahreszeiten. (5047) Von N. Uhl, 64 S., 80 Farbfotos, Pappband. ●●
Kletterpflanzen
Rankende Begrünung für Fassade, Balkon und Garten. (5140) Von M. Haberer, 64 S., 70 Farbabb., 2 Zeichnungen, Pappband. ●●
Mein Kräutergarten rund ums Jahr
Täglich schnittfrisch und gesund würzen. (4192) Von Prof. Dr. G. Lysek, 136 S., 15 Farbtafeln, 91 Farbfotos, kart. ●●
Blühende Zimmerpflanzen
94 Arten mit Pflegeanleitungen. (5010) Von R. Blaich, 64 S., 107 Farbfotos, Pappband. ●●
Prof. Stelzers grüne Sprechstunde Gesunde Zimmerpflanzen
Krankheiten erkennen und behandeln · Mit neuem Diagnosesystem. (4274) Von Prof. Dr. G. Stelzer, 192 S., 410 Farbfotos, 10 s/w-Zeichnungen, Pappband. ●●●
365 Erfolgstips für schöne Zimmerpflanzen
(0893) Von H. Jantra, 144 S., 215 Farbfotos, kart. ●●
Videokassette Pflanzenjournal
Blumen- und Pflanzenpflege im Jahreslauf. (6036) VHS, ca. 30 Min., in Farbe, ●●●●*
Blütenpracht in Grolit 2000
Der neue, mühelose Weg zu farbenprächtigen Zimmerpflanzen. (5127) Von G. Vocke, 64 S., 50 Farbfotos, Pappband. ●●
Ziergräser
Über 100 Arten erfolgreich kultivieren. (0829) Von H. Jantra, 104 S., 73 Farbfotos, 6 Farbzeichnungen, kart. ●●
Bonsai
Japanische Miniaturbäume und Miniaturlandschaften. Anzucht, Gestaltung und Pflege. (4091) Von B. Lesniewicz, 160 S., 106 Farbfotos, 46 s/w-Fotos, 115 Zeichnungen, gebunden. ●●●
Zimmerbäume, Palmen und andere Blattpflanzen
Standort, Pflege, Vermehrung, Schädlinge. (5111) Von G. Schoser, 96 S., 98 Farbfotos, 7 Zeichnungen, Pappband. ●●

Die hier vorgestellten Bücher, Videokassetten und Software sind in folgende Preisgruppen unterteilt:

● Preisgruppe bis   DM 10,–/S 79,–
●● Preisgruppe über DM 10,– bis DM 20,–   S 80,– bis S 160,–
●●● Preisgruppe über DM 20,– bis DM 30,–   S 161,– bis S 240,–
●●●● Preisgruppe über DM 30,– bis DM 50,–   S 241,– bis S 400,–
●●●●● Preisgruppe über DM 50,–/S 401,–
*(unverbindliche Preisempfehlung)

Die Preise entsprechen dem Status beim Druck dieses Verzeichnisses (s. Seite 1) – Änderungen, im besonderen der Preise, vorbehalten –

Biologisch zimmergärtnern
Zier- und Nutzpflanzen natürlich pflegen.
(4144) Von N. Jorek, 152 S., 15 Farbtafeln,
120 s/w-Fotos, Pappband. ●●

Zimmerpflanzen in Hydrokultur
Leitfaden für problemlose Blumenpflege.
(0660) Von H.-A. Rotter, 32 S., 76 Farbfotos,
8 farbige Zeichnungen, Pappband. ●

Kakteen und andere Sukkulenten
300 Arten mit über 500 Farbfotos. (4116)
Von G. Andersohn, 316 S., 520 Farbfotos,
193 Zeichnungen, Pappband. ●●●●

Fibel für Kakteenfreunde
(0199) Von H. Herold, 102 S., 23 Farbfotos,
37 s/w-Abb., kart. ●

Kakteen
Herkunft, Anzucht, Pflege, Arten. (5021) Von
W. Hoffmann, 64 S., 70 Farbfotos, Pappband.
●●

Faszinierende Formen und Farben
Kakteen
(4211) Von K. und F. Schild, 96 S., 127 Farbfotos, Pappband. ●●●

Falken-Handbuch **Orchideen**
Lebensraum, Kultur, Anzucht und Pflege.
(4231) Von G. Schoser, 134 S., 121 Farbfotos,
28 Farbzeichnungen, Pappband. ●●●

Vogelhäuschen, Nistkästen, Vogeltränken
mit Plänen und Anleitungen zum Selbstbau.
(0695) Von J. Zech 32 S., 42 Farbfotos,
6 Zeichnungen, Pappband. ●

Falken-Handbuch
Umweltschutz
Das Öko-Testbuch zur Eigeninitiative. (4160)
Von M. Häfner, 352 S., 411 Farbf., 152 Farb-
zeichnungen, Pappband. ●●●●

Pilze
erkennen und benennen. (0380) Von J. Rai-
thelhuber, 136 S., 110 Farbfotos, kart. ●●

Falken-Handbuch **Pilze**
Mit über 250 Farbfotos und Rezepten. (4061)
Von M. Knoop, 276 S., 250 Farbfotos,
Pappband. ●●●●

Speisepilze aus eigener Zucht
Anbau · Pflege · Zubereitung
(0909) Von U. Groos, 72 S., 8 Farbtafeln,
16 s/w-Zeichnungen, kart. ●

Grizimek Juniors BUNTE TIERWELT
(4295) Von Chr. Grizimek, 208 S., 308 Farbfotos, Pappband. ●●●

Falken-Handbuch **Katzen**
(4158) Von B. Gerber, 176 S., 294 Farb- und
88 s/w-Fotos, Pappband. ●●●●

Katzen
Rassen · Haltung · Pflege. (4216) Von
B. Eilert-Overbeck, 96 S., 82 Farbfotos, Papp-
band. ●●●

Das neue Katzenbuch
Rassen – Aufzucht – Pflege. (0427) Von
B. Eilert-Overbeck, 136 S., 14 Farbfotos,
26 s/w-Fotos, kart. ●

Katzenkrankheiten
Erkennung und Behandlung. Steuerung des
Sexualverhaltens. (0652) Von Dr. med. vet.
R. Spangenberg, 176 S., 64 s/w-Fotos,
4 Zeichnungen, kart. ●

Falken-Handbuch **Hunde**
(4118) Von H. Bielfeld, 176 S., 222 Farb-
und 73 s/w-Abb., Pappband. ●●●●

Hunde
Rassen · Erziehung · Haltung. (4209) Von
H. Bielfeld, 96 S., 101 Farbfotos, Pappband.
●●●

Das neue Hundebuch
Rassen · Aufzucht · Pflege. (0009) Von
W. Busack, überarbeitet von Dr. med. vet.
A. H. Hacker und H. Bielfeld, 112 S., 8 Farb-
tafeln, 27 s/w-Fotos, 6 Zeichnungen, kart. ●

Falken-Handbuch
Der Deutsche Schäferhund
(4077) Von U. Förster, 228 S., 160 Abb.,
Pappband. ●●●

Der Deutsche Schäferhund
Aufzucht, Pflege und Ausbildung. (0073) Von
A. Hacker, 104 S., 56 Abb., kart. ●

Dackel, Teckel, Dachshund
Aufzucht · Pflege · Ausbildung. (0508) Von
M. Wein-Gysae, 112 S., 4 Farbtafeln, 43 s/w-
Fotos, 2 Zeichnungen, kart. ●

Hundeausbildung
Verhalten – Gehorsam – Abrichtung. (0346)
Von Prof. Dr. R. Menzel, 96 S., 18 Fotos, kart. ●

Grundausbildung für Gebrauchshunde
Schäferhund, Boxer, Rottweiler, Dobermann,
Riesenschnauzer, Airedaleterrier, Hovawart
und Bouvier. (0801) Von M. Schmidt und
W. Koch, 104 S., 8 Farbtafeln, 51 s/w-Fotos,
5 s/w-Zeichnungen, kart. ●

Hundekrankheiten
Erkennung und Behandlung, Steuerung des
Sexualverhaltens. (0570) Von Dr. med. vet.
R. Spangenberg, 128 S., 68 s/w-Fotos,
10 Zeichnungen, kart. ●

Falken-Handbuch **Pferde**
(4186) Von H. Werner, 176 S., 196 Farb-und
50 s/w-Fotos, 100 Zeichnungen, Pappband.
●●●●

Wellensittiche
Arten · Haltung · Pflege · Sprechunterricht ·
Zucht. (5136) Von H. Bielfeld, 64 S., 59 Farb-
fotos, Pappband. ●●

Papageien und Sittiche
Arten · Pflege · Sprechunterricht.
(0591) Von H. Bielfeld, 112 S., 8 Farbtafeln,
kart. ●

Geflügelhaltung als Hobby
(0749) Von M. Baumeister, H. Meyer, 184 S.,
8 Farbtafeln, 47 s/w-Fotos, 15 Zeichnungen,
kart. ●●

Das Süßwasser-Aquarium
Einrichtung · Pflege · Fische · Pflanzen.
(0153) Von H. J. Mayland, 152 S., 16 Farbtafeln, 43 s/w-Zeichnungen, kart. ●●

Falken-Handbuch
Süßwasser-Aquarium
(4191) Von H. J. Mayland, 288 S., 564 Farbfotos, 75 Zeichnungen, Pappband. ●●●●

DIE TIERSPRECHSTUNDE
Tiere im Wassergarten
(0808) Von Dr. med. vet. E. M. Bartenschlager, 96 S., 84 Farbfotos, 7 Zeichnungen,
kart. ●

DIE TIERSPRECHSTUNDE
Sittiche und kleine Papageien
(0864) Von Dr. med. vet. E. M. Bartenschlager, 88 S., 84 Farbfotos, 9 Zeichnungen,
kart. ●

DIE TIERSPRECHSTUNDE
Junge Katzen
(0862) Von Dr. med. vet. E. M. Bartenschlager, 72 S., 40 Farbfotos, 4 Farbzeichnungen,
kart. ●

DIE TIERSPRECHSTUNDE
Alles über Igel in Natur und Garten
(0810) Von Dr. med. vet. E. M. Bartenschlager, 68 S., 51 Farbfotos, kart. ●

DIE TIERSPRECHSTUNDE
Alles über Meerschweinchen
(0809) Von Dr. med. vet. E. M. Bartenschlager, 72 S., 43 Farbfotos, 11 Farbzeichnungen,
kart. ●

**DIE TIERSPRECHSTUNDE
Alles über junge Hunde**
(0863) Von Dr. med. vet. E. M. Bartenschlager, 64 S., 49 Farbfotos, 6 Zeichnungen,
kart. ●

DIE TIERSPRECHSTUNDE
Richtige Hundeernährung
(0811) Von Dr. med. vet. E. M. Bartenschlager,
80 S., 51 Farbfotos, 4 Farbzeichnungen, kart. ●

Dinosaurier
und andere Tiere der Urzeit. (4219) Von
G. Alschner, 96 S., 81 Farbzeichnungen,
4 Fotos, Pappband. ●●●

Mensch und Gesundheit

Die Frau als Hausärztin
Der unentbehrliche Ratgeber für die Gesundheit. (4072) Von Dr. med. A. Fischer-Dückel-
mann, 808 S., 14 Farbtafeln, 146 s/w-Fotos,
203 Zeichnungen, Pappband. ●●●

Dr. Reitners großes Gesundheitslexikon
Mit über 5000 Stichwörtern.
(4282) Von Dr. med. H.-J. Lewitzka-Reitner,
in Zusammenarbeit mit P. Janknecht und
U. Kannapinn, 504 S., 424 s/w-Abbildungen,
Pappband. ●●●

Sexualberatung
(0402) Von Dr. M. Röhl, 168 S., 8 Farbtafeln,
17 Zeichnungen, kart. ●●

Die Kunst des Stillens
nach neuesten Erkenntnissen
(0701) Von Prof. Dr. med. E. Schmidt,
S. Brunn, 112 S., 20 Fotos und Zeichnungen,
kart. ●

Wenn Sie ein Kind bekommen
(4003) Von U. Klamroth, Dr. med. H. Oster,
240 S., 86 s/w-Fotos, 30 Zeichnungen, kart.
●●●

Der moderne Ratgeber
Wir werden Eltern
Schwangerschaft · Geburt · Erziehung des
Kleinkindes. (4269) Von B. Nees-Delaval,
376 S., 335 zweifarbige Abbildungen,
Pappband. ●●●●

Vorbereitung auf die Geburt
Schwangerschaftsgymnastik, Atmung, Rück-
bildungsgymnastik. (0251) Von S. Buchholz,
112 S., 98 s/w-Fotos, kart. ●

Wie soll es heißen?
(0211) Von D. Köhr, 136 S., kart. ●

Das Babybuch
Pflege · Ernährung · Entwicklung. (0531) Von
A. Burkert, 128 S., 16 Farbtafeln,
38 s/w-Fotos, 30 Zeichnungen, kart. ●●

Wenn der Mensch zum Vater wird
Ein heiter-besinnlicher Ratgeber. (4259) Von
D. Zimmer, 160 S., 20 Zeichnungen,
Pappband. ●

Wenn Kinder krank werden
Medizinischer Ratgeber für Eltern.
(4240) Von Dr. med. I. J. Chasnoff, B. Nees-
Delaval, 232 S., 163 Zeichnungen, Pappband. ●●●

Die hier vorgestellten Bücher, Videokassetten und Software sind in folgende Preisgruppen unterteilt:

●   Preisgruppe bis DM 10,–/S 79,–   ●●● Preisgruppe über DM 20,– bis DM 30,–   ●●●● Preisgruppe über DM 30,– bis DM 50,–
●● Preisgruppe über DM 10,– bis DM 20,–   S 161,– bis S 240,–   S 241,– bis S 400,–
                 S 80,– bis S 160,–   ●●●●● Preisgruppe über DM 50,–/S 401,–
                                                                               *(unverbindliche Preisempfehlung)

Die Preise entsprechen dem Status beim Druck dieses Verzeichnisses (s. Seite 1) – Änderungen, im besonderen der Preise, vorbehalten –

Psycho-Tests
– Erkennen Sich sich selbst. (0710) Von
B. M. Nash, R. B. Monchick, 304 S., 81 Zeich-
nungen, kart. ●●

FALKEN-SOFTWARE
Ego-Tests
Sich und andere besser erkennen und
verstehen. (7012) Diskette für IBM PC kom-
patible (MS DOS) mit Begleitheft. ●●●●●*

Frauenträume – Männerträume
und ihre Bedeutung. (4198) Von G. Senger,
272 S., mit Traumlexikon, Pappband. ●●●

Wie Sie im Schlaf das Leben meistern
Schöpferisch träumen
Der Klartraum als Lebenshilfe.
256 S., 1 s/w-Foto, 20 Zeichnungen, Pappband. ●●●

So deutet man Träume
Die Bildersprache des Unbewußten. (0444)
Von G. Haddenbach, 160 S., Pappband. ●

Bildatlas des menschlichen Körpers
(4177) Von P. Pogliani, V. Vannini, 112 S.,
402 Farbabb. 28 s/w-Fotos, Pappband. ●●●

Ratgeber Aids
Entstehung, Ansteckung, Krankheitsbilder,
Heilungschancen, Schutzmaßnahmen.
(0803) Von B. Baartman, Vorwort von Dr.
med. H. Jäger, 112 S., 8 Farbtafeln,
4 Grafiken, kart. ●

Enzyme
Vitalstoffe für die Gesundheit. (0677) Von
G. Leibold, 96 S., kart. ●

Heilfasten
(0713) Von G. Leibold, 108 S., kart. ●

Besser leben durch Fasten
(0841) Von G. Leibold, 100 S., kart. ●

Fastenkuren
Wege zur gesunden Lebensführung.
Rezepte und Tips für die Nachfastenzeit.
Kurzfasten · Saftfastenkuren · Fastenschalt-
tage · Heilfasten. (4248) Von Ha. A. Mehler,
H. Keppler, 144 S., 16 s/w-Fotos, 9 Zeichnun-
gen, Pappband. ●●●

Aus dem Schatz der Naturmedizin
Heilkräuterkuren
(4268) Von Dr. med. E. Rauch, Dr. rer. nat.
P. Kruletz, 144 S., 49 Zeichnungen, kart. ●●

Rheuma behandeln und lindern
Mit einem Vorwort von Dr. med. Max-Otto-
Bruker. (0836) Von G. Leibold, 100 S., kart. ●

Die echte Schroth-Kur
(0797) Von Dr. med. R. Schroth, 88 S.,
2 s/w-Fotos, kart. ●

Streß bewältigen durch Entspannung
(0834) Von Dr. med. Chr. Schenk, 88 S.,
29 Zeichnungen, kart. ●

Gesundheit und Spannkraft durch Yoga
(0321) Von L. Frank und U. Ebbers, 112 S.,
50 s/w-Fotos, kart. ●

Yoga für jeden
(0341) Von K. Zebroff, 156 S., 135 Abb.,
Spiralbindung, ●●●

Yoga für Schwangere
Der Weg zur sanften Geburt. (0777) Von
V. Bolesta-Hahn, 108 S., 76 zweifarbige Abb.
kart. ●

Yoga gegen Haltungsschäden und
Rückenschmerzen
(0394) Von A. Raab, 104 S., 215 Abb., kart. ●

Bauch, Taille und Hüfte gezielt formen durch
Aktiv-Yoga
(0709) Von K. Zebroff, 112 S., 102 Farbfotos,
kart. ●●

Hypnose und Autosuggestion
Methoden – Heilwirkungen – praktische
Beispiele. (0483) Von G. Leibold, 120 S.,
9 Illustrationen, kart. ●

Kneippkuren zu Hause
(0779) Von G. Leibold, 112 S., 25 Zeichnungen, kart. ●

Krebsangst und Krebs behandeln
Mit einem Vorwort von Prof. Dr. med.
Friedrich Douwes. (0839) Von G. Leibold,
104 S., kart. ●

Allergien behandeln und lindern
Mit einem Vorwort von Prof. Dr. med. Axel
Stemmann. (0840) Von G. Leibold, 104 S.,
4 Zeichnungen, kart. ●

Besser sehen durch Augentraining
Ein Gesundheitsprogramm zur Verbesserung
des Sehvermögens. (0914) Von K. Schutt, B.
Rumpler, 96 S., 32 s/w-Zeichnungen, kart. ●

Darmleiden
Krankheitsbilder, Behandlung, Selbstbehandlung, Richtige Lebensführung und
Ernährung. (0798) Von Dr. med. K. Steffens,
112 S., 46 Zeichnungen, kart. ●

Massage
(0750) Von B. Rumpler, K. Schutt, 112 S.,
116 zweifarbige Zeichnungen, kart. ●●

Fußmassage
Reflexzonentherapie am Fuß (0714) Von G.
Leibold, 96 S., 38 Zeichnungen, kart. ●

Rheuma und Gicht
Krankheitsbilder, Behandlung, Therapie-
verfahren, Selbstbehandlung, Richtige
Lebensführung und Ernährung. (0712) Von
Dr. J. Höder, J. Bandick, 104 S., kart. ●

Diabetes
Krankheitsbild, Therapie, Kontrollen,
Schwangerschaft, Sport, Urlaub, Alltags-
probleme, Neueste Erkenntnisse der
Diabetesforschung. (0895) Von Dr. med.
H. J. Krönke, 120 S., 4 Farbtafeln, 14 s/w-
Fotos, 13 s/w-Zeichnungen, kart. ●

Krampfadern
Ursachen, Vorbeugung, Selbstbehandlung,
Therapieverfahren. (0727) Von Dr. med.
K. Steffens, 96 S., 38 Abb., kart. ●

Gallenleiden
Krankheitsbilder, Behandlung, Therapie-
verfahren, Selbstbehandlung, Richtige
Lebensführung und Ernährung. (0673) Von
Dr. med. K. Steffens, 104 S., 34 Zeichnun-
gen, kart. ●

Asthma
Pseudokrupp, Bronchitis und Lungenemphy-
sem. (0778) Von Prof. Dr. med. W. Schmidt,
120 S., 56 Zeichnungen, kart. ●

Autogenes Training
Anwendung · Heilwirkungen · Methoden.
(0541) Von R. Faller, 128 S., 3 Zeichnungen,
kart. ●

Die fernöstliche Fingerdrucktherapie
Shiatsu
Anleitungen zur Selbsthilfe – Heilwirkungen.
(0615) Von G. Leibold, 196 S., 180 Abb., kart.
●●

Eigenbehandlung durch Akupressur
Heilwirkungen – Energielehre – Meridiane.
(0417) Von G. Leibold, 152 S., 78 Abb., kart. ●

Chinesische Naturheilverfahren
Selbstbehandlung mit bewährten Methoden
der physikalischen Therapie. Atemtherapie ·
Heilgymnastik · Selbstmassage · Vorbeugen ·
Behandeln · Entspannen. (4247) Von
F. T. Lie, 160 S., 292 zweifarbige Zeichnun-
gen, Pappband. ●●●

Massagetechniken und Heilanzeigen
Reflexzonentherapie
(4404) Von G. Leibold, 128 S., 53 Farbzeichnungen, Pappband. ●●●

Chinesisches Schattenboxen
Tai-Ji-Quan
für geistige und körperliche Harmonie.
(0850) Von F. T. Lie, 120 S., 221 s/w-Fotos,
9 s/w-Zeichnungen, Beilage: 1 s/w-Poster mit
zahlreichen Abbildungen, kart. ●●

Gesundheit durch altbewährte Kräuter-
rezepte und Hausmittel aus der
Natur-Apotheke
(4156) Von G. Leibold, 236 S., 8 Farbtafeln,
100 Zeichnungen, kart., ●●

Heiltees und Kräuter für die
Gesundheit
(4123) Von G. Leibold, 136 S., 15 Farbtafeln,
16 Zeichnungen, kart. ●●

Falken-Handbuch Heilkräuter
Modernes Lexikon der Pflanzen und Anwendungen (4076) Von G. Leibold, 392 S.,
183 Farbfotos, 22 Zeichnungen, geb. ●●●●

Kochen für Diabetiker
Gesund und schmackhaft für die ganze
Familie. (4132) Von M. Toeller, W. Schumacher, A. C. Groote, 224 S., 109 Farbfotos,
94 Zeichnungen, Pappband. ●●●

Neue Rezepte für Diabetiker-Diät
Vollwertig – abwechslungsreich - kalorien-
arm. (0418) Von M. Oehlrich, 120 S., 8 Farbtafeln, kart. ●

Diät bei Krankheiten des Magens und
Zwölffingerdarms
Rezeptteil von B. Zöllner. (3201) Von Prof. Dr.
med. H. Kaess, 96 S., 35 Farbfotos,
1 s/w-Zeichnung, kart. ●●

Diät bei Herzkrankheiten und
Bluthochdruck
Salzarme (natriumarme) Kost, Rezeptteil von
B. Zöllner. (3202) Von Prof. Dr. med.
H. Rottka, 92 S., 4 Farbtafeln, kart. ●●

Diät bei Erkrankungen der Nieren, Harn-
wege und der Dialysebehandlung
Rezeptteil von B. Zöllner. (3203) Von Prof. Dr.
med. Dr. h. c. H. J. Sarre und Prof. Dr. med.
R. Kluthe, 96 S., 33 Farbfotos, 1 s/w-Zeich-
nung, kart. ●●

Richtige Ernährung wenn man älter wird
Rezeptteil von B. Zöllner. (3204) Von Prof. Dr.
med. H.-J. Pusch. 96 S., 36 Farbfotos und
3 s/w-Zeichnungen, kart. ●●

Diät bei Gicht und Harnsäuresteinen
Rezeptteil von B. Zöllner. (3205) Von Prof. Dr.
med. N. Zöllner, 80 S., 4 Farbtafeln, kart. ●●

Diät bei Zuckerkrankheit
Rezeptteil von B. Zöllner. (3206) Von Prof. Dr.
med. P. Dieterle, 112 S., 42 Farbfotos, 4 vier-
farbige Vignetten, 1 s/w-Zeichnung, kart. ●●

Diät bei Krankheiten der Gallenblase,
Leber und Bauchspeicheldrüse
Rezeptteil von B. Zöllner. (3207) Von Prof. Dr.
med. H. Kasper, 88 S., 4 Farbtafeln, kart. ●●

Diät bei Störungen des Fettstoffwechsels
und zur Vorbeugung der Arteriosklerose
Rezeptteil von B. Zöllner. (3208) Von Prof. Dr.
med. G. Wolfram und Dr. med. O. Adam,
104 S., 4 Farbtafeln, kart. ●●

Diät bei Übergewicht
Rezeptteil von B. Zöllner. (3209) Von Prof. Dr.
med. Ch. Keller, 104 S., 42 Farbfotos,
3 s/w-Zeichnungen, kart. ●●

Die hier vorgestellten Bücher, Videokassetten und Software sind in folgende Preisgruppen unterteilt:

● Preisgruppe bis DM 10,–/S 79,–
●● Preisgruppe über DM 10,– bis DM 20,–
S 80,– bis S 160,–

●●● Preisgruppe über DM 20,– bis DM 30,–
S 161,– bis S 240,–

●●●● Preisgruppe über DM 30,– bis DM 50,–
S 241,– bis S 400,–
●●●●● Preisgruppe über DM 50,–/S 401,–
*(unverbindliche Preisempfehlung)

Die Preise entsprechen dem Status beim Druck dieses Verzeichnisses (s. Seite 1) – Änderungen, im besonderen der Preise, vorbehalten –

Diät bei Darmkrankheiten
Durchfall – Divertikulose, Reizdarm und
Darmträgheit – einheimische Sprue (Zölia-
kie) – Disaccharidasemangel – Dünndarmre-
sektion – Dumping Syndrom. Rezeptteil von
B. Zöllner. (3211) Von Prof. Dr. med. G. Stroh-
meyer, 88 S., 4 Farbtafeln, kart. ●●

**Ballaststoffreiche Kost bei Funktionsstö-
rungen des Darms**
Rezeptteil von B. Zöllner. (3212) Von Prof. Dr.
med. H. Kasper, 96 S., 34 Farbfotos, 1 s/w-
Foto, kart. ●●

Rat und Wissen

Der gute Ton
Ein moderner Knigge. (0063) Von I. Wolter,
168 S., 38 Zeichnungen, 53 s/w-Fotos, kart. ●

Haushaltstips von A bis Z
(0759) Von A. Eder, 80 S., 30 Zeichnungen,
kart. ●

**Familienforschung · Ahnentafel ·
Wappenkunde**
Wege zur eigenen Familienchronik.
(0744) Von P. Bahn, 128 S., 8 Farbtafeln,
30 Abbildungen, kart. ●●

Die Kunst der freien Rede
Ein Intensivkurs mit vielen Übungen,
Beispielen und Lösungen. (4189) Von
G. Hirsch, 232 S., 11 Zeichnungen,
Pappband. ●●

**Reden zur Taufe, Kommunion
und Konfirmation**
(0751) Von G. Georg, 96 S., kart. ●

Der richtige Brief zu jedem Anlaß
Das moderne Handbuch mit 400 Muster-
briefen. (4179) Von H. Kirst, 376 S.,
Pappband. ●●●

Wir heiraten
Ratgeber zur Vorbereitung und Festgestal-
tung der Verlobung und Hochzeit. (4188) Von
C. Poensgen, 216 S., 8 s/w-Fotos, 30 s/w-
Zeichnungen, 8 Farbtafeln, Pappband. ●●●

Wir feiern Hochzeit
Festgestaltung – phantasievoll und modern.
(0943) Von H. J. Winkler, 120 S., kart. ●

**Von der Verlobung zur Goldenen Hoch-
zeit**
(0393) Von E. Ruge, 120 S., kart. ●

Reden zur Hochzeit
Musteransprachen für Hochzeitstage.
(0654) Von G. Georg, 112 S., kart. ●

**Glückwünsche, Toasts und Festreden zur
Hochzeit.**
(0264) Von I. Wolter, 128 S., 18 Zeichnungen,
kart. ●

Hochzeits- und Bierzeitungen
Muster, Tips und Anregungen. (0288) Von
H.-J. Winkler, mit vielen Text- und Gestal-
tungsanregungen, 116 S., 15 Abb., 1 Muster-
zeitung, kart. ●

**Kindergedichte zur Grünen, Silbernen
und Goldenen Hochzeit**
(0318) Von H.-J. Winkler, 104 S., 20 Abb.,
kart. ●

Kindergedichte für Familienfeste
(0860) Von B. H. Bull, 96 S., 20 Zeichnungen, kart. ●

Die Silberhochzeit
Vorbereitung · Einladung · Geschenkvor-
schläge · Dekoration · Festablauf · Menüs ·
Reden · Glückwünsche. (0542) Von
K. F. Merkle, 120 S., 41 Zeichnungen, kart. ●

Großes Buch der Glückwünsche
(0255) Hrsg. von O. Fuhrmann, 176 S.,
77 Zeichnungen und viele Gestaltungsvor-
schläge, kart. ●

Herzliche Glückwünsche!
Die schönsten Gedichte und Texte für viele
Gelegenheiten. (0942) Hrsg. von B. H. Bull,
256 S., 32 Zeichnungen, Pappband. ●●

Neue Glückwunschfibel
für Groß und Klein. (0156) Von R. Christian-
Hildebrandt, 96 S., kart. ●

Glückwunschverse für Kinder
(0277) Von B. Ulrici, 80 S., kart. ●

Die Redekunst
Rhetorik · Rednererfolg (0076) Von K. Wolter,
überarbeitet von W. Tappe, 80 S., kart. ●

Reden und Ansprachen
für jeden Anlaß. (4009) Hrsg. von F. Sicker,
454 S., gebunden. ●●●●

Reden zum Jubiläum
Musteransprachen für viele Gelegenheiten
(0595) Von G. Georg, 112 S., kart. ●

Reden zum Ruhestand
Musteransprachen zum Abschluß des Berufs-
lebens (0790) Von G. Georg, 104 S., kart. ●

**Reden und Sprüche zur Grundstein-
legung, Richtfest und Einzug**
(0598) Von A. Bruder, G. Georg, 96 S., kart. ●

Reden zu Familienfesten
Musteransprachen für viele Gelegenheiten.
(0675) Von G. Georg, 112 S., kart. ●

Reden zum Geburtstag
Musteransprachen für familiäre und offizielle
Anlässe. (0773) Von G. Georg, 104 S., kart. ●

Festreden und Vereinsreden
Ansprachen für festliche Gelegenheiten.
(0069) Von K. Lehnhoff, E. Ruge, 88 S., kart.
●

Reden im Verein
Musteransprachen für viele Gelegenheiten.
(0703) Von G. Georg, 112 S., kart., ●

Programm und Publikum
Der ständige Versuch einer Annäherung.
Beiträge zum Reden über das öffentlich-
rechtliche Fernsehen (0874) Von A. Schardt,
167 S., kart. ●●

Trinksprüche
Fest- und Damenreden in Reimen. (0791)
Von L. Metzner, 88 S., 14 s/w-Zeichnungen,
kart. ●

**Trinksprüche, Richtsprüche,
Gästebuchverse**
(0224) Von D. Kellermann, 80 S., kart. ●

Ins Gästebuch geschrieben
(0576) Von K. H. Trabeck, 96 S., 24 Zeichnungen, kart. ●

Poesiealbumverse
Heiteres und Besinnliches. (0578) Von
A. Göttling, 112 S., 20 Zeichnungen,
Pappband. ●●

Verse fürs Poesiealbum
(0241) Von I. Wolter, 96 S., 20 Abb., kart. ●

Rosen, Tulpen, Nelken . . .
Beliebte Verse fürs Poesiealbum
(0431) Von W. Pröve, 96 S., 11 Faksimile-
Abb., kart. ●

Der Verseschmied
Kleiner Leitfaden für Hobbydichter. Mit
Reimlexikon. (0597) Von T. Parisius, 96 S.,
28 Zeichnungen, kart. ●

Moderne Korrespondenz
Handbuch für erfolgreiche Briefe.
(4014) Von H. Kirst und W. Manekeller,
544 S., Pappband. ●●●●

Der neue Briefsteller
Musterbriefe für alle Gelegenheiten. (0060)
Von I. Wolter-Rosendorf, 112 S., kart. ●

Geschäftliche Briefe
des Privatmanns, Handwerkers, Kaufmanns.
(0041) Von A. Römer, 120 S., kart. ●

Behördenkorrespondenz
Musterbriefe ¬ Anträge – Einsprüche. (0412)
Von E. Ruge, 120 S., kart. ●

Musterbriefe
für alle Gelegenheiten. (0231) Hrsg. von
O. Fuhrmann, 240 S., kart. ●

Privatbriefe
Muster für alle Gelegenheiten. (0114) Von
I. Wolter-Rosendorf, 132 S., kart. ●

Briefe zu Geburt und Taufe
Glückwünsche und Danksagungen. (0802)
Von H. Beitz, 96 S., 12 Zeichnungen, kart. ●

Briefe zum Geburtstag
Glückwünsche und Danksagungen
(0822) Von H. Beitz, 104 S., 22 Zeichnungen,
kart. ●

Briefe zur Hochzeit
Glückwünsche und Danksagungen
(0852) Von R. Röngen, 96 S., 1 Zeichnung,
39 Vignetten, kart. ●

Briefe der Liebe
Anregungen für gefühlvolle und zärtliche
Worte. (0903) Hrsg. von H. Beitz, 96 S.,
4 Zeichnungen, kart. ●

Erfolgstips für den Schriftverkehr
Briefwechsel leicht gemacht durch einfachen
Stil und klaren Ausdruck (0678) Von
U. Schoenwald, 120 S., kart. ●

Worte und Briefe der Anteilnahme
(0464) Von E. Ruge, 128 S., mit vielen Abb.,
kart. ●

Reden in Trauerfällen
Musteransprachen für Beerdigungen und
Trauerfeiern (0736) Von G. Georg, 104 S.,
kart. ●

In Anerkennung Ihrer…
**Lob und Würdigung in Briefen
und Reden**
(0535) Von H. Friedrich, 136 S., kart. ●

Das große farbige Kinderlexikon
(4195) Von U. Kopp, 320 S., 493 Farbabb.,
17 s/w-Fotos, Pappband. ●●●

ZDF · ORF · DRS
Kompaß Jugend-Lexikon
(4096) Von R. Kerler, J. Blum, 336 S.,
766 Farbfotos, 39 s/w-Abb., Pappband.
●●●●

Elternsache Grundschule
(0692) Hrsg. von K. Meynersen, 324 S., kart.
●●●

Vom Urkrümel zum Atompilz
Evolution – Ursache und Ausweg aus der
Krise. (4181) Von J. Voigt, 188 S., 20 Farb-
und 70 s/w-Fotos, 32 Zeichnungen, kart. ●●

Neues Denken – alte Geister
New Age unter der Lupe.
(4278) Von G. Myrell, Dr. W. Schmandt,
J. Voigt, 176 S., 54 Farbfotos, 3 Zeichnungen,
kart. ●●

Schülerlexikon der Mathematik
Formeln, Übungen und Begriffserklärungen für die Klassen 5–10. (0430) Von R. Müller, 176 S., 96 Zeichnungen, kart. ●

Mathematik verständlich
Zahlenbereiche Mengenlehre, Algebra, Geometrie, Wahrscheinlichkeitsrechnung, Kaufmännisches Rechnen. (4135) Von R. Müller, 652 S., 10 s/w- und 109 Farbfotos, 802 farbige und 79 s/w-Zeichnungen, über 2500 Beispiele und Übungen mit Lösungen, Pappband. ●●●●●

Mathematische Formeln für Schule und Beruf
Mit Beispielen und Erklärungen. (0499) Von R. Müller, 156 S., 210 Zeichnungen, kart. ●

Rechnen aufgefrischt
für Schule und Beruf. (0100) Von H. Rausch, 144 S., kart. ●

Physik verständlich
Förderkurs für die Klassen 7 bis 10 (0926) Von Dr. Th. Neubert, 136 S., 146 s/w-Zeichnungen, 166 Aufgaben, kart. ●●

Mehr Erfolg in Schule und Beruf
Besseres Deutsch
Mit Übungen und Beispielen für Rechtschreibung, Diktate, Zeichensetzung, Aufsätze, Grammatik, Literaturbetrachtung, Stil, Briefe, Fremdwörter, Reden. (4115) Von K. Schreiner, 444 S., 7 s/w-Fotos, 27 Zeichnungen, Pappband. ●

Richtiges Deutsch
Rechtschreibung · Zeichensetzung · Grammatik · Stilkunde. (0551) Von K. Schreiner, 128 S., 7 Zeichnungen, kart. ●

Diktate besser schreiben
Übungen zur Rechtschreibung für die Klassen 4–8. (0469) Von K. Schreiner, 152 S., 31 Zeichnungen, kart. ●

Aufsätze besser schreiben
Förderkurs für die Klassen 4–10. (0429) Von K. Schreiner, 144 S., 4 s/w-Fotos, 27 Zeichnungen, kart. ●

Deutsche Grammatik
Ein Lern- und Übungsbuch. (0704) Von K. Schreiner, 112 S., kart. ●

Mehr Erfolg in der Schule
Deutsche Rechtschreibung und Grammatik
Übungen und Beispiele für die Klassen 5–10. (4407) Von K. Schreiner, 256 S., durchgehend zweifarbig, Pappband. ●●●

Mehr Erfolg in der Schule
Der Deutschaufsatz
Übungen und Beispiele für die Klassen 5–10. (4271) Von K. Schreiner, 240 S., 4 s/w-Fotos, 51 Zeichnungen, Pappband. ●●●

Richtige Zeichensetzung
durch neue, vereinfachte Regeln. Erläuterungen der Zweifelsfragen anhand vieler Beispiele. (0774) Von Prof. Dr. Ch. Stetter, 160 S., kart. ●

Richtige Groß- und Kleinschreibung
durch neue, vereinfachte Regeln. Erläuterungen der Zweifelsfragen anhand vieler Beispiele. (0897) Von Prof. Dr. Ch. Stetter, 96 S., kart. ●

Besseres Englisch
Grammatik und Übungen für die Klassen 5 bis 10. (0745) Von E. Henrichs, 144 S., ●●

The Grammar Master
Englische Grammatik üben und beherrschen. (7002) Diskette für den C 64/C 128 (im 64er Modus) ●●●●*

Vokabeltrainer Englisch
Von B. Hoppius. (7001) Wendediskette für C 64/C 128 PC, mit Begleitheft. ●●●●*
(7007) Wendediskette für Atari ST 520/1040, mit Begleitheft. ●●●●●*

Take a Trip to Britain
(7004) Von reLine, Diskette für C 64/C 128 PC, mit Begleitheft. ●●●●*

Schnell und sicher zum Führerschein
Tips und Tricks aus 30jähriger-Fahrschul-Praxis. (0921) Von O. Einert, 152 S., 156 Farbfotos, 161 z. T. farb. Zeichnungen, kart. ●●

Maschinenschreiben für Kinder
(0274) Von H. Kaus, 48 S., farbige Abb., kart. ●

So lernt man leicht und schnell
Maschinenschreiben
Lehrbuch für Schulen, Lehrgänge und Selbstunterricht. (0568) Von M. Kempkes, 112 S., 31 s/w-Fotos, 36 Zeichnungen, kart. ●

Maschinenschreiben durch Selbstunterricht
(0170) Von A. Fonfara, 84 S., kart. ●

Maschinenschreiben
In 10 Tagen spielend gelernt. Von Unterrichtsmedien Hoppius. (7008) Diskette für den C 64 und C 128 PC ●●●●*
(7009) für IBM PC + kompatibel, ●●●●●
(7010) für Schneider CPC 464, 664, 6128, ●●●●*

Stenografie leicht gelernt
im Kursus oder Selbstunterricht. (0266) Von H. Kaus, 64 S., kart. ●

Buchführung
leicht gefaßt. Ein Leitfaden für Handwerker und Gewerbetreibende. (0127) Von R. Pohl, 104 S., kart. ●

Buchführung leicht gemacht
Ein methodischer Grundkurs für den Selbstunterricht. (4238) Von D. Machenheimer, R. Kersten, 252 S., Pappband. ●●

Erfolgreiche Kaufmannspraxis
Wirtschaftliche Grundlagen, Geld, Kreditwesen, Steuern, Betriebsführung, Recht, EDV. (4046) Von W. Göhler, H. Gölz, M. Heibel, Dr. D. Machenheimer, 544 S., gebunden. ●●●●

Familienrecht
Ehe – Scheidung – Unterhalt. (4190) Von T. Drewes, R. Hollender, 368 S., Pappband. ●●●

Scheidung und Unterhalt
nach dem neuen Eherecht. Mit dem Unterhaltsänderungsgesetz 1986. (0403) Von T. Drewes, 112 S., mit Kosten und Unterhaltstabellen, kart. ●

Erziehungsgeld, Mutterschutz, Erziehungsurlaub
Alles über das neue Recht für Eltern. Mit den Gesetzestexten. (0835) Von J. Grönert, 144 S., kart. ●●

Endlich 18 und nun?
Rechte und Pflichten mit der Volljährigkeit. (0646) Von R. Rathgeber, 224 S., 27 Zeichnungen, kart. ●●

Was heißt hier minderjährig?
(0765) Von R. Rathgeber, C. Rummel, 148 S., 50 Fotos, 25 Zeichnungen, kart. ●

Erbrecht und Testament
Mit Erläuterungen des Erbschaftssteuergesetzes von 1974. (0046) Von Dr. jur. H. Wandrey, 124 S., kart. ●

Testament und Erbschaft
Erbfolge, Rechte und Pflichten der Erben, Erbschafts- und Schenkungssteuer, Mustertestamente. (4139) Von T. Drewes, R. Hollender, 304 S., Pappband. ●●●

Mein letzter Wille
Ratgeber für Erblasser, Erben und Hinterbliebene. (0939) Von T. Drewes, 136 S., 9 s/w-Zeichnungen, kart. ●

Präzise Ratschläge für
Ihre optimale Rente
Vorbereitung · Berechnungsgrundlagen · Gesetzesänderungen · Individuelle Rechenbeispiele. (0806) Von K. Möcks, 96 S., 24 Formulare, 1 Graphik, kart. ●

Mietrecht
Leitfaden für Mieter und Vermieter. (0479) Von J. Beuthner, 196 S., kart. ●●

Wege zum Börsenerfolg
Aktien · Anleihen · Optionen (4275) Von H. Krause, 252 S., 4 s/w-Fotos, 86 Zeichnungen, Pappband. ●●●

So werde ich erfolgreich
Ratschläge und Tips für Beruf und Privatleben. (0918) Von H. Hans, 104 S., kart. ●●

99 Alternativen für Umsteiger
Mehr Freude am Leben mit dem richtigen Beruf. (4251) Von D. Maxeiner, P. Birkenmeier, 192 S., 143 Fotos, 46 Zeichnungen, kart. ●●●

Lebenslauf und Bewerbung
Beispiele für Inhalt, Form und Aufbau. (0428) Von H. Friedrich, 112 S., kart. ●

Erfolgreiche Bewerbungsbriefe und Bewerbungsformen
(0138) Von W. Manekeller, 88 S., kart. ●

Die erfolgreiche Bewerbung
Bewerbung und Vorstellung. (0173) Von W. Manekeller, 156 S., kart. ●

Die Bewerbung
Der moderne Ratgeber für Bewerbungsbriefe, Lebenslauf und Vorstellungsgespräche. (4138) Von W. Manekeller, 264 S., Pappband. ●●

Erfolgreiche Bewerbung um einen Ausbildungsplatz
(0715) Von H. Friedrich, 136 S., kart. ●

Die ersten Tage am neuen Arbeitsplatz
Ratschläge für den richtigen Umgang mit Kollegen und Vorgesetzten (0855) Von H. Friedrich, 104 S., kart. ●

Zeugnisse im Beruf
richtig schreiben, richtig verstehen. (0544) Von H. Friedrich, 112 S., kart. ●

Vorstellungsgespräche
sicher und erfolgreich führen. (0636) Von H. Friedrich, 144 S., kart. ●

Keine Angst vor Einstellungstests
Ein Ratgeber für Bewerber. (0793) Von Ch. Titze, 120 S., 67 Zeichnungen, kart. ●

Esoterik

Bauernregeln, Bauernweisheiten, Bauernsprüche
(4243) Von G. Haddenbach, 192 S., 62 Farbabb. 9 s/w-Fotos, 144 s/w-Zeichnungen, Pappband. ●●●

Gesund durch Gedankenenergie
Heilung im gemeinsamen Kraftfeld (6035) VHS, 45 Min., in Farbe ●●●●*

Die hier vorgestellten Bücher, Videokassetten und Software sind in folgende Preisgruppen unterteilt:

● Preisgruppe bis DM 10,–/S 79,–
●● Preisgruppe über DM 10,– bis DM 20,– S 80,– bis S 160,–
●●● Preisgruppe über DM 20,– bis DM 30,– S 161,– bis S 240,–
●●●● Preisgruppe über DM 30,– bis DM 50,– S 241,– bis S 400,–
●●●●● Preisgruppe über DM 50,–/S 401,–
*(unverbindliche Preisempfehlung)

Die Preise entsprechen dem Status beim Druck dieses Verzeichnisses (s. Seite 1) – Änderungen, im besonderen der Preise, vorbehalten –

Die Magie der Zahlen
So nutzen Sie die Geheimnisse der Numerologie für Ihr persönliches Glück mit dem völlig neuen Planetennumeroskop (4242) Von B. A. Mertz, 224 S., 36 Abbildungen, Pappband. ●●●

I Ging der Liebe
Das altchinesische Orakel für Partnerschaft und Ehe. (4244) Von G. Damian-Knight, 320 S., 64 s/w-Zeichnungen, Pappband. ●●●

Die neue Lebenshilfe Biorhythmik
Höhen und Tiefen der persönlichen Lebenskurven vorausberecnen und danach handeln. (0458) Von W. A. Appel, 157 S., 63 Zeichnungen, Pappband. ●●

Die neue Erkenntnisse zum Biorhythmus
Individuelle Rhythmogramme für Berufserfolg und Gesundheit, Partnerschaft und Freizeit, Beilage: Tagesformplaner. (4276) Von H. Bott, 144 S., 35 s/w-Zeichnungen, Pappband. ●●●

Falken-Handbuch **Kartenlegen**
Wahrsagen mit Tarot-, Skat-, Lenormand- und Zigeunerblättern. (4226) Von B. A. Mertz, 288 S., 38 Farb- und 108 s/w-Abb. Pappband. ●●●●

Wahrsagen mit Tarot-Karten
(0482) Von E. J. Nigg, 112 S., 4 Farbtafeln, 52 s/w-Abb., Pappband. ●●

Selbst Wahrsagen mit Karten
Die Zukunft in Liebe, Beruf und Finanzen. (0404) Von R. Koch, 112 S., 252 Abb., Pappband. ●●

Weissagen, Hellsehen, Kartenlegen . . .
Wie jeder die geheimen Kräfte ergründen und für sich nutzen kann. (4153) Von G. Haddenbach, 192 S., 40 Zeichnungen, Pappband. ●●●

Erkennen Sie Psyche und Charakter durch **Handdeutung** (4176) Von B. A. Mertz, 252 S., 9 s/w-Fotos, 160 Zeichnungen, Pappband. ●●●●

Falken-Handbuch **Astrologie**
Charakterkunde · Schicksal · Liebe und Beruf · Berechnung und Deutung von Horoskopen · Aszendenttabelle. (4068) Von B. A. Mertz, 342 S., mit 60 erläuternden Grafiken, Pappband. ●●●

Die Familie im Horoskop
Glück und Harmonie gemeinsam erleben – Probleme und Gegensätze verstehen und tolerieren. (4161) Von B. A. Mertz, 296 S., 40 Zeichnungen, kart. ●●●

Aztekenhoroskop
Deutung von Liebe und Schicksal nach dem Aztekenkalender. (0543) Von C.-M. und R. Kerler, 160 S., 20 Zeichnungen, Pappband. ●

Was sagt uns das Horoskop?
Praktische Einführung in die Astrologie. (0655) Von B. A. Mertz, 176 S., 25 Zeichnungen, kart. ●

Das Super-Horoskop
Der neue Weg zur Deutung von Charaker, Liebe und Schicksal nach chinesischer und abendländischer Astrologie. (0465) Von G. Haddenbach, 175 S., kart. ●

Liebeshoroskop für die 12 Sternzeichen
Alles über Chancen, Beziehungen, Erotik, Zärtlichkeit, Leidenschaft. (0587) Von G. Haddenbach, 144 S., 11 Zeichnungen, kart. ●

Die 12 Sternzeichen
Charakter, Liebe und Schicksal. (0385) Von G. Haddenbach, 160 S., Pappband. ●●

Die 12 Tierzeichen im chinesischen Horoskop
(0423) Von G. Haddenbach, 128 S., Pappband. ●

Sternstunden
für Liebe, Glück und Geld, Berufserfolg und Gesundheit. Das ganz persönliche Mitbringsel für Widder (0622), Stier (0622), Zwilinge (0623), Krebs (0624), Löwe (0625), Jungfrau (0626), Waage (0627), Skorpion (0628), Schütze (0629), Steinbock (0630), Wassermann (0631), Fische (0632) Von L. Cancer, 62 S., durchgehend farbig, Zeichnungen, Pappband. ●

Computer-Bücher und Software

Computer Grundwissen
Eine Einführung in Funktion und Einsatzmöglichkeiten. (4302) Von W. Bauer, 176 Seiten, 193 Farb- und 12 s/w-Fotos, 37 Computergrafiken, kart., ●●●
(4301) Pappband, ●●●●

Einführung in die Programmiersprache BASIC. (4303) Von S. Curran und R. Curnow, 192 S., 92 Zeichnungen, kart. ●●

Intelligenz in BASIC
für Schneider CPC 464/664/6128. Mit Diskette 3". (4320) Von K.-H. Koch, 160 S., 14 Zeichnungen, kart. ●●●●●

Lernen mit dem Computer. (4304)
Von S. Curran und R. Curnow, 144 S., 34 Zeichnungen, Spiralbindung, ●●

Garantiert BASIC lernen mit dem C 128
Mit kompletter Kurs-Diskette (4321) Von A. Görgens, 288 S., 4 s/w-Fotos, 83 Zeichnungen, kart. ●●●●●

Grundwissen Informationsverarbeitung
(4314) Von H. Schiro, 312 S., 59 s/w-Fotos, 133 s/w-Zeichnungen, Pappband. ●●●●●

Heimcomputer-Bastelkiste
Messen, Steuern, Regeln mit C 64-, Apple II-, MSX-, TANDY-, MC-, Atari- und Sinclair-Computern. (4309) Von G. A. Karl, 256 S., 160 Zeichnungen, kart. ●●●●

WORDSTAR 2000
Textverarbeitung für Einsteiger und Profis Mit erprobten Anwendungen aus der Praxis. (4317) Von D. Nasser, 200 S., 5 s/w-Fotos, 3 Zeichnungen, kart. ●●●●●

Drucker und Plotter
Text und Grafik für Ihren Computer. (4315) Von K.-H. Koch, 192 S., 12 Farbtafeln, 5 s/w-Fotos, kart. ●●●●

Computergrafik
Von den Grundlagen bis zum perfekten 3 D-Programm. (4319) Von A. Brück, 296 S., 20 Farbtafeln, 180 s/w-Grafiken, 50 s/w- Zeichnungen, 83 Listings, Pappband. ●●●●●

Textverarbeitung mit Home- und Personal-Computern
Systeme – Vergleiche – Anwendungen. (4316) Von A. Görgens, 128 S., 49 s/w-Fotos, kart. ●●●●

Die tägliche PC-Praxis
Anwendungshilfen, Programme und Erweiterungen für MS-DOS-Computer. (4322) Von A. Görgens, 224 S., 25 Abbildungen, kart. ●●●●

dBase III
Einführung für Einsteiger und Nachschlagewerk für Profis. (4310) Von J. Brehm, G. A. Karl, 211 S., 23 Abb., kart. ●●●●●

FALKEN PC PRAXIS
Desktop Publishing
Setzen und Drucken auf dem Schreibtisch. (4323) Von A. Görgens, 120 S., 11 s/w-Fotos, 72 Zeichnungen, kart. ●●●

FALKEN PC PRAXIS
WordStar Praxis professionell
Für die Versionen 3.4/3.45/4.0 Erweiterungen · Praxis-Tips · Datenaustausch · Desktop Publishing. (4324) Von A. Görgens, 172 S., 2 s/w-Fotos, 2 s/w-Zeichnungen, 116 s/w-Grafiken, kart. ●●●●

nur DM 10,-

Die Super-Preisleistung

Die 100 bekanntesten und beliebtesten Volkslieder, mit wunderschönen Farbzeichnungen von Brian Bagnall, durchgehend farbig im Großformat als gebundener Pappband.

Kein schöner Land… Das große Buch unserer beliebtesten Volkslieder. (0001) Hrsg. von Norbert Linke, 208 Seiten, 118 Farbzeichnungen, Pappband.

Erschienen in der F. Bassermann'schen Verlagsbuchhandlung Nachf.

Die hier vorgestellten Bücher, Videokassetten und Software sind in folgende Preisgruppen unterteilt:

● Preisgruppe bis DM 10,–/S 79,–
●● Preisgruppe über DM 10,– bis DM 20,– S 80,– bis S 160,–
●●● Preisgruppe über DM 20,– bis DM 30,– S 161,– bis S 240,–
●●●● Preisgruppe über DM 30,– bis DM 50,– S 241,– bis S 400,–
●●●●● Preisgruppe über DM 50,–/S 401,– *(unverbindliche Preisempfehlung)

Die Preise entsprechen dem Status beim Druck dieses Verzeichnisses (s. Seite 1) – Änderungen, im besonderen der Preise, vorbehalten –

FALKEN